HISTOIRES DES MÉDIAS

La liste des précédents livres de Jacques Attali
se trouve en page 501

Jacques Attali

Histoires des médias

Des signaux de fumée
aux réseaux sociaux, et après

Fayard

Couverture : Le Petit Atelier
Illustration : © albund
www.fotosearch.com

ISBN : 978-2-213-71726-5

Dépôt légal : janvier 2021

« On ne peut pas dire la vérité à la télé,
il y a trop de monde qui regarde. »

Coluche

Introduction

De quoi informer est-il le nom ? Quel rapport entre informer, convaincre, enseigner, distraire ? Qu'est-ce que la pandémie actuelle a changé aux manières d'informer ? Comment maîtriser les flux de rumeurs et de fausses nouvelles ? Quels médias survivront à la crise actuelle ? Quand a-t-on commencé à s'informer et comment ? Qui a publié le premier journal ? Qui est le premier journaliste ? Existera-t-il encore des journaux, des radios, des télévisions, des réseaux sociaux, des journalistes en 2050 ? Et en 2100 ? Saura-t-on encore distinguer le vrai du faux ? L'information de la distraction ? À quoi servira-t-il d'être informé, si c'est pour fournir à d'autres les moyens de nous surveiller ? En quoi le déluge actuel et à venir d'informations, vraies ou fausses, influera-t-il sur notre façon de gérer les grands problèmes d'aujourd'hui et de demain ? La démocratie résistera-t-elle aux multiples formes de censure et de surveillance, et aux avalanches de contrevérités qui déferlent et déferleront sur le monde ? Continuera-t-on, dans certains pays, de faire du journalisme une activité suspecte, à placer sous surveillance ?

Les réseaux sociaux seront-ils remplacés par une autre vague technologique encore plus puissante ? Qui possédera les médias demain ? Aura-t-on plus de moyens d'être bien informés, de partager les savoirs, de mettre en commun les multiples outils de lutte contre le mensonge ? Les journalistes seront-ils tous remplacés par des automates, ou resteront-ils des acteurs irremplaçables de la démocratie, des garants de la vérité ? Chacun aura-t-il accès à l'infinité des hologrammes des autres ? Communiquera-t-on un jour directement par la pensée ? Pourra-t-on, un jour, transmettre à autrui sa propre conscience de soi ? Comment se servir des technologies à venir pour comprendre le monde, dire le vrai, s'unir, agir, ne pas subir de nouvelles oppressions et conquérir de nouvelles libertés ?

Depuis toujours, l'homme a besoin de savoir ce qui le menace, ce qui nuit aux autres ou les sert.

Lors des premières centaines de millénaires de leur histoire, la quasi-totalité des humains n'ont accès qu'aux informations qu'ils peuvent apprendre par leur famille, leur tribu, leurs visiteurs, leurs envahisseurs et par la nature environnante. Plus récemment, ils commencent à être informés par les dirigeants civils, militaires et religieux des empires dont leurs villages font partie, et qui leur imposent lois et récits.

Durant très longtemps encore, l'information, celle des puissants comme celle des peuples, voyage au pas de l'homme ; parfois à la vitesse des signaux de fumée. Puis, certains peuples apprennent à transmettre des informations plus précises, grâce à l'écriture, puis, plus rapidement, grâce au galop d'un cheval.

Pendant encore trois millénaires, on se contente, pour communiquer, d'envoyer des signaux, de dire, de crier, de chanter, de faire de la musique, d'écrire, de graver sur la pierre, le tissu, le roseau. Les informations les plus précieuses circulent confidentiellement entre les princes, les généraux, les religieux et les marchands. De fait, pendant très longtemps encore, l'histoire de l'information ne se distingue pas de celle du courrier : les seuls messages qui circulent sont des messages privés, que leurs récipiendaires peuvent ensuite choisir de partager ou de garder pour eux ; la communication écrite reste réservée aux puissants, qui font ensuite connaître leurs ordres aux peuples. Par des écrits, ou des cris. Depuis toujours, il leur faut mentir, dissimuler, manipuler, pour durer.

Puis, il y a dix siècles en Chine, et il y a cinq siècles en Europe, l'imprimerie vient faciliter un peu la diffusion des textes, qu'on n'a plus à recopier à la main.

En Europe, seules les personnes qui savent lire, très rares, ont alors accès à ces informations, longtemps encore tirées pour l'essentiel de correspondances privées. Elles sont dorénavant rassemblées, en Italie puis en Flandre, dans des *avvisi* d'abord manuscrits, puis, quand arrive l'imprimerie, diffusés en quelques exemplaires sous le nom de « gazettes », et dans des pamphlets au pouvoir ravageur, qui veulent libérer l'Europe du joug du Saint-Empire romain germanique et de l'Église catholique. Jusqu'au milieu du XVIIIe siècle au moins, ceux qui ne se nomment pas encore des « journalistes » sont, pour la plupart (sauf aux Provinces-Unies, premier pays où disparaît la censure), des employés d'un pouvoir dont ils doivent vanter les mérites. Pendant longtemps encore, partout dans le monde, les peuples n'ont accès qu'aux ordres des pouvoirs, aux récits des prêtres, aux rumeurs des marchés, aux chants des troubadours.

À la fin du XVIIIe siècle, toujours aux Pays-Bas, puis en Angleterre, aux États-Unis (et très furtivement en France), apparaissent des gens dont le métier est de chercher et de vérifier des informations, puis de les transmettre : des journalistes. Dans le reste du monde, ces professionnels n'apparaîtront qu'à la fin du XIXe siècle.

Journaliste : un grand métier, essentiel à la démocratie, elle-même alors balbutiante.

Un métier de liberté, de vérité et de combat, écartelé entre les puissances d'argent (qui, dans les démocraties, possèdent aujourd'hui encore les plus grands médias, dont les réseaux sociaux) et les puissances policières (qui, dans les dictatures, contrôlent aujourd'hui encore tous les réseaux de communication).

Un métier souvent dévoyé par la production d'anecdotes, de faux scandales, de calomnies.

Un métier menacé de disparition, quand les technologies permettent à chacun de l'exercer, sans limite ni contrôle du vrai, pour ne parler que de soi à des communautés dont seuls les réseaux sociaux ont les clés.

Un métier de plus en plus prolétarisé, quand des automates peuvent produire des articles et des reportages audiovisuels.

Un métier plus que jamais nécessaire, pour assister aux événements, dire les faits, dénoncer les scandales, repérer les fausses nouvelles, susciter des débats, faire se confronter des points de vue contradictoires.

Aujourd'hui, des médias magnifiques se battent, partout, pour faire connaître la vérité et faire vivre la liberté d'opinion ; d'autres médias, partout, courbent l'échine devant les pouvoirs ; d'autres encore diffusent, plus ou moins sciemment, de fausses informations, des nouvelles vaines, des scandales futiles, des distractions dérisoires, sans plus distinguer ce qui est important de ce qui ne l'est pas, sinon par une capacité à faire du bruit. Beaucoup de ces médias sont (et seront bientôt plus encore) discrédités, méprisés, haïs, comme tous les autres pouvoirs qu'ils prétendent combattre. Rares sont les médias qui aujourd'hui ont compris que les gens veulent qu'en les informant, on leur propose des moyens d'action.

Et demain ? Que restera-t-il des médias, et de la démocratie, quand il sera possible de rendre totalement indiscernables le réel et l'artefact ? Quand toute vie privée sera devenue entièrement publique ? Quand les réseaux sociaux seront eux-mêmes dépassés par des robots, capables de produire à l'infini des articles invérifiables, des rumeurs incontrôlables, de la propagande inarrêtable ? Quand les moyens de surveillance et de police se seront démultipliés au-delà de ce qui est aujourd'hui imaginable ? Et plus encore, quand il sera possible de plonger en direct dans l'hologramme du réel et de l'imaginaire d'autrui. Et quand d'autres seront nés d'autres technologies folles, apparemment invraisemblables et pourtant, on va le voir, imminentes…

Des technologies dont nous pouvons encore tirer le meilleur, pour comprendre le monde, pour dire le vrai, pour s'unir, agir, défendre et approfondir la démocratie, et construire de difficiles libertés.

Comment alors distinguer les axes de cet avenir ? Par l'Histoire. Car, comme celui de tous les autres domaines dont j'ai tenté jusqu'ici de prévoir le devenir (la musique, la médecine, la mesure du temps, la sédentarité, le judaïsme, la modernité, le nomadisme, la propriété, la dette publique, l'amour, la mer, l'alimentation, les épidémies), l'avenir des médias ne peut être imaginé et maîtrisé avec précision qu'en remontant très loin dans son histoire, ou plutôt dans ses histoires.

En ce monde d'urgence et d'impatience, peu de gens, peut-être, voudront lire les longues histoires qui suivent. Et pourtant, elles sont passionnantes et essentielles pour comprendre qui nous sommes, où nous allons et comment nous pouvons maîtriser notre destin.

Pour aider les impatients, en voici un résumé en quelques lignes. Puis en quelques pages.

En quelques lignes :

Fascinante histoire, qui commence avec l'apparition de la parole et du chant, des rumeurs et des signaux de fumée, des battements de tambour et des stèles, des graveurs de pierre et des peintres de cavernes, des griots et des crieurs, des aèdes et des scribes, des colporteurs et des courriers ; à pied, puis à cheval. Puis viennent, en Europe, les *avvisi*, d'abord manuscrits, premiers textes vendus pour les nouvelles qu'ils contiennent. Après l'imprimerie, les gazettes, les libelles, les pamphlets, les chroniques, les albums, les *Flugschriften*, les *news*, les journaux, les agences de presse, les magazines, la publicité, la photographie, le téléphone, la radio, le cinéma, la bande dessinée, la télévision, Internet, les réseaux sociaux, les places de marché, les graphes sociaux et tant d'autres choses… Le principal média d'aujourd'hui, Internet, sera un jour dépassé par d'autres technologies, d'autres formes de médias, qui permettront à chacun de se plonger dans les artefacts des événements, jusqu'à des artefacts ayant une conscience de soi et un jour peut-être capables de transmettre cette conscience.

Avec eux disparaîtront les derniers moyens de distinguer le vrai du faux.

Pour préserver les libertés, pour donner du sens aux médias de l'avenir, d'immenses réformes, à tous les niveaux, sont urgentes. Il faudra développer l'esprit critique, se donner les moyens de distinguer le vrai et le faux, mieux former les journalistes, démanteler les réseaux sociaux, faire naître de nouveaux médias, que je nomme des « *avvisi* numériques », utilisant les technologies futures, pour échapper aux griffes des réseaux sociaux et de leurs successeurs.

En quelques pages :

On peut déceler dans l'Histoire quelques lois, valides depuis quelques millénaires, et qui pourraient le rester pour quelques décennies au moins :

1. Les moyens de distribution de messages privés se transforment les uns après les autres en moyens de communication de masse : le courrier devient le journal ; le téléphone devient la radio ; la photographie devient la télévision ; le message électronique devient Internet. D'autres moyens de transmission de l'information suivront.
2. Les moyens d'informer servent aussi à se former, à se cultiver, à se distraire, à créer des œuvres d'art. Ils ont rendu possibles la sculpture, la gravure, l'imprimerie, la photographie, le disque, le cinéma, la radio, la télévision, le jeu vidéo et les jeux en ligne.
3. Les diverses façons de produire et de distribuer des informations, devenues les unes après les autres des activités commerciales, sont tour à tour

automatisées et remplacées par des artefacts (de l'imprimerie aux réseaux sociaux).
4. Un outil de communication est avant tout une source de pouvoir pour le politique, de profit pour ses propriétaires, et de distraction pour ses clients.
5. La forme idéologique, culturelle, économique, politique de chaque société détermine largement la façon dont chacun peut, ou choisit, d'être informé.
6. Réciproquement, l'avenir politique, culturel, économique et social de chaque société dépend de la façon dont chacun de ses membres est, ou n'est pas, informé.
7. La principale puissance géopolitique d'une époque est la nation qui maîtrise le mieux les moyens de communication et d'information du moment et qui sait s'en servir pour rayonner hors de ses frontières.
8. Le pouvoir exige d'avoir les moyens d'être informé en premier des choses vraiment importantes, et de choisir quelles informations transmettre aux autres ; de censurer, de cacher ou de dénigrer toutes les autres.
9. Les médias cherchent depuis toujours à connaître les goûts de leurs clients, comme les pouvoirs cherchent à connaître ceux de leurs sujets ; les uns et les autres cherchent à surveiller, séduire, faire peur, distraire, capter l'attention ; à valoriser au mieux les données qu'ils en obtiennent, soit policièrement, soit politiquement, soit financièrement.
10. De plus en plus de gens, en nombre absolu comme en nombre relatif, ont accès à des informations vérifiables et démontrables. De plus en plus de gens sont en situation de fournir des informations fiables, dont ils sont témoins ou dont ils peuvent analyser les conséquences.

> 11. L'égal et libre accès de tous à toutes les informations pertinentes et utilisables pour l'action est la condition d'existence de la démocratie, même si cela ne peut suffire à empêcher une dictature de s'installer.
> 12. Tous les sens ont été, sont et seront successivement mis à contribution pour communiquer, informer, manipuler, asservir, agir, libérer : après la vue et l'ouïe, viendront le toucher, l'odorat et le goût. Et bien plus encore.

Si toutes ces tendances, à l'œuvre depuis des millénaires, se prolongent (et elles se prolongeront, si rien de majeur n'est entrepris pour en reprendre le contrôle), l'humanité sera de plus en plus nettement organisée en trois groupes : l'un, très minoritaire, des nomades de luxe, contrôlant l'essentiel des savoirs et des richesses ; un autre, très vaste, des nomades de misère, n'ayant accès à presque aucune information utile ; et un troisième, entre les deux, des personnes menacées, espérant rejoindre le premier groupe et redoutant de basculer dans le deuxième.

Les États perdront progressivement tout pouvoir face aux grands groupes collecteurs et producteurs d'informations, qui exerceront tous les pouvoirs et assureront, un jour, de la naissance à la mort, avec les données collectées, tous les services, de l'éducation à la distraction, de la production à la santé, de la naissance à la mort.

On passera de l'hyper-surveillance, où nous sommes, à l'autosurveillance, où chacun, pour être protégé, se résignera à fournir volontairement à ces pouvoirs de plus en plus d'informations sur lui-même ; où chacun fuira la mort par la distraction, plus encore que par une croyance ou un rituel. La démocratie, avec ses compromis, sera de moins en moins prisée et défendue. L'État lui-même ne sera plus qu'un prête-nom de ces firmes planétaires.

Dans cet univers, certains continueront, pendant quelques décennies encore, dans quelques pays, d'acheter et de lire des journaux imprimés, d'écouter la radio, de regarder la télévision, d'utiliser des réseaux sociaux ; les privilégiés bénéficieront toujours, autrement et avant les autres, des informations décisives ; et ils en tireront toujours des occasions de faire fortune, ou au moins de consolider leurs privilèges. La massification de l'information, elle-même censée être démocratique, ne sera à la fin qu'une ruse de la prolétarisation des classes moyennes, un moyen de les tenir en dépendance.

La plupart des journalistes seront de plus en plus précarisés ; de nombreuses tâches qui leur étaient autrefois dévolues seront prises en charge par des robots ou par d'innombrables amateurs. Seuls ceux qui sauront créer des médias de niche ou des algorithmes (ou les deux) pourront survivre un moment.

Et puis, les uns après les autres, ces médias disparaîtront, en tout cas sous la forme où on les connaît aujourd'hui ; les humains seront alors plongés dans les artefacts des événements, et plus seulement informés de leur déroulement. Ils y seront seuls, ou seulement accompagnés par ceux que leurs graphes sociaux imposeront comme leurs compagnons naturels. Bien plus tard, l'hologramme du spectateur pénétrera dans la représentation holographique d'un jeu, d'un spectacle ou d'un événement. Chacun s'y comportera comme un spectateur réel de l'événement et interférera avec ceux qui le vivent.

Naturellement, les pouvoirs, les contre-pouvoirs, les mouvements politiques et terroristes utiliseront toutes ces technologies pour distraire, surveiller, gratifier, faire peur et punir.

Plus tard encore, quand on pourra retransmettre aussi le toucher et les odeurs, le réel et le virtuel ne seront plus discernables.

Un jour, on ira peut-être plus loin encore et on fera communiquer directement les cerveaux de deux personnes, d'abord pour transmettre des messages personnels, puis pour envoyer des informations à plusieurs cerveaux à la fois.

À l'extrême, un jour peut-être, la transmission de pensée permettra de transférer des souvenirs, des opinions, des goûts et même la conscience de soi à un hologramme, ou à toute autre sorte d'artefact, ou à un clone. Les humains, au moins les plus riches et les plus puissants d'entre eux, seront alors devenus des algorithmes biochimiques immortels. Ils n'auront plus besoin de se distraire pour oublier leur peur de mourir.

La transmission d'information aura atteint son but ultime. Et l'artificialisation du vivant, principal moteur de l'Histoire, aura réalisé son utopie : créer l'immortel artefact de soi, ayant conscience de soi. Immortel parce qu'artefact. Artefact parce qu'immortel.

On découvre alors que, dans les histoires des médias, c'est toute la condition humaine qui se joue.

Pour maîtriser cet avenir, pour empêcher ces dévoiements, certains groupes défendront les idéologies de l'enracinement, de la fermeture, de la foi, du sectarisme, du communautarisme ; ils feront régner la terreur pour obtenir qu'on s'y soumette. Ils triompheront dans certains pays et installeront, pour un temps, des dictatures religieuses, identitaires ou écologiques. Ils tenteront de museler tous les médias et de se servir de ceux qui se soumettront comme des outils de propagande, comme le firent tant d'autres régimes à travers l'histoire. Et ils y réussiront pour un temps.

D'autres groupes combattront, pour le respect de la vérité, l'équilibre des pouvoirs, la mise en place de démocraties positives, pour que l'humanité tout entière obtienne les moyens de se cultiver, de s'informer, de critiquer, de chercher, de penser, d'être libre.

Pour cela, il faudra mettre en place bien des réformes. De l'éducation, pour apprendre à distinguer le vrai du faux. De la formation des journalistes, pour leur donner les moyens de mener ces batailles. Des outils technologiques, dont chacun devra pouvoir se servir pour se réapproprier ses données, apprendre à s'informer et trouver le temps de réfléchir. Il faudra enfin démanteler les grandes plateformes. Cela ne pourra être qu'un combat planétaire.

Au-delà de ce résumé nécessairement caricatural, j'invite ceux de mes lecteurs qui auraient un peu plus de temps à consacrer à ce sujet majeur à parcourir les dix premiers chapitres de ce livre, en lisant au moins tous les intertitres, et en s'arrêtant à ceux des paragraphes qui pourraient les intéresser. Puis à lire les trois derniers chapitres et à en tirer des conséquences…

Pour ma part, j'ai trouvé cette histoire, dans ses moindres détails, absolument passionnante et j'espère avoir réussi à transmettre ici mon émerveillement devant l'ampleur de toutes ces aventures.

Chapitre 1

Nouvelles de princes, nouvelles des peuples

De – 30000 au début de notre ère

Bien avant l'humanité, des êtres vivants se transmettaient déjà des informations les uns aux autres, par des sons, des odeurs, des gestes et des mouvements. Pour survivre, pour séduire, pour prévenir d'un danger, pour chercher de la nourriture, pour organiser une vie collective, pour évoluer.

Les animaux d'aujourd'hui en font autant : lorsqu'il se sent en danger, le rat émet des ultrasons pour appeler à l'aide ; les baleines chantent, de mille façons, pour se prévenir l'une l'autre d'un danger ; les oiseaux utilisent des milliers de chants différents pour délivrer des milliers de messages spécifiques ; les perroquets imitent la voix des humains pour communiquer avec eux ; les abeilles dansent en rond autour d'un endroit porteur de nourriture, et en huit si l'endroit n'est pas propice. Parfois, ces messages sont des mensonges, ou des ruses, pour se camoufler ou pour attirer dans un piège.

Les hominidés ont commencé très tôt, avant même *Homo sapiens sapiens*, à communiquer par des signaux de fumée, des cris, des bruits, des langages. Pas encore par l'écriture.

Le premier signe écrit de communication connu aujourd'hui est un zigzag tracé sur un coquillage il y a 500 000 ans sur le site de Trinil, à Java, en Indonésie. Un peu plus tard, les hommes griffonnent des dessins dans les grottes, qui servent sans doute de messages laissés à ceux qui y viendront.

Ce n'est pas qu'une communication de voisinage : l'humanité est nomade, et la communication l'est aussi, par nature. Les gens voyagent, à pied, sans encore aucun animal pour les y aider ; des informations circulent avec eux. Sans doute, déjà, quelques puissants gardent pour eux les messages les plus précieux.

Vers – 30000, pendant la période gravettienne du Paléolithique, on a la quasi-certitude que les humains communiquent déjà leurs idées et leurs œuvres sur de très longues distances, puisqu'on a découvert en Italie, en Autriche, en Tchéquie, en Ukraine et en Sibérie quelque 200 représentations féminines sur le modèle d'une même sculpture, dite la Dame de Brassempouy, trouvée dans les Landes, en France.

Entre – 17000 et – 13000, dans la dernière phase du Paléolithique supérieur, les œuvres peintes et gravées dans la grotte de Lascaux, encore en France, pourraient être aussi des messages laissés à tous ceux qui pourraient y chercher refuge, pour les aider à distinguer les animaux dangereux, désignés sur les dessins de la grotte par des flèches.

Vers – 8500, au Néolithique, un véritable réseau d'échange de haches polies et de coquillages s'étend de l'Asie jusqu'en Alsace ; il sert, là aussi, de support à des échanges d'informations entre les peuples. Aujourd'hui encore, chez les aborigènes australiens, seule la personne à qui est destiné un signal de fumée peut le comprendre.

On les utilise depuis au moins 600 000 ans. On en trouve aussi chez les Yagans vivant depuis plus de 6 000 ans en Patagonie, pour signaler les baleines échouées ou envoyer des messages confidentiels ; et quand, en 1520, Magellan aperçoit de tels signaux sur la côte qu'il longe, il la nomme Tierra del Humo (« Terre de la Fumée »), qui deviendra Tierra del Fuego (« Terre de Feu »).

Même si, à cette époque, on ne dispose pas encore de l'écriture, on utilise déjà des signes gravés sur des vases, des poteries, du bois ou de l'os ; peints ou gravés dans des grottes ou sur des roches. Messages encore souvent mystérieux. Là aussi, ils renvoient pour l'essentiel à la sécurité du groupe : décès, arrivée d'un ennemi, maladies, animaux menaçants. Un peu plus tard, ces signes disent le désir des puissants, surtout des hommes, de laisser une trace et de raconter leur histoire, et en particulier leurs exploits.

Vers – 4800, à l'âge du cuivre, et jusqu'en – 2700, à l'âge du bronze (quand les nomades deviennent sédentaires et que commencent à se former les premiers villages), on grave sur des rochers des symboles guerriers (chevaux, armes) ou religieux (un soleil, une main). Là encore, surtout des hommes.

Pour transmettre des informations, on continue à cette époque, comme depuis très longtemps, d'utiliser les cris. Comme le rapportera beaucoup plus tard Jules César à propos des Gaulois dans *La Guerre des Gaules* : « Quand il arrive chez eux quelque événement d'importance, les premiers qui l'apprennent le proclament à grands cris dans la campagne. Ceux qui entendent ces cris les transmettent à d'autres, et ainsi de suite, de village en village ; si bien que la nouvelle traverse la Gaule avec la vitesse de l'oiseau. »

Pendant des millénaires encore, les mieux informés restent les prêtres, les généraux, les princes et les marchands, qui surveillent leurs sujets et reçoivent, par des messagers personnels, des informations privilégiées, qu'ils gardent pour eux, ou qu'ils font parfois connaître aux autres, par des stèles ou des crieurs ; en général en les déformant afin de servir leurs intérêts.

Tout change vers – 3300, avec trois révolutions quasi simultanées : la domestication du cheval, l'invention de la roue et celle de l'écriture.

Après ces trois révolutions, il n'y aura pas plus d'innovations majeures dans la transmission de l'information pendant quatre mille ans.

En Mésopotamie : le cheval, la roue et l'écriture changent tout

La première preuve archéologique d'une domestication du cheval remonte à – 3500, dans les steppes du nord de l'actuel Kazakhstan, région alors occupée par des chasseurs-cueilleurs de la culture Botaï, nomades comme presque tous les humains de ce temps. Ils utilisent le cheval pour la chasse, pour garder les moutons et comme nourriture.

À la même époque apparaît la roue ; la plus ancienne connue aujourd'hui a été découverte enfouie dans un marais près de Ljubljana, en Slovénie ; elle date de – 3340. Puis apparaît au Proche-Orient le char à roues, utilisé pour l'agriculture, la conquête et la transmission de messages.

À la même époque aussi, à Sumer, sur les rives des grands fleuves de Mésopotamie où a commencé l'agriculture, survient la troisième invention majeure, l'écriture.

Il s'agit dans un premier temps de pictogrammes gravés sur des tablettes d'argile, qui s'affinent ensuite jusqu'à devenir l'« écriture cunéiforme » (les pictogrammes étant en forme de clous). Ils sont utilisés d'abord pour établir les comptes nécessaires à la gestion de l'agriculture, ceux des marchands et des collecteurs d'impôts, les inventaires des armées, des caravanes et des bateaux ; pour transmettre aux peuples les calendriers des fêtes, les exploits des empereurs, des exercices de mathématiques et des cartes. Et pour les messages envoyés par le souverain à ses vassaux et ses officiers.

Un peu plus tard, pour faire connaître ses décisions, le souverain les fait reproduire sur des tablettes en bronze qu'on fixe sur les murs des temples. Des stèles sont aussi placées dans les temples et sur les routes empruntées par les armées. On y grave les lois des rois, les ordres des chefs militaires, les récits des victoires. Vers – 2450 en Mésopotamie, sur le site de Girsu, une stèle commémore la victoire de la cité de Lagash sur son ennemie Umma. Le récit, en akkadien, est illustré de dessins représentant la bataille avec des vautours dévorant des restes humains. Pas besoin de savoir lire pour comprendre le message.

Vers – 2100, en Chaldée, le roi Sargon crée à son seul service ce qui semble être le premier système organisé de transmission d'informations écrites sur des plaques d'argile ; il organise des bataillons de « porteurs de bonnes nouvelles ». On connaît 164 de ces porteurs, à cheval et à pied, sous le règne de Zimrî-Lîm (de – 1775 à – 1761). Ils bénéficient d'une gratification lorsqu'ils apportent une bonne nouvelle. Pour le peuple, les nouvelles circulent toujours surtout oralement, en particulier par les prêches dans les temples.

De – 2000 à – 1800, pendant la période paléo-assyrienne, dans la cité-État Assur, en Haute-Mésopotamie, seuls les religieux et les marchands savent écrire des pictogrammes et lire les messages. Les autres, même le roi, en écoutent la lecture. Un scribe particulier les lit au roi et y répond sous sa dictée.

Vers – 1500, des scribes rédigent, toujours sur des tablettes d'argile, des récits historiques, puis répertorient les victoires militaires. En – 745, les chroniques babyloniennes sont encore gravées sur des tablettes d'argile et sont transportées, comme depuis sept siècles, par un système de courriers avec des relais.

Toujours pas d'autres formes de communication d'informations.

En – 500, le roi Darius Ier, fondateur de Persépolis, qui utilise l'alphabet araméen (langue véhiculaire de l'époque, dérivé de l'alphabet hébreu), renforce encore le système de la poste royale, dont il a hérité de ses prédécesseurs.

Au même moment, parmi les Hébreux en exil à Babylone, Esther raconte que son compagnon Mardochée, qui conseille le roi perse, est en charge, privilège suprême, d'écrire et d'envoyer les messages du roi : « [Mardochée] a commencé à écrire au nom du roi Assuérus et à sceller avec la chevalière du roi et à envoyer des documents écrits de la main des courriers sur des chevaux de poste utilisés dans le service royal, fils de juments rapides » (Esther, VIII, 10).

En Égypte, le papyrus

En – 3000, sur les rives d'un autre fleuve, le Nil, apparaît une autre forme d'écriture, plus simple que l'écriture cunéiforme des Mésopotamiens, fondée sur un système de dessins logiques (hiéroglyphes).

Entre – 2500 et – 2300, sous le règne de Néferefrê, pharaon de la Ve dynastie, on commence à écrire des textes religieux et des édits sur du papyrus et de la céramique ; les textes religieux sont ensuite placardés sur les murs des temples ; les lois, les décrets royaux et édits commerciaux, les événements importants (batailles, mariages, paix...) sont annoncés par des gravures et des peintures sur des vases ou des stèles, placées sur les places publiques et à des endroits de passage. Des documents administratifs sur papyrus circulent aussi entre le roi, les magistrats locaux et la population par des bateaux sur le Nil. Toujours pas d'autres formes de communication d'information. Là encore, peu de gens savent lire, et ce sont surtout des hommes.

En – 1600, le cheval et la roue font leur entrée en Égypte, avec des envahisseurs venus de l'est, les Hyksos. Ils fondent la XVe dynastie et administrent la Moyenne-Égypte, sans réussir à conquérir la Haute-Égypte, contrôlée par les princes de Thèbes, qui, ayant appris à utiliser les chevaux, chassent les Hyksos entre – 1570 et – 1546.

Au même moment, dans le Sinaï, des esclaves hébreux inventent le premier alphabet, dit protosinaïtique, dont tous les autres vont dériver.

Entre le XVe et le XIIIe siècle avant notre ère, dans le Nouvel Empire, les pharaons mettent en place une poste à cheval, qui transporte leurs messages vers les gouverneurs des provinces, les hauts fonctionnaires et les chefs militaires. Au XIIe siècle avant notre ère, cette voie postale longe la rive occidentale du Nil et relie Thèbes et Memphis. Un poème datant du XIIe siècle avant notre ère dit l'impatience dans l'attente de l'arrivée du message : « Ô si tu pouvais venir en hâte vers la bien-aimée / Comme le courrier royal / Dont la monture attend le messager avec impatience / Son cœur aspirant à l'entendre / Des écuries entières sont harnachées pour lui / Les chevaux l'attendent aux étapes / Le char attelé est à sa place / Le courrier n'a pas de répit en route / Son cœur s'abandonne à sa joie. »

Au même moment est gravée une stèle rendant hommage au pharaon Mérenptah (treizième fils de Ramsès II) pour avoir chassé d'Égypte de nombreux peuples (notamment le peuple hébreu, dont c'est la première trace dans un texte).

Le système postal à cheval survit en Égypte pendant près de mille ans. En – 328 encore, sous le règne des Ptolémée, des cavaliers se relaient toutes les six heures pour parcourir 180 kilomètres par jour ; des méharistes portent, sur des dromadaires, des sacs postaux entre chaque chef-lieu. Pour les plus courts trajets, des coursiers vont à pied de village en village.

En Inde, les stèles d'Ashoka

En Inde, les premières traces de nouvelles et d'ordres transmis par les puissants vers le peuple sont plus récentes.

Dans l'empire Maurya (– 321 à – 185), premier État indien unifié, chaque empereur, qui réside à Pataliputra, près de la ville actuelle de Patna (capitale de l'État du Bihar), utilise, lui aussi, des messagers à cheval pour transmettre ses ordres aux gouverneurs. Il faut un mois pour qu'ils parviennent aux extrémités de son empire.

Le troisième de ces empereurs, Ashoka, qui accède au pouvoir en – 273, utilise la première forme d'écriture du sous-continent, la brahmi (un script composé uniquement de consonnes, dérivé de l'alphabet araméen, lui-même dérivé de l'alphabet hébraïque, pendant que, à la même période, dans l'Inde du Nord apparaît l'alphabet kharosthi).

Il charge d'abord un groupe d'officiers de porter ses messages dans toutes les régions de l'empire : il fait graver 33 édits sur des centaines de rochers et des colonnes, qu'il fait installer dans tout l'empire. Ce sont les plus anciennes inscriptions découvertes en Inde ; elles sont rédigées dans les divers idiomes locaux, plus le grec et l'araméen.

Ces édits prescrivent le respect du sens du devoir (*dharma*), la pratique de la justice et de la tolérance (« Je souhaite qu'il y ait uniformité des lois et des peines »), la renonciation à la violence et à la guerre, l'autodiscipline, la bienveillance et la tolérance religieuse. Sur le site d'une bataille très meurtrière, il fait dresser une colonne particulière, où il explique pourquoi il s'est converti au bouddhisme et donne des instructions aux générations futures : « Ce texte a été gravé pour que les fils et petits-fils que je pourrais avoir ne songent pas à de nouvelles victoires ; que, dans leurs propres entreprises, ils préfèrent la patience et l'application légère de la force ; et qu'ils ne considèrent comme victoire que la victoire de la Loi, qui vaut pour ce monde-ci et pour l'autre. »

En Chine, le papier

En Chine, comme ailleurs, pendant des millénaires, les premiers moyens de communication sont les signaux de fumée, les pigeons voyageurs, le cheval.

Selon la légende, l'écriture serait apparue sous le règne mythique de « l'empereur jaune » (– 2697 à – 2597), qui aurait demandé à un de ses ministres nommé Cang Jie, représenté avec quatre yeux, d'inventer un système d'écriture.

L'écriture y apparaît en réalité vers – 1600 : on retrouve des inscriptions de cette époque sur des os et des carapaces de tortue, sans doute dans le but de communiquer avec les dieux. À ce moment apparaissent aussi les idéogrammes : d'abord, des traits et des dessins gravés sur des carapaces de tortue et des omoplates de cerf. On y parle des récoltes, du climat, de la famille royale, des expéditions militaires, des rituels à accomplir, de requêtes adressées aux dieux.

En – 1000 (soit bien plus tard qu'en Mésopotamie et qu'en Égypte), les princes utilisent des courriers à cheval (*yi*) et à pied (*you*) pour transmettre des messages sur des tablettes de bambou (très lourdes) ou du tissu de soie (*zhi*, très fragile). En – 800, sous la troisième dynastie Zhou, un analyste impérial dresse un catalogue officiel de caractères autorisés. En – 600 sont créées de nombreuses nouvelles voies de communication terrestres et maritimes, avec des postes de relais.

En – 536, premier débat dont on a gardé la trace sur l'importance d'informer le peuple : le Premier ministre d'une cité-État du centre de la Chine fait graver sur des vases de fonte un code pénal, la *Législation des châtiments*, qu'il fait disperser sur des places publiques. Un ministre veut s'y opposer en expliquant que, si les lois sont rendues publiques, la population cherchera à les contourner ou commettra de nouveaux crimes que la loi n'aura pas encore prévus ; le Premier ministre lui répond que la publication des règles est nécessaire pour améliorer le lien entre population et gouvernants, et pour stabiliser l'État.

Un peu après, au VIe siècle avant notre ère, Sun Tzu, dans son traité *L'Art de la guerre*, explique que le mensonge est une arme nécessaire du pouvoir : « Toute guerre est fondée sur la tromperie. »

En – 221, sous le règne de Qin Shi Huangdi – le premier empereur dont l'existence est vraiment établie –, un système de relais postal est installé tous les 15 kilomètres. Il est administré par l'armée, qui met en place des hébergements, du ravitaillement, des chevaux, des chars et des bateaux. Un messager à cheval parcourt environ 200 kilomètres par jour ; une enveloppe rouge et blanche signifie un message urgent. En – 213, un catalogue d'idéogrammes est imposé aux scribes pour les documents administratifs ; ils devront être dessinés avec un pinceau, sur des supports en bambou, sur de la soie ou sur du papier de riz.

Sous la dynastie des Han (– 206 à 220), la poste impériale continue de transporter les correspondances de l'État et des fonctionnaires. Un secrétariat impérial est chargé de rédiger les ordres, décrets et édits de l'empereur et de les faire publier sur des tablettes de pierre, placées dans les lieux publics.

Apparaît au début de notre ère le premier morceau de papier connu au monde : il est d'abord fait de fibres de lin, puis d'écorces d'arbre, de fragments de chanvre, de toile usée et de filets de pêche. Le premier papier est alors utilisé pour fabriquer des ombrelles et des emballages pour le thé… Le support de l'écriture reste, pour des siècles encore, le bambou.

Chez les Hébreux

La Torah est le premier message de Dieu, envoyé à Moïse, qui la transmet à son frère Aaron, qui la transmet à ses fils, puis à soixante-dix sages, qui la transmettent au peuple lui-même. Les prophètes et les anges sont aussi des messagers ; le Messie sera enfin le messager ultime de « la bonne nouvelle » prédite par les prophètes. Il y a d'innombrables autres messagers dans la Bible, de la Genèse (XXXII, 3, « Jacob envoya devant lui des messagers à Ésaü, son frère, au pays de Séir, dans le territoire d'Édom ») aux Proverbes (XXV, 13, « Comme la fraîcheur de la neige au temps de la moisson, ainsi est un messager fidèle pour celui qui l'envoie. Il restaure l'âme de son maître »).

Puis, le peuple hébreu se structure de génération en génération, justement autour de la mission : transmettre la Torah. Et pour le faire, tous les Juifs doivent savoir lire et écrire, afin de recopier sans la moindre faute le texte de la Loi. Ils utilisent pour cela l'alphabet que leurs ancêtres esclaves dans le Sinaï ont inventé, quelques siècles plus tôt. Et aussi pour communiquer entre eux. La synagogue est d'ailleurs le lieu des échanges des hommes entre eux, « maison de rassemblement », avant d'être « maison de prière ».

Entre le Xe et le VIIIe siècle avant notre ère, les premiers rois hébreux informent aussi le peuple de leurs victoires sur des plaques d'argile ou des vases.

De – 515 à 70, après le retour d'exil du peuple hébreu et la construction du Second Temple, les synagogues restent les lieux principaux d'échange d'informations entre les familles et les communautés, déjà dispersées sur toutes les rives de la Méditerranée. Les dirigeants y affichent les lois et les ordres sur des plaques de cuivre et de bronze. Dans la synagogue d'Ein Edi, on trouvera plus tard, dessinés sur de la mosaïque, des paragraphes de la Torah, les signes du zodiaque et des règles de comportement, extraites du Lévitique (telles que l'interdiction de dévoiler les secrets de la ville et de colporter des médisances). Dans la grande synagogue d'Alexandrie, les corps de métiers prieront par la suite séparément, pour favoriser les discussions.

Trois siècles avant notre ère au moins, les Hébreux commencent à utiliser le parchemin, comme en témoigne le plus vieux d'entre eux, retrouvé dans les grottes de Qumran.

Communiquer en Grèce

Quand commence le monde grec, quinze siècles avant notre ère, un dieu est affecté aux messagers, Hermès (Ἑρμηνεύς / *hermêneús*, interprète) ; il est lui-même le messager de Zeus auprès des héros et des mortels ; il est aussi le dieu des marchands, des voleurs et des bergers. Il protège également ceux qui s'accordent par des traités, veille sur les chemins et punit ceux qui refusent l'hospitalité aux voyageurs. C'est lui qui dote Pandore de la parole et de la ruse, et c'est par lui que surgit Apaté, la déesse du mensonge et de la duperie. D'où l'attribut de « fourbe » qu'on lui donne. Ainsi est posé le sens grec de la communication : vérité et mensonge à la fois.

Un peu plus tard, dans les cités grecques, où il est plus facile de faire circuler l'information que dans les régions rurales, l'agora est lieu de rumeurs et d'échanges ; autour des puits, les servantes échangent des informations et les rapportent à leur maîtresse ; dans les auberges, les voyageurs échangent des informations ; dans les ports arrivent les nouvelles venues de loin. Dans les cités où, comme à Sparte, les hommes doivent obligatoirement partager leurs repas, les banquets quotidiens entre citoyens permettent aussi l'échange de nouvelles, surtout pendant la deuxième partie du repas, le symposium.

L'Assemblée des citoyens (l'Ecclésia) est à Athènes le lieu principal de recueil et d'échange d'informations politiques et sociales. Les prêches dans les temples sont, là aussi, une façon de communiquer des informations au peuple. Certains prêtres sont chargés de lire les décisions publiquement avant de les afficher.

On utilise aussi, comme ailleurs, les signaux de fumée et des messagers, les « hérauts », à pied ou à cheval, qui transmettent les messages judiciaires, politiques et diplomatiques de cité en cité. Dans l'*Iliade*, deux de ces « hérauts » sont envoyés par Agamemnon chez Achille pour lui annoncer la capture de Briseis ; Agamemnon les accueille comme « les messagers de Zeus et des hommes ». Hérodote (peut-être le premier journaliste, parce que tentant de relater des faits réels de façon objective) raconte comment des hérauts envoyés par le roi perse Darius pour réclamer de la terre et de l'eau sont tués par la foule à Athènes et à Sparte. En guise d'excuses pour ce sacrilège, la ville de Sparte sacrifie deux de ses citoyens.

Entre 800 et – 600, des « aèdes » vont de cité en cité chanter les mérites des héros et des dieux. Les « théores » (considérés comme des ambassadeurs sacrés), eux, recueillent les oracles et vont annoncer, de ville en ville, les dates des cérémonies religieuses.

Vers – 700, Hésiode écrit *Les Travaux et les Jours*, long poème et première esquisse de ce qui deviendra deux mille ans plus tard un journal : il y donne des conseils sur la navigation, l'agronomie et la morale, avec un calendrier des jours fastes et néfastes.

Au VIIe siècle avant notre ère, alors qu'arrive en Grèce un alphabet inspiré de celui des Hébreux, les dirigeants d'Athènes commencent à afficher leurs décisions sur des tableaux de bois, d'abord à l'état de projet, puis gravés dans la pierre une fois le décret voté par l'Ecclésia. Aristophane décrit d'ailleurs dans *Les Oiseaux* les Athéniens se jetant chaque matin sur ces affichages publics.

Les nouvelles, même très importantes, ne vont en général pas plus vite que le pas de l'homme : en – 490, un coursier de profession, Philippidès, met plus de six heures pour apporter à Athènes l'annonce de la victoire des hoplites athéniens contre les troupes de Darius à Marathon, à 40 kilomètres de la ville.

Informer à Rome

Dans l'Italie préromaine, les Étrusques, dont la langue reste aujourd'hui encore mal connue, utilisent comme supports de leurs messages des tissus de lin, des tablettes de cire, de la terre cuite, de la pierre et du bronze.

Quand Rome est fondée, le dieu des messagers, l'équivalent du Hermès grec, est Mercure, fils de Jupiter et de la nymphe Maïa. Son nom vient de *merx* (« marchandise »), *mercari* (« commercer ») et *merces* (« salaire »).

À partir de – 325, à Rome, les censeurs lisent du haut de la tribune des Rostres, sur le Forum, à intervalles réguliers et à haute voix, la liste des membres du Sénat ; puis la liste y est affichée. On lit aussi à haute voix sur le Forum tous les avis officiels, qui sont ensuite affichés sur un tableau blanchi à la chaux qu'on nomme un *album*. Les conversations dans les temples et les marchés sont aussi essentielles pour communiquer des informations.

À partir de – 150, Rome met en place, tout autour de la Méditerranée, un système très sophistiqué de torches, placées dans des tours, surveillées par des militaires : 1197 tours en Italie, 1200 dans les Gaules et 500 en Asie. Selon Polybe (historien grec ayant vécu de – 208 à – 126), il faut deux signaux pour reproduire une lettre de l'alphabet romain. Un message met moins d'une journée pour atteindre le poste le plus éloigné de Rome.

En – 65, César informe le Sénat de ses victoires par des pigeons voyageurs. En – 59, il rend obligatoire la publication très fréquente des *Acta Senatus et populi romani*, comptes rendus officiels des débats du Sénat et des assemblées du peuple. Suétone écrit, dans la *Vie des douze Césars* : « En prenant possession de sa dignité, César établit, le premier, que l'on tiendrait un journal de tous les actes du Sénat et du peuple, et que ce journal serait rendu public. » Premier journal officiel. Un crieur public est chargé de clamer les actes en ville presque tous les jours : énoncer publiquement une loi la fait entrer en vigueur ; aussi, ceux qui s'y opposent tentent de couvrir par leurs cris la voix de ceux qui la proclament. Ils sont ensuite publiés sur des tables en bronze à Rome ; et, dans les espaces publics du reste de l'Empire, sur du bronze, du marbre ou de la pierre blanche ; sauf en Égypte, où le texte est affiché sur du papyrus.

Par ailleurs, César exige qu'on rende chaque jour public un récapitulatif des événements de la journée, les *Acta diurna* (décès, nouvelles militaires, concours sportifs, faits divers, décisions et délibérations du Sénat et du peuple, exécutions capitales, naissances, mariages, divorces, funérailles des personnes illustres, annonces des jeux publics). Ces informations sont écrites sur des affiches en papyrus par des copistes (en général esclaves érudits d'origine grecque), puis affichées sur des planches en bois recouvertes de cire ou blanchies à la chaux à plusieurs endroits du Forum. Une sorte de journal quotidien, rédigé par le pouvoir et affiché sur la place publique. Des notables en envoient des résumés à leurs amis hors de Rome. Ainsi, quand Cicéron est gouverneur de Cilicie, il en demande régulièrement copie à ses amis de Rome.

Les nouvelles vont parfois assez vite : le 15 mars – 44, l'assassinat de César est connu dans la journée par le peuple de la ville, qui se retourne contre les assassins.

Sous le règne d'Auguste, les *Acta senatus et populi romani* ne sont plus rendus publics. Ils ne l'auront été que pendant dix ans. Ils sont réservés à l'empereur, aux magistrats et aux sénateurs. En – 40, l'ensemble des routes de l'Empire est établi. Auguste crée, avec beaucoup de retard sur d'autres empires, le premier service postal romain, le *Vehiculatio* ; avec des chevaux, des gîtes d'étape et des magasins d'approvisionnement. Dans l'écurie de chaque relais, les places occupées par les chevaux des messagers se nomment *posta* (« place »), d'où le nom de « poste » utilisé aujourd'hui dans toutes les langues d'Europe.

Les nouvelles ainsi transmises sont, comme ailleurs, parfois fausses et objets de manipulation : ainsi, en – 33, Octave prétend avoir reçu copie du « testament officiel d'Antoine ». Selon ce document (reconnu aujourd'hui comme un faux), Marc Antoine (qui est alors en Égypte avec Cléopâtre) aurait demandé à être enterré, après sa mort, dans le mausolée des rois ptolémaïques à Alexandrie. Octave en informe le peuple et lit ce texte sur le Forum ; puis il dénonce Antoine au Sénat comme « asservi à la passion et à la sorcellerie de Cléopâtre ». Convaincu par ce faux, le Sénat de Rome retire à Antoine le droit de diriger des armées romaines et déclare la guerre à Cléopâtre. Deux ans plus tard, à Actium, les armées d'Octave écrasent celles d'Antoine et Cléopâtre, qui se suicident.

Les fausses nouvelles feront encore bien d'autres victimes.

Chapitre 2

Le temps des messagers

Du Ier au XIVe siècle

Jusqu'au milieu du XVe siècle, les moyens et la vitesse de circulation de l'information restent ceux qui existaient depuis – 3000.

Partout dans le monde, les pouvoirs religieux et politiques ont encore besoin de tout savoir, de surveiller, de transmettre des ordres. Les marchands, de plus en plus nombreux à partir du Xe siècle en Europe, ont besoin de communiquer entre eux. Et ils ont besoin pour cela d'une plus grande liberté de circulation et d'information.

Les puissants conservent toujours pour eux les informations essentielles. En Europe, jusqu'au Xe siècle, le délabrement des routes, l'absence de vraie autorité centrale, la réduction de l'enseignement et de l'alphabétisation obligent les souverains et les seigneurs, la papauté et les abbayes, les généraux et les armées, les guildes de marchands et les universités, à se doter de moyens propres de collecter et de transmettre leurs informations. Le reste de la population, qui ne sait ni lire ni écrire (l'alphabétisme masculin est passé de 30 % dans l'Empire romain à 5 % vers l'an 800, et bien moins encore pour les femmes), n'est informé que par le bon vouloir des puissants ou par ce que les destinataires de messages privés veulent bien leur laisser savoir. Informer, et désinformer, ne sont toujours que des moyens au service d'un autre pouvoir, politique, militaire, religieux ou marchand.

La poste dans l'Empire d'Orient, rien en Occident

Dans l'Empire romain en Occident, les nouvelles ne circulent que par des envoyés sporadiques, à des vitesses très incertaines : le décès de Claude et l'accession de Néron au pouvoir, le 13 octobre 54, sont connus 35 jours plus tard à Oxyrhynque (ville égyptienne située à 350 kilomètres de la capitale égyptienne).

En 158, un policier de Damas déclare sous serment qu'il vient de recevoir un édit, promulgué à Constantinople quatre ans auparavant. Mais, quand, le 6 septembre 421, le général byzantin Ardaburius triomphe des Perses à Arzamène en Arménie, la nouvelle met à peine trois jours pour arriver à Constantinople, distante pourtant de 1 000 kilomètres du lieu de la bataille !

En 438, en Orient, ce qui reste du réseau postal romain est réglementé dans le *Code théodosien*, par l'empereur d'Orient Théodose II le Calligraphe, installé à Constantinople.

Dans l'Empire d'Orient, l'empereur continue d'utiliser jusqu'à la fin du VIIIe siècle, pour diffuser ses ordres, une poste efficace, avec des relais, à pied et à cheval, qui transporte aussi, pour le compte de l'empereur, marchandises et argent. C'est un très proche de l'empereur, le préfet du prétoire (chargé par ailleurs d'envoyer les ambassadeurs à l'étranger, de recevoir les ambassadeurs de l'extérieur, de superviser le recrutement des interprètes et des espions et de diriger les messagers et les inspecteurs des routes empruntées par la poste impériale), qui accorde l'autorisation d'emprunter les six routes stratégiques, arpentées et bornées reliant Constantinople aux principales routes d'Arabie, du Moyen-Orient et d'Asie. Cela reste un réseau très efficace ; tous les départs ont encore lieu à jour et heure fixes.

L'autre empereur, celui d'Occident, Valentinien III, installé à Ravenne, privé de relais de communication, assiste impuissant à la déposition de Romulus Augustule. Aucun système postal n'y survit.

À la fin du VIIIe siècle, les dirigeants en Occident n'ont toujours pas de poste ni de route pour leur courrier ; ils ne disposent que de quelques messagers à pied ou à cheval et de quelques chariots pour ses ambassadeurs. Rien ne change jusqu'au XIIe siècle, où, en Angleterre, Henry Ier (qui règne de 1100 à 1135) crée un service postal, réservé aux messages du gouvernement : 4 500 lettres sont ainsi convoyées par des messagers pendant son règne. Un siècle plus tard, toujours en Angleterre, sous le règne de Henry III (1216-1272), sont créées des maisons de relais pour que les messagers puissent changer régulièrement de chevaux.

Au même moment, en France, Louis IX (qui règne de 1226 à 1270) dispose de quelques « chevaucheurs », pour transporter son seul courrier ; un document les autorise à réquisitionner des chevaux, ce qui leur permet de parcourir en moyenne 100 kilomètres par jour. Rien encore de plus organisé.

À partir de Venise, au XIIIe siècle, quand les routes deviennent un peu plus sûres, des messagers d'État commencent à transporter des dépêches politiques, par un système embryonnaire de courriers à cheval ou en bateau, vers les Flandres et vers Constantinople. Partout en Europe, les grands seigneurs utilisent aussi, quand ils en ont les moyens, des messagers à cheval, qui exercent souvent, en parallèle, un autre métier.

Les courriers du pape

Les correspondances entre monastères sont acheminées à l'occasion de voyages de moines. En 880, l'abbaye alsacienne de Murbach entretient ainsi une correspondance régulière avec d'autres monastères, jusqu'à celui de Saint-Gall, en Suisse. Au XIIe siècle, l'ordre de Cluny, fondé suivant la règle de saint Benoît au Xe siècle, relie 2 000 maisons (abbayes, prieurés…) par des courriers. Au même moment, l'ordre des cisterciens est au centre d'un autre réseau d'informateurs très dense, s'étendant jusqu'à Jérusalem ; on a ainsi conservé plus de 500 lettres de son fondateur, Bernard de Clairvaux. En 1142, il écrit au pape Innocent II : « J'ai encore beaucoup de choses à vous dire, mais il est inutile d'aller plus avant. Le messager, qui est au courant de tout, mettra tout à plat devant vous de vive voix. »

Au XIIe siècle, le papier arrive en Occident par les Arabes, qui l'ont reçu des Chinois (qui l'utilisent pour écrire depuis 650). Le plus ancien document européen connu écrit sur du papier est une lettre de la veuve du comte Roger Ier de Sicile, Adelaïde de Montferrat, rédigée en 1109 en grec et en arabe.

À partir du XIIe siècle, dans une Europe un peu plus sûre, les papes mettent en place un embryon de service postal sur le modèle de celui de l'ancien Empire romain, disparu sept siècles plus tôt. Des courriers du pape commencent à circuler à travers l'Europe ; ils sont 86 sous le règne d'Innocent VI (de 1352 à 1362).

À la fin du XIIe siècle, les prêches commencent, et deviennent des moyens de transmission de messages. Le prédicateur doit commenter un verset et il en profite pour glisser des informations, des consignes, des ordres. Des frères mendiants se déploient alors dans toute l'Europe pour prêcher. Thomas de Cobham, clerc anglais, écrit que le prêche est un moyen d'instruire les ignorants, réconforter les malheureux, réveiller les paresseux, confondre les mauvais et encourager les bons. Entre 1180 et 1230, les écoles parisiennes de théologie forment de véritables « maîtres de la parole ».

Le pape utilise aussi, pour transmettre ses messages, des voyageurs de passage, et en particulier des marchands. En 1302, Boniface VIII fait porter des lettres d'excommunication au roi de France, Philippe le Bel, qui fait jeter le messager en prison. En 1355, Innocent VI envoie deux messagers, Boloninus et Benedictus, accompagnés d'un notaire, d'Avignon à Rhodes, pour porter une bulle.

En 1370, au cours de la première année de son pontificat, Grégoire XI envoie plusieurs milliers de lettres. Parfois un messager attend des mois une réponse avant de repartir. Les papes utilisent désormais les réseaux des sociétés marchandes et des banquiers florentins. Ce sont toujours des messages privés qui informent leurs destinataires de la situation du pays d'où part le message, pas encore de l'information publique.

Les universités

Au XIIe siècle, un nouveau réseau de courrier apparaît : celui des universités. Lié à l'Église, il est très jaloux de son indépendance. Le premier réseau est celui de l'université de Paris, créée en 1150. Ses 1 500 étudiants, d'origines différentes, regroupés en « nations », mettent en place, pour correspondre avec leurs familles, un système de « petits messagers ». Comme pour les autres systèmes de courrier du moment, celui-ci permet de transmettre aussi des nouvelles moins personnelles, sur la situation du pays. Et pour désigner une nouvelle, on parle alors de *nove* en français et d'*enformacioun* en anglais ; jusqu'à ce que, au XIVe siècle, apparaisse, en anglais le mot *news*, inspiré du français *nove*.

Le réseau postal des universités devient si efficace que, en 1383, Charles VI ordonne que ce service de petits messagers soit mis à sa disposition. Il desservira, une ou deux fois par mois, pour le compte du roi, chaque diocèse du royaume jusqu'en 1719, date à laquelle il sera rattaché à la Ferme générale des postes.

Toutes les autres universités d'Europe se dotent peu à peu des mêmes moyens de communiquer entre elles.

Les messages deviennent marchandises : les avvisi

C'est par les marchands que vont naître les premiers courriers réguliers spécialisés dans la délivrance d'informations, et pas seulement de courriers privés. C'est chez eux qu'apparaîtront ainsi les premières esquisses de ce que seront, plusieurs siècles plus tard, les journaux : les *avvisi*.

Jusqu'au Xe siècle, les marchands européens ne transportent, avec leurs marchandises, que des correspondances privées, et en particulier des informations essentielles pour l'exercice de leurs métiers. Des informations privilégiées. Par exemple, en Allemagne, les bouchers, qui se déplacent régulièrement entre les villes pour acheter du bétail, transportent des correspondances sur le marché de la viande et les épidémies. Leur arrivée est annoncée par des appels de cors.

Pour converser, à la différence des prêtres et des universitaires, les marchands utilisent leurs langues vernaculaires. Parfois même des langues confidentielles, ou des codes, pour conserver le secret de leurs informations. Ils transportent aussi quelquefois des messages confiés par les évêques ou les papes.

À partir du XIe siècle, certaines villes, ports ou lieux de foire (surtout en Flandres et en Italie du Nord, et sur les routes qui relient ces deux régions) deviennent aussi des lieux de pouvoir. À Troyes, par exemple, s'installe une des premières foires. Les marchands qui les dirigent ont besoin de moyens de communiquer entre eux pour fixer les prix, prendre des commandes, et bien plus. Des coursiers circulent.

Au XIIe siècle, Bruges devient la principale ville commerciale européenne et le premier cœur de l'Occident ; les marchands s'y informent par les voyageurs revenant d'autres villes marchandes, d'autres foires, où se rencontrent marchands, paysans, vendeurs de textile, en des foires de plus en plus importantes, qui s'y tiennent du printemps à l'automne le long du Rhin et en Champagne. En particulier, Reims devient le centre d'un maillage qui la relie à Laon, Troyes, Châlons ou Nuremberg.

En 1260, les marchands italiens installés à Bruges créent leur propre réseau postal privé. De grandes familles marchandes vénitiennes, milanaises et génoises ont des bureaux à Bruges. Là encore, c'est une façon de faire connaître des messages privés et des informations plus générales.

À mesure que l'activité économique de ce port en mer du Nord s'intensifie, ce service postal entre marchands s'étend jusqu'à la Toscane et à Venise. De même, les marchands de Gênes et Milan, villes concurrentes, se rendent à Bruges et aux foires de Champagne, de Nuremberg et de Lyon. Depuis Venise on communique aussi avec Séville, Constantinople, Beyrouth, Naples, Alexandrie. Les « *cursores Flandriae* » font le trajet Bruges-Venise en quinze jours.

Dans la seconde moitié du XIIIe siècle, à Venise, dont la prospérité et la puissance militaire grandissent, des messagers de la Sérénissime transportent les dépêches politiques et la correspondance entre marchands prend de plus en plus d'ampleur.

En 1251, à Bergame, Omedeo Tasso, un ancêtre de ce qui deviendra bientôt la grande famille des Thurn und Taxis, crée un premier service postal, la Compagnia dei corrieri, pour servir les marchands, d'abord uniquement dans sa région. Ce sont dans un premier temps des courriers à pied, puis des relais à cheval. En 1290, quand Milan conquiert Bergame, le service postal des Tasso s'étend à Milan, Venise et Rome. Là encore, ils transportent à la fois des messages privés et des informations politiques envoyés par des marchands, que les destinataires partagent parfois avec d'autres.

En 1319 apparaît en français le mot « journal », dérivé du latin *diurnalis* (« journalier »), mais c'est pour désigner un « livre d'enregistrement des actes » de la chambre des comptes. Pas du tout encore pour désigner un mode de transmission d'informations.

En 1357, c'est au tour des marchands florentins de mettre en place leur propre réseau de courriers privés. Ils sont nourris de fuites et d'espionnage, en particulier sur ce qui se passe à Rome, centre de la chrétienté, et à Venise, devenue la principale ville commerciale d'Europe. Les courriers vont soit vers Barcelone, soit vers Bruges, dont la puissance décline avec l'enlisement inexorable du port. Les horaires sont très stricts ; les cavaliers se relaient sans interruption ; un courrier prend environ 25 jours pour faire le trajet de Florence à Bruges. Puis, quand Gênes s'annonce comme rivale de Venise, une compagnie génoise crée un service concurrent, entre Gênes et Bruges.

Peu avant la fin du XIVe siècle, pour désigner ces nouvelles manuscrites ainsi transmises, les marchands italiens emploient maintenant le terme d'*avviso*, qui signifie alors « avertissement » et non plus, comme au XIIe siècle, « prudence » et, au XIIIe siècle, « conseil ».

Les *avvisi* sont les grandes nouveautés : ces lettres, qui contiennent des informations générales, sont commercialisées. Les marchands transforment leurs propres correspondances en marchandises, toujours manuscrites, et pour la première fois vendues comme telles à quelques clients, à intervalles presque réguliers. On est encore loin d'un journal. On est très près des lettres confidentielles qui constituent, encore aujourd'hui, l'essentiel des informations privilégiées. Mais on a franchi une étape majeure : l'information est distinguée du courrier privé et elle est vendue. Ce sont naturellement des marchands qui font ce saut.

Pour le peuple, les crieurs

Pendant ces siècles, comme depuis des milliers d'années, le peuple n'apprend, lui, ce qui se passe autour de lui que par la rumeur et le bouche-à-oreille à l'église, dans la rue, au lavoir, au four, à la taverne. L'affichage est rare, contrairement à l'Antiquité, où il était fréquent ; et les *avvisi*, ces nouveaux moyens de communication entre les marchands, ne sont pas communiqués au peuple, qui n'aurait pas les moyens de les lire et encore moins de les acheter.

Des crieurs, « accoustumés à faire cry », diffusent, comme depuis des millénaires, les décisions des rois et des dirigeants des villes. Ils font connaître les arrêtés municipaux, les convocations, les annonces judiciaires, les épidémies, les disparitions d'enfants ou d'objets, les péripéties militaires, et toute information relative à la sécurité. Les crieurs portent des insignes ou un fanion et préviennent de leur arrivée par un roulement de tambour ou le son d'une trompette. Aux carrefours et sur les places, ils lancent leurs informations gratuitement et à la volée, commençant toujours par « oyé, bonnes gens, on vous fait savoir ». S'ils annoncent un délit, ils crient « haro » ; s'ils annoncent la paix, ils crient « Noël ». Puis ils lisent le texte du message en langue locale, qu'ils scandent de formules incantatoires.

Circulent aussi, sous forme manuscrite, des brochures donnant les principales dates du calendrier, les signes astrologiques et quelques considérations locales.

En Navarre, pendant les trois siècles où les trois religions cohabitent (du XIe au XIVe, jusqu'à ce que la peste noire de 1348 exacerbe l'antisémitisme), les crieurs font connaître les décisions du roi le jeudi sur les marchés, le vendredi dans les mosquées, le samedi dans les synagogues et le dimanche dans les églises.

Parfois, une décision met encore beaucoup de temps à être communiquée à ceux qui doivent la respecter ; ainsi, une ordonnance royale du 22 juin 1373 n'est-elle criée à Paris que le 14 décembre 1374.

Rumeurs, manipulations et fausses nouvelles

Pendant toute cette période, on ne transmet pas seulement, par ces réseaux, des nouvelles, privées ou publiques. On les utilise pour mentir, provoquer, manipuler.

Quelques exemples :

En 756, l'Église fait connaître un document prétendument écrit par l'empereur Constantin (qui règne de 310 à 337), qui lui accorderait la propriété de territoires au sein de l'Empire romain occidental ; l'Église se sert de ce document pour légitimer sa possession des terres papales en Italie. Or, c'est un faux, fabriqué à temps pour que, en cette même année 756, quand Pépin le Bref accorde ces terres à l'Église, cela puisse apparaître comme une restitution et non comme un don royal. Bien plus tard, l'Église finira par reconnaître le mensonge.

Vers 994, l'abbé de Fleury écrit à Hugues Capet : « Pour ce qui est de la fin du monde, encore jeune, j'ai entendu tenir dans l'église cathédrale de Paris un sermon prêché aux fidèles, selon lequel l'Antéchrist arriverait aussitôt accomplis les mille ans, et que, peu de temps après, lui succéderait le Jugement dernier ; à cette prédication, j'ai fait front avec toute l'énergie dont j'étais capable, en m'appuyant sur les Évangiles, l'Apocalypse et le livre de Daniel. »

En l'an 1000, le pape Sylvestre II et d'autres religieux catholiques prédisent de nouveau la fin du monde, ce qui cause de grandes émeutes en Europe et des départs de pèlerins jusqu'à Jérusalem.

Au milieu du XIIe siècle, une lettre venue probablement d'Italie du Nord, adressée à l'empereur byzantin Manuel Ier Comnène et signée d'un certain Frère Jean, qui se présente comme un très riche roi chrétien d'Extrême-Orient descendant d'un des trois Rois mages, raconte qu'il existe dans son royaume des animaux fantastiques, des hommes à cornes et avec trois yeux à l'arrière de la tête, et une fontaine de jeunesse perpétuelle. Cette lettre circule en Europe avec beaucoup de retentissement. En 1177, le pape Alexandre III envoie des délégations à la recherche de ce royaume paradisiaque. De fait, ce faux vise surtout à inciter les chrétiens à partir en croisade.

En 1184, une lettre, prétendument écrite par un astrologue de Tolède et adressée au pape Clément III annonce de nouveau la fin du monde pour 1186, précédée de sécheresses, de famines, de pestes, de tempêtes, et de cris si terribles qu'ils « déchireront le cœur des humains »... Terrifiée, toute l'Europe prie, comme elle l'avait fait en l'an 1000. L'archevêque de Cantorbéry ordonne alors un jeûne de trois jours et l'Église reçoit d'innombrables dons et legs. En 1214, une autre lettre, attribuée au cardinal Johannes Toletanus, prévoit de nouveau la fin du monde, cette fois pour 1229.

En 1225, Jean de Mailly, moine du couvent de Metz, rédige une *Chronica universalis* où il raconte le règne d'une certaine papesse Jeanne, déguisée en homme et élue à la place de Benoît III. Le franciscain Guillaume d'Ockham s'appuie sur ce texte pour dénoncer les turpitudes de la papauté. Au XIVe siècle encore, le théologien Jan Hus citera cette papesse devant le concile de Constance pour expliquer que l'Église catholique n'existe plus depuis que cette femme a été élue pape.

D'innombrables textes tentent de démentir ces fausses nouvelles. En 1275, Édouard Ier écrit dans le premier statut de Westminster : celui qui vient « raconter ou publier des fausses nouvelles ou des histoires par lesquelles la discorde ou l'occasion de discorde ou de calomnie peut grandir entre le roi et son peuple, ou les grands hommes du royaume, [...] devra être emprisonné ».

Philippe le Bel (qui règne de 1285 à 1314) est maître en la matière : il fabrique un faux document pour accuser un évêque qui s'oppose à lui d'avoir tenu des propos injurieux et le faire arrêter ; il accuse aussi le pape Boniface VIII de se livrer à des actes de sorcellerie ; enfin, il accuse les Templiers de cracher sur le crucifix et de pratiquer la sodomie ; en 1307, les Templiers sont emprisonnés et torturés ; en 1312, leur ordre est supprimé ; en mars 1314, le maître de l'ordre, Jacques de Molay, est brûlé vif sur le bûcher à Paris, en maudissant le roi, qui meurt en novembre de cette même année.

En 1348, alors que la peste noire s'abat sur l'Europe, l'Église fait courir le bruit que les juifs empoisonnent l'eau de tous les puits.

En 1382, sous Charles VI, de nombreuses rumeurs circulent encore à Paris, annonçant l'imminence de nouveaux impôts. Paysans et artisans brûlent les registres des collecteurs d'impôts. C'est la « révolte des Maillotins », du nom d'une arme alors employée.

En 1418, les Bourguignons font circuler à Paris le bruit que les Armagnacs ont prévu un grand massacre dans la ville, et que, pour reconnaître les leurs, ils auraient fait fabriquer des écussons noirs à croix rouge (les couleurs du diable et celle de l'Angleterre conjuguées), afin de les apposer sur les maisons. Les Bourguignons profitent de la colère et de la peur que ces rumeurs déclenchent dans le peuple de Paris pour participer aux massacres.

Par l'islam, tout ce qui vient de Chine passe à l'ouest

Ailleurs, pendant ces quinze siècles, on reçoit ce qui vient de Chine, alors encore très grande puissance.

Avant l'islam, la Mésopotamie est sous domination sassanide et utilise ce qui reste du système postal de l'Empire d'Orient : les relais sont espacés de 20 à 25 kilomètres ; les montures les plus utilisées sont les ânes et les mulets. Le Talmud de Babylone (compilé au sein de la diaspora juive de Babylone au VIe siècle, donc sous domination sassanide) l'écrit : « L'homme qui est capable de lire une lettre doit en devenir le porteur. » Autrement dit : seuls des lettrés peuvent porter des messages, ce qui donne un rôle particulier aux communautés juives, où tous les hommes savent lire et où on voyage beaucoup, d'une communauté à l'autre.

Au VIIe siècle, les premiers califes musulmans, les Omeyyades, créent leur propre poste, inspirée des modèles sassanide et byzantin ; elle est alors nommée, comme aujourd'hui encore en arabe, *barid* (qui vient du grec *beredos*, pour « cheval de poste »). Cette poste a la charge de faire connaître les ordres et les messages du calife ; on installe 930 relais de poste ; un tous les 24 kilomètres dans le désert d'Arabie et un tous les 12 kilomètres en Syrie ; les messagers voyagent sur des mulets, des dromadaires ou à pied, avec des signes distinctifs : le mulet a la queue coupée ; les coureurs à pied portent un bâton à clochettes. Les messagers montés parcourent entre 175 et 200 kilomètres par jour. Pour les nouvelles très urgentes, certains courriers font jusqu'à 300 kilomètres par jour. En temps de guerre, on fait aussi passer des messages par des femmes, qui ne voyagent que la nuit.

En juillet 751, événement très important : sur les rives de la rivière Talas au Kirghizistan, près de la ville de Taraz, une bataille essentielle, trop mal connue, oppose le califat abbasside, soutenu par des contingents tibétains, à la dynastie chinoise Tang, pour le contrôle de l'Asie centrale. La victoire du califat abbasside met fin à l'expansion des Tang vers l'ouest. Les Arabes extorquent alors à leurs prisonniers chinois, entre autres techniques, le secret du papier, qui est ensuite diffusé d'abord à Samarcande, puis à Bagdad en 793, au Caire en 900 ; enfin, on l'a vu, en Europe chrétienne.

C'est ainsi que le savoir chinois bascule vers l'Europe.

Pour communiquer, les califes utilisent aussi des pigeons voyageurs, avec des relais tous les 72 kilomètres ; ils volent à 70 à 120 kilomètres à l'heure ; ils mettent une demi-journée pour faire Le Caire-Alexandrie, une journée pour Le Caire-Damas. Le calife possède des colombes bleues pour les messages officiels et des pigeons blancs pour les messages privés. Les pigeons qui apportent une bonne nouvelle sont parfumés, les porteurs de mauvaises nouvelles sont teints en noir. La dépêche est rédigée sur un papier très fin connu sous le nom de « papier d'oiseau ». Parfois, on confie une fausse nouvelle à un pigeon qu'on envoie en direction des ennemis. En 980, raffinement suprême : le calife al-Aziz se fait livrer au Caire des cerises enveloppées dans du papier, transportées par des centaines de colombes lâchées à Damas ; en 1288, sous Nûr al-Dîn, la citadelle du Caire abrite 1 900 pigeons voyageurs.

Les califes utilisent aussi, comme les empereurs romains, des signaux optiques et acoustiques : par exemple, au bord de la Méditerranée, si on voit un ennemi approcher, on allume des feux sur des tours spéciales et on fait sonner des trompes. Ainsi, si on aperçoit un ennemi à proximité d'Alep, l'alerte atteint Bilbays, à 850 kilomètres au nord-est du Caire, en moins d'une journée ; de Bilbays, un pigeon porte le soir même la nouvelle jusqu'au Caire. Une alerte donnée à Tripoli peut aussi atteindre Alexandrie en trois heures et, de là, Ramla, en moins d'une heure.

Les marchands juifs

Tout au long de ces siècles, comme depuis l'antiquité préchrétienne, les marchands juifs, qu'on nomme désormais « radanites » (peut-être parce qu'ils se seraient installés à partir du IVe siècle dans la vallée rhodanienne), maintiennent la communication entre les différentes communautés, installées d'abord dans le monde sassanide, puis musulman, puis, à partir du XIe siècle, dans le monde chrétien. Ils remplacent les *Syri*, marchands chrétiens syriens, qui commerçaient entre l'Occident et l'Orient sous les Mérovingiens et disparaissent avec la conquête du Proche-Orient par les musulmans.

En 870, sous le calife abbasside Al-Mutamid, un géographe musulman (directeur des postes et de la police de la province de Jibâl, au nord-ouest de l'Iran), Ibn Khordâdbeh, explique que les marchands juifs vendent des produits de luxe (parfums, porcelaine, fourrures, joaillerie), des esclaves, des épices, jusqu'en Espagne et en Allemagne et qu'ils transportent aussi des messages pour leurs communautés. Des disputes théologiques, des messages personnels, des informations sur les menaces qui pèsent sur les communautés. Ces marchands voyagent alors de la France à l'Inde, du Maroc à la Chine. Abraham ben Yijū, marchand juif du XIIe siècle entre Aden et le sud de l'Inde, raconte que ses amis marchands juifs et lui disposent de plus de liberté de circulation que les autres marchands et qu'ils sont les seuls à avoir le droit de circuler des pays musulmans aux pays chrétiens. Les marchands juifs d'Égypte et du Yémen correspondent ainsi régulièrement avec les communautés juives d'Inde, d'Espagne ou de France, et avec des négociants génois, florentins, siciliens, livournais, français. Ils parlent hébreu, arabe, persan, byzantin, franc, espagnol et des langues slaves. Au XIe siècle, ils sont presque les seuls marchands à naviguer, à échanger et à communiquer tout autour de la mer Rouge. Parmi eux, des rabbins, dont Benjamin de Tudèle (vers 1130-1173), qui voyage de Navarre jusqu'au Moyen-Orient. Et on trouve, dans la genizah du Caire, plus de 300 lettres écrites par ou adressées à Nahrai ben Nissim, un marchand juif tunisien ; ces lettres viennent d'Espagne, d'Afrique du Nord, d'Égypte, de Judée, de Sicile, d'Inde, de Chine et de Syrie, entre 1045 et 1096 ; elles parlent surtout des activités commerciales et monétaires de ceux qui les envoient, et mentionnent parfois des détails sur la vie quotidienne ou politique du pays d'où elles viennent (par exemple l'une d'elles raconte la difficulté pour les Juifs de vivre à Jérusalem). Elles informent aussi sur les idées nouvelles et les technologies venues d'ailleurs.

Au Moyen Âge, les marchands juifs accompagnent encore leurs marchandises par des lettres, demandant des avis juridiques aux principaux sages juifs d'alors, à Troyes, à Cordoue, à Fostat, au vieux Caire. Ces lettres viennent de partout : parmi les lettres reçues par Joseph Ibn Awkal, un marchand de pierres précieuses, installé à Fostat, on trouve une missive envoyée en 1145 par un Juif de Mangalore, dans le sud de l'Inde. Selon le géographe persan Ibn Khordâdbeh, des Juifs « contrôlent les quatre routes de la soie », allant de la vallée du Rhône vers l'Égypte, la mer Rouge, l'Asie centrale, les Indes jusqu'à la Chine, où les radanites ont leurs entrées et leurs correspondants. Ils participent ainsi à l'arrivée en Occident des idées, des informations, des techniques, du papier et des produits médicinaux venant de Chine.

En Chine, le premier périodique : le Dibao

En Chine, les banquets impériaux restent, comme ailleurs, des lieux importants d'échanges d'informations, de critiques et de commentaires entre lettrés et hauts fonctionnaires. Sous la dynastie des Han (qui s'achève en 220), de larges routes relient la capitale Chang'an (l'actuelle Xi'an) à tous les points importants du pays ; une allée centrale est réservée aux courriers impériaux. Sous les Jin, de 265 à 420, les courriers sont placés sous la direction du ministre des Armées ; des cavaliers transportent les lettres du Palais et les documents administratifs d'importance ; des coureurs à pied portent les courriers moins urgents.

Au VIe siècle, le papier devient le support officiel des documents administratifs de l'Empereur et il est aussi utilisé pour transmettre des savoirs scientifiques et culturels nouveaux. Il est peu à peu également utilisé pour écrire de la correspondance. Mais pas encore pour le journal.

Sous la dynastie des Tang (618-907), le réseau postal devient gigantesque. Il s'étend sur 32 000 kilomètres ponctués de 1 643 relais (1 297 relais terrestres, 260 fluviaux et 86 mixtes), avec des écuries, des hôtelleries, des bureaux et des temples du dieu des chevaux ; les directeurs des relais doivent rendre compte régulièrement de la santé des animaux. Les messagers à pied sont généralement des délinquants soumis à la corvée, qui effectuent des relais de 5 kilomètres ; les courriers à cheval, à dos de chameau, de yak ou d'âne font des relais de 20 kilomètres ; des coureurs express utilisent des voitures postales et parcourent 80 kilomètres par jour.

Au IXe siècle apparaît en Chine le bloc de caractères d'imprimerie en bois. Il est d'abord utilisé pour imprimer des calendriers, des livres d'histoire, des romans, de la littérature populaire et des textes religieux (en 868, on imprime le *Sûtra du Diamant*, un livre sacré bouddhiste). En 1041, on utilise pour la première fois des caractères mobiles, toujours en bois ; seulement pour fabriquer des livres. Pas pour transmettre des messages ou des informations.

À ce moment, au IXe siècle, dans la capitale Chang'an, apparaît une première sorte de « journal » : les textes politiques (décrets, édits, décisions, lois…), les informations sur la vie quotidienne de l'empereur (discours, chasses, cérémonies, devoirs religieux), sur la cour impériale (nominations, destitutions, louanges, récompenses…), et les rapports militaires et diplomatiques (en censurant les nouvelles sur les révoltes et mutineries) sont regroupés dans un rapport spécifique périodique. Ce « rapport des résidences officielles » ou *Dibao* est d'abord rédigé sur des feuilles de bambou, puis un peu plus tard sur du papier. Les premiers destinataires en sont les bureaucrates, qui les résument et les transcrivent sur des affiches, transmises à intervalles réguliers par des cavaliers à travers le pays. C'est donc le premier périodique d'Orient, journal officiel plus fourni que celui qui exista pendant dix ans à Rome au temps des Césars. Et, comme lui, seulement affiché, pas transmis.

Sous les Song (960-1279), l'empereur utilise aussi ce *Dibao* : à la suite d'une défaite militaire, l'empereur Ningzong (1168-1224) rédige lui-même une autocritique, publiée dans un des *Dibao*. Le dernier des *Dibao* date de 1912.

À peu près à la même époque et pendant vingt ans, est confectionné quotidiennement le *Kai Yuan Za Bao*, un manuscrit sur de la soie, racontant les événements nationaux et internationaux. Il est distribué chaque jour aux plus hauts fonctionnaires de la capitale et des provinces. Première sorte de journal quotidien.

L'empereur Gaozong envoie aussi des émissaires à l'étranger pour espionner et rapporter des informations sur les coutumes, les technologies et les productions des autres pays. Ces recherches sont ensuite consignées par l'historiographe officiel de la cour en 60 rouleaux sous le titre de *Traité illustré des contrées occidentales*. Ce document est essentiellement à destination de l'empereur.

En 1215, les Mongols héritiers de Gengis Khan prennent le pouvoir en Chine et étendent le système postal chinois jusqu'à l'Asie centrale, et en Russie, en Iran, en Irak.

En Inde, sous les sultans musulmans d'origine turco-afghane de Delhi (1210-1526) et avant l'arrivée des insatiables Mongols, le voyageur arabe Ibn Battuta, de passage en 1333, décrit à la fois une poste à cheval avec des relais situés tous les 8 kilomètres, et une poste à pied avec des relais tous les 500 mètres. Les relais sont des tentes dressées à l'extérieur des villages, qui reçoivent des messagers tenant un fouet terminé par des grelots de cuivre afin d'alerter le relayeur suivant.

En Afrique

À partir au moins du VIIe siècle, dans ce qui est aujourd'hui le Sénégal, le Mali et la Guinée, apparaissent des crieurs, chargés de répandre les informations et les décisions importantes. On les nomme alors les « djeli » ; on les nommera plus tard les « griots ». La légende les fait descendre de Sourakata, un compagnon du Prophète.

Les djeli ont un rôle majeur, selon le griot Mamadou Kouyaté : « Sans nous, les noms des rois seraient oubliés, nous sommes la mémoire de l'humanité. Avec la parole, nous donnons vie aux faits et aux actions des rois devant la jeune génération. » Le djeli est considéré comme le gardien de la parole, « le dépositaire de l'Histoire ». Le djeli « doit avoir la capacité d'improviser sur l'actualité, les incidents imprévus et les scènes de passage » ; il ne rapporte pas seulement les informations qu'on lui donne, il peut aussi interpréter tel ou tel événement.

Au Mali, la fonction de djeli est héréditaire, masculine ou féminine. Les familles de djeli font partie de la caste des artisans. Ils sont souvent sous la protection d'un noble, dont ils chantent régulièrement les louanges.

En 1236, l'empereur mandingue Soundiata Keïta est intronisé à Niani, sa ville natale, qu'il choisit comme capitale de son empire. Il proclame la charte du Manden, qui affirme les principes d'égalité, de respect de la vie humaine, de liberté individuelle, de solidarité, l'égalité de genres et l'abolition de l'esclavage. Cette charte est transmise oralement dans l'empire, puis de génération en génération au sein du clan des Mandingues, par des djeli. Aujourd'hui encore, chaque année, une cérémonie commémore cette charte dans le village de Kangaba, au Mali, près de la frontière de la Guinée.

Chapitre 3

La révolution de l'imprimerie

De 1400 à 1599

Quand commence le XVe siècle, la Chine se referme ; ses communications intérieures et avec le reste du monde se disloquent. L'Europe revient sur le devant de la scène. Les modes de communication restent inchangés : le bouche-à-oreille, les repas, les places de marché, les courriers des papes, des universités et des marchands, les proclamations des crieurs et les chants des ménestrels… L'information importante demeure réservée à un petit groupe de privilégiés. Toujours pas de journalisme ni de journaux. Seulement des lettres et des *avvisi* manuscrits. Venise est désormais concurrencée par Anvers et Gênes.

En Allemagne, dans une ville de foire sur la route entre les Flandres et l'Italie du Nord, une innovation technique majeure venue de Chine (où elle n'était pas utilisée pour cela) modifie, pour la première fois depuis des millénaires, le mode de transmission de l'information : les caractères mobiles et métalliques de l'imprimerie.

Apparaissent alors les premières formes de messages imprimées en plusieurs exemplaires ; elles sont encore réservées à un tout petit nombre de gens ayant les moyens de les acheter. On les nomme, selon les pays : *avvisi*, *Flugschriften*, pamphlet, *news*, libelles.

Dislocation des réseaux d'information chinois

Aux XVe et XVIe siècles, la Chine, dirigée par la dynastie Ming (1368-1644), dispose encore d'énormes capacités de production agricole, d'échange commercial et de ressources militaires. À la cour, on s'informe, comme depuis des milliers d'années, par les banquets et, on l'a vu, les courriers venus, plus ou moins vite, et plus ou moins régulièrement, des gouverneurs locaux et des ambassadeurs.

Au XVe siècle, le réseau postal est encore relativement puissant. Les routes, surveillées et contrôlées de près, relient toutes les provinces à la capitale ; des relais existent encore tous les 60 à 80 lis (30 à 40 kilomètres) avec des moyens de transport parallèles (bateaux, chevaux, ânes) ; des messagers circulent de jour comme de nuit, sur différentes montures, et restent tenus de parcourir l'équivalent de 150 kilomètres par jour.

L'imprimerie n'y est encore utilisée que pour publier des romans (*Les Trois Royaumes* de Luo Guanzhong, *La Pérégrination vers l'Ouest* de Wu Cheng'en, *Au bord de l'eau* de Shi Nai'an), des pièces de théâtre (*Le Pavillon aux pivoines* de Tang Xianzu), des essais néoconfucéens. Elle sert aussi à fabriquer les listes de paie, des feuilles d'impôts et des affiches faisant connaître les lois.

Au début du XVIe siècle, les routes se détériorent. Les Ming comptent désormais essentiellement sur des coureurs à pied ; un messager qui prend plus de temps que prévu pour livrer un courrier reçoit 50 coups de bâton ; celui qui perd le document dont il a la charge en reçoit 100. Le système se disloque : en 1512, l'inspecteur régional de Shaanxi se plaint que des documents mettent plusieurs mois à atteindre sa juridiction. En 1558, un magistrat de Chunan remarque que ses lettres peuvent prendre cinq jours pour atteindre le siège de la préfecture, qui n'est pourtant qu'à 70 kilomètres. L'empereur n'est plus en situation d'y remédier. La Chine s'endort, pour plus de quatre siècles. Le centre géopolitique du monde bascule vers l'Europe occidentale, où, justement, se développent de nouveaux moyens d'échanger des informations.

En Europe, naissance de l'impatience marchande

Quand commence le XVe siècle, la transmission des nouvelles est en Europe encore très lente et très aléatoire. On sent cependant naître une impatience, toujours annonciatrice de temps nouveaux. En 1445, un marchand vénitien, Lorenzo Dolfin, écrit à son commis à Bruges une lettre qui dit tout de l'esprit du temps : « Cela nous paraît mille ans d'attendre chaque heure de chaque jour de vos nouvelles de tout ce qui se passe là-bas... Renseignez-vous sur les usages de chez vous et ceux des autres pays et ce que valent les monnaies et l'orientation des affaires et ce dont vous avez besoin... Ne manquez pas de nous répondre par la prochaine, par Dieu écrivez plus souvent ! » Un marchand envoie parfois plusieurs copies d'une même lettre pour s'assurer qu'elle parvienne à destination.

Et celui qui la transporte en apprend par cœur le contenu, au cas où elle serait perdue ou volée ; certains marchands sont même célèbres pour leurs capacités à mémoriser les informations qu'ils transportent ; dans les archives d'un marchand vénitien, on a trouvé trace d'un paiement de 13 ducats fait à un « Maiestro Piero dela Memoria », pour des leçons de mémorisation.

Quand les États se consolident, commencent à s'organiser des services postaux fiables, au service des princes, à côté de ceux de l'Église, des universités et des marchands ; d'abord en France, sous Louis XI, en 1464 ; puis en Angleterre, sous Édouard IV, en 1478 ; enfin dans l'Empire germanique en 1490.

En 1464, Louis XI crée un relais postal entièrement à son service ; ni les seigneurs, ni l'Église, ni les marchands n'y ont accès. À chaque relais, disposé tous les 28 kilomètres, un palefrenier s'occupe des chevaux. Les nouvelles vont grâce à cela un peu plus vite qu'avant : le 31 juillet 1488, son successeur Charles VIII est à Angers quand il apprend la victoire de ses troupes à la bataille de Saint-Aubin-du-Cormier contre les Anglais, trois jours plus tôt, à 520 kilomètres de là.

À la fin du XVe siècle, ce système postal royal se défait. Par contre, les riches seigneurs et les marchands conservent les leurs, en concurrence avec ceux de l'Université et ceux des monastères. À Paris, on compte aussi 13 messagers de métier, qui, après signature d'un contrat, se chargent de livrer du courrier et des objets, à pied ou en « malle-poste », qui transporte aussi des voyageurs et des colis.

En 1576, Henri III restaure un semblant de poste royale et l'autorise à prendre des courriers de particuliers contre paiement d'une redevance par le destinataire.

En Angleterre, les messages du roi, des nobles et des marchands emploient encore des routes de hasard. En 1448, un serviteur du chevalier Sir John Falstaff (dont Shakespeare s'inspirera) écrit à son maître pour s'excuser de son retard mis à lui répondre : « Si des messagers à Londres avaient pu être trouvés avant Noël, les lettres étaient prêtes à partir. » Puis, les rois organisent un semblant de système postal : en 1485, Richard III établit une chaîne de cavaliers tous les 32 kilomètres ; en 1516, Henry VIII crée à son seul service le Royal Mail, dirigé par son secrétaire, nommé Maître des postes. Les seigneurs et marchands doivent leur payer des messagers privés, à pied ou à cheval : on a trouvé 60 lettres envoyées par une certaine Margaret Paston depuis Norfolk à son mari, avocat à Londres ; dans une lettre de 1448, elle le supplie de lui envoyer des amandes, du tissu, du sucre et des arbalètes pour repousser les attaques des voisins. Les centaines de lettres échangées par la famille Paston (entre 1422 et 1509) constituent une des très rares sources sur cette époque ; elles révèlent une femme qui se fait d'abord aider par des scribes, puis apprend à lire et à gérer entièrement les affaires de la propriété familiale.

En Allemagne, siège du Saint-Empire, de grands marchands organisent une poste bien plus efficace et durable.

D'abord Jacob Fugger, alors l'homme le plus riche d'Europe, né à Augsbourg, formé par Luca Pacioli (un moine franciscain qui a mis au point la comptabilité double), crée son propre système de coursiers pour ses marchandises, qu'il met à la disposition de l'empereur dès 1506, puis tout au long des guerres d'Italie. À la mort de Jacob Fugger en 1525, son système postal se délite.

Puis vient la famille Tassis, dont il a déjà été question. En 1502, le futur empereur Maximilien Ier charge François et Jeannetto de Tassis, fils d'Alexandre (qui gère le service du courrier papal depuis 1489), de créer un réseau postal impérial. En 1519, Charles Quint, successeur de Maximilien Ier, ouvre ce service à quelques clients privés en laissant aux Tassis, devenus Taxis, le monopole des postes. Le service est fiable, régulier, et il devient progressivement accessible à tous ceux en ayant les moyens. Il est dirigé depuis Bruxelles. Les Taxis prennent ainsi le monopole des routes postales en Allemagne, en Autriche, en Hongrie, aux Pays-Bas et en Espagne ; ils distribuent aussi bien le courrier impérial que celui des marchands. Cela durera jusqu'à la fin du XIXe siècle.

Imprimer, pour faire savoir : de la Bible à l'almanach

Johannes Gutenberg, né en 1400 à Mayence dans une famille aisée, formé à l'orfèvrerie, à la ciselure et aux alliages, entreprend en 1448 de construire une presse d'imprimerie, avec l'aide du banquier Johann Fust, proche du cardinal de Cusa, un bibliophile ayant vécu à Constantinople et connaissant les techniques d'impression chinoises.

Gutenberg tente d'abord d'utiliser la xylographie utilisée en Chine avec les idéographes, mais elle n'atteint pas la précision inframillimétrique nécessaire pour la reproduction des lettres d'un alphabet ; il essaie ensuite de fabriquer des caractères avec des plaques de métal, méthode déjà explorée en vain en

Hollande au début du XVe siècle, mais les plaques de métal sont rapidement déformées par le poinçon qui les grave. Gutenberg tente alors de fabriquer des caractères séparés ; il met au point un alliage (83 % de plomb, 5 % d'étain et 12 % d'antimoine) qui empêche durablement les lettres de se déformer. Il le combine avec d'autres techniques déjà éprouvées dans d'autres domaines (la presse pour l'impression sur tissu, l'encre pour les copistes, le moulage et le poinçon pour l'orfèvrerie). Et il réussit.

Son premier livre, une bible, paraît en 1452. Deux ans plus tard, en décembre 1454, après la prise de Constantinople par Mehmet II (le 29 mai 1453), il imprime six feuillets in-quarto, un « Avertissement à la chrétienté contre les Turcs ». Il le nomme *Türkenkalendar* (« calendrier turc »). Chaque page correspond à un des mois de l'année 1455 et comporte une prière et une exhortation à un prince séculier ou à un membre du clergé de lutter contre les Turcs.

Les pronostics sont alors unanimes : grâce à l'imprimerie, le latin va s'imposer comme la langue de communication de toute l'Europe, et l'Église renforcera son pouvoir en distribuant la Bible à tous. C'est exactement le contraire qui va se produire.

En 1460, l'imprimeur Johannes Mentelin, à Strasbourg, imprime une première bible en allemand.

Puis des imprimeries s'installent un peu partout en Europe. En 1464, Conrad Sweynheim et Arnold Pannartz, associés de Johann Fust, installent la première imprimerie en Italie, dans le monastère bénédictin de Subiaco, dans les Appennins ; en 1465, ils publient une édition des œuvres de Cicéron. En 1468, à Venise, les deux frères Spire, Jean et Wendelin, venus d'Allemagne, impriment un texte de Cicéron, *Epistolae ad familiares* ; l'année suivante, un de leurs assistants, Nicolas Jenson, crée la première imprimerie commerciale avec un marchand, Jean de Cologne, qui a des agents à Vérone, Milan, Crémone et Pérouse.

En 1470, Jean Heynlin, prieur de la Sorbonne, fait venir à Paris trois imprimeurs allemands, qu'il installe dans le cloître Saint-Benoît, une dépendance voisine de la Sorbonne. C'est le premier atelier d'imprimerie en France. En sort le premier livre jamais imprimé en France : un recueil de lettres de Gasparin de Bergame, grammairien et enseignant italien ; un in-quarto de 120 feuillets tiré à une centaine d'exemplaires, enluminés ensuite à la main. Puis, ils publient d'autres livres de rhétorique, dont la Sorbonne a fait sa spécialité. En 1476 à Westminster, William Caxton installe la première imprimerie anglaise. Dans les années 1480, un autre imprimeur-éditeur, vénitien, Erhard Ratdolt, imprime les premières lettres ornées d'enluminures, ce qui permet de se passer d'enluminer les livres après leur impression.

Le futur empereur Maximilien Ier croit voir l'intérêt politique de l'imprimerie : en 1482, il fait imprimer le traité qu'il vient de conclure avec Louis XI et le distribue aux princes allemands. Le 9 mai 1486, il demande aux imprimeurs d'Augsbourg, Magdebourg, Mayence, Passau, Strasbourg, Stuttgart et Ulm d'imprimer une « notification officielle » de son élection comme roi de Germanie et de son couronnement comme roi des Romains, et il l'envoie aux dirigeants de toutes les villes de l'empire.

On imprime alors à Mayence les premiers *almanachs*. Le mot vient de l'arabe *munawaq* (« disposé en ordre »).

Ces brochures reprennent ce qui circulait déjà un peu sous forme manuscrite : des informations pratiques (dates des fêtes religieuses, noms des saints, jours de foires et de marchés...), des descriptions astrologiques (avec des prophéties), des faits divers, des conseils (culinaires, d'horticulture, de santé ou d'éducation). En 1491 est imprimé à quelques exemplaires le premier almanach en France, le *Compost ou Calendrier des Bergers.*

À la fin du XVe siècle, il y a des centres d'impression dans plus de 200 grandes villes européennes, dont 62 dans le Saint-Empire romain germanique.

En 1492 est imprimé, à Séville, la première grammaire en langue vernaculaire, en espagnol. D'autres suivront vite. Le latin, qu'on pensait voir triompher avec l'imprimerie, va peu à peu disparaître. Commence aussi une vague nationaliste qui va emporter l'empire et menacer l'Église.

L'empereur et les Neue Zeitungen, *premiers périodiques*

Maximilien Ier, qui prend le titre d'empereur en 1508 et sent monter les colères du peuple, s'efforce de garder les imprimeurs de son côté en leur fournissant du chiffre d'affaires et en soignant sa propre propagande : il leur fait imprimer de temps en temps des bulletins d'information qu'il fait distribuer dans tout l'empire. Premiers périodiques.

Ce sont de petits cahiers, de 4 à 16 pages, décorés d'illustrations et de gravures sur bois racontant ses batailles ou des funérailles princières : les *Neue Zeitungen* (qu'on peut traduire par « Nouveaux Journaux »). Le premier, en 1509, annonce la reconquête de l'île de Lesbos par la France. Un autre, en 1510, parle de la réconciliation entre Louis XII et le pape. Ces *Neue Zeitungen* racontent ensuite, des années durant, les exploits des princes chrétiens contre les Turcs. Ils sont produits de plus en plus massivement, vendus à bas prix, et touchent un plus vaste public. Leur plus grand éditeur est alors l'avocat Christoph von Scheurl, qui les écrit lui-même, sous le contrôle de l'empereur, puis les imprime. Ces brochures circulent dans toute l'Europe par des courriers privés et sont vendues dans la rue, dans les tavernes, de la main à la main... Pas encore question d'utiliser la poste. Cette publication dure jusqu'à la mort de Maximilien Ier en 1519. Puis elle disparaît.

L'imprimerie se retourne alors contre l'empereur : des brochures sont publiées contre lui. Et contre l'Église.

Luther et les Flugschriften

Le 31 octobre 1517, un frère augustin, professeur de théologie de 33 ans, Martin Luther, auteur d'une traduction de la Bible en allemand, affiche en allemand, sur la porte de l'église de Wittenberg (en Saxe), 95 thèses où il dénonce la corruption de l'Église, qui vend des indulgences pour financer la construction de la basilique Saint-Pierre de Rome. L'année suivante, ce texte est imprimé par ses étudiants et diffusé en Europe. Avec un foudroyant succès.

Pour Luther, l'imprimerie est « le plus grand et le plus extrême acte de la Grâce divine par lequel se propage l'influence de l'Évangile ». Elle lui permet de faire connaître sa pensée dans toute l'Europe avant que l'Église ne réagisse. Il publie très rapidement d'innombrables autres brochures contre l'Église, dans lesquelles il utilise des dessins de son ami, le grand peintre Lucas Cranach l'Ancien, pour illustrer ses textes par des caricatures antipapistes.

Ces brochures font entre 1 et 16 pages ; elles sont diffusées dans les tavernes par des colporteurs itinérants. On les nomme *Flugschriften* (littéralement « papiers volants », ou « brochures »).

Entre 1517 et 1520 sont imprimés et vendus plus de 300 000 exemplaires de trente écrits de Luther, qui en réclame les revenus. Premiers droits d'auteur. Les écrits des protestants suscitent quelques répliques de l'Église. Ainsi, en 1525, Hieronymus Esmer écrit en latin une « réponse à l'abomination de Luther contre la sainte prière de la messe ». Mais le temps du latin est révolu et ces réponses n'arrêtent pas la Réforme.

Jusqu'en 1530, la majorité des 10 000 brochures publiées dans l'empire sont liées à la Réforme et beaucoup sont du seul Luther. Jusqu'à sa mort en 1546, on compte 4 000 éditions et rééditions de ses textes.

La plupart des grandes villes possédant une imprimerie (Strasbourg, Nuremberg, Bâle…) soutiennent la Réforme. En 1535, des paysans du Dauphiné et de Provence, issus du mouvement vaudois rattaché au protestantisme depuis 1532, financent l'impression, à Neuchâtel, de la première bible protestante en langue française. En 1536, la Réforme triomphe à Genève à l'instigation d'un autre réformateur, Jean Calvin. En 1541, le centre de la propagande de la Réforme se déplace à Genève. La bataille entre protestants et

Rome est impitoyable. Des libraires français s'y réfugient, comme Robert Estienne, ancien imprimeur royal de François Ier. L'intolérance des uns n'a d'égale que celle des autres.

À Venise, les novellanti, *premier embryon du journaliste*

À Venise, à partir de 1520, le collège des Sages (organe de la République de Venise créé pour limiter les pouvoirs du doge) synthétise les nouvelles reçues des ambassadeurs, des officiers, des Vénitiens vivant à l'étranger. Ces informations sont ensuite transmises, d'une façon manuscrite, aux ambassadeurs ; des copies imprimées en sont déposées aux archives de la chancellerie.

Ici, comme ailleurs en Italie, des marchands proposent encore à leurs clients des *avvisi*, épisodiques et manuscrits ; ces rapports confidentiels, constitués de deux feuilles de papier pliées en quatre, présentent les informations politiques et militaires les plus récentes. Ils sont écrits pour le compte de marchands, ou même à leur propre compte, par des *novellanti*, c'est-à-dire des écrivains spécialisés, à partir de nouvelles arrivant à Venise de la Méditerranée orientale, du Moyen et de l'Extrême-Orient, de l'Empire ottoman, de l'Espagne et du Portugal. Ces premiers « journalistes » écrivent aussi ce qui se dit sur le pont du Rialto, où se croisent barbiers, marchands et artisans, et sur la Piazza San Marco, où l'on trouve les boutiques, cafés et librairies ; ils y glissent également quelques informations secrètes du Collegio arrachées à certains secrétaires. Ils font désormais imprimer ces *avvisi* et les envoient à quelques abonnés lointains. Le métier de *novellante* se distingue à présent de celui du marchand.

L'*avviso* commence toujours sobrement : « Nouvelles de Venise, 24 mars 1570 ». Ils sont vendus en librairie ou par abonnement dans les grandes villes au prix de 2 soldi ; or, la pièce vénitienne de deux soldi s'appelle *gazetta* (il y a dessus une pie, *gaza* en vénitien). On ne parle pas encore de gazette.

Giovanni Poli, *novellante* à Rome, est lu de tous les dirigeants italiens et de Philippe II, roi d'Espagne et fils de Charles Quint. Ses bulletins font 4 à 8 pages.

Le 20 mars 1558, un *avviso* parti de Venise raconte ce qui se passe à la cour de Philippe II, alors à Bruxelles : « À l'occasion du départ du cardinal Caraffa, le roi l'a reçu à dîner. Mais ne faisant pas maigre, Philippe II a mangé sa part. Au moment de se séparer, le roi et le cardinal se sont embrassés et se sont dit quelques mots à l'oreille. Aujourd'hui sont arrivés à Anvers quatre bateaux, venus d'Espagne en dix jours, qui portent 200 000 écus en argent comptant et 300 000 en lettres de change. Préparatifs militaires en Zélande et en Angleterre. Insécurité pour nos commerçants en France. »

En 1570, le pape Pie V rappelle aux *novellanti* qui tournent autour du Vatican qu'il leur est interdit de critiquer l'Église. En 1572, il fait même exécuter l'un d'entre eux, Niccolò Franco, pour des propos critiques. En 1581, un autre *novellante* est aussi exécuté, simplement pour avoir écrit que la santé du pape se dégradait.

Ces informations sont importantes et très suivies : elles peuvent même parfois influer sur une élection papale : en 1521, à la mort du pape Léon X, le poète Pierre l'Arétin affiche sur le buste de la statue Pasquino, sur la Piazza Navone, des sonnets où il accuse le cardinal Pucci d'aimer les femmes, le cardinal de Mantoue d'être pédophile et le cardinal de Sion d'être alcoolique. Il épargne Jules de Médicis, qui est élu pape le 19 novembre 1523.

Les Messrelationen, *premiers journaux périodiques réguliers*

En 1588, à Francfort, à l'occasion des grandes foires où se rendent les imprimeurs et les libraires, apparaissent les *Messrelationen*, textes imprimés qui racontent tous les six mois, ou tous les ans, les derniers grands événements militaires et politiques du monde connu.

En 1596, le théologien catholique Pierre Victor Palma Cayet publie une sorte de magazine chronologique pluriannuel, les *Chronologies novennaires* (qui regroupent les événements de la période 1589-1598), puis les *Chronologies septénaires* (1598-1604), puis de nouveau une *Chronologie novennaire* en 1605, qui raconte « l'histoire des guerres d'Henri IV de 1589 à 1598 ».

En 1597, à Augsbourg, un certain Samuel Dilbaum lance la publication de la première chronologie mensuelle, sous le titre du mois courant avec la mention *Historische Erzählung* (littéralement « narration historique »). Ces mensuels sont publiés en 150 exemplaires ; les douze numéros de 1597 sont ensuite reliés ensemble et publiés sous le titre *Annus Christi, 1597.* Il n'y a plus de numéro après cette première année. Le premier magazine mensuel de l'Histoire n'aura duré qu'un an.

Les news*, à Londres*

En 1407, l'archevêque de Cantorbéry, Thomas Arundel, préside la Convocation (synode) d'Oxford qui doit réglementer la prédication, la traduction et l'utilisation des Écritures. Il y est expressément interdit de traduire en anglais toute partie des Écritures, ou même de lire une telle traduction sans autorisation expresse de son évêque, sous peine d'être condamné à mort comme hérétique. L'interdiction tiendra un peu plus d'un siècle. Elle freinera le développement de l'imprimerie et de toute publication en Angleterre.

Pendant la guerre des Deux-Roses, entre les Lancaster et les York, on trouve des rapports manuscrits où chacun se vante d'être vainqueur. Circulent aussi, comme ailleurs, des rapports de marchands et des courriers des religieux, par diverses postes.

L'imprimerie est très lente à apparaître et elle est très contrôlée. En novembre 1513, Richard Fawques imprime à Londres un premier pamphlet de 4 feuilles ; il est intitulé « À la suite de la bataille entre l'Angleterre et l'Écosse » et raconte la victoire anglaise à la bataille de Flodden Field du 9 septembre 1513.

En 1525, William Tyndale, osant violer la décision du synode de 1407, traduit et fait imprimer le Nouveau Testament en anglais. En 1534, Henry VIII se proclame chef de l'Église d'Angleterre et instaure le contrôle de la publication de chaque livre par son conseil privé. En août 1536, Tyndale est arrêté à Anvers par les troupes de Charles Quint et brûlé vif comme hérétique pour avoir fait traduire la Bible. Deux ans plus tard, un exemplaire de la Bible de Tyndale est remis au roi Henry VIII qui décrète que cette Bible doit être lue « dans toutes les paroisses d'Angleterre ». L'année suivante paraît la *Great Bible*, « version autorisée du roi Henri », destinée à l'Église d'Angleterre, qui reprend presque intégralement le texte de Tyndale.

En 1549, à un moment où la censure se fait un peu plus discrète, apparaît à Londres une première *newsletter* imprimée clandestinement. Elle est écrite par un imprimeur, un certain John Day, sous le nom de *Requests of the Devonshyre and Cornyshe Rebelles*. Les rédacteurs sont basés à Londres et obtiennent leurs informations de sources continentales. Elle ne dure que quelques mois.

En 1553, avec l'arrivée au pouvoir de la reine Mary Tudor, catholique, la censure revient. Beaucoup d'imprimeurs protestants quittent le pays. John Day continue de travailler clandestinement dans le Lincolnshire. Il publie *Le Livre des Martyrs*, considéré comme le livre imprimé le plus abouti du XVIe siècle. En 1558, en montant sur le trône, Elizabeth Ire autorise les imprimeurs protestants à revenir et réaffirme le contrôle royal sur tout ce qui est publié. En 1563, elle interdit « la publication et la présentation de mauvaises prophéties concernant la reine et d'autres nobles personnes par l'écriture, l'impression, le chant ou tout autre discours ».

En 1567, son conseiller, Sir Nicholas Bacon (père de Francis Bacon), met en garde la reine contre les livres et libelles qui critiquent la religion anglicane : « L'introduction de ces livres et des calomnies séditieuses fait que les esprits des hommes sont en désaccord les uns avec les autres, et la diversité des esprits provoque les séditions, les séditions provoquent des tumultes, les tumultes provoquent des insurrections et des rébellions, les insurrections font des dépeuplements et entraînent une ruine totale et destruction des corps, biens et terres des hommes. »

Rien n'y fait : à la fin du XVIe siècle, dans les dernières années du règne d'Elizabeth Ire, et même si l'imprimerie est encore extrêmement contrôlée, se multiplient les feuilles volantes, recopiées à la main et vendues sous le manteau, sous le nom de *News*. On y trouve le récit d'événements politiques anglais et européens ; en particulier, le récit de la révolte des Provinces-Unies contre Philippe II dans les années 1570.

En France, canards et libelles

En France, il n'y a aucun *avviso* ou brochure au XVe siècle, même après l'arrivée de l'imprimerie. Il faut attendre 1529 pour qu'apparaissent les *canards* (terme qui désigne les personnes bavardes : « bâiller un canard » veut dire raconter des mensonges). Ce ne sont pas des journaux. Ils racontent des crimes imaginaires, des catastrophes inventées, des faits surnaturels et des événements extraordinaires. Ils sont imprimés sur des feuilles volantes, quelquefois illustrés, vendus à la criée et parfois lus à haute voix. La typographie n'est pas homogène, le papier est de mauvaise qualité, les auteurs sont anonymes, les récits écrits avec quantité de détails sensationnels, et beaucoup de faux témoins… Ces canards sont tolérés, dans la mesure où ils ne parlent jamais de faits réels.

En 1536, François Ier demande au Parlement et à la Sorbonne de rappeler l'interdiction de « vendre ou envoyer en pays étranger aucun livre ou cahier en quelque langue qu'il soit, sans en avoir remis à l'avance un exemplaire aux mains des gardes de la Bibliothèque royale ». Ce qui prouve que les brochures de Luther et de Calvin commencent à circuler en France. En 1537, il ordonne aux imprimeurs de donner une copie de tout ouvrage imprimé dans le royaume à la bibliothèque royale ; c'est l'origine du dépôt légal.

Dans la nuit du 17 au 18 octobre 1539, des calvinistes affichent à Paris des placards anticatholiques, rédigés par un pasteur de Neuchâtel, et imprimés en Suisse. Grand scandale, qui conduit François Ier à interdire l'affichage public, sauf celui des messages royaux. La censure se fait plus impitoyable. En 1546, l'éditeur Étienne Dolet est brûlé place Maubert, pour avoir publié Rabelais et Marot. Dans la liste dressée par l'Université des ouvrages défendus, on compte notamment les œuvres de Rabelais et les bibles imprimées par Robert Estienne, grand imprimeur, un temps protégé par François Ier et qui doit finalement fuir à Genève.

Pourtant, la censure est inefficace : en 1563, un an après le début des guerres de religion, Charles IX doit rappeler l'interdiction d'imprimer sans son autorisation les livres, les lettres, les harangues, les libelles, les canards, les placards et autres. Trois ans plus tard, il répète, par l'ordonnance de Moulins, l'obligation d'obtenir, pour chaque nouveau livre et libelle, l'autorisation préalable d'imprimer de la chancellerie royale.

À ce moment apparaît en France l'équivalent des *avvisi*, sous le nom de « libelles » (du latin *libellus*, « petit livre »). Ce sont des petits cahiers de 4 à 16 pages, d'abord manuscrits, puis imprimés ; la plupart sont anonymes (ou signés de pseudonymes). À la différence des « canards », ils rapportent des faits réels. Et des critiques à l'égard du roi. Malgré la censure, 870 libelles sont publiés à Paris entre 1585 et 1594.

Entre 1588 et 1589, certains accusent Henri III et ses favoris d'être des criminels, des personnages démoniaques qui s'adonneraient à la sorcellerie. Parmi ces libelles, on en trouve un, intitulé « les sorcelleries de Henry de Valois et les oblations qu'il faisait au diable dans les bois de Vincennes », et un autre sur « les choses horribles contenues en une lettre envoyée à Henry de Valois par un enfant de Paris le vingthuitiesme de janvier 1589 », et un autre encore sur « les charmes et caractères de sorcellerie de Henry de Valois trouvés en la maison de Miron son premier Médecin et conseiller ordinaire de son Conseil Privé ». Une fois de plus, la censure fait tout pour les arrêter. Elle n'y peut rien. Le 2 août de cette année 1589, le roi Henri III est poignardé à Saint-Cloud par le moine Jacques Clément. Ce n'est pas la dernière fois qu'un libelle anonyme arme la main d'un assassin.

Chapitre 4

Les débuts de l'écriture du temps présent

XVIIe siècle

En Europe, alors que commence une guerre qui va diviser les Européens pendant trente ans (d'un côté France, Suède, Bohême, Provinces-Unies, Saxe, Hongrie, Transylvanie, Prusse ; de l'autre, le Saint Empire, la monarchie espagnole, l'Autriche, la Croatie, le Portugal), le centre de gravité des publications de nouvelles oscille sur le continent entre l'Italie du Nord et les Flandres.

Pour s'informer et informer, les princes, les papes, les couvents, les pasteurs, les universités envoient et reçoivent encore des courriers à travers l'Europe. Les peuples se contentent toujours des informations qui circulent sur les foires, autour des lavoirs, et qu'ils entendent par des prêtres, des chanteurs de rue et des crieurs. Les marchands, eux, ont de plus en plus besoin de nombreuses informations et de les partager entre un plus grand nombre d'entre eux. Et pour cela, ils commencent à imposer, d'abord aux Pays-Bas, les tout premiers débuts d'une liberté de l'information. Et, enfin, les premiers journaux.

Les « gazettes » italiennes

Au début du XVIIe siècle, à Venise, les *avvisi* (ces courriers manuscrits que vendent des marchands à leurs confrères) prennent le nom de « gazette », du nom de la petite pièce de monnaie qui, on l'a vu, permet depuis la fin du XVIe siècle d'acheter les *avvisi*.

Les gazettes sont les premiers journaux imprimés ; elles ne traitent que de sujets anodins ou étrangers, ou à la gloire du prince. Le gazetier n'est pas encore un professionnel ; c'est un homme de lettres qui écrit à l'occasion dans un périodique.

Dès 1602, le pape Clément VIII tente d'interdire leur circulation à Rome, parce qu'il sait que leurs imprimeurs, partout en Europe, sont très largement favorables à la Réforme. Les *avvisi* manuscrits et clandestins réapparaissent pourtant et critiquent le Vatican. En 1606, des *avvisi* révèlent que Camille Borghèse, devenu pape sous le nom de Paul V, tente de s'opposer à des lois vénitiennes visant à limiter l'enrichissement des couvents vénitiens.

En 1639, à Gênes, les représentants du Vatican décrètent que toute gazette devra obtenir leur approbation avant d'être publiée. Michel Castelli, un professeur de philosophie à Venise devenu éditeur et proche du pape et des Espagnols, obtient le droit exclusif de diffuser toute nouvelle manuscrite ou imprimée ; il publie la première gazette génoise. C'est un hebdomadaire, paraissant le vendredi ; 4 pages de nouvelles politiques et militaires de l'Italie et de l'étranger, en particulier de la guerre, qui s'éternise. En novembre 1645, le secrétaire d'État français, le comte de Brienne, lui demande, avec l'accord des autorités de la ville, de cesser de publier « des choses scandaleuses contre l'honneur et la réputation de la France ». Castelli s'incline et sa gazette est remplacée par une autre, *Genova*, publiée par un autre marchand génois, Luca Assarino, tout acquis, lui, aux intérêts français. Deux fois emprisonné pour meurtre dans sa jeunesse, il est ensuite nommé historiographe officiel du duché de Savoie et il continue de vendre très cher ses *avvisi*.

En 1668 paraît à Rome le premier magazine mensuel, spécialisé dans les sujets littéraires : le *Giornale de' Letterati d'Italia*, fondé par l'abbé Francesco Nazzari. Il rend compte de l'actualité d'Europe du Nord (Flandre, Angleterre, Allemagne), propose aussi des articles savants, relatant des découvertes scientifiques et des innovations techniques. On y trouve aussi des articles de jésuites du collège romain. Rien qui puisse offenser le pape. Ce premier mensuel cesse de paraître en 1683.

Venise reste le lieu principal de l'édition italienne. En 1671 y paraît le *Giornale veneto de' letterati*, inspiré d'un journal du même nom publié à Rome et à Paris. Puis, en 1687 et 1688, un imprimeur, Girolamo Albrizzi, publie le *Pallade Veneta*, une gazette mensuelle, de très grand format, couvrant l'actualité politico-militaire étrangère et les sujets littéraires. L'Italie a les premières gazettes, mais censurées. Les premiers vrais journaux paraîtront en Europe du Nord.

Les « relations » allemandes : le premier hebdomadaire, le premier quotidien

À Strasbourg, en 1605, le fils d'un pasteur protestant, Johann Carolus, un imprimeur alsacien de vingt-cinq ans, envoie à quelques clients, chaque mois, des copies qu'il rédige à la main de ce qu'il nomme *Ordinarii Avisen* (les « nouvelles ordinaires »), dans lesquelles il relate, comme le faisaient les *avvisi* italiens, des nouvelles qu'il reçoit chaque semaine de correspondants en France, en Italie et en Allemagne, en Turquie et en Hongrie. Les informations qu'il publie sont rangées dans l'ordre où il reçoit les lettres qui les contiennent et présentées sans commentaire ; pas de titres, pas d'illustrations. On y trouve racontés les conflits religieux en Hongrie, un meurtre à Naples, une intervention du pape, des actes de piraterie en Méditerranée. Carolus les envoie jusqu'en Flandre par le service postal mis en place par les Taxis.

À la fin de cette année 1605, après avoir fabriqué à la main onze de ces *avvisi*, et au vu de leur succès en terre de Réforme, Johann Carolus décide de les imprimer chaque semaine et d'envoyer à ses clients ce qu'il n'appelle plus un *avviso*, mais une « Relation » (*Relation aller Fürnemmen und gedenckwürdigen Historien*, ou la *Relation de Strasbourg*). Le mot *relation* signifie alors en allemand « rendre compte de l'exécution d'un ordre » ou « rapport d'un témoin oculaire » ; il dérive du latin *relatio*, signifiant « un rapport, un rejet ». Carolus devient ainsi le premier éditeur d'un journal, un hebdomadaire, au monde.

Il sollicite des autorités de la ville un privilège de dix ans, qui lui est refusé. Il passe outre et diffuse sa *Relation* en Allemagne, aux Pays-Bas et en France, où un libraire parisien, Jean Epstein, calviniste d'origine allemande, s'en inspirera pour rédiger ses propres *Nouvelles ordinaires de divers endroits*. Ce premier hebdomadaire survivra quatre ans.

En 1609 paraît en Basse-Saxe une deuxième « relation » hebdomadaire, l'*Avisa* de Wolfenbüttel. Puis d'autres, à Bâle en 1610, à Francfort en 1615, à Berlin en 1617. Ces relations sont lues par des marchands et des lettrés aisés dans toute l'Europe du Nord.

Quand la guerre de Trente Ans se termine, en 1648, Timotheus Ritzsch, un imprimeur pro-suédois, fils d'un poète baroque et imprimeur de Leipzig, obtient du gouvernement de la Saxe le privilège « d'imprimer et de vendre des hebdomadaires ordinaires locaux et étrangers ». En 1650, il crée le premier quotidien européen, les *Einkommende Zeitungen*, qui sera publié six fois par semaine jusqu'en 1659, avant de le remplacer par un autre quotidien, *Nouvelles de la guerre et des affaires mondiale*s, qui sera publié pendant dix ans.

Dans les Provinces-Unies : courante, *gazette, mercure et publicité*

Quand commence le siècle, Amsterdam a remplacé Gênes et Anvers comme cœur de l'économie monde et la ville est devenue le premier marché de l'information en Europe. L'alphabétisation y est élevée, l'imprimerie très développée, et l'extrême division religieuse du pays est un facteur de tolérance. Palliant l'absence d'un grand système postal, les navires rapportent dans le port d'Amsterdam de très nombreuses informations du monde entier. La liberté d'expression y est plus grande que nulle part ailleurs en Europe ; plus précisément, c'est le seul pays où il n'existe pas de censure préalable à l'édition de textes.

Un certain Casper van Hilten y crée à ce moment la première « relation » hors d'Allemagne : le *Courante uyt Italien en Duystland*, qui ne fait que traduire des *avvisi* reçus d'Italie. Huit pages. Pas de titre ; juste une mention en première page : « Les nouveaux articles d'Italie ne sont pas encore connus à Amsterdam. »

Deux ans plus tard, ce même van Hilten publie, toujours à Amsterdam, pour les exilés français, de plus en plus nombreux, une traduction en français de sa gazette sous le nom de *Courant d'Italie et d'Almaigne.* Impossible à publier en France, cette publication y est cependant envoyée et lue clandestinement.

La même année 1620, un Néerlandais graveur de cartes et d'estampes installé à Londres, où la censure est encore impitoyable, Pieter Van den Keere, fait imprimer à Amsterdam un journal en anglais : *The Courant out of Italy, Germany, etc.* L'année suivante, plusieurs autres « *courantes* » commencent à circuler en plusieurs autres langues dans les Provinces-Unies. Ils sont tous lus clandestinement dans les pays d'origine de leurs auteurs. C'est dans ces *courantes* hollandais que l'on trouve le récit le plus détaillé et objectif des péripéties de la guerre de Trente Ans.

Le 10 août 1624, la publicité fait son apparition dans le *Courante* de van Hilten. Elle porte d'abord sur des livres, car les libraires vendent aussi ces hebdomadaires. Puis on y trouve des annonces personnelles et des communications publiques (les jours de marché, les bandits recherchés, l'ouverture d'une nouvelle route). Dans un journal concurrent, le *Tijdinghen uyt verscheyde Quartieren* (« Nouvelles de différents endroits »), publié par Broer Janssen, l'université d'Utrecht lance une grande campagne de publicité pour l'ouverture de son nouveau campus.

En 1631, René Descartes, alors à Amsterdam, écrit à Jean-Louis Guez de Balzac, alors à Paris : « Quel autre pays au monde où l'on puisse jouir d'une liberté si entière, où l'on puisse dormir avec moins d'inquiétude, où il y ait toujours une armée sur pied pour vous garder ? »

En 1656, à Amsterdam, Abraham Casteleyn et sa femme Margaretha van Bancken fondent l'hebdomadaire *Weeckelijcke Courante van Europa* (« Gazette hebdomadaire d'Europe »), qui existe encore aujourd'hui. C'est donc le plus ancien journal au monde encore publié.

En 1677, un Français exilé à Leyde, Jean-Alexandre de la Font, journaliste, libraire et imprimeur, fonde, en français, la *Gazette de Leyde ou Nouvelles extraordinaires de divers endroits*. Destinée d'abord aux exilés français de Hollande et d'ailleurs, elle est aussi lue clandestinement à Paris. Elle donne en français des nouvelles commerciales et politiques de l'Europe ; on y trouve aussi quelques faits divers et des publicités. Puis, la gazette s'enhardit, et prend position pour la tolérance religieuse et contre l'absolutisme royal en France. Elle sera, au siècle suivant, le journal le plus influent d'Europe.

En 1686, un an après la révocation de l'édit de Nantes, à Leyde encore, apparaissent des mensuels sur des sujets spécifiques, nommés des *mercures*. Le premier est un livret de 100 pages, intitulé *Histoire abrégée de l'Europe, pour le mois de juillet 1686, où l'on voit tout ce qui se passe de considérable dans les États, dans les Armes, dans la Nature, dans les Arts et dans les Sciences.* Quelques mois après paraît à La Haye le *Mercure Historique et Politique* ; puis beaucoup d'autres. En particulier, *L'Esprit des cours de l'Europe*, un mercure en français, qui critique régulièrement Louis XIV. Comme la gazette de Leyde, les mercures sont diffusés à travers toute l'Europe par des réseaux clandestins et traduits en plusieurs langues, notamment en espagnol et en anglais.

En 1688, un diplomate français exilé en Hollande, Jean Tronchin Du Breuil, fonde la *Gazette d'Amsterdam*, rédigée en français elle aussi et distribuée clandestinement partout en Europe.

Ceux qui écrivent dans ces mercures et gazettes sont encore, pour l'essentiel, des Français exilés en Hollande, qui préfèrent rester anonymes. Déjouant les censures, ils jouent un rôle considérable dans l'éveil des consciences qui va conduire en quelques décennies jusqu'aux Lumières.

En France, une feuille de propagande : la Gazette *de Renaudot*

En France, le pouvoir contrôle tout. Et pas question d'y échapper. En 1610, alors que Henri IV est assassiné, Jean et Étienne Richer obtiennent l'autorisation de publier à Paris le *Mercure François*, un ouvrage annuel de 1 000 pages, très contrôlé par le pouvoir, et qui contient à la fois des nouvelles de la France et du reste du monde. Dans sa première préface aux lecteurs, Jean

Richer écrit : « Je te donne dans ce livre les choses les plus remarquables [...], lesquelles mon messager (que j'appelle Mercure François) m'a apporté des quatre parties du monde, en diverses langues. »

Rien d'autre n'est publié, sinon que, sous un marronnier près du Palais royal, des gens lisent et commentent les gazettes venues clandestinement d'Amsterdam et de Leyde, et relaient tous les bruits de la Cour. Ce marronnier est rapidement surnommé par les agents du roi l'« Arbre de Cracovie », pour faire allusion, selon l'historien de la presse Alexis Lévrier, aux « craques » que colporteraient les gazettes.

Puis vient Théophraste Renaudot, considéré, à tort, on va le voir, comme le fondateur de la presse moderne : en réalité, comme les Richer et quelques autres, il est aux ordres de la Cour.

Né à Loudun en 1586 dans une famille protestante relativement modeste, il étudie la médecine à Montpellier, voyage en Europe, puis revient s'établir comme médecin à Loudun, où il rencontre le cardinal de Richelieu, qui y a un château de famille et devient son protecteur. En 1612, il publie un *Traité sur la condition des pauvres*. Il l'envoie à Marie de Médicis qui le nomme, sur recommandation de Richelieu, médecin de son fils, le jeune roi Louis XIII. Il obtient alors un brevet royal pour créer à Paris ce qu'il nomme un « Bureau d'Adresses », où chacun pourrait trouver des renseignements et des adresses et permettant de mettre en relation les employeurs et chercheurs d'emplois et de relayer des annonces (recherche ou vente d'objets, déclaration de toute nature...). « Les pauvres auraient accès gratuitement à ces services. » Ce projet restera longtemps lettre morte. Quatre ans plus tard, Renaudot part aux Pays-Bas, où il visite le premier journal de van Hilten, le *Courante uyt Italien en Duystland.* La même année, Richelieu le nomme commissaire aux pauvres, chargé de créer « une administration œuvrant à lutter contre la pauvreté dans le royaume ». Il ne semble pas pressé de le faire et il faudra attendre 1632, soit près de vingt ans après en avoir eu l'idée, pour qu'il se décide enfin à créer son bureau d'adresses. Car il a plus urgent et plus rentable à faire.

Richelieu, fâché de ne pas avoir d'instrument de propagande pour contrer l'influence clandestine des gazettes hollandaises, charge Renaudot de leur répondre. Le 30 mai 1631, Renaudot, financé par Richelieu, crée sa propre imprimerie et prépare un journal, *La Gazette.* Ce sera un hebdomadaire de 4 pages publié tous les samedis, sur le modèle du *Courante* hollandais, publiant des informations sur la France, la Cour, et des nouvelles de l'étranger. Feuille de propagande, *La Gazette* mettra régulièrement en avant le cardinal et le roi, d'une façon même caricaturale : le roi, explique Renaudot, excelle comme danseur, comme dans tout ce qu'il entreprend ; ses parties de chasse ne sont pour lui que des temps de répit amplement mérités après tant de dur labeur.

Renaudot n'affiche pas clairement son rôle de propagandiste officiel. Au contraire, il se prétend pourvoyeur d'informations neutres. Dans la préface de la première *Gazette*, publiée en juin 1631, Renaudot écrit : « En une seule chose ne céderai-je à personne, en la recherche de la vérité, de laquelle néanmoins je ne me fais pas garant. » Dans ce premier numéro, on apprend entre autres nouvelles considérables... que « le roy de Perse assiège la ville de Dille, avec 15 mille chevaux et

50 mille hommes de pied à deux journées de la ville de Babylone ». C'est en effet à ce moment que le shah Sefid Ier assiège plusieurs villes kurdes ; on y trouve aussi des nouvelles de Rome, d'Espagne et de Portugal. Rien évidemment sur la France.

En septembre 1631, quand l'éditeur Jean Epstein, dont il a été question plus haut, lance à Paris, sans autorisation, les *Nouvelles ordinaires de divers endroits*, Renaudot se fâche et obtient, dès octobre 1631, le droit exclusif de faire imprimer et vendre, « les nouvelles et récits de tout ce qui s'est passé et passe tant dedans que dehors le royaume ». Énorme privilège : personne d'autre que lui n'a le droit de publier en France des informations sur la France et sur le monde ! Epstein doit se résigner à lui vendre ses *Nouvelles ordinaires* et Renaudot fait passer sa gazette de 4 à 8 pages, avec un supplément intitulé *Relations des nouvelles du monde* ; il y répète qu'il n'est là que pour mettre fin aux faux bruits, aux rumeurs. Renaudot obtient la collaboration de quelques-unes des meilleures plumes de l'époque : le poète Vincent Voiture, le diplomate Guillaume Bautru, le dramaturge Gautier de Costes, le scientifique Pierre d'Hozier. Et même, plus tard, Jean Racine. Et parfois, le roi lui-même ! Ce n'est pas un grand succès : la *Gazette* est tirée tous les samedis à 1 200 exemplaires.

En septembre 1632, il insiste : « Je n'ai autre intérêt qu'à vous dire la vérité, quelque haine qu'elle ait coutume d'engendrer. Je la courtise tellement que je la vais chercher jusques aux climats plus éloignés. » Cette année-là, Renaudot publie enfin ce qu'il avait promis de publier vingt ans plus tôt : une *Feuille du bureau d'adresses*, feuille d'annonces et de placement.

En 1633, il organise des déclinaisons de la *Gazette* à Rouen, Aix-en-Provence, Lyon, Bordeaux... jusqu'à 30 villes au total.

Epstein ne renonce pas et reprend la publication de ses *Nouvelles ordinaires*. En 1634, un arrêt du Conseil du roi lui ordonne de nouveau « de ne point troubler Théophraste Renaudot dans l'impression de ses gazettes » et demande en échange à Renaudot de renoncer à publier son supplément. Renaudot accepte et publie, à la place, des occasionnels sur des événements particuliers, qu'il nomme des *Extraordinaires*. En 1635, il installe enfin, dans son imprimerie, ce qu'il devait faire depuis vingt ans : un mont-de-piété, premier bureau d'assistance publique en France. En 1641, il ouvre une deuxième adresse, près du Louvre, et continue à officier comme médecin, au grand dam de l'École de médecine. Renaudot n'est toujours pas un journaliste. Il reste un propagandiste.

En 1642, à la mort de Richelieu, ses ennemis prennent l'avantage. Et même si Mazarin le protège, le parlement de Paris lui interdit d'exercer la médecine et lui retire sa charge de commissaire aux pauvres.

En janvier 1649, Renaudot prend le parti de la reine mère, du roi (âgé de 10 ans) et de Mazarin et les suit dans leur fuite à Saint-Germain. Ses ennemis se déchaînent. Les publications contre le roi et Mazarin, les « mazarinades » (pièces de vers satiriques ou burlesques, pamphlets ou libelles en prose), se multiplient. Trois mille sont publiées dans l'année.

Quand, en avril 1649, le roi rentre à Paris triomphant, Théophraste Renaudot, fort de la confiance de la reine mère et du roi, regagne la capitale et relance la *Gazette*.

En plus de journaux clandestins, des correspondances privées raconteront en détail ces événements.

Par exemple, Jean Loret, un poète bénéficiant de la protection de Mazarin, puis de Fouquet, envoie chaque samedi durant la Fronde des lettres en vers à sa bienfaitrice Marie de Longueville, future duchesse de Nemours ; ces lettres sont ensuite recopiées, distribuées et lues dans les salons, à la cour, et récitées en province et à l'étranger.

Renaudot meurt en 1653 ; ses fils, médecins tous les deux, prennent sa succession à la tête de la *Gazette*. Et quand, en 1656, Blaise Pascal publie *Les Provinciales*, c'est après des ruses extraordinaires avec la censure.

Deux nouveaux « journaux » (le mot « journal » commence à être utilisé pour désigner des publications scientifiques et littéraires) sont alors autorisés.

En 1665, un conseiller au Parlement, protégé de Colbert, Denis de Sallo, est autorisé à publier le *Journal des Savants*, consacré exclusivement aux nouveautés artistiques, aux découvertes scientifiques et aux comptes rendus des livres récemment parus (avec une petite partie concernant les décisions des tribunaux civils et ecclésiastiques). Le journal connaît un grand succès et son modèle est imité en Allemagne et en Europe centrale.

En 1672, Jean Donneau de Visé, un ami de Molière, est autorisé à publier *Le Mercure galant*, périodique à la fois politique et littéraire qui colporte les rumeurs de la Cour et parle littérature. Naturellement très contrôlé et plein d'éloges du roi comparables à ceux de la *Gazette*. Et pour lui, ceux qui lisent des gazettes venues de l'étranger ne sont que des « professionnels de la médisance ».

Pour autant, ces journaux n'ont évidemment pas la crédibilité des gazettes hollandaises, qui publient des informations non censurées et circulent de plus en plus en France sous le manteau. Même Molière tente de les discréditer, en écrivant dans *La Comtesse d'Escarbagnas* : « Ces grands nouvellistes, qui cherchent partout à répandre les contes qu'ils ramassent » et qui tiennent pour vraies « toutes les méchantes plaisanteries de la *Gazette de Hollande* ».

Aucune autre publication n'est encore autorisée. Et si, en 1676, le poète François Colletet tente de publier un innocent *Journal de la ville de Paris*, « contenant ce qui se passe de plus mémorable pour la curiosité et avantage du public », l'expérience est brève : un seul numéro en a été retrouvé.

À la fin du XVIIe siècle, les trois seuls journaux autorisés en France, la *Gazette*, le *Journal des Savants* et *Le Mercure galant*, restent donc unis dans leur monopole de la propagande monarchique.

En 1683, Louis XIV étend même le marché de la *Gazette*, en lui ajoutant le droit d'être publié dans une trentaine de villes supplémentaires. Un exemplaire du journal quitte Paris chaque samedi. Cinq jours plus tard, il est disponible dans toutes les villes du royaume.

En 1686, ces trois journaux dissimulent le typhus dont le roi est atteint, alors que les journaux des Provinces-Unies, dont *La Quintessence des nouvelles* et *La Gazette de Leyde*, ne cessent de rappeler que le roi de France n'est qu'un simple mortel. Les lecteurs français ont le sentiment d'être manipulés, tant par la presse élogieuse de Paris, que par celle des Provinces-Unies, qui se trompe en annonçant sans cesse la mort imminente de Louis XIV.

Cette presse est dérisoire : au tournant du XVIIIe siècle, la *Gazette* ne distribue que 9 000 exemplaires chaque semaine pour toute la France, pour une population de 20 millions d'habitants.

À Londres, censure et retournement

Sous les Tudor et les premiers Stuart, les quelques feuilles autorisées ne peuvent, comme en France, publier que des nouvelles officielles du royaume et de l'étranger : la censure est très sévère. En 1605, un certain Lewis Pickering est condamné pour diffamation de l'archevêque de Cantorbéry, parce que « ses accusations représentaient une menace pour l'ordre public, même si elles comportaient une part de vérité, car, dit le jugement, on ne doit pas critiquer une personne publique ». Ce jugement, dit *De Libellis Famosis*, fixera la jurisprudence pour un siècle : pas question de critiquer quelque puissant que ce soit, même en disant la vérité.

En 1619, l'imprimeur Nathaniel Newberg fait paraître épisodiquement, sous le titre de *News*, des nouvelles de pays étrangers. Le nom *news* va rester.

En 1621, Jacques Ier (qui règne de 1603 à 1625) confie à Nathaniel Butter et Nicholas Bourne le droit exclusif de publier un hebdomadaire, le *Weekly News*, qui n'est autorisé qu'à relayer des traductions littérales d'articles de journaux continentaux. Rien sur ce qui se passe en Grande-Bretagne. En 1624 y paraît une première publicité, pour promouvoir la vente d'un fauteuil.

En 1627, Charles Ier supprime le *Weekly News*. Ce qui n'empêche pas des publications interdites de se multiplier, et de s'opposer au roi. En 1637, une loi exige de nouveau que tout libelle, pamphlet ou journal obtienne une licence de prépublication, sous menace de l'emprisonnement de ses auteurs et ses imprimeurs.

Puis, les événements s'accélèrent : en 1640, Charles Ier, acculé par le Parlement, le dissout. En 1641, le nouveau Parlement vote une loi interdisant de le dissoudre, proclame la « liberté de la presse » et autorise la publication des comptes rendus des séances parlementaires. Commence une première guerre civile, pendant laquelle sont publiés environ 30 000 newsletters et 722 périodiques. Les périodiques de Londres, qui, en grande majorité, soutiennent le Parlement, ont beaucoup plus de succès que les journaux royalistes, pour l'essentiel publiés en province.

En avril 1643 paraît à Oxford le *Mercurius Aulicus*, royaliste. En réponse, le Parlement crée son propre journal, le *Mercurius Britannicus*, dirigé par un médecin, Marchamont Nedham.

En 1644, Milton publie *L'Aréopagitique* et proteste contre la censure : « Tuer un homme, c'est détruire une créature raisonnable ; mais étouffer un bon livre, c'est détruire la raison elle-même. » Plutôt antiroyaliste et pro-Parlement, Milton passera une très grande partie de sa vie en prison.

Les journaux continuent de défendre chacun leur camp. En 1644, le *Mercurius Aulicus* explique que la défaite des royalistes à Marston Moor est, en fait, une victoire. En 1645, à la suite de la nouvelle défaite du roi Charles Ier à la bataille de Naseby, le *Mercurius Britannicus* publie la correspondance privée entre Charles et son épouse, Henrietta Maria, dérobée après la bataille de Naseby, et présente le roi comme un homme faible, ensorcelé par son épouse catholique.

En mai 1646, Nedham change de camp et se met au service du roi : il transforme son *Mercurius Britannicus* en *Mercurius Pragmaticus*, où il publie notamment des poèmes satiriques contre des parlementaires, qui le font mettre en prison.

L'année suivante, Charles Ier se rend aux Écossais, qui finissent par le livrer au Parlement en 1647 ; il est emprisonné, jugé début 1649, puis exécuté le 30 janvier. Le 6 février, la Chambre des lords est supprimée et le 8, la royauté est abolie.

En mai 1650, Nedham est gracié par Cromwell, sort de prison et reçoit une paie gouvernementale de 50 livres pour reprendre son journal en le mettant au service de Cromwell. Il lui donne le nom de *Mercurius Politicus*.

En 1655, Cromwell supprime tous les journaux, sauf deux publications de Nedham (*The Public Intelligencer* et le *Mercurius Politicus*). Dans le *Mercurius Politicus*, on trouve alors la première publicité pour du thé, puis pour un dentifrice de luxe.

Cromwell meurt en 1658. Le *Mercurius Politicus* est interdit. Nedham n'est pourtant pas inquiété et retourne à la médecine. On l'oublie.

En 1660, la monarchie des Stuart est rétablie avec Charles II, qui admire Louis XIV et pense que, pour régner efficacement, il faut avoir une presse aux ordres. En 1662, il fait adopter le Licensing Act, qui renforce le système de l'autorisation préalable et interdit de publier des comptes rendus des séances du Parlement.

En 1665, le roi n'autorise qu'un seul journal : la *London Gazette*, rédigée sous l'autorité directe des ministres, par de jeunes fonctionnaires (qui se contentent de traduire des journaux étrangers). La *London Gazette* paraît deux fois par semaine, vendue 1 penny. Elle n'ouvre que tardivement ses pages à la publicité pour relayer des annonces royales (la reine a égaré une boucle d'oreille, son épagneul couleur fauve...). Elle restera le seul journal autorisé pendant quatorze ans

La même année est autorisée une revue scientifique, *The Philosophical Transactions*, qui rompt avec l'usage des publications scientifiques en langue latine et est publié en anglais.

Malgré la censure, les nouvelles continuent de parvenir à Londres et circulent dans les nombreux cafés où les hommes viennent lire des pamphlets interdits et des newsletters payantes, manuscrites et confidentielles. En 1675, un pamphlet décrivant un plan pour réintroduire le catholicisme y est diffusé ; le roi Charles II décide de sévir ; il envoie la troupe pour fouiller et fermer ces lieux de sédition.

En 1688, à Londres, la « Glorieuse révolution » aboutit au renversement de Jacques II, frère de Charles II, sur le trône depuis trois ans, remplacé par Guillaume III, petit-fils de Charles Ier, né hollandais. Commence la monarchie parlementaire. L'année suivante est proclamée la Bill of Rights, qui établit un certain nombre de droits civils fondamentaux ; en particulier, en son article 9, elle proclame la liberté d'expression parlementaire. En 1690 paraît le premier journal de province, *The Worcester Postman*.

En 1691, John Dunton, libraire, est autorisé à créer un nouveau journal, *The Athenian Mercury*, entièrement consacré aux réponses au courrier des lecteurs. Il paraît deux fois par semaine, vendu 1 penny. Les lettres étant anonymes, les lecteurs ne se censurent pas.

Dunton prévenant qu'il ne répondrait pas deux fois aux mêmes questions, les lecteurs sont invités à constituer leurs propres archives. On y trouve des questions comme « comment un homme peut-il savoir quand il rêve ou quand il est vraiment réveillé ? ». Journal très innocent. La censure ne s'en inquiète pas.

Le 27 février 1693, le même Dunton lance *The Ladies' Mercury*, premier périodique publié consacré uniquement à « toutes les questions les plus belles et les plus curieuses concernant l'amour, le mariage, le comportement, la tenue vestimentaire et l'humour du sexe féminin, qu'il s'agisse de vierges, d'épouses ou de veuves ». Ce journal ne rencontre aucun succès et il n'est publié que pendant quatre semaines.

La même année, le Parlement décide de ne proroger le Licensing Act de 1662 que pour deux ans. Et, en 1695, la censure préalable disparaît définitivement de Grande-Bretagne.

Mutation absolument majeure, qui met la Grande-Bretagne au même niveau que les Pays-Bas en termes de liberté de la presse. Encore faut-il s'entendre : liberté pour les riches de lire ce qui les intéresse... Et en particulier ce qui se passe dans les colonies.

Dans les colonies

Les colonies anglaises des Amériques sont alors régies par une impitoyable censure des gouverneurs britanniques, qui contrôlent à la fois le contenu des premières publications et la disponibilité du papier.

La censure est aussi sévère que dans la métropole : tout au long du siècle, peu de journaux sont autorisés par la puissance coloniale ; la presse étrangère est reçue dans les ports et n'est autorisée qu'après censure.

En 1629, le gouverneur du Massachusetts, William Bradford, fait arrêter Thomas Morton pour avoir publié, à Plymouth, des pamphlets et des poèmes anti-puritains.

En 1647, Samuel Danforth, l'un des cofondateurs de Harvard en 1636, est le premier à publier un périodique (un almanach) en Amérique. On y trouve des poèmes, jeux, calendriers, brèves chronologies d'événements importants du pays, dates des séances du tribunal, tables célestes...

En 1690, Benjamin Harris, venu de Londres, où il avait lancé en 1679 le *Domestick Intelligence* contre le duc d'York, frère du roi Charles II et futur Jacques II, émigre à Boston. Devenu propriétaire de la London Coffee House, il y laisse consulter la presse étrangère, puis crée le premier journal d'Amérique, *Public Occurrences, Both Forreign and Domestick*. Trois pages d'informations et une quatrième page blanche pour que le lecteur puisse y prendre des notes. Harris se donne pour objectif de « faire la guerre à l'esprit de mensonge ». Il veut en faire un journal mensuel – « voire plus fréquent si des événements intéressants surviennent ».

Le premier numéro aborde des événements locaux : un feu à Boston, un cas de variole, la récolte d'automne et la guerre en cours contre les Indiens. Mais il y dénonce également la coopération de l'armée britannique avec les Iroquois, contre d'autres Indiens. Aussi, son journal est immédiatement interdit par les autorités coloniales pour avoir été publié « sans le moindre privilège ou la moindre forme d'accord d'autorité ». Harris est envoyé en prison, puis renvoyé à Londres, où il lance un nouveau journal, le *London Post.* Le siècle se termine sans aucun journal en Amérique.

En Afrique de l'Ouest, à l'arrivée des Portugais, les djeli sont renommés *criado* (ce qui signifie à la fois « serviteur » et « personne bien élevée »). Le nom est déformé en « guiriot » en français, en 1685, dans une lettre d'un gouverneur de la Compagnie du Sénégal, le sieur de La Courbe. Le griot se sert d'un tambour, d'une kora, d'un balafon ou d'un tama (dont le son peut être entendu à 11 kilomètres). Ainsi, dans les meilleures conditions, les nouvelles circulent à près de 160 km/h.

Au Japon, les kawaraban

Au Japon, les journaux apparaissent de façon épisodique : des prospectus, nommés *kawaraban* (« impression de tuile ») ou *yomiuri* (« vendre et lire »), sont imprimés à l'encre noire sur de grandes feuilles de papier. Ils visent à faire connaître des nouvelles des guerres, des catastrophes naturelles, des suicides d'amour et des histoires de vengeance. Ils sont vendus dans les *ezōshiya* (« librairies ») et par des marchands ambulants, qui en crient les titres dans les rues. Le prix équivaut au quart de celui d'un repas simple. Le plus ancien *kawaraban* retrouvé, qui date de 1615, raconte le siège du château d'Osaka cette année-là et sa prise par le shogunat Tokugawa.

En Chine, les méthodes de communication de l'information restent sommaires ; l'imprimerie est oubliée ; pas de journaux. On continue d'afficher les décisions importantes, faute d'autre moyen de les communiquer.

En 1670, un édit de l'empereur Kangxi, de la dynastie Qin, qui détaille les 16 principes fondamentaux de l'orthodoxie confucéenne, est affiché dans les villages et lu « le premier et le quinzième de chaque lune » par un érudit local capable de lire le chinois classique et de l'expliquer en dialecte ; cette tradition se poursuivra pendant tout le règne de cet empereur, qui durera jusqu'en 1722, et même jusqu'au début du XXe siècle.

Chapitre 5

Liberté d'expression, journalisme et démocratie

Le XVIIIe siècle, avant les révolutions

C'est là, dans cette période charnière, que naît vraiment, en Europe et en Amérique, le métier de journaliste, en germe depuis trois mille ans. En charge d'informer, librement, sans autre souci que de le faire le mieux possible. Il apparaît dans les Provinces-Unies, puis en Angleterre, là où, on l'a vu, dominent les marchands.

Ailleurs, ce n'est encore que censure et propagande ; des philosophes et des écrivains prennent mille risques pour dire les faits et donner leur opinion. Par leur courage, ils accélèrent la conquête de la liberté d'expression, qui conduira, chez eux aussi, à la naissance de la démocratie.

Les premiers journalistes, chez les marchands hollandais

Tout naturellement, c'est dans la première puissance économique du monde, où les marchands dominent et qui domine les marchés de l'Europe, que tout commence : les Provinces-Unies constituent alors un ensemble confédéral extrêmement solide, très soucieux de son indépendance et totalement hostile à l'absolutisme. La puissance des marchands s'appuie sur des chantiers navals très efficaces et une industrie textile de pointe. La liberté d'expression y est moins limitée que partout ailleurs. Les dirigeants et les tribunaux provinciaux n'interdisent des publications que quand des personnalités politiques, des magistrats, des diplomates, des membres des Églises se plaignent de leur contenu. Ainsi, durant la seconde moitié du XVIIIe siècle, plus de 250 ouvrages sont interdits à Amsterdam, dont les livres de Grotius, Spinoza, Machiavel, Hobbes, Rousseau, Voltaire et Hume. En retour, auteurs et éditeurs observent une discipline implicite, qui permet aussi à de nouveaux journaux de paraître et de parler assez librement de quelques sujets politiques et sociaux.

En 1725, Abraham Ferwerda, écrivain et éditeur à Leeuwarden en Frise, fonde le plus ancien journal en néerlandais, le *Leeuwarden Courant.* Il se veut politiquement neutre ; en s'intéressant surtout aux affaires commerciales et internationales. On n'y parle ni de religion, ni de politique intérieure.

En 1738, *La Gazette de Leyde*, qui paraît deux fois par semaine, toujours en français, depuis la fin des années 1670, est reprise par une famille huguenote originaire de Bergerac, celle de Jean Luzac, professeur de grec et recteur de l'université de Leyde. Elle se distingue de *La Gazette d'Amsterdam*, plus récente, par son opposition plus frontale au gouvernement français et à l'Église catholique. Tirée à 4 200 exemplaires, *La Gazette de Leyde* est lue par toute l'élite européenne, politique, diplomatique, philosophique, commerciale. Elle se prononcera un peu plus tard en faveur des révolutions américaine et batave. C'est là qu'on trouve les premiers journalistes vivant d'une plume libre. Qui connaît encore Jean (et ses fils Étienne et Élie) Luzac, dont l'influence fut pourtant considérable en Europe, pendant tout le siècle des Lumières ?

En mars 1744, Anthony de Groot édite à La Haye, trois fois par semaine, *La Gazette de La Haye*, cette fois en français et en néerlandais. On y trouve aussi des informations militaires, politiques, économiques et commerciales venues de toute l'Europe.

Ces journaux prennent alors un peu plus de distance avec la censure et osent critiquer la Réforme et les dirigeants hollandais.

En réaction, en 1769, les magistrats de Hollande, la plus puissante des sept Provinces-Unies, préparent un « Plan de censure préventive », visant à interdire les textes hostiles à la Réforme et ceux qui « corrompent la jeunesse avec des obscénités », exigeant que l'auteur de tout article ou livre signe de son vrai nom. Mais, première véritable victoire de la liberté d'expression, l'opposition des marchands et des libraires est telle que ce texte est repoussé.

À Londres : naissance du journalisme d'opinion

Le début du XVIIIe siècle marque l'éveil de la puissance anglaise, qui devient la principale rivale des Provinces-Unies. Elle commence véritablement à se déployer avec l'abandon de la censure, en 1695, par le simple non-renouvellement du Licensing Act, qui disparaît ainsi, implicitement. Naturellement, on ne parle encore ici que de libertés des hommes, et surtout des propriétaires.

Pour autant, il n'est pas encore permis de tout dire et de tout écrire ; et, comme aux Pays-Bas, bien des choses sont interdites en Grande-Bretagne. Par exemple, depuis 1640, on l'a vu, il est toujours interdit de rendre compte des débats parlementaires. L'essentiel de la vie politique anglaise s'y déroule.

Mais les coups de boutoir vont faire tomber bien de ces derniers obstacles.

En 1701, le pamphlet satirique écrit par Defoe, avant son *Robinson Crusoé*, *The True Born Englishman*, se vend à 80 0000 exemplaires. Texte incroyablement moderne, qui défend le roi Guillaume III (venu des Provinces-Unies et au pouvoir depuis 1689) contre les attaques xénophobes, et qui explique que la nation britannique est faite depuis longtemps de mélanges.

Cette même année, plusieurs journaux sont créés, dont deux paraissant trois fois par semaine : *The Post Boy*, fondé par Abel Roper, et *The Flin Post*, de George Ridpath, l'un et l'autre grands soutiens du Parlement contre la monarchie absolue.

Le 11 mars 1702, alors que Guillaume III meurt des suites d'une chute de cheval, est créé le premier quotidien britannique, le *Daily Courant* (qui survivra jusqu'en 1735). En 1704, Daniel Defoe lance, lui, un hebdomadaire politique, *The Weekly Review in the Affairs of France*, depuis… sa cellule de prison (pour avoir publié un pamphlet contre l'intolérance de l'Église anglicane). À partir de 1705, sa *Weekly Review* est publiée trois fois par semaine, et ce jusqu'en 1713.

En 1709, Richard Steele, un écrivain irlandais, éditeur de la *London Gazette* (qui est alors encore le périodique officiel du gouvernement britannique), crée *The Tatler*, l'équivalent anglais du *Mercure galant*, se voulant « malin et personnel » et comportant des critiques littéraires et des articles sur des thèmes de société (la loterie et les duels), avec une publicité abondante (plus d'une quinzaine d'annonces par numéro). Le journal est vite en perte de vitesse. Steele est exténué : derrière ces journaux se cachent souvent un ou deux individus passionnés qui se tuent à la tâche. Parfois, un couple, et on parle d'ailleurs trop peu du rôle des épouses de ces journalistes.

En 1712, la perspective de la succession prochaine de la reine Anne, au pouvoir depuis 1702 (et n'ayant pas d'héritier en dépit de 17 grossesses), provoque la publication de nombreux journaux, tracts et pamphlets. La Cour pense à rétablir la censure, puis instaure un Stamp Act (droit de timbre), entraînant une hausse du coût des journaux et la faillite de beaucoup d'entre eux. Le Stamp Act étant calculé au nombre de pages, les journaux passent, pour éviter de payer trop d'impôts, à un très grand format, le *broadsheet*. Et cette année-là, 70 000 exemplaires de journaux, tous titres réunis, sont imprimés chaque semaine en Grande-Bretagne, pour une population de 6 millions d'habitants. (En France, au même moment, *La Gazette de Paris*, alors seul journal autorisé dans le pays, et qui n'est qu'une feuille de propagande, ne tire qu'à 9 000 exemplaires par semaine pour 20 millions d'habitants.) Le cousin de la reine Anne, le grand électeur de Hanovre, lui succède, roi sous le nom de George Ier.

D'autres journaux sont créés en Grande-Bretagne ; d'abord à Exeter, Norwich, puis Bristol. Si les nouvelles viennent à manquer, leurs éditeurs publient des poèmes. En 1719, Steele, infatigable, fonde encore un dernier journal, *The Plebeian*. En 1720, à Londres,

Trenchard et Gordon, auteurs de pamphlets politiques sous le pseudo de Caton, écrivent une phrase qui va devenir très célèbre : « La liberté de la presse est le grand rempart de la liberté du peuple. » En 1727 est fondé le *London Evening Post*, un des tout premiers quotidiens du soir, qui se spécialise au début dans les faits divers. En 1730 est créé le *Daily Advertiser*, à l'origine simple journal d'annonces, qui devient vite le plus grand journal de Londres, parce qu'il remplit un grand service par ces annonces.

En 1731 est lancé avec succès le *Gentleman's Magazine*, revue mensuelle de 42 pages, qui parle de littérature et de politique. En 1744, Elizabeth Haywood crée le *Female Spectator*, où elle explique à ses lectrices de la bonne société que les officiers ne sont pas des compagnons idéaux, et que le thé, « boisson inutilement exotique », occupe un temps excessif dans la vie des familles aisées.

En 1762, le comte de Bute, conseiller du roi George III, lance le *Briton*, un nouvel instrument de propagande royale. En réponse, la même année, le philosophe John Wilkes fonde le *North Briton*, très violement antimonarchiste, ce qui lui vaut d'être incarcéré un temps à la Tour de Londres. Puis il devient magistrat. En 1777, quand l'éditeur du *Middlesex Journal or Chronicle of Liberty* est poursuivi pour avoir publié (ce qui reste encore interdit depuis 1640) les débats de la Chambre des communes, Wilkes s'arrange pour lui éviter une condamnation. Cette jurisprudence s'impose : il devient désormais possible de publier des articles sur le travail parlementaire. La dernière digue de la censure a sauté.

Quand commence la lutte pour l'indépendance américaine, la plupart des journaux prennent parti pour le maintien du contrôle britannique en Amérique. Rares sont ceux qui prennent parti pour les insurgés. Parmi eux, le *Westminster Magazine*, à Londres, publie une lettre du lord mayor de Londres, sir Thomas Halifax, mentionnant les insurgés comme « nos frères américains » et appelant le roi à « cesser le recours à la force », critiquant « la terrible destruction de nos frères en Amérique ».

En 1785, John Walter crée le *Daily Universal Register*, qui prend, trois ans plus tard, son titre définitif : *The Times*. La même année commence à paraître un des tout premiers quotidiens britanniques du soir, le *Star Evening Advertiser*.

La presse anglaise est alors prête à rendre compte des événements du continent et à accueillir les émigrés qui ne vont pas tarder à affluer.

La presse allemande

Dans les divers États de l'Empire, le contrôle des journaux est encore extrêmement serré ; en Prusse, en particulier, Frédéric II met la presse au service de sa propagande. Malgré cela, quelques feuilles périodiques et un peu critiques commencent à circuler : 57 titres en 1701, 183 en 1780, 200 en 1800. Surtout à Hambourg, Francfort, Cologne, Munich. Elles ne parlent pas encore beaucoup de politique intérieure ; elles informent sur des sujets internationaux, des faits divers, et publient des annonces et des offres d'emploi.

Beaucoup de ces journaux existent encore, malgré toutes les vicissitudes de l'histoire allemande.

En 1703 est fondé à Vienne le plus ancien journal en allemand encore publié, la *Wiener Zeitung* ; très surveillé, il parle des affaires internationales et des faits divers (crimes, mariages, morts, naissances, histoires de la noblesse, rapports judiciaires...). Il est suivi du *Hildesheimer Relations-Courrier* en 1705 (connu aujourd'hui sous le nom de *Hildesheimer Allgemeine Zeitung*). En 1713 apparaît le *Pfälzischer Merkur*, basé à Zweibrücken ; le *Hanauer Anzeiger* en 1725, créé d'abord sous feuille d'annonces hebdomadaires ; puis le *Bremer Nachrichten* en 1743. En 1761 naît la *Saarbrücker Zeitung* ; en 1763 est lancée la *Hersfelder Zeitung* par l'imprimeur Georg Christoph Mohr et le pasteur Jakob Maximilian Stirn. Tous ces journaux existent encore.

Puis apparaît, en 1781, le *Politisches Journal*, mensuel de Gottlob Benedikt von Schirach. Il devient vite le périodique le plus lu dans le monde germanique ; on y trouve des informations de politique intérieure, des statistiques, des analyses, des billets de correspondants dans les capitales européennes.

En Italie, presque rien encore

Au début du XVIIIe siècle, les diverses régions de la péninsule sont encore très largement occupées par des puissances étrangères, ou dirigées par des monarques peu soucieux de laisser une quelconque liberté d'expression à leurs sujets. Premières régions de l'information au XVIe siècle, la Lombardie et la Vénétie restent dépendantes de leur système d'*avvisi*, ces lettres d'information vendues par des marchands ou des informateurs à quelques abonnés. On y appelle *giornale* les périodiques donnant des nouvelles littéraires, scientifiques, internationales.

En 1710, à Venise, les scientifiques Scipione Maffei et Antonio Vallisnieri et le philologue poète Apostolo Zeno créent le *Giornale de letterati d'Italia*, qui devient le plus important périodique italien. Le dernier numéro date de 1740. Cette même année, à Florence, Giovanni Lami, un juriste, antiquaire et historien, fonde les *Novelle letterarie*, un hebdomadaire très érudit n'abordant que des thèmes religieux, historiques et culturels.

Apparaissent aussi quelques autres périodiques, plus ou moins éphémères : à Rome le *Diario ordinario*, le *Giornale ecclesiastico di Roma* ; à Bologne le *Diario bolognese ecclesiastico e civile* ; et à Naples le *Giornale letterario di Napoli.*

En 1760, à Venise, est créée la *Gazetta Veneta*, journal bihebdomadaire sur le modèle du *Spectator* anglais.

En 1764, à Milan, les frères Pietro et Alessandro Verri publient *Il Caffè.* Il paraît tous les dix jours, pour parler de « choses diverses, de choses très disparates, des choses inédites, des choses faites par des auteurs différents, toutes des choses destinées à l'utilité publique ». Il devient le principal diffuseur de la pensée des Lumières en Italie. On y trouve des textes du philosophe Cesare Beccaria et des membres de l'Accademia dei Pugni, société savante fondée en 1761 à Milan. On n'y parle pas souvent de la situation politique italienne. À cause de la censure autrichienne en Lombardie, le journal est imprimé à Brescia, en territoire vénitien. Jusqu'à ce que, en 1766, la censure autrichienne obtienne l'arrêt de la revue, et la fermeture de l'Académie. À la fin du siècle, le mot *giornale* commence à désigner en Italie une publication quotidienne portant sur l'actualité.

La presse française : encore censurée

Quand commence le XVIIIe siècle, règne alors en France un monarque absolu, Louis XIV ; ne peuvent y paraître que les livres et les journaux autorisés explicitement, à l'avance, par le système du privilège et de l'autorisation préalable, qui règlemente en France, depuis leur apparition au XVIe siècle, tous les métiers de l'imprimerie et de la librairie. Et si on veut passer outre, la Ferme générale des postes, qui détient le monopole de la distribution du courrier, bloque la diffusion des journaux, qu'elle est seule autorisée à distribuer hors de leur ville d'édition. De plus, cent censeurs royaux, placés sous l'autorité du directeur de la Librairie, veillent à interdire de traiter des sujets politiques d'actualité.

Le peuple continue, comme au siècle précédent, de lire une multitude de feuilles volantes, de canards, d'almanachs, et une « littérature de colportage » rédigée par des nouvellistes et des gazetiers, secrètement diffusés.

Pour désigner ceux qui écrivent dans les gazettes autorisées, on parle encore de « gazetiers » et de « publicistes ». Le terme de « journaliste », inventé par Pierre Bayle en 1684 et utilisé en français à partir de 1702, est encore connoté négativement, parce qu'il ne désigne que des propagandistes du pouvoir. En 1684, Pierre Bayle crée aussi un périodique de critique littéraire, les *Nouvelles de la république des lettres*.

À la Cour, on veut tout contrôler. En particulier, selon Alexis Lévrier, un Louis XIV moribond veut savoir ce qu'on dit de lui au-delà des frontières ; aussi, en plus de ce que lui rapportent ses espions, il se fait lire les gazettes hollandaises et apprend qu'à Londres, les paris battent son plein quant à la date de sa mort. Les trois seuls journaux autorisés sont soumis à un contrôle de plus en plus strict et ils sont même repris directement par l'administration royale. En 1701, le *Journal des savants* est placé sous le patronage royal et sont nommés des rédacteurs rémunérés par la Cour.

En juin 1709, Louis XIV, désespéré, au moment où périssent de faim des centaines de milliers de Français et après la banqueroute de la place financière de Lyon, lance un appel au peuple pour obtenir les moyens de financer la guerre qu'il mène contre les Provinces-Unies. Fait très rare : le 12 juin 1709 est lue en chaire, dans toutes les églises et les cathédrales des 39 000 paroisses du royaume, une lettre du roi à son peuple. Énorme succès : la bourgeoisie de province finance l'approvisionnement et l'équipement des soldats, qui, eux, refusent même pour la plupart les primes d'engagement. En juillet, Tournai capitule devant les troupes françaises. Les adversaires de la France reculent partout, puis un armistice est signé en novembre à La Haye. Rare exemple de communication directe du roi à tous ses sujets.

En 1724, *Le Mercure galant*, fondé en 1672 par Jean Donneau de Visé, devient le *Mercure de France* et il est placé sous le patronage, c'est-à-dire le contrôle, du ministère des Affaires étrangères. En province, la création de journaux est freinée par les privilèges accordés aux journaux nationaux, sauf celle de journaux de petites annonces. *Les Affiches*, premier véritable périodique provincial, est publié d'abord à Strasbourg en 1731 ; puis aussi à Lyon en 1750. Dans les deux villes, il est essentiellement consacré à la publication d'annonces de publicité.

En 1749, *La Gazette* est annexée au ministère des Affaires étrangères, qui la reprend aux descendants de Renaudot. Aucun autre journal n'est autorisé à Paris.

En 1749, Diderot et Rousseau ont pour projet de publier une feuille hebdomadaire, *Le Persifleur*, qu'ils devaient rédiger alternativement, mais finalement le projet de l'*Encyclopédie* prend le dessus et la feuille ne paraît pas. À partir de 1751 commence la première entreprise mondiale d'information globale, l'*Encyclopédie*. Diderot et d'Alembert énoncent dans l'adresse : « Que nous ne mourions pas sans avoir bien mérité du genre humain. » Rousseau écrit en 1755 qu'un journal est « un ouvrage éphémère, sans mérite et sans utilité, dont la lecture, négligée et méprisée par les gens lettrés, ne sert qu'à donner aux femmes et aux sots de la vanité sans instruction ». Rousseau s'abonne au *Mercure*, mais refuse la place que Malesherbes lui propose au *Journal des savants*.

Voltaire est chargé en 1756 de rédiger l'entrée « Gazette » et l'entrée « Gazetier » dans l'*Encyclopédie*. Il écrit pour « Gazette » : « La plupart ont été faites uniquement pour gagner de l'argent. La malignité en procura le débit ; mais la raison et le bon goût, qui prévalent toujours à la longue, les firent tomber dans le mépris et dans l'oubli. » Et pour « Gazetier » : « Un bon gazetier doit être promptement instruit, véridique, impartial, simple et correct dans son style ; cela signifie que les bons gazetiers sont très rares. » Pour Voltaire, les gazettes ne sont que le « récit des bagatelles ».

Dans son pamphlet *Le Préservatif ou Critique des observations sur les écrits modernes*, Voltaire critique les « écrivassiers » et encense cependant *Le Journal des savants*, qu'il considère comme « le père de tous les ouvrages de ce genre » ; il apprécie aussi le *Mercure de France*, le *Journal encyclopédique* et la *Gazette littéraire de l'Europe* (donc surtout les journaux littéraires/ philosophiques, où il publiera quelques textes). Dans sa pièce *L'Ingénu*, les journaux sont désignés comme « des brochures périodiques où des hommes incapables de rien produire dénigrent les productions des autres ».

Sa célèbre citation : « Je ne suis pas d'accord avec ce que vous dites, mais je me battrai jusqu'à la mort pour que vous ayez le droit de le dire » est apocryphe (c'est une biographe, Evelyn Beatrice Hall, qui l'écrit pour la première fois dans *The Friends of Voltaire* en 1906). Et son *Traité sur la tolérance* traite surtout de la tolérance religieuse, pas de la liberté d'expression. D'ailleurs, en 1769, quand un certain La Beaumelle rédige un *Commentaire sur la Henriade*, un pamphlet très violent contre la pièce de Voltaire, celui-ci empêche sa parution en faisant saisir les livres à Toulouse.

Au même moment, Denis Diderot écrit dans l'*Encyclopédie* : « Tous ces papiers sont la pâture des ignorants, la ressource de ceux qui veulent parler et juger sans lire, le fléau et le dégoût de ceux qui travaillent. »

Au milieu du siècle, des feuilles nouvelles sont autorisées, en imitation du *Journal des savants* ou du *Mercure*. Ainsi paraissent les *Mémoires de Trévoux*, organe inspiré par les jésuites, et *Les Nouvelles ecclésiastiques*, de tendance janséniste. On compte bientôt 800 autres journaux, politiquement fort inoffensifs, dont le *Journal économique*, *Les Observations de la physique* et le *Journal de médecine*. En 1759 est créé le *Journal des dames*.

Les nobles continuent d'échanger des nouvelles à la Cour et dans les salons, écrivant et se passant sous le manteau des lettres ou des textes recopiés à la main, comme au temps des *avvisi* vénitiens, par exemple les textes interdits de Denis Diderot, dont le baron Friedrich Melchior von Grimm vend très cher une copie manuscrite à quelques dizaines de princes d'Europe, entre 1753 et 1773.

En 1761, Charles-Joseph Panckoucke, ami de Voltaire, de Rousseau et de Buffon, crée, à Lille, les *Annonces, affiches et avis divers pour les Pays-Bas français*. Rien de subversif. Il fera bientôt une grande carrière de patron de presse.

En 1762, la *Gazette* devient *Gazette de France*, avec un sous-titre très explicite : « Organe officiel du Gouvernement royal ». Suard et l'abbé Armand s'en voient attribuer la direction, qu'ils perdent pour un article jugé « indiscret » sur le mariage du duc de Gloucester et de la comtesse de Waldegrave.

Toute tentative déviante est toujours sanctionnée par la censure royale : quand, en 1769, le *Journal des dames* se fait le porte-parole des Lumières, critiquant sans se cacher les institutions et le gouvernement, il est interdit.

Panckoucke devient peu après un patron de presse, le premier en France : il lance successivement le *Journal de Bruxelles* en 1774, le *Journal de Genève* (historique et politique), le *Journal des dames*, le *Journal des spectacles*, le *Journal des affaires d'Angleterre et d'Amérique*, la *Gazette des tribunaux*. Puis il reprend le *Mercure de France*, successeur du *Mercure galant*, qui bénéficie toujours du monopole des informations politiques, de

France et de l'étranger, dont il fait un hebdomadaire et multiplie les ventes par sept.

Le 1er janvier 1777, presqu'un siècle après les Hollandais et les Anglais, Louis d'Ussieux, Antoine-Alexis Cadet de Vaux, Olivier de Corancez et Jean Romilly fondent le premier quotidien français, le *Journal de Paris*, mais le privilège dont bénéficie toujours la *Gazette* leur interdit la publication d'informations originales. En 1784 paraît à Bordeaux le premier véritable quotidien de province qui ne se contente pas de publier des annonces, le *Journal de Guyenne*, créé par Pierre-Godefroy Calamy et Simon de La Court.

En s'inspirant du *London Evening Post* (publié à Londres depuis cinquante ans), le *Journal de Paris* ose désormais évoquer quelques faits divers parisiens, des anecdotes sur la vie de célébrités, l'actualité littéraire, les spectacles du soir, les résultats de la loterie, les prévisions météorologiques et une rubrique qui va bientôt envahir la presse mondiale : « Nouvelles de la maladie des personnes dont la santé intéresse le public ».

Les principaux défenseurs de la liberté d'expression viennent un peu plus tard : en 1784, Beaumarchais y fait régulièrement référence dans *Le Mariage de Figaro* : « Sans la liberté de blâmer, il n'est point d'éloge flatteur. Il n'y a que les petits hommes qui craignent les petits écrits » ; et, pour ironiser sur la censure : « Pourvu que je ne parle en mes écrits ni de l'autorité, ni du culte, ni de la politique, ni de la morale, ni des gens en place, ni des corps en crédit, ni de l'opéra, ni des autres spectacles, ni de personne qui tienne à quelque chose, je puis tout imprimer librement, sous l'inspection de deux ou trois censeurs. »

Dans l'Amérique britannique, la presse ose

En Amérique du Nord, le pouvoir britannique est total et les contrôles sur ce qui se publie sont encore plus sévères qu'en Angleterre. Les autorités coloniales britanniques sont très sourcilleuses et contrôlent tout, à commencer par le papier nécessaire à l'impression des journaux.

Le premier journal sur le sol américain, la *Boston Newsletter*, est créé en 1704 par un certain John Campbell, alors maître de poste à Boston. C'est un hebdomadaire, qui se contente d'imprimer, comme les premières gazettes italiennes du siècle précédent, les lettres que son fondateur envoie aussi à plusieurs clients, dont le gouverneur du Connecticut, sur la situation européenne. Pas d'informations locales. Pour équilibrer ses comptes, il y ajoute de la publicité et des annonces. La censure veille : en 1719, la *Boston Newsletter* n'est plus autorisée à publier que des articles européens de plus d'un an.

Apparaissent ensuite d'autres journaux sur le même modèle : l'*American Weekly Mercury* (à Philadelphie en 1719) et la *New-York Gazette* (1725). Toujours très contrôlés et ne traitant que de sujets européens.

À Boston, alors la principale ville américaine, on trouve deux journaux en 1719, trois en 1721, et quinze en 1735 pour 15 000 habitants. En 1721, un certain James Franklin y fonde le *New-England Courant*, un journal littéraire et à opinion, hostile au gouvernement britannique, à qui il reproche de ne pas en faire assez pour protéger les bateaux des attaques pirates. Il mène aussi une croisade contre l'inoculation de la variole, qui vient de débarquer à Boston. Quand la censure lui interdit de publier le *New-England Courant*, James Franklin confie à son frère, Benjamin, âgé de seize ans, la gérance du journal. Benjamin y écrit, sans le dire à son frère, des chroniques humoristiques sous le pseudonyme de Silence Dogood, en se faisant passer pour une veuve et pour trois autres personnages. Il rencontre un très important succès. Puis James Franklin rachète *The Universal Instruction in all Arts and Sciences: And Pennsylvania Gazette*, qui jouera, on le verra, un rôle important.

En 1725, un imprimeur loyaliste anglais, William Bradford, fonde le tout premier journal de New York, la *New-York Gazette*, pour soutenir le gouverneur anglais de la colonie. En 1733, John Peter Zenger, un imprimeur d'origine allemande, lance contre lui le *New York Weekly Journal*. En 1734, Zenger est arrêté pour « diffamation séditieuse ». Pendant qu'il est en prison, sa femme, Anna, continue d'imprimer son journal. Pendant son procès, son avocat, Andrew Hamilton, lance un appel à défendre « la cause de la liberté d'expression et à s'opposer au pouvoir arbitraire en disant et en écrivant la vérité » ; il construit sa plaidoirie autour d'une apologie de la liberté de la presse. La cour lui donne raison en s'appuyant sur un précédent établi lors d'un procès à Londres de 1605, dans lequel un certain Lewis Pickering avait pourtant été condamné pour diffamation envers l'archevêque de Cantorbéry. Grande victoire de la liberté d'expression sur la terre américaine. Les journaux antibritanniques se font alors de plus en plus nombreux et audacieux : le *New York Journal* de John Holt et la *Providence Gazette* publiée par Sarah et Mary Katherine Goddard.

En 1736, William Parks, imprimeur dans le Maryland, crée la *Virginia Gazette*, avec pour devise « Always for Liberty and the Public Good » (« Toujours pour la liberté et le bien public »), où il relaie aussi des messages de particuliers à la recherche de... leurs esclaves en fuite...

En 1765, à la veille de la guerre d'indépendance américaine, paraît au moins un hebdomadaire dans chacune des treize colonies britanniques, sauf dans le New Jersey et le Delaware. Ce sont généralement des journaux de quatre pages environ, avec des informations brèves et utiles. Rien de politique.

Dans les colonies françaises d'Afrique, le premier journal est un hebdomadaire publié en 1773 à Port Louis, le *Journal des annonces, affiches et avis divers pour les colonies des Isles de France et de Bourbon*, par un certain Nicolas Lambert.

En Inde, le premier journal est la *Hicky's Bangal Gazette*, publiée en anglais en 1780 par un Irlandais employé à la Compagnie des Indes orientales, James Augustus Hicky. Il y décrit les mœurs de la bourgeoisie coloniale. Quelques autres journaux paraissent ensuite, eux aussi en anglais, créés également par des anciens employés de la Compagnie des Indes. Ils ne comptent chacun que quelques centaines de lecteurs. En 2021, on trouve plusieurs journaux indiens parmi les cinq plus grands du monde.

Chapitre 6

La presse, « le grand rempart de la liberté du peuple »

1788-1830

Pendant ces quarante années, au tournant des XVIIIe et XIXe siècles, vont s'écrire les grands textes affirmant la liberté d'expression et la liberté d'informer.

Pendant ces quarante années, les systèmes de censure soigneusement bâtis par les sociétés antérieures (et qui n'existaient plus en théorie en Grande-Bretagne depuis 1695 et dans les colonies britanniques d'Amérique depuis 1734, et très provisoirement en France entre 1789 et 1792) vont s'effondrer partout en Europe, pas du tout encore dans le reste du monde.

Car, et c'est une des grandes leçons de cette période, si la liberté politique permet à une presse libre d'éclore, une presse libre ne garantit pas la sauvegarde de la liberté politique.

Tout commence en Amérique du Nord.

À Boston : « La liberté de la presse est le grand rempart de la liberté du peuple »

La couronne britannique, ruinée par la guerre de Sept Ans, met en place en mai 1765, dans ses treize colonies d'Amérique du Nord, un impôt sur tout ce qui est imprimé, dont les journaux. Taxe qui revient à rétablir la censure. Taxe ruineuse pour les éditeurs puisque, à la différence du Stamp Act anglais aboli soixante-dix ans plus tôt, cette taxe ne concerne pas que les journaux, mais toutes les productions des imprimeurs, dont les livres.

Benjamin Franklin ne s'y trompe pas, qui écrit à David Hall, son associé dans la *Pennsylvania Gazette :* « Cela va affecter les imprimeurs plus que quiconque. »

C'est par la rébellion contre cette taxe que va commencer la bataille pour l'indépendance des États-Unis d'Amérique.

Les journaux dénoncent tout de suite ce qu'ils nomment le « Black Act ». John Adams, un jeune avocat de Worcester (qui deviendra le deuxième président des États-Unis), publie (anonymement) un long pamphlet dans la *Boston Gazette*, pour inciter « messieurs les imprimeurs » à ne pas se laisser intimider et à refuser de payer cet impôt.

En août 1765, à Boston, les opposants au Stamp Act brûlent une effigie d'un collecteur des impôts et empêchent les navires en provenance d'Angleterre de décharger leurs cargaisons de ce papier timbré. Les semaines suivantes, tous les journaux de la colonie racontent ces exploits. En particulier, le 1er novembre, le *Pennsylvania Journal* publie une édition spéciale contre le Stamp Act ; le *Pennsylvania Chronicle* publie dans plusieurs numéros les

Letters from a Farmer in Pennsylvania de John Dickinson qui dénoncent ces impôts ; le 21 novembre, un autre journal très éphémère, le *Constitutionnal Courant*, distribué dans les rues de New York, rédigé par Andrew Marvel, dénonce la « tyrannie » de cet impôt, comparé « aux chaînes d'un esclavage abject », et exhorte à « ne pas le payer ». Grand succès. Ce journal est réimprimé à Boston et à Philadelphie.

La pression est si forte que, quelques mois plus tard, en février 1766, le gouverneur des Colonies retire le Stamp Act ; les imprimeries qui n'ont pas soutenu l'action de leurs confrères sont vandalisées. Cette victoire est un formidable accélérateur de la prise de conscience nationale.

En 1767, John et Samuel Adams organisent les « Fils de la liberté », groupes qui s'opposent depuis peu à la présence britannique ; leur noyau dur, appelé le « Loyal Nine », envoie à la *Massachusetts Gazette* et à la *Boston Newsletter* des articles annonçant leurs prochains sabotages et à ne publier ces informations que le lendemain matin.

En 1768, le Royal Council, la branche législative du gouvernement de la colonie, demande à la Cour du Massachusetts de fermer la *Boston Gazette*, alors le journal colonial le plus diffusé avec seulement 2 000 exemplaires. Mais la Cour refuse, confirmant la jurisprudence de 1734, et cite deux écrivains britanniques, Trenchard et Gordon, qui avaient écrit en 1720 (on l'a vu) sous le pseudo de Caton : « La liberté de la presse est le grand rempart de la liberté du peuple. »

En mai 1773, nouvel incident : le gouvernement britannique autorise la Compagnie britannique des Indes orientales à vendre son thé en Amérique sans payer de taxe, ruinant les producteurs locaux de thé ; des affiches de *The Alarm* sont placardées dans New York, dénonçant ce privilège. John Dickinson, dans une de ses lettres au *Pennsylvania Chronicle*, appelle au boycott de tous les produits de la Compagnie des Indes.

Le 16 décembre, les rebelles se réunissent dans les bureaux de la *Boston Gazette* pour aller jeter à la mer les caisses de thé encore à bord de bateaux anglais venant d'arriver. En représailles, le gouverneur anglais du Massachusetts instaure la loi martiale. Retour de la censure. Le directeur de la *Boston Gazette* prend la fuite ; les autorités britanniques offrent une prime pour son arrestation.

En 1774, Thomas Paine, un Britannique installé à New York, prend le parti des rebelles du Massachusetts dans son journal, le *Pennsylvania Magazine.* L'imprimeur William Goddard dénonce le système postal royal et les impôts qui pèsent sur les journaux ainsi distribués et propose la création d'une « poste constitutionnelle » pour livrer de manière efficace les journaux. La poste, dont les journaux ont tant besoin, sera, on va le voir, un élément essentiel dans la lutte pour l'indépendance et la constitution de la nation américaine.

Le 19 avril 1775, la bataille de Lexington marque le début de la guerre d'indépendance américaine. À New York, l'imprimerie du *New York Gazetteer*, qui soutient les Britanniques, est détruite. La *Boston Gazette* et le *Pennsylvania Magazine* se déchaînent. Le 10 janvier 1776, Thomas Paine publie anonymement un pamphlet, *Common Sense*, où il réclame, avec un vocabulaire simple, la rupture avec la Grande-Bretagne et l'établissement d'une république. Immense succès. Le 12 juin 1776, la Virginie adopte une déclaration des droits et devient le premier État à proclamer la liberté de la presse, en reprenant les termes du jugement du tribunal du Massachusetts de 1768, inspiré lui-même du jugement du tribunal de New York de 1734 : « La liberté de la presse est l'un des plus grands remparts de la liberté et ne peut jamais être restreinte que par des gouvernements despotiques. »

Le 4 juillet 1776, au congrès de Philadelphie, sous la direction de George Washington, les représentants des 13 colonies signent une déclaration d'indépendance. À Londres, le *Westminster Magazine* publie une lettre du lord mayor, sir Thomas Halifax, « soutenant nos frères américains » et appelant le roi à « cesser le recours à la force » ; la *Monthly Review* qualifie George Washington de « Fabius Maximus moderne » et le *Scots Magazine* le décrit comme un « homme de sens et de grande intégrité ». Benjamin Franklin devient le premier ambassadeur des États-Unis à Paris. La guerre d'indépendance n'est pas terminée.

Entre 1777 et 1781, avec le soutien de la France dans les batailles de Saratoga et de la baie de Chesapeake, l'indépendance s'impose. Le 3 septembre 1783, le traité de Paris, signé par les représentants des 13 colonies et par la Grande-Bretagne, marque la naissance des États-Unis. À cette occasion, le duc de La Rochefoucauld présente Turgot et Buffon à Benjamin Franklin, qui leur présente Thomas Paine et Thomas Jefferson, venus négocier le traité à Paris.

En 1784, alors que Benjamin Franklin rentre aux États-Unis, paraît le *Pennsylvania Packet and Daily Advertiser*, le premier quotidien américain, largement financé par la publicité.

En 1787, Madison, Hamilton et Jay publient les 85 « Federalist Papers », qui posent les bases de la Constitution américaine, cachés sous le nom de Publius, d'où l'importance que prendra le droit à l'anonymat dans la société américaine.

La Constitution américaine est adoptée le 17 septembre 1787 et entre en vigueur le 4 mars 1789. Elle prévoit le contrôle de l'État sur la poste et donne au Congrès le pouvoir de « créer des bureaux de poste et des routes postales ». C'est dire l'importance de ce réseau de communication dans la construction de la nouvelle nation.

En 1790, près de 100 journaux paraissent sur le sol des États-Unis, contre seulement une vingtaine trente ans auparavant.

En 1791, James Madison, alors représentant de la Virginie, propose, et fait adopter, un premier amendement à la Constitution, qui associe la liberté de parole à la liberté de la presse : « Le Congrès ne fera aucune loi restreignant la liberté de la parole ou de la presse. » À la différence de ce qui se passera dans la plupart des autres pays, ce principe, souvent contesté, ne sera jamais aboli, sauf très brièvement sept ans plus tard, comme on va le voir.

À partir de 1789, John Fenno, maître d'école à Boston, lance *The Gazette of the United-States*, un bihebdomadaire fédéraliste, considéré comme le premier journal partisan américain ; le vice-président John Adams et le premier secrétaire au Trésor Alexander Hamilton y écrivent de façon anonyme. Deux ans plus tard, Alexander Hamilton sauvera le journal de la faillite en remboursant lui-même ses créanciers.

L’info en continu

Il était une fois « des êtres vivants qui se transmettaient des informations les uns aux autres, par des sons, des odeurs, des gestes et des mouvements ». Nous sommes en 30 000 avant notre ère. C’est là que Jacques Attali fait démarrer son long voyage dans l’histoire des médias. Les histoires, même. Saviez-vous que le mot « gazette » vient de *gazetta,* la pièce vénitienne de deux soldes qui servait à payer les *avviso,* ancêtres des journaux, au XVIe siècle ? Ou qu’aux débuts de la radio aux États-Unis, les informations orales devaient dater d’au moins vingt-quatre heures… pour ne pas concurrencer la presse papier ?

HISTOIRES DES MÉDIAS
JACQUES ATTALI, FAYARD,
524 PAGES, 23 EUROS.

Des signaux de fumée aux réseaux sociaux, Attali livre des dizaines d’anecdotes et des milliers de chiffres sur l’évolution de la transmission des informations. Avec deux fils rouges : 1) de la roue à l’Internet en passant par la rotative, la technologie n’a cessé de bouleverser les médias ; 2) l’information a toujours été un enjeu de pouvoir. *« L’homme a besoin de savoir ce qui le menace, ce qui nuit aux autres ou les sert »,* résume Attali. Son ouvrage dresse aussi des perspectives, peu réjouissantes, recouvrant disparition des journaux, développement des fake news, hologrammes ou transmission d’info par la pensée. Parmi ses préconisations : le démantèlement des géants du numérique. Il termine en nous conseillant de *« réduire la vitesse de circulation des informations et des messages personnels ».* En résumé : *« Ne pas s’informer est, parfois, la meilleure façon de se préparer à bien s’informer, pour mieux agir. »*

CYRIL PETIT

… trop professoral.

Pour le reste, et n'en déplaise aux jaloux – qui considèrent que le moment est mal choisi pour vider ses carnets –, ce texte confirme ce que l'on savait mais qui s'aggrave, livre après livre, pour le plus grand bonheur du lecteur :

> **Dès lors qu'il s'agit de littérature, il n'y a plus de pose de sa part**

Bruno Le Maire écrit mieux que bien ; il écrit comme on écrit quand on ne sait rien faire aussi bien. Oh bien sûr, il entend ne surtout pas choisir entre ses « *deux vocations qui* [l]*e remplissent* », la politique et la littérature. Il n'est pas prêt à renoncer à la sensation de « *narguer la mort* » que lui procure la politique. « *La vie de ministre vous oblige à ménager des pauses dans la mécanique des heures, à trouver du silence dans le bruit des échanges, à vous éveiller en pleine nuit pour corriger un discours, à transformer les insomnies, où l'anxiété vous prive de sommeil avec autant de violence qu'un néon dans une cellule, en moments de réflexion,* écrit-il. *Pour quel accomplissement politique ? Cet accomplissement, s'il se produit, transforme d'un coup le travail obscur et répétitif des jours passés en aventure.* »

Afin de vivre cette « *aventure* » au carré, Le Maire en fait des livres dans lesquels il raconte comme nul autre le pouvoir de l'intérieur. Il en est ainsi depuis ses premières

Bruno Le Mair…

L'a…
la

années dans l'…
de Villepin, …
livre déjà org…
immature. I…
ouvrages) p…
l'audace de …
ce « *et en mé…*
simultaném…
« *Écrire la pol…*
que la pratiqu…
moi de lui ouv…
et de creuser…
des nuages a…
avec le fer de…
de ciel clair…
justifier « *ce…*

Pour s'opposer à ce journal, les anti-fédéralistes, à la demande de Jefferson et de Madison, créent en 1791 *The National Gazette* et le petit-fils de Benjamin Franklin, Benjamin Bache, fonde le *Philadelphia Aurora.*

Le 20 février 1792, le président Washington, se fondant sur la Constitution, crée le Postal Service Act, garantissant la confidentialité des courriers et accordant des tarifs préférentiels aux journaux (le Congrès refuse le projet de Washington d'accorder la gratuité à la presse). Cette loi accélère massivement la distribution de la presse : elle constitue aussi une incitation à l'alphabétisation.

Les fédéralistes (on dirait aujourd'hui les démocrates), qui craignent de perdre la majorité au Congrès, tentent alors de remettre en cause la liberté de la presse et le premier amendement voté sept ans plus tôt. En 1798, John Allen, représentant du Connecticut, écrit que « la liberté de la presse et de l'opinion est calculée pour détruire toute confiance entre l'homme et l'homme, [...] cela conduit à la dissolution de tout lien d'union ». Ils font voter le Sedition Act, qui rend passible d'amende et d'emprisonnement les écrits « faux, scandaleux et malveillants » envers le Congrès et le président des États-Unis. Certains imprimeurs républicains sont même condamnés et emprisonnés. Mais, comme chaque fois qu'on s'est attaqué à la presse, cela se retourne contre les censeurs, et les censurés deviennent extrêmement populaires. En 1801, les républicains remportent les élections. Jefferson, devenu président, abroge le Sedition Act, puis gracie tous ceux qui avaient été condamnés en application de ce texte. Le démocrate Alexander Hamilton fonde de son côté le *New York Evening Post* (ou *Evening Post*) avec plusieurs financiers très déçus de l'arrivée au pouvoir de Jefferson. On compte alors aux États-Unis 230 journaux, dont 17 quotidiens.

Après cet épisode de trois ans de censure, les États-Unis ne reviendront plus jamais, jusqu'à aujourd'hui, sur la liberté, au moins formelle, de la presse. Il va sans dire que, dans toutes ces batailles pour les libertés, les femmes et les esclaves ne sont encore que rarement des sujets de revendication.

À Paris : « La libre communication des pensées et des opinions est un des droits les plus précieux de l'homme »

Alors que, fin 1788, seuls quatre journaux, très contrôlés, sont publiés à Paris, Louis XVI décide de convoquer les États généraux. Pour les préparer, il « autorise les citoyens à faire connaître librement leurs doléances ». Ce qui implique une liberté d'expression et de publication. Début 1789, le nombre de journaux explose.

Deux mille six cents titres sont publiés entre janvier et avril 1789, sous toutes les formes. Ils sont conçus et publiés à la hâte, avec peu de préoccupations esthétiques : huit pages d'écriture très serrée ; les grands titres et résumés d'articles sont sur la première page, pour faciliter le travail des crieurs de rue.

Pour tenter de limiter cette liberté, le directeur de la Librairie (le chef censeur du roi) indique aux députés que le contenu des débats des États généraux devra rester confidentiel. Pour contourner cette censure, les députés créent des « lettres aux électeurs », où ils rendent compte de leur mandat et racontent les débats.

La censure tente de réagir ; en province, les informations sont très contrôlées et les nouveaux journaux s'en plaignent : on peut lire dans *Les Affiches de Rennes* du 4 février 1789, devenues un vrai journal : « Quoi ! pas un mot de ce qui s'est passé et se passe à Rennes !... Non, mes respectables lecteurs... Non, pas un mot... La douleur et la prudence ne nous permettent pas d'en faire le déplorable récit. » Les marchands ambulants, qui passent régulièrement de village en village, sont encore, avec les clubs et les journaux, des sources majeures d'information.

Le 16 mars 1789, Jacques Pierre Brissot, chef de file des Girondins, annonce la création à Paris d'un quotidien, *Le Patriote français* : « Nous nous proposons de publier un journal politique, national, libre, indépendant de la censure et de toutes espèces d'influence. » Il y rend compte des débats aux États généraux. Condorcet et l'abbé Grégoire y écrivent.

Certains jours du printemps 1789, 300 000 exemplaires sont vendus dans les rues. Le 19 mai 1789, les journaux sont officiellement autorisés à rendre compte des séances des États généraux, mais pas encore à publier des commentaires. La réunion des trois ordres, le 27 juin, transforme les États généraux en une Assemblée nationale qui commence à préparer une constitution.

Le 17 juillet 1789, le papetier Louis Marie Prudhomme publie le premier numéro d'un hebdomadaire, *Les Révolutions de Paris*, dont il est l'unique rédacteur ; ce magazine de 40 pages, publié tous les dimanches, dénonce la misère populaire et la censure ; il y raconte, le premier, la prise de la Bastille, alors que la *Gazette de France* l'ignore et que les journaux étrangers la décrivent, un peu plus tard, comme un événement sans importance.

Le 3 août, l'Assemblée décide que la prochaine constitution sera précédée d'une Déclaration des droits de l'homme et du citoyen ; elle est alors préparée par un comité (composé de Jean-Nicolas Démeunier, César-Guillaume de La Luzerne, François Denis Tronchet, Mirabeau et Claude Redon) sur la base de 24 articles proposés par un bureau dirigé par Jérôme Champion de Cicé. Le 17 août, premier débat sur la liberté de la presse, qui doit se trouver dans l'article 8 : « Le citoyen a le droit de répandre ses idées par la parole, par l'écriture, par l'impression, sous la réserve expresse de ne pas donner atteinte aux droits d'autrui ; les lettres en particulier doivent être sacrées. » Le 19 août, cet article devient l'article 11 : « La libre communication des pensées étant un droit du citoyen, elle ne doit être restreinte qu'autant qu'elle nuit aux droits des citoyens. » Cela établit la liberté absolue de la presse. Le texte n'est pas encore voté.

Le lundi 24 août, on passe au vote. Le duc Louis Alexandre de La Rochefoucauld (celui qu'on a croisé avec Benjamin Franklin) déclare : « C'est la presse qui a détruit le despotisme, c'est elle qui, précédemment, avait détruit le fanatisme » ; et il propose le texte suivant : « La libre communication des pensées et des opinions est un des droits les plus précieux de l'homme : tout citoyen peut donc parler, écrire, imprimer librement, sauf à répondre de l'abus de cette liberté dans les cas déterminés par la Loi. » Barère de Vieuzac ajoute : « Consacrez donc cette liberté de la presse, qui est une partie inséparable de la libre communication des pensées. [...] Le progrès de l'opinion armée de la presse, est devenu irrésistible. » Rabaut-Saint-Étienne tempère : « La liberté de la presse ne doit pas violer le secret de la poste » et « la liberté de la presse n'est pas sans inconvénient », mais conclut quand même : « Jamais article ne fut plus important. » Deux versions du texte s'opposent. Dans les retranscriptions de la séance, on peut lire : « On met aux voix l'article XIX du projet du sixième bureau ; l'article est rejeté. On met aux voix celui de M. le duc de La Rochefoucauld. L'article est décrété. »

La liberté entrevue

En septembre 1789, Louise de Kéralio, fille d'un censeur royal, devient la première femme rédactrice en chef d'un journal, le *Journal d'État et de citoyen* ; amie de Danton et Desmoulins, elle se réfugiera bientôt en Belgique.

En novembre 1789, l'infatigable Panckoucke, éditeur successivement de l'*Encyclopédie*, du *Mercure de France*, de la *Gazette de France* et de tant d'autres journaux, publie un nouveau journal, *Le Moniteur universel*, pour lequel il utilise pour la première fois le très grand format, le *broadsheet*, que les Anglais pratiquent déjà depuis un siècle (depuis qu'une taxe les y a contraints). Ce journal devient le nouvel organe officiel du gouvernement.

À Paris, parmi les journaux les plus importants favorables à la Révolution : *Le Courrier de Provence* de Mirabeau et *Les Révolutions de Paris* de Prudhomme. Il y a aussi *L'Ami du peuple*, qui compte 8 à 12 pages, entièrement rédigées par Marat, parfois sous forme de simple placard affiché sur les murs de Paris ; pas de publication régulière, mais on a retrouvé environ 600 numéros. *Le Père Duchesne* de Jacques-René

Hébert utilise un langage très vulgaire : « Je vous jure par le ventre de mille femmes grosses. » Le *Journal des amis de la Constitution*, dirigé par Choderlos de Laclos, publie la correspondance des clubs jacobins de province. Antoine Momoro (celui à qui l'on doit la devise « Liberté, Égalité, Fraternité ») publie le *Journal du club des Cordeliers*, un des courants les plus extrêmes de la Révolution.

Parmi les feuilles contre-révolutionnaires encore actives : la *Gazette de France*, d'abord bihebdomadaire et contrôlée par la Cour, devient quotidienne en 1791, sous le titre de *Gazette nationale de France* ; elle est contrôlée par le ministère des Affaires étrangères ; le *Journal politique national*, *Les Actes des apôtres* où collabore Rivarol, la *Gazette de Paris* dirigée par l'évêque de Châlons-sur-Marne, Anne de Clermont-Tonnerre. D'autres journaux royalistes paraissent encore, comme *L'Apocalypse*, à partir de janvier 1790. L'ancien acteur Pierre-Germain Parisau publie aussi *La Feuille du matin*. Lors de l'arrestation de Louis XVI à Varenne en 1791, le rédacteur en chef de *La Gazette de Paris*, Barnabé Durosoy, demande aux partisans du roi de se proposer comme otages à sa place.

D'autres essaient de maintenir une ligne prudente : le *Journal des débats et décrets* de Jean-François Gaultier de Biauzat, comme *Le Moniteur universel* de Charles-Joseph Panckoucke.

Puis *Le Journal des savants*, la *Gazette de Paris*, *Le Patriote français*, *Le Journal de Paris*, *Le Moniteur de Paris* disparaissent.

Certains journalistes gagnent alors bien leur vie. Du 28 juillet 1789 au 2 juin 1793, Jacques-Pierre Brissot touche un salaire équivalent à celui d'un ministre pour publier *Le Patriote français*. Camille Desmoulins écrit qu'être journaliste n'est désormais plus une profession de mercenaire, d'esclave du gouvernement.

Lourd prix à payer : nombre de ces journalistes mourront bientôt sur l'échafaud ou assassinés, dont Brissot, La Rochefoucauld, Danton, Marat, Durosoy, Robespierre, Hébert, Olympe de Gouges et Desmoulins.

La Terreur : « Les empoisonneurs de l'opinion publique seront arrêtés »

Le 1er août 1792, *Le Moniteur universel*, journal dissident royaliste, publie une déclaration du duc prussien Charles-Guillaume-Ferdinand de Brunswick-Wolfenbüttel affirmant que, s'il est fait la moindre violence à la famille royale, qui vient d'être arrêtée, il enverrait aux Parisiens « une exécution militaire et une subversion totale ». Les révolutionnaires enragent. La Terreur commence.

Le 10 août, des insurgés marchent sur les Tuileries. Le rédacteur en chef de la *Gazette de Paris*, Barnabé Durosoy, qui s'est proposé en otage à la place du roi, est arrêté. Quinze jours plus tard, il est le premier journaliste guillotiné. Le 11 août, les journaux royalistes ou modérés sont interdits ; leurs éditeurs/imprimeurs arrêtés et leurs locaux mis à disposition des journaux révolutionnaires. Le 12 août, la Commune de Paris proclame : « Leurs presses, caractères et instruments seront distribués entre les imprimeurs patriotes. »

La liberté de la presse n'aura pas duré deux ans.

Le 4 septembre, le duc Louis Alexandre de La Rochefoucauld, auteur de l'article sur la liberté de la presse dans la Déclaration des droits de l'homme et du citoyen, est assassiné à Gisors par des volontaires de la Sarthe et de l'Orne faisant la chasse aux aristocrates. La censure se fait impitoyable. Le 4 décembre, la Convention proclame que « quiconque sera convaincu d'avoir composé ou imprimé des écrits qui proposent le rétablissement de la royauté en France, ou la dissolution de la représentation nationale, sera traduit devant le tribunal révolutionnaire et puni de mort. [...] Les colporteurs, vendeurs, ou distributeurs des écrits prohibés seront punis de trois ans de détention s'ils découvrent les auteurs, et de deux ans de fer s'ils ne les découvrent pas ».

À Londres, le *Times* du 10 septembre 1792 dénonce les révolutionnaires français, les « animaux parisiens », « les tyrans à quatre pattes les plus sauvages qui sillonnent les déserts inexplorés de l'Afrique s'élèvent au-dessus de ces animaux parisiens à deux pattes ». Au même moment, toujours à Londres, un agent de presse, William Henry Smith, crée un réseau de librairies dans les gares de Londres. Première esquisse de système de messagerie de presse.

Le 25 janvier 1793, en rapportant l'exécution de Louis XVI quatre jours plus tôt à Paris, le *Times* écrit · « Chaque sein brûle d'indignation dans ce royaume, contre les sauvages féroces de Paris, au point que le nom même de Français est devenu odieux. [...] Louis XVI de France a été assassiné pour le même crime, pour lequel Agis, le Macédonien, a été mis à mort par ses ignorants sujets rebelles. »

Le 29 mai 1793, la Convention impose aux imprimeurs qui souhaitent afficher des textes dans des lieux publics de mentionner le vrai nom de l'auteur de l'article sur l'affiche et interdit d'utiliser du papier blanc, réservé aux documents officiels (or le papier de couleur est plus cher, ce qui limite la possibilité de tels affichages...). Le 2 juin 1793, un mois avant l'assassinat de Marat, le journal de Brissot est fermé et Brissot guillotiné.

Une chape de plomb tombe sur la presse. Alors qu'on comptait environ 216 journaux à Paris en janvier 1792, on n'en trouve plus que 113 en juin 1793.

En mars et avril 1794, c'est au tour des journalistes jacobins Hébert et Desmoulins d'être exécutés. Juste avant que Robespierre ne subisse le même sort le 28 juillet.

Gracchus Babeuf n'y échappe pas : après avoir lancé *Le Tribun du peuple, ou le Défenseur des droits de l'homme*, il se suicide le 27 mai 1797, au tribunal, après avoir été condamné à mort. François de Pange, qui fustige la violence de la Révolution dans *Le Journal de Paris*, échappe de peu à la guillotine.

Un destin extrême parmi les journalistes révolutionnaires : Louis-Stanislas Fréron, fils de l'adversaire de Voltaire, propriétaire en 1789 de *L'Année littéraire*, publie *Le Vieux Cordelier.* Il se rallie ensuite à Marat, publie *L'Orateur du Peuple*, dirige en 1793 la répression à Marseille et Toulon, si terrible que même Robespierre en est choqué. Nouveau virage : en août 1794, un mois après l'exécution de Robespierre, il défend la liberté absolue de la presse. Amant en 1794 de Pauline Bonaparte, alors âgée de 13 ans, il est écarté par son frère devenu premier consul, qui l'envoie en 1802 à Saint-Domingue, comme sous-préfet, pour mater la révolte de Toussaint Louverture. Il y mourra, deux mois après son arrivée, de la fièvre jaune. Comme le mari de Pauline, qui est, lui aussi, de l'expédition.

Le télégraphe mécanique : « La France n'est pas trop étendue pour former une République »

Pendant ce temps, en France, les nécessités idéologiques, administratives et gouvernementales de la Révolution poussent à une innovation majeure, qui va, pour la première fois depuis l'aube des temps, accélérer la transmission des informations : le télégraphe.

En effet, il est essentiel, à ce moment, pour la République naissante de s'assurer qu'elle peut gouverner l'intégralité du territoire. Or ce qui se passe à Paris, qui n'est que très mal connu en Province, par des journaux inexistants ou des rumeurs fantaisistes, peut conduire à l'éclatement du royaume et à la guerre civile, en particulier dans tout l'Ouest. L'Église, hostile à la Révolution, n'assure plus l'unité du message de l'État par les prêches ou par les lettres du monarque comme l'avait fait Louis XIV en 1709. Une technologie va venir aider à affirmer l'unité de la nation et s'en donner les moyens est essentiel.

Le 3 mars 1791, après des essais infructueux (un télégraphe électrique à Genève, un télégraphe alphabétique entre Ménilmontant et Bagneux, et un télégraphe optique à Londres), Claude Chappe, héritier d'une famille bourgeoise de Laval, met au point un code qui permet de déchiffrer 9 999 mots, répartis dans autant de lignes d'un livre. Son but est clairement politique et tout à fait dans l'air du temps : « Mettre le gouvernement à même de transmettre ses ordres à une grande distance dans le moins de temps possible. » Et pour lui, son invention « est la meilleure réponse à ceux qui pensent que la France est trop étendue pour former une République unie ».

Son premier message, transmis entre deux communes de la Sarthe, distantes de 17 km est, lui aussi, clairement politique : « L'Assemblée Nationale récompensera les expériences utiles au public. » On met en place le début du réseau. Et on commence par la ligne du Nord, pour pouvoir suivre ce qui se passe face aux armées des ennemis de la Révolution. Plusieurs lignes sont mises en place : en 1793, Paris-Lille (pour surveiller les troupes autrichiennes) ; puis Paris-Brest (pour contrôler la Bretagne) et Paris-Strasbourg (d'où les nouvelles mettent 6 minutes et demie à venir en passant par 44 télégraphes). Il n'est pas encore question de laisser y circuler des informations pour les journaux ou pour les personnes privées.

Le 30 août 1794, première transmission opérationnelle : un message en provenance de Lille parvient en quelques minutes à Paris. Il annonce à la Convention la prise de Condé-sur-Escaut par les troupes de la République contre les Autrichiens.

En 1795, la censure est partiellement allégée par le Directoire ; les journaux royalistes sont à nouveau autorisés. Mais les journalistes qui ont participé à la Révolution restent proscrits : le 8 septembre 1797, quatre jours après le coup d'État de Barras, les Cinq-Cents approuvent un rapport de Jacques-Charles Bailleul qui ordonne de déporter sur l'île d'Oléron 54 journalistes, dont Isidore Thomas Langlois (rédacteur au *Postillon de la guerre* depuis 1792),

René-Ambroise Deaubonneau (fondateur et directeur du *Journal des colonies* à Saint-Domingue) et Jean-Francois de La Harpe (redevenu en 1793 le rédacteur en chef du *Mercure de France*) ; au même moment, 31 journaux sont supprimés. Il n'y a plus alors que 70 feuilles politiques à Paris.

En juillet 1797, pendant la campagne d'Italie, Bonaparte, soucieux d'informer son armée, crée *Le Courrier de l'armée d'Italie*, journal à l'intention des seuls soldats ; la rédaction en est confiée à l'ancien jacobin Marc-Antoine Jullien. En août 1797, il crée *La France vue de l'armée d'Italie*, qu'il confie à Regnault de Saint-Jean d'Angély. Chacun de ces deux hommes, à la vie si aventureuse, mériterait une biographie.

En 1798, Bonaparte lance, sur le même modèle, *Le Courrier de l'Égypte*, qui tient lieu de journal officiel de l'armée (116 numéros en tout, dirigé par Jean-Joseph Marcel, imprimeur français, petit-neveu du consul de France au Caire). On y trouve aussi des présentations des découvertes et des pyramides. Fin 1799, on y lit le tout premier article sur la pierre de Rosette, découverte le 15 juillet de cette année-là, par un soldat français, puis récupérée par les Britanniques après la défaite française. Toujours pendant cette expédition est fondée *La Décade égyptienne*, revue imprimée par l'Institut d'Égypte, qui réunit les articles de la Commission des sciences et des arts.

Après le coup d'État du 18 brumaire (9 novembre 1799), le consulat est officiellement instauré le 1er janvier 1800. La censure est désormais totale.

Tout cela apporte la preuve de ce que l'on reverra à de nombreuses reprises par la suite : la liberté de la presse n'empêche pas l'avènement d'une dictature.

L'Empire : « Le droit d'imprimer n'est pas un droit naturel »

Après le coup d'État, un des premiers soucis de Napoléon est de maîtriser la presse. « Si je lâche la bride à la presse, aurait-il dit, je ne reste pas trois mois au pouvoir. » Pour lui « le droit d'imprimer n'est pas du nombre des droits naturels ». Les consuls de la République interdisent la création de nouvelles feuilles et suppriment 60 journaux, qui publient « des articles contraires au respect du pacte social, à la souveraineté du peuple et à la gloire des armées ». *Le Moniteur universel* et *Le Courrier de Paris* deviennent les organes officiels du gouvernement consulaire. Un décret du 27 nivôse an VIII (17 janvier 1800) ne laisse subsister à Paris que 13 journaux et rétablit l'autorisation préalable. Il laisse en particulier circuler *La Gazette universelle*, créée en 1792, sous le nom de *Nouvelles politiques*, puis sous celui de *Nouvelliste*, puis sous celui de *Publiciste*, journal fort prudent.

En 1801, un arrêté interdit toute distribution de journaux. Plus question de laisser des crieurs circuler dans Paris avec des paquets de journaux. Plus question de vendre aucun journal autre que ceux, très rares, qui sont autorisés. Et, pour être sûr que rien ne circule de Paris vers la province, il est aussi interdit à toute entreprise privée de transporter toute publication périodique, et même tout colis d'un poids inférieur à un kilo.

Le 22 avril 1804, Napoléon écrit à son ministre de la Police, Joseph Fouché : « Réprimez un peu les journaux : faites-y mettre de bons articles... Mon intention est que vous fassiez appeler les rédacteurs du *Journal des débats*, du *Publiciste* et de *La Gazette de France*, qui sont, je crois les journaux les plus en vogue, pour leur déclarer que, s'ils continuent à n'être que les relais des journaux anglais, et à alarmer sans cesse l'opinion, [...] leur durée ne sera pas longue ; que le temps de la Révolution est fini et qu'il n'y a qu'un parti en France ; que je ne souffrirai jamais que les journaux disent ni fassent rien contre mes intérêts. »

Le 16 juillet 1805, mettant sa menace d'avril à exécution, Napoléon fait saisir le *Journal des débats*, qui change lui aussi de nom pour devenir *Journal de l'Empire.*

Un journaliste particulier de cette période : Joseph Fiévée. À l'origine royaliste, caché sous le Directoire, écroué sur ordre de Fouché en 1803, devenu la même année un agent secret au service de l'Empereur, puis en 1804 rédacteur en chef du *Journal des débats*, renommé *Journal de l'Empire*, fait baron par Napoléon en 1810 ; puis préfet de la Nièvre, puis rallié à Louis XVIII et révoqué par Napoléon pendant les Cent Jours. Il devient ensuite un des chantres de la Restauration, puis de la liberté de la presse, et il fera de la prison pour cela en 1818. Il est aussi un des tout premiers hauts personnages homosexuels de la société français à vivre en couple dans les palais officiels.

Au même moment, Chappe vient proposer à l'Empereur d'étendre le rôle du télégraphe à la transmission des bulletins officiels d'information, à l'annonce des cours des monnaies, de l'arrivée des bateaux dans les ports, des résultats de la Loterie nationale. Napoléon refuse tout... sauf la Loterie. Et il demande à Chappe d'ouvrir deux lignes télégraphiques supplémentaires Paris-Turin, puis Paris-Venise.

L'Empereur est obsédé par la presse et, même si elle est très contrôlée, s'en méfie ; et on sait, par les mémoires d'un de ses secrétaires, le baron Fain, qu'il parcourt les journaux tous les matins et demande à son bibliothécaire particulier, Ripault, de lui faire une analyse de ce qui pourrait « influer sur l'esprit public, surtout par rapport à la religion, à la philosophie et aux opinions politiques ». Pendant ses bains, réputés pour être très longs, son secrétaire lui lit des extraits d'un bulletin de police, qui lui signale les articles suspects. Par exemple, en 1805, ce bulletin rapporte une rumeur venue de Toulon sur un possible débarquement anglais à Lisbonne ; Napoléon écrit alors à Fouché : « Remuez-vous donc un peu plus pour soutenir l'opinion ! Dites aux rédacteurs que, quoique éloigné, je lis les journaux... »

Le 20 mai 1805, il écrit encore à Fouché : « Mon intention est que désormais le *Journal des débats* ne paraisse pas s'il n'a pas été soumis la veille à une censure. Vous nommerez un censeur qui soit un homme sûr, attaché et ayant du tact, auquel les propriétaires du journal donneront douze mille francs d'appointements. C'est à cette seule condition que je permettrai que ce journal continue de paraître. »

Il fait interdire aux rares journaux autorisés de parler du départ de ses troupes du camp de Boulogne en direction de l'Autriche ; il leur demande de cesser de critiquer le nouvel empereur d'Autriche, François Ier, pour qu'il ne se doute pas de l'imminence de l'attaque. Les nouvelles sont encore lentes : la victoire éclair, à Austerlitz, le 2 décembre de cette même année, n'apparaît dans *Le Moniteur* que dix jours plus tard. Et à Londres, la nouvelle n'est annoncée par la *London Gazette* que le 11 janvier 1806.

À partir de 1806 (et comme il l'avait fait avec l'armée d'Italie, puis l'armée d'Égypte), l'Empereur fait paraître des *Bulletins de la Grande Armée*, qu'il écrit souvent lui-même et qui sont d'abord réservés à ses soldats, puis republiés par *Le Moniteur universel*, devenu l'organe officiel du gouvernement. Des copies en sont apposées sur les murs des bâtiments publics dans toute la France et diffusées aussi dans les églises, les collèges et sur les places publiques. En 1807, il impose également aux rares journaux de province (un par département) de republier des extraits du *Moniteur universel.* En juin 1808, Metternich écrit que « les gazettes valent à Napoléon une armée de 300 000 hommes, qui ne surveillerait pas mieux l'intérieur et effrayerait moins l'extérieur qu'une demi-douzaine de folliculaires à ses gages ».

En 1808, à Bayonne, où il rencontre Charles IV et son fils Ferdinand VII en rivalité pour le trône d'Espagne, l'Empereur annonce qu'il a décidé de donner le trône à son frère Jérôme. Soucieux d'éviter que les nouvelles ne filtrent trop vite, et de protéger la crédibilité des fausses promesses faites aux deux prétendants, il écrit à Fouché : « Empêchez les journaux de donner des nouvelles ridicules. » Et en 1810, de même : « Recommandez aux journaux de ne pas prononcer le mot de "Pologne" et, en général, de parler le moins possible des affaires de ce pays-là. » Le jour où *La Gazette de France* publie un article déplaisant à propos de la Prusse, à un moment où l'Empereur ne le souhaite pas, il la suspend pour trois semaines. Il semble d'ailleurs préférer suspendre un journal en menaçant de le supprimer « en cas de récidive », plutôt que l'interdire définitivement.

Le 5 février 1810, un nouveau décret répète qu'« il est interdit d'imprimer tout document qui soit contraire au souverain de l'État ou à l'intérêt de l'État ». En août de la même année, Napoléon répète encore qu'il ne tolère plus qu'une seule feuille par département. Et s'il faut répéter ces interdictions, c'est qu'elles ne sont plus vraiment appliquées... Le régime se durcit encore.

Les nouvelles de la Grande Armée, en campagne vers la Russie, mettent alors beaucoup de temps pour atteindre Paris. L'arrivée des troupes à Moscou, le 14 septembre 1812, n'est annoncée à Paris que le 30 septembre par *Le Moniteur universel.* Et la nouvelle de l'incendie de la ville, déclenché le même 14 septembre, et dont Napoléon parle dans une lettre le 16 septembre, n'est publiée dans *Le Moniteur* que le 3 octobre.

Le 3 décembre 1812, le 29e bulletin de la Grande Armée explique que seul le mauvais temps est responsable de la défaite de l'armée en Russie ; cet article n'est repris que quatorze jours plus tard dans *Le Moniteur universel.*

La bataille de Waterloo, du 18 juin 1815, n'est connue à Londres que le 21 juin, par une dépêche officielle du duc de Wellington. Le *Morning Post* du 22 juin titre alors : « Grandes et glorieuses nouvelles. Toute l'armée de Bonaparte est détruite. Il s'est échappé de justesse. »

En 1815, il n'y a plus que quatre publications à Paris (le *Journal de Paris*, *Le Moniteur universel*, *La Gazette de France* et le *Journal de l'Empire*), contre 70 en 1798. La chute de l'Empire ne remet pas en cause la censure.

La presse française va se battre jusqu'en 1881 pour retrouver la liberté entrevue de 1789 à 1792.

Sous la Restauration : « Il est dans la nature de la presse de n'être qu'un instrument de désordre et de sédition »

En France, la chute de Napoléon ne supprime pas les censeurs. Elle ne fait que changer le nom de leurs employeurs. Une loi du 9 novembre 1815 confirme tout de suite la censure : « Sont coupables d'actes séditieux toutes personnes qui répandraient ou accréditeraient, soit des alarmes touchant l'inviolabilité des propriétés qu'on appelle nationales, soit des bruits d'un prétendu rétablissement des dîmes ou des droits féodaux, soit des nouvelles tendant à alarmer les citoyens sur le maintien de l'autorité légitime et à ébranler leur fidélité. »

En décembre 1816, le comte Decazes, ministre de la Police, présente un projet de loi sur la presse : « Les journaux et écrits périodiques ne pourront paraître qu'avec l'autorisation du Roi. » Sur les 217 députés, 128 votent pour. La loi est promulguée en janvier 1817. Pendant le débat, le 29 janvier 1817, Pierre-Paul Royer-Collard (philosophe, futur académicien), surnommé le « Prince de la parole », décrit les journaux comme essentiels « aux débats qui sont l'âme et la vie des gouvernements constitutionnels ». Il y défend bec et ongles la liberté de la presse et décrit la loi comme « impie et matérialiste. Elle ne croit pas à la vie future, cette loi qui anticipe l'enfer, et qui remplit sur la terre l'office des démons ». Pour lui, ce ne sont pas les journaux qui causent des troubles, mais ceux qui les manipulent :

« Existe-t-il au sein de cette nation des partis capables de faire des journaux un instrument de discordes et de révoltes nouvelles ? » Il demande aussi à ce que les délits de la presse ne soient plus jugés par des tribunaux correctionnels, mais par des cours d'assises, c'est-à-dire par des jurys populaires. Ça n'ira pas plus loin.

En mars 1819, les lois de Serre (du nom du comte Hercule de Serre, alors ministre de la Justice) libéralisent en théorie la presse. L'autorisation préalable est supprimée, remplacée par des garanties morales de deux éditeurs et un dépôt de cautionnement de 10 000 francs : la saisie d'un journal ne peut se faire que postérieurement à la publication de l'article ; et on ne peut reprocher à la presse que quatre types de délits : offense à la personne royale, provocation publique aux crimes et aux délits, outrage aux bonnes mœurs ou à la morale publique, diffamation et injure politique.

Le peuple, même parisien, est toujours aussi peu informé et victime de rumeurs. Le 25 août 1824, recevant aux Tuileries les hommages de la Cour et des corps constitués, Louis XVIII peine à proférer une réponse et se tient couché en deux sur le trône. Pour contrer la rumeur de son agonie, qui court dans Paris, des bulletins de santé sont tirés à plusieurs milliers d'exemplaires, affichés à l'Hôtel de Ville, distribués autour des Tuileries et dans les faubourgs et publiés par la presse quotidienne.

De nouveaux journaux apparaissent. Les plus influents sont alors *La Gazette de France*, *La Quotidienne*, le *Journal des débats*, *Le Constitutionnel*, *La Minerve libérale* de Benjamin Constant et *Le Conservateur* de Chateaubriand. Certains de ces journaux deviennent même de très bonnes affaires financières, grâce aux abonnements et à la publicité : la rentabilité du *Constitutionnel* atteint 27 % en 1826 ; celle du *Glaneur d'Eure-et-Loir* est de 55 %.

En 1829, naissance de la *Revue des Deux Mondes* de Prosper Mauroy et de Pierre de Ségur-Dupeyron, revendue deux ans plus tard à un chimiste devenu imprimeur, François Buloz, qui la dirigera pendant quarante ans, en fera le premier périodique français pendant tout le XIXe siècle et obtiendra des articles de Sainte-Beuve, Hugo, Sand, Vigny, Lamartine, Taine, Renan, Balzac et Dumas père.

En 1830, le comte Jules de Polignac reprend le dessus et souhaite en finir avec cette timide ouverture. Il explique que « la presse périodique n'a été, et il est dans sa nature de n'être, qu'un instrument de désordre et de sédition ». À son initiative, le 25 juillet 1830, quatre ordonnances signées par Charles X suspendent la liberté de la presse, rétablissent la censure, suppriment toutes les autorisations de paraître, sauf pour des feuilles « ultras ». Ces ordonnances déclenchent une révolution… Et, pour la première fois en France, comme ce fut le cas en Grande-Bretagne, puis en Amérique du Nord, c'est au nom de la liberté de la presse que s'effondre un régime.

La presse anglaise, libre, au service des riches

Pendant toute cette période, en Grande-Bretagne, la règle officielle est la liberté de la presse, mais ce n'est qu'une fiction : les élites anglaises, toujours masculines et limitées aux plus riches propriétaires, tremblent de voir se développer une presse populaire, politiquement radicale. Aussi font-elles tout pour la contrôler ; non par la censure, mais en maintenant un prix élevé des journaux et de l'éducation pour que seuls les riches puissent la posséder et la lire.

De plus, pour que les journaux ne s'améliorent pas, on fait tout pour dissuader les jeunes talents de devenir journaliste. Être journaliste n'est pas considéré comme une profession honorable pour un fils de bonne famille. Un règlement de 1807 interdit à toute personne ayant été salariée par un journal d'occuper ensuite une profession en rapport avec le droit. Et il est même jugé très dégradant pour un lord de se battre en duel contre un journaliste.

Pour autant, la presse anglaise progresse ; d'abord techniquement. En 1812, un imprimeur et un horloger allemands exilés à Londres, Friedrich Koenig et Andreas Friedrich Bauer, présentent au *Times* le premier modèle de rotative à vapeur qui permet l'impression de plusieurs centaines de pages par heure. Révolution majeure, passée trop inaperçue. Le *Times* est le premier journal à l'utiliser, dès 1814. En 1815, le *Morning Advertiser*, fondé vingt ans plus tôt, considéré comme le premier grand journal britannique du moment, s'installe à Fleet Street, où se trouvent déjà de nombreuses librairies créées par des huguenots, quelques journaux comme le *Daily Courant* et la maison d'édition de John Murray. La plupart des grands journaux londoniens le suivront.

En 1819, les taxes sur les journaux augmentent et sont étendues à toutes les publications politiques. Sans véritable résistance. Sinon de quelques journalistes comme William Cobbett, dans son journal *The Political*

Register, que l'essayiste William Hazlitt qualifiera un peu plus tard de « quatrième pouvoir ». C'est d'ailleurs la première fois que l'expression « quatrième pouvoir » est employée pour décrire un journaliste, ou la presse en général.

En 1823 est créé par l'imprimeur Robert Bell le *Bell's Life in London*, le premier journal sportif ; il rend d'abord compte des courses de chevaux, pour les nobles (« le journal sans lequel aucun dimanche de gentleman n'est vraiment parfait »).

Quand Tocqueville s'émerveille, en Amérique

Aux États-Unis, en 1809, après le mandat de Thomas Jefferson, James Madison entre à la Maison-Blanche. La liberté de la presse n'est plus remise en cause, même quand les journaux de Nouvelle-Angleterre incitent ouvertement à la révolte. L'*Evening Post* publie même, sans aucune sanction, un éditorial signé par un « fermier de Nouvelle-Angleterre », opposé à la guerre contre les Anglais et à Madison.

La presse, qui a tant servi à conquérir l'indépendance, sert encore, comme depuis un siècle, aux marchands à savoir avant leurs concurrents les nouvelles d'Europe ; en particulier pour fixer les prix des produits à leur avantage. Et pour cela il devient important de savoir certaines choses avant les autres. Au jour près.

En 1812, à Boston, Henry Blake et Samuel Topliff envoient des hommes dans le port de la ville pour récolter des informations sur la situation européenne auprès des passagers et des capitaines des bateaux à peine arrivés ; ils installent ensuite un télégraphe optique qui envoie ces informations, en particulier sur les prix européens des marchandises, aux négociants de la ville ayant souscrit un abonnement.

Pour prendre encore plus d'avance, en 1824, Arthur Tappan et Samuel Morse, qui ont créé le *Journal of Commerce*, réceptionnent eux aussi les journaux venus d'Europe sur les bateaux, en envoyant à leur rencontre une goélette à deux mâts.

En 1827, un prêtre épiscopal afro-américain crée le *Freedom's Journal*, premier journal afro-americain, à New York.

La poste américaine est, plus que jamais, florissante. Elle unifie le pays, et avance au rythme de la conquête de l'Ouest. En 1828, les États-Unis comptent 74 bureaux de poste pour 100 000 habitants, contre 17 en Angleterre et 4 en France. L'essentiel des envois postaux sont des journaux.

En décembre 1830, Alexis de Tocqueville (en mission pour étudier le système pénitentiaire américain) est impressionné par la vitesse à laquelle les lettres et les journaux atteignent les régions les plus lointaines du Kentucky et du Tennessee. Il est stupéfié en particulier de voir que pas un Américain n'est laissé sans nouvelles, ni des faits politiques, ni des mouvements d'idées. Il explique aussi l'abondance de journaux par la décentralisation du gouvernement, qui développe un intérêt pour les affaires locales, et par l'absence de racines locales des Américains, qui les pousse, pour appartenir à un groupe, à créer des associations, qui en retour créent des journaux. Quelques mois plus tard, dans le Michigan, il décrit ainsi un pionnier rencontré dans son cabanon isolé : « Un homme très civilisé, qui, pour un temps, se soumet à vivre au milieu des bois, et qui s'enfonce dans les déserts du Nouveau Monde avec la Bible, une hache et des journaux [...]. Il est difficile de se figurer avec quelle incroyable rapidité la pensée circule dans le sein de ces déserts. » Et même : « Je ne crois point qu'il se fasse un aussi grand mouvement intellectuel dans les cantons de France les plus éclairés et les plus peuplés. »

Tocqueville comprend alors que tout le retard français est là : faute d'un moyen économique de distribuer des journaux à bon marché, la France va prendre du retard sur toutes les évolutions intellectuelles, économiques, scientifiques et politiques. De fait, nul Français, mis à part dans les classes dirigeantes, n'est poussé à savoir lire, à se cultiver, à découvrir les techniques et l'industrie, les valeurs et les libertés. Et même la Grande-Bretagne, qui conserve alors son avance économique, va bientôt payer très cher son refus de faire pénétrer la presse jusqu'aux classes populaires.

Et ailleurs

En Afrique du Sud, en 1800, deux marchands d'esclaves, Alexander Walker et John Robertson, créent le *Cape Town Gazette and African Advertiser*. Pour ne pas laisser l'information lui échapper, le gouvernement colonial rachète immédiatement ce journal et en fait son journal officiel, en anglais et néerlandais. Puis paraissent le *South African Commercial Advertiser* en 1824, le *South African Journal* la même année, *The New Organ* en 1826, *The Colonist* en 1827...

En Inde, le 30 mai 1826, à Calcutta, l'avocat Jugal Kishore Shukla crée le premier journal du pays en hindi, un hebdomadaire, *Udant Martand* (« Le Soleil levant »). Le journal ferme vite, mais le 30 mai est encore aujourd'hui célébré comme le « Hindi Journalism Day ». Entre 1827 et 1835, seize autres journaux paraissent en hindi au Bengale.

En Chine, à partir de 1815, un missionnaire américain, Robert Morrison, publie à Malacca le *China Monthly Magazine*. En 1827 naît le *Canton Register*, suivi en 1835 par le *Canton Press*. Tous sont en anglais. Rien encore en chinois.

En Égypte, en 1828, Mehmet Ali (gouverneur ottoman originaire de Macédoine, qui y règne d'une main de fer depuis 1805) décide de la création du journal *al-Waqā'i' al-Miṣriyyah* (« Les Affaires égyptiennes ») qui devient le journal officiel de l'Égypte ; les articles sont écrits en turc dans une colonne et en arabe dans une autre.

À Istanbul, les premiers journaux sont en français. D'abord, en 1810, un bimensuel *Bulletin de nouvelles* publié par des Français, renommé *Gazette française de Constantinople*, puis *Mercure oriental*. En 1824, le journaliste français Alexandre Blacque fonde à Smyrne, toujours en français, un journal politique, commercial et littéraire : le *Courrier de Smyrne*, bihebdomadaire. Puis, en 1831, il publie à Istanbul *Le Moniteur ottoman*, hebdomadaire toujours en français, financé par le sultan Mahmoud II. Quelques mois après sa création, le gouvernement ordonne la publication d'une version en turc. C'est le premier journal entièrement en langue nationale. Publié pendant neuf ans, il est lu par les intellectuels, hauts fonctionnaires et hommes d'affaires de la capitale.

Chapitre 7

Savoir tout, avant les autres

1830-1871

Alors que presque rien n'a changé depuis des milliers d'années dans la façon dont les peuples sont informés, si ce n'est l'imprimerie quatre siècles plus tôt, et que les peuples continuent à ne pas recevoir, pour l'essentiel, d'autres informations que celles que leurs maîtres veulent bien leur transmettre, voici que, à quarante ans de bouleversements politiques succèdent quarante années de progrès techniques (le bateau à vapeur, le train, le télégraphe électrique, la photographie, le téléphone) qui vont bouleverser la façon de donner des nouvelles. Quelques-unes de ces innovations viennent de France, qui ne peut les déployer, la censure politique y interdisant l'usage privé. La plupart vont donc se développer en Grande-Bretagne et aux États-Unis.

Il devient clair, en ces débuts de la phase industrielle de l'économie de marché, qu'une information économique vaut surtout si on est le premier à l'avoir, ou au moins si on l'a à temps pour en faire usage. Ce qu'on a vu à Boston en 1812 devient une exigence de tous les industriels et financiers du monde. Et l'obsession vient : savoir tout avant les autres. Pas seulement militairement ou politiquement, mais désormais surtout industriellement.

Tout commence aux États-Unis et en Grande-Bretagne, alors les deux principales puissances industrielles, où une partie de la population jouit aussi des avantages de la démocratie. Puis, plus timidement, cela continue ailleurs.

Aux États-Unis d'abord, les hommes blancs sont, depuis la naissance de leur nation, déterminés à construire leur unité nationale sur la transmission et la mise en commun des savoirs et des informations, qui est aussi une source de profit.

En Grande-Bretagne ensuite, puis ailleurs en Europe, la noblesse toute-puissante ne peut empêcher les marchands et les hommes des classes moyennes de s'informer ; et elle a compris que la presse représente une formidable source de profit. Partagées entre le secret qui conforte leur pouvoir, et la diffusion massive qui accroît leur richesse, les classes dirigeantes anglo-saxonnes n'hésitent pas longtemps. Elles choisissaient la richesse.

Le développement de la presse renforce la démocratie, mais d'une façon fragile : comme on l'a appris en France en 1792, si la démocratie (même encore réservée à quelques hommes) rend possible une presse un peu plus libre, ni la liberté de la presse, ni les nouvelles technologies ne suffisent à enrayer la montée d'une dictature. On va bientôt voir qu'elles peuvent même y contribuer.

Transporter les mots, beaucoup plus vite

Deux innovations vont accélérer considérablement la vitesse de transmission des informations et des journaux, jusqu'ici restée pratiquement immuable. C'est naturellement dans les pays où la presse est le plus libre que ces innovations seront les mieux utilisées ; et d'abord aux États-Unis : la locomotive et le télégraphe électrique.

Si c'est en Grande-Bretagne qu'est apparue, vingt-cinq ans plus tôt, la première locomotive utilisable, c'est aux États-Unis que les chemins de fer se déploient le plus rapidement ; ils deviennent, en 1838, des routes postales officielles, avec des wagons bientôt exclusivement réservés au tri et au transport des dépêches. L'année suivante, en 1839, apparaît en Angleterre le premier wagon postal. Le courrier peut aller beaucoup plus vite qu'à cheval.

La même année, deux Britanniques, William Fothergill Cooke et Charles Wheatstone, font breveter un système de télégraphe électrique fonctionnant par des câbles enterrés ; ils l'expérimentent entre Londres et Birmingham. C'est aux États-Unis que son usage va démarrer : en cette même année 1838, un professeur de peinture et de sculpture de New York, Samuel Morse, met en effet au point (à moins que cela ne soit son assistant Alfred Vail) et fait breveter en son seul nom deux ans plus tard un système de transmission électrique, avec un code à points et traits. Il ne faudra que six ans pour que des compagnies privées américaines l'utilisent, d'abord entre Washington et New York, sur des lignes à disposition du public, puis partout dans le pays ; le gouvernement fédéral ne se réservant qu'un droit d'usage et non plus un monopole.

Pendant ce temps, en France, une escroquerie discrédite le télégraphe de Chappe ; alors qu'il faut encore trois jours pour que l'information aille de Paris à Bordeaux par diligence, contre trois heures par le télégraphe Chappe, deux frères, Joseph et François Blanc, honorables banquiers bordelais, soudoient le fonctionnaire responsable d'un relais Chappe à Tours pour qu'il remplace le mot « baisse » par le mot « hausse » et inversement dans les messages sur l'évolution du prix de la rente de 3 %. Ils gagnent ainsi une fortune, jusqu'à ce que, en 1836, ce fonctionnaire tourangeau tombe malade, et que son remplaçant les dénonce à la police.

Toujours en France, il faut attendre août 1842 pour que le train commence à embarquer du courrier sur les mêmes trains que les voyageurs, d'abord entre Strasbourg et Bâle ; et août 1845 pour que soit mis en place entre Paris et Rouen le premier wagon postal. La même année, la *Shipping and Mercantile Gazette* anglaise note, à propos du train, « la grande importance commerciale de ce mode de communication ».

Pendant ce temps aux États-Unis, des firmes privées, telles la New York and Mississippi Valley Printing Telegraph Company et la New York and Western Union Telegraph Company, déploient le télégraphe de Morse. D'abord entre Baltimore et Washington. Puis sur tout le territoire des États-Unis, au fur et à mesure de sa conquête et de l'installation des voies de chemin de fer.

En 1846, pendant la guerre américano-mexicaine, des entrepreneurs ont l'idée d'associer le cheval, le télégraphe et le train pour le transport des informations : Samuel Morse, Gerard Hallock (propriétaire du *Journal of Commerce*) et James Watson Webb (propriétaire du *Courier and Enquirer*) s'associent pour financer ce qu'ils nomment le *Pony Express* : des cavaliers se relaient régulièrement depuis la Nouvelle-Orléans (où ils recueillent les nouvelles sur la guerre au Texas) jusqu'à la Caroline du Nord, alors terminus du train et du télégraphe, d'où les nouvelles sont ensuite télégraphiées vers les villes de l'Est, par des câbles tirés le long des voies de chemin de fer. Encore un gain de temps.

Aux États-Unis, puis en Grande-Bretagne, les journalistes commencent aussi à utiliser eux-mêmes directement le télégraphe de Morse, d'abord pour s'informer sur les cours de la Bourse et la météo, puis pour recevoir les informations de leurs correspondants.

En janvier 1847, Brême est la première ville en Europe continentale à autoriser l'usage du télégraphe électrique pour l'envoi de dépêches privées, en particulier celles des armateurs. En France, pas question d'enlever à l'État le monopole sur cette technologie, comme il l'a eu sur toutes les autres avant : quand il s'installe, en 1847, le télégraphe électrique est, comme celui de Chappe avant lui, sous la responsabilité du ministre de l'Intérieur, et autorisé à transmettre seulement des dépêches officielles. La même année, un certain Oscar de La Fayette cite l'exemple de Brême pour demander au gouvernement que le télégraphe soit mis à la disposition des entreprises, des journaux et des personnes privées. Le comte Duchâtel, dernier ministre de l'Intérieur de Guizot et de Louis-Philippe, lui répond : « Le télégraphe doit être un instrument politique et non pas un instrument commercial. »

En 1856, la New York and Mississippi Valley Printing Telegraph Company et la New York and Western Union

Telegraph Company fusionnent pour former la Western Union, qui termine d'installer en 1861, le long des lignes ferroviaires, la première ligne télégraphique transcontinentale. Puis, en 1866, un câble sous-marin relie New York à l'Angleterre.

Le télégraphe devient alors le premier moyen de communication aux États-Unis ; le président Lincoln passe des heures à correspondre avec ses généraux depuis le bureau du télégraphe du War Department. En 1871, la Western Union crée un service de transfert d'argent par son réseau télégraphique.

Imprimer, beaucoup plus vite : les rotatives

Révolution dans la vitesse d'impression des journaux : en 1846, à New York, Richard Hoe construit une première machine à imprimer cylindrique opérationnelle, sur le principe des rotatives inventées au début du siècle. En 1847, le Français Hippolyte Marinoni développe, lui, une rotative à deux cylindres. L'Américain Richard Hoe répond par une rotative à six cylindres, puis à dix cylindres.

Vers 1850, la photogravure chimique permet une diversification des formes d'impression à grand tirage ; en 1851, la galvanoplastie (technique électrolytique d'orfèvrerie) permet la duplication de pages entières et de fabriquer des moules pour la fonte des caractères d'imprimerie.

En 1860 sont mises au point aux États-Unis et en France des rotatives utilisant du papier en bobine. Cette technique permet l'impression de 12 000 à 18 000 exemplaires à l'heure ; la même année, Richard Hoe produit des « Lightning Presses », rotatives produisant 20 000 exemplaires par heure.

En 1865, la substitution du papier de bois au papier de chiffon réduit encore le coût de l'impression et accélère la baisse du prix de revient des journaux. Ils sont maintenant des affaires extrêmement rentables. Et peuvent baisser leur prix.

Donner à voir, enfin !

Une autre innovation va donner une tout autre dimension à la presse, en lui permettant de rendre compte des événements par l'image, et plus seulement par du texte. Et là encore, si l'innovation vient d'Europe, c'est aux États-Unis qu'elle sera d'abord exploitée industriellement.

Cela commence par la peinture, qui donne à voir à tous, dans les musées nouvellement créés, des événements récents : ainsi du *Radeau de la Méduse* peint par Géricault et exposé en 1819, trois ans après le naufrage. Puis des *Scènes des massacres de Scio*, tableau peint par Delacroix et exposé en 1824, deux ans après les événements en Grèce.

Cette même année 1824, en France, la photographie commence : Joseph Nicéphore Niépce met au point un premier procédé à l'aide d'une plaque d'étain recouverte de bitume de Judée ; il faut plusieurs jours de pose. Treize ans plus tard, toujours en France, Louis Daguerre réduit le temps de pose à moins d'une heure. En 1843, *L'Illustration*, premier hebdomadaire illustré français, qui vient d'être créé, publie une gravure sur bois, réalisée d'après un daguerréotype, représentant les troubles politiques au Mexique.

En 1847, le neveu de Nicéphore Niépce, Abel Niépce de Saint-Victor, remplace le papier par une plaque de verre, permettant d'obtenir des images beaucoup plus précises. La photographie est d'abord utilisée comme modèle pour les dessinateurs, qui les recopient, et on peut fréquemment lire sous les illustrations « d'après photographie ». Le 1er juillet 1848, *L'Illustration* publie une gravure reproduisant une photo des barricades à Paris prise pendant le soulèvement de juin.

En 1853, pendant la guerre de Crimée, un envoyé du gouvernement britannique, Roger Fenton, devient le premier photographe de guerre. En 1869, à Agen, Louis Ducos du Hauron superpose trois images prises à travers des filtres rouge, jaune et bleu et invente la photographie en couleur.

Informer ceux qui informent : les agences de presse

Il est de plus en plus crucial pour les journaux d'obtenir les informations le plus vite possible. Et comme ils ne peuvent tous se doter de correspondants pour les collecter en direct, ils font appel à des entreprises dont le métier est justement de collecter des informations pour les leur vendre : des agences de presse.

Elles commencent en France, puis aux États-Unis, en Angleterre, en Allemagne, en Italie.

En 1825, Charles Havas à Paris et Édouard Singer à Strasbourg créent chacun une société visant à traduire la presse française dans plusieurs langues pour en vendre les articles à des journaux et diplomates étrangers. Havas est un personnage extraordinaire, qui connaît bien des familles régnantes d'Europe, parle plusieurs langues, pour avoir vécu au Portugal et avoir commercé sur tous les marchés.

En décembre 1830, à Paris, le journaliste Jacques Bresson crée un éphémère « Office de la correspondance », une agence qui collecte les cours de Bourse, les nouvelles nationales et internationales, et les vend à des journaux de province et étrangers. La censure veille au grain et interrompt son affaire.

En 1838, Charles Havas, grâce au soutien du ministre de l'Intérieur, Camille de Montalivet, obtient de l'État le droit de transformer son Bureau de traduction en « Bureau de nouvelles », et surtout il obtient d'avoir accès en priorité aux nouvelles de l'État. Encore un monopole, privé cette fois. Il transmet ces nouvelles, par la poste d'abord, à des journaux abonnés, avec des traductions de presse, sous le nom de *Correspondance générale*. Pour recevoir des nouvelles d'Angleterre, il utilise dans un premier temps des pigeons voyageurs. Puis, en 1844, il utilise le télégraphe Chappe (qui a alors 534 stations et 5 000 km de lignes), puis, en 1849, le télégraphe électrique. Et comme les journaux n'ont pas toujours les moyens de le payer en argent, il demande à se faire payer en pages blanches, qu'il remplit lui-même de publicité qu'il revend à des entreprises ou des banques.

Même processus aux États-Unis, mais imité par la presse : en 1846, à New York, six journaux (*The Sun*, *The New York Herald*, *The New York Tribune*, *The Express*, *Courrier and Enquirer*, *The Journal of Commerce*), dont les trois qui viennent de fonder le *Pony Express*, créent une agence, l'Associated Press, pour obtenir les nouvelles de la guerre qui commence contre le Mexique. En 1848, ces six journaux coachètent un bateau (cette fois non pas à voile comme en 1824, mais à vapeur), le *Buena Vista*, pour intercepter encore plus vite les nouvelles venues d'Europe, à Halifax, rentrer plus vite encore à Boston et télégraphier ces nouvelles à leurs journaux à New York, ce qui leur fait gagner une journée par rapport aux autres journaux.

En 1849, en Allemagne (où Carl Bertelsmann vient de fonder sa maison d'édition de textes religieux), Bernhard Wolff (dont le journal, la *Berliner National-Zeitung*, est alors le quotidien le plus lu à Berlin, où tout reste très censuré) crée l'Agence Continentale, qui transmet à d'autres journaux, non concurrents du sien, des informations liées à la Bourse. Il est le premier à utiliser pour cela le télégraphe électrique. En 1855, il commence à diffuser aussi à ses abonnés des nouvelles de politique internationale, venant notamment d'Europe de l'Est.

En 1851, à Londres, Israël Beer Josaphat, devenu Julius Reuter, lance à son tour l'agence Reuters pour vendre aux journaux britanniques des informations sur les cours de Bourse et les prix des matières premières ; en utilisant d'abord un service de pigeons voyageurs, puis le premier câble télégraphique sous-marin entre Douvres et Calais.

En 1853, Guglielmo Stefani, journaliste longtemps emprisonné par les troupes autrichiennes pour avoir pris part à l'insurrection vénitienne, fonde lui aussi, à Milan, son agence, en liaison directe avec Havas pour les nouvelles étrangères.

La même année, Louis Hachette, libraire depuis vingt-cinq ans, installe, sur le modèle de Smith à Londres, les premiers points de vente de journaux et de livres à proximité des premières gares ; il crée en même temps un service de messagerie de presse privé. Il obtient vite d'en faire un monopole. Puisque rien, en France, ne peut réussir sans un monopole...

En 1858, le *Times* s'abonne au service de Reuter, qui, le 10 janvier 1859, obtient son premier scoop politique en publiant un discours belliciste du roi de Piémont-Sardaigne qui conduit au déclenchement de la guerre franco-autrichienne et à l'indépendance italienne.

En 1864, Sinclair Tousey crée l'American News Company, une entreprise de distribution de journaux et de livres, qui deviendra un siècle plus tard la plus grande entreprise de distribution de livres au monde. Avant de disparaître brutalement.

En 1865, Bismarck prend le contrôle de l'Agence Continentale de Wolff et lui conserve le monopole.

En 1869, Havas, Reuters et l'Agence Continentale, bientôt rejoints par l'Associated Press, s'unissent pour créer un cartel d'agences qui mettent en commun leurs nouvelles internationales en se partageant des zones de diffusion.

En 1875, Havas commence à utiliser le télégraphe non plus seulement pour collecter des informations, mais aussi pour les diffuser à ses abonnés ; pour cela, il ajoute à la livraison quotidienne de sa *Correspondance générale* un service télégraphique de dépêches, d'abord pour quelques journaux de province, dont *Le Progrès* de Lyon et *La Gironde* de Bordeaux. Puis pour tous ses clients.

Aux États-Unis, les premiers penny papers

Dès le début des années 1830, le monde entier admire le développement de la presse américaine ; l'écrivain britannique Richard Cobden estime même qu'il y a six fois plus de journaux aux États-Unis qu'en Grande-Bretagne. (En fait, les États-Unis comptent alors trois fois plus de journaux que la Grande-Bretagne.)

La baisse des coûts d'impression et de distribution (des *newsboys* les vendent dans la rue), l'absence d'impôt et le développement de la publicité permettent aux entreprises de presse de réduire le prix de vente moyen des quotidiens, de 6 pennies à un penny. Le profit augmente avec le nombre de lecteurs.

C'est ce qu'on va appeler les *penny papers*. Cela transforme le journalisme américain. Ils se reconnaissent par leur petit format (pas besoin de les déplier sur une table ; ils peuvent être lus en marchant). Ce sont des journaux de divertissement et on n'y publie que les informations les plus importantes, dans des termes simplifiés. Avec surtout des histoires extraordinaires, des crimes et des scandales.

Le premier de ces *penny papers* est *The Sun*, créé en 1833 à New York par le jeune imprimeur Benjamin H. Day, qui vend un paquet de 100 exemplaires pour 67 centimes à des revendeurs. Deux ans plus tard, dans son sous-sol, James Gordon Bennett crée, avec 500 dollars, le *New York Herald* : surtout des échos confidentiels et des faits divers, avec des correspondants en Europe. Puis vient *The Pennsylvania Packet and Daily Advertiser*, qui consacre plus de 60 % de ses pages à la publicité. Une affaire très rentable.

Apparaissent dans la presse les premiers signes de ce qui deviendra trente ans plus tard la guerre de Sécession : en 1831, William Garrison fonde à New York l'hebdomadaire *The Liberator*, qui est à la fois contre l'esclavage et pour les droits des femmes. Il ne tire qu'à 3 000 exemplaires, mais est considéré comme le plus influent dans les milieux abolitionnistes américains. Au même moment, William Cullen Bryant, rédacteur en chef du *New-York Evening Post*, défend un point de vue abolitionniste. En 1841, un des rédacteurs du *Herald*, Horace Greeley, quitte ce journal pour fonder le *New York Tribune*, et parler plus de politique et de lutte contre l'esclavage. À l'inverse, les États du Sud interdisent de distribuer chez eux tout journal qui s'aviserait de critiquer l'esclavage.

En 1850, il y a 254 quotidiens aux États-Unis, contre 24 en 1820 ; surtout dans les grandes villes, comme Chicago, Saint-Louis, San Francisco et New York. Ils publient surtout les informations locales recueillies par leurs propres journalistes et reprennent les informations nationales et internationales qui leur sont vendues par l'Associated Press.

En 1851, un journaliste venu du *New York Tribune*, Henry Jarvis Raymond, veut se différencier de la *penny press* et lance un nouveau journal, le *New York Times*, tourné vers la critique littéraire.

En 1860, Mathew B. Brady (photographe officiel de riches Américains et, à Paris, de Victor Hugo ou Alphonse de Lamartine), photographie Abraham Lincoln pendant sa campagne électorale, lequel dira après sa victoire du 6 novembre 1860 : « Brady m'a fait président des États-Unis. » Première reconnaissance de l'influence de la photographie de presse dans une campagne présidentielle.

En décembre 1860, Lincoln, à peine élu, centre son discours d'inauguration sur l'abolition de l'esclavage. La Caroline du Sud quitte alors l'Union, suivie du Mississippi, de la Floride, de l'Alabama, de la Louisiane, de la Géorgie et du Texas. Le 4 février 1861, les États du Sud font sécession et forment les États confédérés d'Amérique, présidés par Jefferson Davis, le héros de la guerre contre le Mexique.

La guerre entre le Nord et le Sud commence le 2 avril 1861 par le bombardement par les forces confédérées d'une installation militaire de l'Union, en Caroline du Sud. Il y a alors 70 quotidiens au Sud, sur un total de 387 dans tout le pays. Moins de 10 % des imprimeries du pays sont dans le Sud. Presque toutes les villes de Virginie ont un journal, dont 5 sont à Richmond (l'*Enquirer*, le *Richmond Daily Whig*, le *Dispatch*, l'*Examiner*, le *Sentinel*) ; seul le *Richmond Daily Whig* s'oppose à la sécession de la Virginie. L'*Enquirer* est de plus en plus violent, même contre le président Davis, qu'il trouve trop mou.

Au Nord, les journaux voient leur tirage exploser. Les batailles fournissent aux correspondants de guerre un extraordinaire champ d'information, pour des papiers courts et spectaculaires envoyés par télégraphe. Le 3 avril 1861, le *New York Herald* d'Horace Greeley imprime 135 000 exemplaires, soit à peu près l'équivalent de la totalité du tirage de tous les quotidiens du Sud. Le *New York Tribune* dépasse les 200 000 exemplaires. Brady monte, pour le compte du *New York Times*, une équipe de photographes (surnommés les *whatizzit*, « qu'est-ce que c'est », par les soldats), qui suivent l'armée fédérale sur les champs de bataille et, en 1862, il photographie des cadavres sur le champ de bataille d'Antietam, apportant, dit-il, « au pays la preuve épouvantable de la réalité de cette guerre ».

Le 22 septembre 1862, Lincoln proclame l'abolition de l'esclavage et l'émancipation des esclaves du Sud. En juillet 1863, alors que la bataille de Gettysburg est une victoire du Nord et que l'armée du Sud bat en retraite, l'*Examiner* de Richmond écrit : « Notre armée est encore victorieuse. » Et, pendant plusieurs jours, les journaux du Sud continuent d'affirmer que personne n'a gagné cette bataille.

Le 9 avril 1865, après la défaite d'Appomattox en Virginie, le général Lee capitule. Il n'y a alors plus que 17 journaux dans l'État de Virginie, contre 120 en 1861.

Moins d'une semaine plus tard, pendant la représentation de *The American Cousin*, au Ford's Theater de Washington, le 14 avril 1865, à 22 h 30, Lincoln est abattu. Un journaliste de l'Associated Press, Lawrence Gobright, qui n'a pas directement assisté au crime, arrive au théâtre quelques minutes après. Il se précipite au bureau de l'agence rédiger une dépêche, que l'agence envoie à tous les journaux du pays. Certains (le *Daily State Sentinel* de l'Indiana, le *New York Times*, le *New York Tribune...*) la reprennent sans en changer un mot. L'*Evening Star* titre « Assassination of the President » et écrit : « Le président est inconscient depuis qu'il a été touché et est en train de mourir. » Le *New York Times* y consacre toute sa première page du 16 avril en titrant : « Notre grande perte ».

En 1867, dans le *New York Herald*, Joseph Burbridge McCullagh interroge le chef de l'Église mormone et une propriétaire de bordel à la suite du meurtre d'une prostituée. Ce sont les premières « *interviews* » pour un journal. En 1869, le mot apparaît dans l'*Oxford English Dictionary*, où il est explicitement présenté comme une invention américaine.

En Grande-Bretagne, la presse devient une bonne affaire pour les riches et n'est toujours qu'une distraction pour les autres

En 1830, en Grande-Bretagne, où les riches font tout pour garder pour eux le monopole de l'information, les journaux se vendent encore en moyenne très cher, et la moitié des revenus sert à payer des taxes. Le *Poor Man's Guardian* de Manchester commence une campagne contre ces taxes, expliquant qu'on pourrait vendre les journaux à un penny, si on les supprimait.

À partir de 1833, il a gain de cause : la taxe sur la publicité puis le droit de timbre et la taxe sur le papier sont réduits de moitié. Par ailleurs, les recettes de publicité augmentent. Les journaux deviennent de plus en plus rentables. Beaucoup d'hebdomadaires tentent alors leur chance comme quotidiens.

En 1842, Herbert Ingram fonde l'*Illustrated London News*, premier hebdomadaire illustré du monde : 16 pages avec 32 gravures sur bois ; le premier numéro rend compte d'un bal masqué à la cour de la reine Victoria, décrit les candidats à l'élection présidentielle américaine, la guerre en Afghanistan, propose des critiques de théâtre et de livres, des annonces de décès, naissances et mariages ; y écrivent des écrivains comme Richard Garnett et Robert Louis Stevenson et des artistes comme Edward Duncan.

En 1850, parmi d'autres journaux lancés à Londres par des réfugiés fuyant le continent européen après l'échec des révolutions de 1848, un certain Karl Marx ressuscite sa revue mensuelle *Neue Rheinische Zeitung* ; elle ne comptera que 6 numéros.

En 1855, suppression définitive du Stamp Act ; les puissants, qui possèdent les journaux, ne s'inquiètent pas : les ouvriers peuvent désormais lire des journaux à sensation et vides de réflexion politique, mais pas encore entrer dans les grandes universités, et encore moins dans les clubs et les familles.

La même année, l'écrivain Arthur Sleigh crée le *Daily Telegraph* et le revend l'année suivante à l'éditeur Joseph Levy, qui en fait l'organe de la classe moyenne et le premier *penny paper* britannique, vingt après le premier *penny paper* américain. Le *Daily Telegraph* deviendra le plus grand tirage de la presse britannique, au point qu'il se retrouve dans un roman de Jules Verne, *Michel Strogoff*, en 1876.

En 1869 est lancé le *Western Mail* à Cardiff, par John Crichton-Stuart, marquis de Bute, premier *penny paper* du pays de Galles.

Dans les colonies anglaises, les journaux restent presque tous en anglais

En 1859 est créé, au Nigeria, à Abeokuta, sous la direction du révérend Henry Townsend, de la Church Missionary Society, le premier journal du pays (qui est aussi le premier en Afrique partiellement en langue autochtone) : *The News Report for the Egba and Yoruba People*. Il est publié toutes les deux semaines en anglais, avec quelques rares articles traduits en yoruba ; il contient surtout des informations sur les arrivées et départs des religieux, les ordinations, les activités de l'Église… En 1860, il commence à diffuser des informations sur la ville où il est imprimé, et sur les cours du cacao et du coton. Il est tiré à 3 000 exemplaires. Le siège du journal est détruit en 1867, quand les Européens sont chassés de la ville.

En Inde, les journaux en anglais se multiplient (notamment *The Times of India*, créé en 1838). En 1854, le *Samachar Sudhavarshan* est le premier quotidien en hindi. Puis plusieurs autres. La révolte de 1857 est soutenue par deux journaux écrits en hindi (*Payam-e-Azadi* et *Samachar Sudhavarshan*). En réponse, le Gagging Act censure impitoyablement la presse hindi.

En Chine, le premier magazine à la fois en anglais et partiellement en mandarin, *Eastern Western*, est publié à Hong Kong, entre 1833 et 1838. Puis le *China Serial*, aussi à Hong Kong, entre 1853 et 1856.

La presse française : corrompre et s'enrichir

À partir de 1830, la presse française se libère un peu de la censure ; certains pensent qu'elle va rattraper son retard sur ses homologues américain et anglais. Il n'en sera rien : les journaux vont rester très longtemps encore trop coûteux ; un abonnement annuel à un quotidien est plus élevé que le salaire mensuel moyen d'un ouvrier parisien. Ils ne pourront survivre qu'avec le soutien de l'État et la corruption…

En 1831, un jeune journaliste, Émile de Girardin, lance le *Journal des connaissances utiles*, hebdomadaire avec un succès immédiat : 130 000 exemplaires. Mais éphémère. En 1832 apparaissent plusieurs journaux catholiques, tel *L'Univers* de l'abbé Migne ; et un grand nombre de feuilles fouriéristes, comme *La Démocratie pacifique* de Victor Considérant. Avec de faibles tirages, des tarifs exorbitants et très peu de lecteurs.

Certains journaux deviennent des affaires très rentables. En 1833, sur 66 sociétés en commandite lancées à Paris, 33 sont des sociétés de presse. Leurs revenus ne viennent pas principalement des ventes, mais des publicités, surtout dans le juteux marché des annonces légales et des publicités bancaires... Et dans la corruption qui va avec, quand les banques les paient pour mésinformer et manipuler les cours.

Le 1er juillet 1836, Émile de Girardin lance *La Presse*, quotidien d'actualités politiques, agricoles, commerciales et industrielles, en cherchant surtout à obtenir des recettes publicitaires, sur le modèle américain : « En France, l'industrie du journalisme repose sur une base essentiellement fausse, c'est-à-dire plus sur les abonnements que sur les annonces. Il serait désirable que ce fût le contraire. » Il est le premier à publier, dans son journal, des feuilletons : *La Comtesse de Salisbury* d'Alexandre Dumas, *La Vieille Fille* de Balzac. Le *Journal des débats* reprend ensuite l'idée avec *Les Mystères de Paris* d'Eugène Sue, dont Théophile Gautier dira : « Tout le monde a dévoré *Les Mystères de Paris*, même les gens qui ne savent pas lire : ceux-là se les font réciter par quelque portier érudit et de bonne volonté. » La même année, Moïse Polydore Millaud lance *Le Gamin de Paris*, et le fait distribuer, tard le soir, par des crieurs à la sortie des théâtres.

À partir de 1839, Louis Veuillot devient le rédacteur en chef du puissant quotidien catholique *L'Univers*, très lu dans la riche bourgeoisie de province. Il le restera plus de trois décennies et fera de ce journal, très proche du Vatican, un instrument considérable d'influence de l'Église.

Pour autant, la presse n'est encore lue que dans un tout petit milieu et n'est ni très respectée, ni très aimée par le peuple. De plus, elle est corrompue et méprisée.

En 1840, Honoré de Balzac résume bien l'esprit du temps à l'égard des journalistes quand il écrit, dans *La Revue parisienne* : « La presse est en France un quatrième pouvoir dans l'État : elle attaque tout et personne ne l'attaque. Elle blâme à tort et à travers. Elle prétend que les hommes politiques et littéraires lui appartiennent et ne veut pas qu'il y ait réciprocité. [...] Si la presse n'existait pas, il ne faudrait pas l'inventer... »

La publicité ne représente alors que 10 % des recettes de *La Presse*, 20 % du *Journal des débats* et moins de 20 % du *Figaro*. Bien moins que chez leurs homologues anglais et américains.

En janvier 1848, sentant le pouvoir lui échapper, Louis-Philippe, arrivé sur le trône contre une censure qu'il a ensuite rétablie (en 1835, après l'attentat manqué de Fieschi, que le roi attribue au pouvoir de la presse, notamment satirique), proclame la liberté de la presse et la suppression du timbre et du cautionnement. À Paris comme en province, les journaux de toutes tendances et de tous styles se multiplient. Les dessins deviennent des armes politiques (Daumier y excelle, dans *La Caricature* ou *Le Charivari*). George Sand inspire *La Vraie République* ; Lamartine, *Le Bien public* ; Proudhon, *Le Représentant du peuple*. Karl Marx publie la *Neue Rheinische Zeitung* (*Nouvelle Gazette rhénane*), dont les rédacteurs sont tous des membres de la Ligue des communistes (Friedrich Engels, Wilhelm Wolff, Georg Weerth…).

Cela ne dure pas. Après l'abdication du roi, le 24 février 1848, et les journées de Juin, qui confirment la liberté de la presse, le gouvernement provisoire d'août 1848 rétablit la censure : il est désormais interdit de critiquer l'Assemblée nationale, les institutions républicaines, la liberté des cultes, la propriété privée et les droits de la famille, sous peine d'amendes ou d'emprisonnement. *La Presse* de Girardin est interdite ; certains journaux sont mis en faillite. Ainsi ferme par exemple *Le Peuple*, de Lamennais, qui, dans le dernier numéro de son journal, en août 1848, lance : « Il faut de l'or, beaucoup d'or pour jouir du droit de parler. Nous ne sommes pas riches. Silence aux pauvres. » De même ferme le journal de Karl Marx après 301 numéros et avec 6 000 abonnés.

Après son coup d'État de décembre 1851, le président de la République, Louis-Napoléon Bonaparte, réduit encore le nombre de quotidiens autorisés à Paris : ils nc sont plus que 11, dont *La Presse*, *Le Moniteur universel* et *La Patrie*, gouvernementaux ; *Les Débats*, libéraux de centre droit ; *Le Siècle* de Havin, anticlérical. Chaque petite ville a droit à un seul journal, aux ordres du préfet ou du sous-préfet ; il s'agit en général de feuilles d'annonces, propriétés d'un imprimeur, pour qui le journal est une activité secondaire. Les grandes villes ont droit à 2 ou 3 feuilles de ce genre et le préfet organise leur concurrence entre celles qui le servent le mieux et il prive les feuilles d'opposition de la manne des annonces légales qui sont alors des formes de subventions déguisées à la presse.

Les journalistes coupables de publication et de reproduction « de mauvaise foi » « de nouvelles de nature à troubler la paix publique » sont envoyés en prison. Les fonds secrets permettent de s'assurer de la loyauté des journaux, même ceux apparemment d'opposition. À cela s'ajoute la publicité, en particulier pour les emprunts, qui commencent à se multiplier. Aussi la presse est-elle de plus en plus rentable.

En 1854, Hippolyte de Villemessant reprend un hebdomadaire rendant compte de la vie parisienne, *Le Figaro*. Fondé en 1826 par le chansonnier Maurice Alhoy et l'écrivain et homme politique Étienne Arago, en référence au personnage de Beaumarchais, et qui se voulait être un « journal satirique, spirituel et batailleur », il avait disparu en 1833. Journal très rentable, comme les autres, par les annonces légales et les annonces financières. Moins de vingt ans plus tard, l'investisseur initial aura vu son capital augmenter de 36 %.

En 1857 sont installés, sur les Grands Boulevards, les 60 premiers kiosques à journaux, conçus par l'architecte français Gabriel Davioud (aussi à l'origine du théâtre du Châtelet et de la fontaine Saint-Michel).

À partir de 1860, l'Empire se libéralise ; le gouvernement autorise la parution d'un autre journal catholique, *Le Monde*, et d'un premier journal libéral, *Le Temps*. En 1863, Moïse Polydore Millaud est autorisé à publier *Le Petit Journal* à 5 centimes et un format de 4 pages demi-format ; c'est un quotidien avec des unes sur les faits divers et des romans-feuilletons extravagants. On n'est pas loin des *penny papers* anglo-saxons. Puis, en 1865, paraît le *Journal illustré*, avec des illustrations de Gustave Doré, imité du *Penny Illustrated Paper*, créé trois ans plus tôt à Londres. La même année est fondé

L'Événement, quotidien libéral, premier journal à offrir des cadeaux à ses abonnés (des repas, des caisses de mandarines).

En 1865, juste après la fin de la guerre de Sécession et l'assassinat de Lincoln, un jeune médecin, Georges Clemenceau, part aux États-Unis comme correspondant du *Temps*, pour chasser une peine de cœur. Il y reste quatre ans et y écrit une centaine de *Lettres d'Amérique*, publiées sous forme de billets anonymes ; il y dénonce l'esclavage et le racisme et dit son admiration pour la liberté de la presse, même si elle mène parfois à des « attaques sans mesure » sur la vie privée, avec des « médisances » et « calomnies ».

En 1866, *Le Figaro* devient quotidien et s'aventure sur le terrain politique. Et comme l'Empire supprime l'autorisation préalable, apparaissent de nombreux autres journaux, dont *Le Réveil* de Charles Delescluze et *La Lanterne* de Henri Rochefort. Au début de 1870, *Le Petit Journal* tire à 300 000 exemplaires. Au total, le tirage des quotidiens parisiens atteint 1 million d'exemplaires, soit 30 fois plus qu'en 1800.

Quand une fausse nouvelle déclenche une guerre : la dépêche d'Ems

Au début de 1870, le chancelier de Prusse, Otto von Bismarck, souhaite unir les États allemands contre la France, qu'il veut placer en position d'agresseur. Et il va réussir à le faire, avec le soutien d'une grande partie de la presse allemande et de l'Agence Continentale, qu'il contrôle depuis 1865 par son ami le grand banquier et industriel Gerson von Bleichröder.

Le Second Empire se trouve alors dans une situation difficile, après l'assassinat du journaliste Victor Noir par Pierre-Napoléon Bonaparte, fils de Lucien, frère de Napoléon Ier et donc parent de Napoléon III. Henri Rochefort, directeur du journal *La Marseillaise*, où travaillait Victor Noir, est envoyé en prison. La presse française reproche aussi à l'empereur de ne pas avoir soutenu l'Autriche dans sa guerre perdue contre la Prusse. Au surplus, la France se sent menacée par la candidature d'un cousin du roi de Prusse, Leopold de Hohenzollern-Sigmaringen, au trône d'Espagne, qu'elle voit comme un risque d'être prise en tenaille entre deux puissances ennemies. Fin février 1870, l'empereur obtient le retrait de cette candidature.

Mais Bismarck n'y renonce pas. Le 2 juillet, il annonce publiquement que le prince prussien est toujours candidat au trône d'Espagne, provoquant la colère de la presse française. Le 3 juillet, *Le Gaulois* écrit : « S'il faut choisir une fois encore entre la patrie amoindrie, réduite, et la guerre, nous n'hésitons pas ! » Le 7 juillet, le quotidien *Le Pays* écrit : « Cette affaire qui eût été sans importance il y a dix ans est la goutte d'eau qui fait déborder notre calice trop plein d'amertume [...]. Ou la Prusse retirera ses prétentions, ou elle se battra. » D'autres journaux, tels *Le Temps*, *Le Français*, *Le Siècle*, *L'Avenir national*, la *Revue des Deux Mondes*, essaient de calmer le jeu. En vain.

Le 9 juillet, l'ambassadeur français de Berlin, le comte Vincent Benedetti, ami personnel de l'empereur, se rend auprès du roi de Prusse, alors en cure à Bad Ems, et obtient de lui le retrait de la candidature de Léopold. Quand Bismarck l'apprend, il menace de démissionner si le roi revoit l'ambassadeur français. Celui-ci croise le

11 juillet le roi dans une allée de la ville d'eau et lui demande de s'engager à ne plus jamais présenter de nouvelle candidature au trône d'Espagne, ce que le roi refuse, en lui faisant savoir par son aide de camp qu'il ne le recevra désormais plus.

Le 13 juillet, le roi de Prusse fait envoyer à Bismarck un télégramme lui résumant la rencontre avec l'ambassadeur français et son refus de le revoir. Bismarck, qui pense alors à démissionner, lit ce message aux deux généraux allemands avec qui il est en train de dîner, Moltke et Roon, et leur demande s'ils pensent qu'une bataille contre la France pourrait être victorieuse, ce que confirme Moltke : « Plus la guerre commence vite, plus nous avons des chances de la gagner. » Bismarck va alors utiliser la presse pour obtenir en moins d'une semaine que la France déclare la guerre.

Le chancelier rédige une version condensée du télégramme qu'il a reçu du roi et en fait une dépêche, envoyée à tous les ambassadeurs allemands et à l'Agence Continentale, qui la télégraphie à l'agence Havas. La dépêche met en avant d'une façon affirmative l'affront fait par le roi à l'ambassadeur de France (« Le roi refusa de recevoir de nouveau l'ambassadeur de France et lui fit dire par l'adjudant de service que Sa Majesté n'avait plus rien à lui communiquer »). Et elle ajoute, dans une phrase au conditionnel et destinée à passer inaperçue : « D'après d'autres informations d'Ems, le roi aurait fait dire à M. Benedetti qu'il avait approuvé hautement la renonciation de son cousin au trône d'Espagne et qu'il considérait, dès lors, tout sujet de conflit comme écarté. » Naturellement, la presse allemande comme française ne retient que la première phrase, qui fait polémique, et pas l'autre, qui apaise. Bismarck en rajoute, en faisant distribuer gratuitement, le 13 juillet au soir, dans les rues de Berlin, un numéro spécial de la *Deutsche Allgemeine Zeitung*, qui raconte l'incident, en ne parlant que du refus du roi, avec une caricature de l'ambassadeur de France harcelant le roi de Prusse.

Le lendemain, 14 juillet, à Paris, le journal du soir *La France* répond que le gouvernement français s'apprête à réagir par une déclaration de guerre ; la foule s'en prend à l'ambassade de Prusse, dont les vitres sont cassées. Selon *Le Constitutionnel*, une « foule immense envahit les boulevards » en criant « À bas Bismarck ! » et « Au Rhin, Au Rhin ! ».

Le 15 juillet, *La Liberté* écrit : « Si la Prusse refuse de se battre, nous la contraindrons à coups de crosse dans le dos à repasser le Rhin et à vider la rive gauche. » D'autres journaux, tel le *Journal des débats*, essaient de calmer le jeu et de comprendre ce qui s'est vraiment passé : « Ne pas se laisser émouvoir par les clameurs des partis extrêmes. » *Le Constitutionnel* ajoute : « Quand on veut la paix, les problèmes de forme trouvent aisément la solution nécessaire. » Le même jour, 83 députés, dont Thiers, Arago et Gambetta, demandent à voir toutes les pièces diplomatiques, pour comprendre ce que veut vraiment le roi de Prusse. La majorité des deux chambres s'y oppose et, le même jour, l'Assemblée nationale vote les crédits de guerre. Quatre jours plus tard, le 19 juillet, la guerre est déclarée.

C'est immédiatement la déroute des armées françaises. La République est proclamée le 4 septembre ; elle supprime la censure et étend l'abandon du monopole postal à toute la presse.

Enfin, la liberté…

Au Japon, deux ans qui changent tout

Avec l'ère Meiji naît la presse japonaise, qui aura, un siècle plus tard, le plus grand tirage de tous les quotidiens du monde.

Tout commence le 22 juin 1861, quand l'armateur A. W. Hansard publie, deux fois par semaine, en anglais, le *Nagasaki Shipping List and Advertiser*, rebaptisé plus tard le *Japan Herald*. En 1865, l'éditeur Hamada Hikoso (devenu Joseph Heco quand il a pris la nationalité américaine, puis redevenu Hamada Hikoso quand il est revenu à Yokohama comme interprète au consulat américain) lance le premier journal privé et en anglais du pays, le *Kaigai Shinbun* (« Journal d'outre-mer »).

Ces deux journaux, le *Japan Herald* et le *Kaigai Shinbun*, ne contiennent que des nouvelles apportées par les navires anglais accostant à Yokohama deux fois par mois. Ils sont avant tout lus par les étrangers.

En 1867, le quinzième shogun Tokugawa refuse de nommer un successeur, laissant le pouvoir à l'empereur de la nouvelle dynastie, les Meijis. Le 17 mars 1868 est publié le *Chûgai Shinbun*, « Journal de l'intérieur et de l'extérieur ». Comme le *Kaigai Shinbun*, il ne publie encore que des nouvelles venues de l'étranger. Mais en japonais.

L'ère Meiji commence officiellement le 23 octobre 1868. Pendant cette année charnière, plusieurs journaux japonais sont créés : le *Naigai Shinpô*, dirigé par Hashizun Kanichi, paraît environ tous les trois jours sous la forme d'un petit cahier broché ; le *Shinbun Jiryaku* (« L'Actualité en bref ») ; le *Koshi Zappô*, qui essaie de copier le *Chûgai Shinbun* ; et le *Kôko Shinbun*

(« Le Grand Public »), proposant beaucoup d'illustrations et quelques nouvelles intérieures.

Tout s'accélère en 1869, quand l'empereur permet la création de 16 journaux ; certains existent encore. Deux d'entre eux deviendront les premiers du monde.

Chapitre 8

La mise en œuvre des progrès
(1871-1918)

Dans un des derniers tomes des *Rougon-Macquart*, *L'Argent*, publié en 1891, Émile Zola évoque enfin son métier : journaliste. En particulier les relations sulfureuses entre la presse, la finance et la politique. Son héros, Jantrou, un ancien instituteur bordelais, devient rédacteur en chef d'un journal parisien, *L'Espérance*, puis propriétaire d'une « dizaine de petites feuilles financières », formant ainsi « un bataillon docile de ces feuilles spéciales » ; il corrompt « les grands journaux politiques et littéraires », achetant même « la quatrième page d'une ancienne feuille, très respectée », ainsi que « le silence d'un terrible bulletinier d'une maison adverse », pour finir par acquérir le titre le plus respecté de la presse financière, *La Cote financière*, « ce vieux journal solide qui avait derrière lui une honnêteté impeccable de douze ans ». Jantrou profite alors de bien des chantages, extorquant en particulier beaucoup d'argent à la comtesse de Beauvilliers, en échange du silence de ses journaux sur les aventures amoureuses de son mari.

Rien d'inventé dans tout cela : telle est une grande partie de la presse, surtout en France, de 1871 à 1918, en ces temps d'euphorie boursière et de scandales, de chantages et de corruption. Elle n'est pas plus libre que celles des décennies précédentes. Si elle dépend toujours étroitement des pouvoirs politique et religieux, elle répond de plus en plus à la demande de scandales ; elle ne livre toujours pas au peuple les secrets que les puissants gardent jalousement pour eux. Elle passe sous le contrôle des forces du capital, et de son principal agent, les banques. Elle est aussi, pour ses propriétaires, un moyen de gagner de l'argent, beaucoup d'argent, par de la publicité et/ou des fausses nouvelles, et/ou du chantage. Elle est encore largement masculine.

Et puis aussi, tendances inverses :

Partout en Occident et dans quelques autres pays, l'urbanisation, l'amélioration des réseaux postaux, le développement des transports et des moyens de transmission, quelques formidables progrès techniques anciens (la photographie, l'électricité, le télégraphe) ou nouveaux (le téléphone, le cinéma, le moteur électrique, le moteur à explosion, l'automobile, l'aviation), la généralisation très progressive de l'instruction, entraînent une augmentation du niveau de vie et de l'exigence intellectuelle des Occidentaux. Le journal quotidien devient accessible à un plus grand nombre de gens, qui ne se contentent plus de rumeurs et de scandales.

Des moyens de mieux informer

Pendant ces cinq décennies, quelques développements technologiques majeurs permettent de rendre les journaux plus efficaces et moins coûteux.

En 1873, un fabricant d'armes et de machines à coudre, Eliphalet Remington, commence la production en série de machines à écrire, dont le brevet existe depuis 1714. C'est en 1872 qu'est soumis le premier manuscrit intégralement écrit à la machine à écrire (*Les Aventures de Tom Sawyer* de Mark Twain !). Ces machines bouleversent le travail des salles de rédaction, permettent d'utiliser le papier carbone, inventé en 1806, et font naître un nouveau métier de presse et de bureau, un métier difficile, féminin dès le premier jour : la dactylo.

Puis en trois ans, de 1876 à 1878, apparaissent trois innovations qui joueront plus tard un rôle majeur dans la façon d'informer : le téléphone, le phonographe et la lampe électrique.

D'abord, le téléphone, que l'Américain Alexander Graham Bell fait breveter en 1876 – même si la paternité lui en est aujourd'hui discutée (l'Italo-Américain Antonio Meucci avait déposé un brevet identique en 1870, mais perdu ses prototypes). Puis, en 1877, le phonographe à cylindre de l'Américain Thomas Edison (même si existaient depuis 1860 le phonautographe du Français Édouard-Léon Scott de Martinville, puis le paléophone du Français Charles Cros) ; enfin, en 1879, la lampe électrique du même Thomas Edison. Trois innovations qui bouleversent le mode de vie des gens, bien au-delà de l'information.

La première ligne téléphonique à longue distance est ouverte en 1884 entre New York et Boston. Au milieu des années 1890, à Memphis, alors qu'il y a moins de 1 500 postes téléphoniques dans la ville, le *Memphis Commercial Appeal* est le premier journal au monde à installer un téléphone dans sa rédaction. En 1901, le *New York Evening Post* est le premier journal à utiliser les appels téléphoniques de ses journalistes pour écrire le compte rendu d'un événement : une course de bateaux à Poughkeepsie, à environ 140 km au nord de New York.

En 1888, George Eastman imagine, pour prendre une photo, de remplacer le verre par un rouleau de celluloïd, tout en conservant la netteté de l'image.

Puis deux autres évolutions majeures : le cinéma et la radio.

En 1895, Louis Lumière donne à voir le premier film d'actualité, en même temps que le premier film de fiction : le 11 juin de cette année, il filme (43 secondes en noir et blanc) un congrès de photographie à Lyon et le montre à Paris le 28 décembre, au Salon indien du Grand Café, en même temps que la célèbre « Sortie des usines Lumière ». Un peu plus tard, Méliès envoie les premiers reporters (Francis Doublier, Félix Mesguich, Alexandre Promio, Marius Chapuis) parcourir le monde pour rapporter les premiers documentaires filmés : des corridas en Espagne ; des villes aux États-Unis ; des cérémonies religieuses en Russie. La même année 1895 est créée par l'industriel Léon Gaumont la première société cinématographique au monde.

Le 2 juillet 1897, l'ingénieur italien Guglielmo Marconi obtient le premier brevet de radiocommunication (donc de transmission sans fil, TSF) au Royaume-Uni. Il aurait aimé rester en Italie ; et deux ans auparavant il avait proposé ses services au gouvernement italien, mais le ministre italien des Postes et Télégraphes l'avait éconduit en le traitant de fou. La TSF n'est d'abord qu'un nouveau télégraphe, c'est-à-dire un moyen de communication de messages privés et pas spécialement de diffusion d'information. Elle ne transmet que des messages codés. Pas encore la voix. En 1898, Gustave Eiffel, tout content de trouver un usage pour sa tour achevée douze ans plus tôt et dont il craint la démolition, autorise l'armée à y déployer des antennes.

En 1900, alors qu'il y a déjà plus de 700 000 machines à écrire dans les rédactions et les bureaux, le premier prototype d'une « télévision » est présenté, sous ce nom, à l'Exposition universelle de Paris, par l'ingénieur russe Constantin Perski ; tandis que sont établies, en 1901, la première liaison radio transatlantique entre Terre-Neuve et la Cornouaille et, le 24 décembre 1906, la première transmission de la voix par radio entre le Massachusetts et l'Écosse.

En 1908, le bélinographe créé par l'ingénieur français Édouard Belin permet la transmission d'images par circuit téléphonique ; c'est l'ancêtre du télécopieur. Le 22 janvier de cette année-là, une photo de la reine Wilhelmine des Pays-Bas parcourt 700 km en 22 minutes avant d'arriver à Paris et d'être projetée sur l'écran du théâtre Femina sur les Champs-Élysées.

La même année, Charles Pathé (boucher ambulant, puis vendeur de perroquets en Argentine) ouvre avec son frère Émile un petit cinéma 6, boulevard Saint-Denis, où on peut prendre connaissance des résultats des courses et du cours de la Bourse. Deux ans plus tard, il y projette des films d'actualité, tournés dans le monde entier. Il s'implante ensuite à Londres, aux États-Unis, en Italie, en Suède. Gaumont, son rival, crée Gaumont-Actualités et ouvre, lui aussi, des salles de cinéma dans le monde entier.

La géopolitique des agences

Très peu de journaux ont à ce moment les moyens d'avoir des correspondants en province ou à l'étranger. Ils ont encore recours aux services des agences de presse télégraphiques : Havas en France, Reuters en Grande-Bretagne, Wolff-Continentale en Allemagne, Associated Press aux États-Unis.

Bismarck surveille d'une façon tatillonne l'Agence Continentale, dont Wolff laisse la direction à un collaborateur de l'empereur, Richard Wentzel.

Havas devient une société anonyme en 1879, autour du baron d'Erlanger, et vit toujours très largement de subventions du gouvernement français.

L'agence Reuters est aussi très surveillée par les Premiers ministres britanniques de cette période (de Disraeli à Gladstone et à Asquith). Cela n'empêche pas l'agence de transmettre à la presse des informations avant même que le gouvernement n'en soit informé : en 1902, en pleine guerre des Boers, le reporter de Reuters parvient à franchir les lignes pour rejoindre le Mozambique, d'où il télégraphie la nouvelle de la fin du siège de Mafeking, qui est publiée dans les journaux le lendemain, deux jours avant que le gouvernement britannique ne l'apprenne. En récompense de cet exploit, en 1915, le directeur du bureau de Johannesburg sir Roderick Jones succède au baron Herbert de Reuter (fils du fondateur) à la tête de l'agence.

Aux États-Unis, l'Associated Press obtient en 1875 du gouvernement, alors républicain, des lignes télégraphiques pour transmettre ses dépêches à partir de New York ; en remerciement, l'agence diffuse largement l'année suivante les discours du candidat républicain à la présidentielle, en délaissant le candidat démocrate. Ce qui discrédite l'agence et conduit à la création d'une agence concurrente, jusqu'à ce que Melville Stone (qui a créé le *Chicago Daily News* à l'âge de 28 ans) restaure l'impartialité d'Associated Press. Le 25 juin 1876, Mark Kellogg est le premier correspondant de l'Associated Press tué en reportage, pendant qu'il couvre la bataille de Little Bighorn gagnée par Sitting Bull et Crazy Horse.

Partout, les journalistes veulent s'affranchir des agences. En particulier, les correspondants britanniques à l'étranger ne veulent pas se contenter des articles fournis par les agences nationales des pays où ils se trouvent en poste. En 1870, un correspondant à Paris du *Times* de Londres écrit : « Havas est entièrement aux ordres du gouvernement, et il supprime ou colore ce qui est désagréable. » De même, les journaux font-ils tout pour abattre le monopole des agences sur le télégraphe, pour que leurs journalistes puissent envoyer directement aux rédactions leurs propres informations. C'est fait dès 1870 en Grande-Bretagne, en 1875 aux États-Unis, en 1878 en France. Quelques grands journaux parisiens se dotent alors de leur propre fil.

Les agences ne restent pas sans réaction et s'allient pour que les journaux ne puissent pas jouer de leur rivalité. En 1875, Havas, Reuters, Continentale et Associated Press se partagent le monde : l'AP donne à toutes les autres agences les nouvelles des États-Unis, Reuters celles de l'Europe du Nord, Havas de l'Europe du Sud et Continentale de l'Est.

Deux initiatives vont tenter de rompre ce cartel mondial.

D'abord, entre 1887 et 1889, alors que Havas rompt l'accord et envoie ses correspondants en Europe de l'Est, Bismarck organise une « triple alliance télégraphique » entre les agences allemande (Agence continentale), autrichienne (Telegraphen Korrespondantz Bureau) et italienne (agence Stefani), agences des pays membres de la « Triple Alliance » politique et militaire formée en 1882 par ces trois pays. Cette alliance n'est pas durable.

Ensuite, en 1890, Davidson Dalziel, héritier d'une famille d'éditeurs, crée à Londres une agence de presse purement commerciale. Le premier, il utilise le téléphone plutôt que le télégraphe pour informer ses clients, ce qui lui permet une transmission continue d'informations et non pas la transmission à horaires réguliers qu'impose encore le télégraphe. Grand succès ; il ouvre plusieurs succursales en Europe. Havas fait alors circuler la rumeur que Dalziel est un agent de la Triple Alliance ; *Le Matin* et *La Cocarde* expliquent que Dalziel est « un juif anglo-américain » et que son agence est là pour « saper l'entente franco-russe » et pour « servir les intérêts de l'Allemagne ». Trois ans après sa fondation, l'agence Dalziel fait faillite.

Aux États-Unis, en 1897, Edward Willis Scripps, un patron de presse dont il sera question plus loin, qui a créé plusieurs petites agences de presse dans l'Ohio, fait déclarer par la Cour suprême de l'Illinois qu'un journal a le droit d'être abonné à deux agences de presse concurrentes ; dix ans plus tard, il créera l'United Press International (UPI). Trois cent soixante-neuf journaux en sont clients dès sa création. Cela ne tue pas l'Associated Press, qui, au début du XXe siècle, devient la première agence de presse, après celle de Dalziel, à utiliser le téléphone pour diffuser des reportages à une trentaine de journaux, de jour comme de nuit.

En 1909, William Randolph Hearst, un patron de presse américain dont on parlera également plus loin, crée aussi sa propre agence, l'International News Service, qui sert principalement ses propres journaux.

En Grande-Bretagne : tabloïds, jingoes *et* Press Lords

Dans le paysage britannique, trois mots font leur apparition : la presse *jingo*, les *Press Lords* et les *tabloïds*.

Commencent d'abord à apparaître des journaux très nationalistes, vite surnommée les *jingoes*, en référence au titre d'une chanson de 1877 en soutien à la politique belliqueuse de Disraeli dans le conflit russo-turc.

Au même moment, quelques lords (qu'on nommera plus tard les *Press Lords*) commencent à détenir quelques-uns des plus grands titres de presse du pays. La plupart d'entre eux sont des roturiers ayant fait fortune dans la presse et ensuite anoblis.

Le premier d'entre eux est Alfred Harmsworth, qui deviendra Lord Northcliffe. En 1888, il lance *Answers to Correspondents*, un magazine qui répond aux questions des lecteurs (on en a vu un précédent, en France, plus d'un siècle avant) ; en cinq ans, le tirage dépasse le million d'exemplaires et il lance alors plusieurs magazines illustrés et un hebdomadaire féminin.

En 1888, le *Financial Times* est créé par James Sheridan. En 1890, le *Daily Telegraph*, conservateur, atteint 300 000 exemplaires et le *Standard* 250 000.

L'influence politique de ces journaux devient considérable : en 1891, dans un article dans la *Fortnightly Review*, Oscar Wilde écrit : « Le journalisme n'est plus le quatrième pouvoir, comme au temps de Burke. C'était vrai à l'époque sans aucun doute. Mais il a mangé les trois autres. [...] Nous sommes dominés par le journalisme. »

En 1892, William Astor, de la branche anglaise d'une famille américaine, rachète la *Pall Mall Gazette* et crée le *Pall Mall Magazine* puis l'*Observer* en 1911 ; il est fait baron Astor en 1916, puis vicomte Astor l'année suivante.

En 1894, Lord Northcliffe achète le *Evening News*, puis fonde le *Daily Mail*, sur un format moitié de celui du *broadsheet*, qui est encore le format habituel. Pour critiquer ce petit format, la *Westminster Gazette*, journal libéral fondé par le journaliste Edward Cook, invente le terme méprisant de *tabloïd*, qui désigne alors des comprimés produits par la société pharmaceutique londonienne Burroughs Wellcome & Co. Northcliffe investit cinq fois plus dans la création de ce journal que ce qui est habituellement fait pour la création d'un quotidien londonien, et en proposant pour la première fois à ses lecteurs de souscrire à des actions ; son journal accorde une grande place aux faits divers, aux sujets féminins, aux sports et aux concours de pronostics. Quatre ans plus tard, le tirage du *Daily Mail* atteint le million d'exemplaires.

En 1903 est créé un deuxième tabloïd, le *Daily Mirror*, très illustré et dont le tirage atteint aussi très vite le million d'exemplaires.

Pendant ce temps, le tirage du *Times* s'effondre de 70 000 à 38 000. Lord Northcliffe le rachète à John

Walter, investit beaucoup, divise son prix de vente par trois et augmente son audience à 145 000 exemplaires en 1914.

Cette année-là, le tirage global des quotidiens britanniques est de 6,5 millions d'exemplaires.

Aux États-Unis : la publicité dicte le contenu

La presse américaine, très bien distribuée depuis un siècle grâce à l'impeccable service postal qui parcourt le pays depuis son indépendance, poursuit son expansion. Il n'y a toujours pas de censure, même si une loi de 1873, le Comstock Act (visant surtout à interdire l'envoi par la poste d'articles et de matériel contraceptif et érotique) est utilisé par le gouvernement fédéral pour interdire la diffusion, l'achat et la lecture de journaux anarchistes, qualifiés d'obscène.

Commence aussi une presse féministe. Deux sœurs, Victoria Woodhull et Tennessee Claflin, publient de 1870 à 1876 un hebdomadaire, *The Woodhull and Claflin's Weekly*, où elles dénoncent l'hypocrisie des puritains, parlent de spiritualité, du droit de vote des femmes, d'amour libre et dénoncent l'infidélité des hommes, dont celle d'un pasteur avec la femme de son meilleur ami.

En 1877, Edward Willis Scripps, fils d'un industriel prospère de Cleveland, fonde à 24 ans son premier journal, le *Penny Press*, qui deviendra ensuite le *Cleveland News*, puis le *Cleveland Penny Press*. Il prête de l'argent à de jeunes éditeurs de journaux locaux, en échange de 51 % des actions de leurs journaux. En trois ans, il achète ainsi 25 journaux dans le pays. C'est le début d'un empire de presse qui existe encore aujourd'hui sous le nom de E.W. Scripps Company.

La même année est fondée à Philadelphie, par Francis Wayland Ayer, la première société qui se charge de rédiger et de vendre à des annonceurs des espaces publicitaires dans les journaux : ses premiers clients sont Singer Sewing Machines, Pond's Beauty Cream, et Procter & Gamble Co pour son savon Ivory. Les deux champions de la *penny press* (le *Sun* et le *Herald*) comprennent que le rôle des journaux n'est plus d'informer, ni même de distraire, mais d'attirer des lecteurs, et donc de la publicité, source principale du profit du journal.

Deux autres patrons de presse vont imposer ce modèle.

D'abord, Joseph Pulitzer, arrivé d'Allemagne à 17 ans en 1864 ; il s'installe à Saint-Louis (Missouri), gagne d'abord sa vie en rédigeant des piges pour un quotidien en allemand. En 1879, il rachète le *Post-Dispatch* à Saint-Louis. En 1883, il rachète le *New York World.* On y trouve des titres racoleurs, des récits de crimes, beaucoup de jeux, d'images et de concours ; un prix de vente très bas. Ses journalistes montent des événements imaginaires, des *stunts*, greffés sur l'actualité ; ainsi, en 1889, un de ses reporters se lance dans un tour du monde de 80 jours à bord d'un transatlantique, en imitation de Phileas Fogg, le héros du livre de Jules Verne paru quinze ans plus tôt. En 1895, il publie la première bande dessinée américaine (six ans après la première publiée en France, on le verra, *La Famille Fenouillard*) ; elle est écrite et dessinée par Richard Felton Outcault, qui suit les aventures d'un gamin des rues, d'abord habillé en bleu, puis en jaune. D'où le nom, volontairement méprisant, donné par d'autres journaux : « *Yellow Journalism* ».

Puis, William Randolph Hearst fait ses premières armes à l'*Examiner* à New York, que son père, George Hearst, avait acheté pour lui ; et lance en 1895 le *New York Morning Journal* à 1 cent. Il devient en 1895 le grand rival de Pulitzer en rachetant le *Morning Journal* et en débauchant une partie des journalistes du *New York World.* En 1903, il fonde le *NY Daily Mirror*, considéré comme le premier tabloïd américain, parce que, comme les tabloïds anglais, il est imprimé au demi-format des journaux ordinaires, avec des potins, des histoires de policiers, beaucoup de photographies ; des pages dédiées au sport, aux femmes... Il débauche aussi Outcault pour des bandes dessinées.

Destinés à la clientèle pressée des grandes villes et aux immigrants mal alphabétisés en anglais, qui commencent à lire le journal le matin avec le petit déjeuner, les journaux de Hearst et Pulitzer dépassent vite les 300 000 exemplaires chacun. Ils utilisent parfois des photos modifiées ou de fausses entrevues, avec des titres sensationnels. Le prix de vente n'est pas l'élément-clé du profit, qui vient de la publicité, laquelle dicte largement le contenu.

Il faut donc, à tout prix, tout savoir du lecteur, pour savoir quoi lui raconter puis quoi vendre. Ainsi, ces journaux suscitent la naissance, dans les plus grandes universités américaines, de cours de marketing, de psychologie, de sociologie. En 1890, le sénateur Sherman obtient le vote d'un texte contre les ententes industrielles, très combattu par la presse économique. Plus d'un siècle plus tard, on le verra, ce Sherman Act sera invoqué pour protéger la presse.

À l'inverse de cette presse, un éditeur, Adolph Ochs, veut, lui, maintenir la fonction première d'un journal : informer, quitte à vendre le journal un peu plus cher, à moins de gens, avec moins de publicité. En octobre 1896, il rassemble de riches capitalistes new-yorkais, dont John Pierpont Morgan, pour racheter le *New York Times*. Ce journal, créé en 1851, est alors moribond : son tirage quotidien n'est plus que de 9 000 exemplaires et il perd 1 000 dollars par semaine. Ochs veut en faire le grand journal sérieux aux informations sûres qui manque alors aux États-Unis. Il impose une encre plus lisible, un papier de meilleure qualité, une nouvelle typographie, des critiques de livres et une partie sur les affaires. Plus énorme encore : il refuse la publicité. Et fixe le prix de vente à 3 cents. Le 25 octobre 1896, il écrit, à la une du premier numéro publié sous sa direction, qu'il ne veut publier que « les nouvelles dignes d'être imprimées ». C'est un succès. En 1898, le tirage passe à 25 000 et à plus de 100 000 en 1902. En 1904, pendant la bataille de Port Arthur entre la Russie et le Japon, il publie le premier article de journal jamais reçu d'un navire en mer. En 1905, il installe le siège social au 1475 Broadway, au coin de la 42e Rue, sur une place aujourd'hui connue sous le nom de Times Square, obtenant même du maire de New York d'y faire construire une station de métro. En 1912, le *New York Times* rend compte avant tous les autres, et de manière très complète, du naufrage du *Titanic*, le rédacteur en chef ayant pressenti le drame dès le premier appel du paquebot. Vingt ans après qu'Ochs a repris le journal, le *New York Times* atteint une diffusion de 344 000 exemplaires. La même année 1912 est créé, à Columbia University, à New York, le premier diplôme mondial de « journaliste ».

En 1914, les États-Unis comptent 2 430 quotidiens, dont 22 à New York ; leur tirage total dépasse 26 millions d'exemplaires. Les revenus publicitaires représentent 60 % de leurs revenus. Treize groupes (dont les plus importants sont ceux de Hearst et de Scripps) regroupent 63 quotidiens.

Et comme les migrants ne parlent pas tous anglais, il y a aussi de puissants journaux en langue étrangère : Abraham Cahan, arrivé de Russie et déçu par la presse yiddish de New York, crée en 1897 le *Jewish Daily Forward*, qui, en 1914, tire à près d'un million d'exemplaires, comme le quotidien en allemand l'*Arbeiter-Zeitung*, créée par un militant socialiste libertaire à Chicago en 1877. De même est créé en 1913, à San Francisco, l'hebdomadaire du lundi *Hindustani Ghadar*, afin de promouvoir le nationalisme indien ; la plupart des exemplaires de ce journal sont expédiés en Inde, rapidement considérés comme séditieux et détruits par le gouvernement britannique.

La presse française, au service de l'argent

En France, rien de tout cela. La presse n'est pas du côté de la distraction ou de l'information. Ni de l'argent qu'on peut gagner par la publicité. Mais de l'argent qu'on peut gagner en se faisant payer pour mentir.

Certains journaux, très rares, resteront honnêtes et seront au cœur des batailles politiques.

En 1870 et 1871, pendant que la guerre et la Commune font rage, les locaux parisiens du *Figaro* et du *Gaulois* sont saccagés ; leurs rédactions se réfugient à Versailles et à Saint-Germain. À Paris, *Le Cri du peuple*, fondé par Jules Vallès, qui tire alors à 100 000 exemplaires, informe des combats, avec des reporters dans les troupes de la Commune. *Le Père Duchêne* tire à 50 000 exemplaires. Et aussi *La Nouvelle République*, *L'Affranchi*, *La Bouche de fer*. Le *Journal officiel* (nouveau nom donné en 1869 au *Moniteur universel*, journal officiel du gouvernement impérial) devient le *Journal officiel de la Commune de Paris* et sort deux éditions par jour ; une avec les décrets et les comptes rendus du Conseil de la Commune, et l'autre avec les nouvelles de province et étrangères. En mars 1871, le jeune journaliste Émile Zola, qui collabore avec *La Cloche*, journal anti-communards, est arrêté à Paris pendant vingt-quatre heures. En avril, menacé d'être pris en otage, il quitte Paris pour Bordeaux et n'y revient que fin mai, lorsque la Commune est vaincue.

Le Figaro appelle alors au massacre : « Il reste à M. Thiers une tâche importante : celle de purger Paris. Jamais occasion pareille ne se présentera. » Raoul Rigault, un journaliste régulièrement emprisonné depuis 1860 pour ses articles dans le journal étudiant athée *Le Démocrite*, et qui fut à la tête de la Commission de sûreté générale de la Commune, est fusillé le 24 mai 1871. Jean-Baptiste Millière (ancien rédacteur en chef de *L'Éclaireur républicain* à Clermont-Ferrand, fondateur du journal *Le Prolétaire*, député de la Seine à l'Assemblée nationale en 1871) est aussi fusillé deux jours plus tard. D'autres journalistes sont déportés en Nouvelle-Calédonie avec Louise Michel, dont Paschal Grousset, Henri Rochefort, Achille Ballière, Olivier Pain, Prosper-Olivier Lissagaray et François Jourde, qui s'évadent pour rejoindre l'Angleterre et revenir en France.

Puis tout se calme et la presse se réorganise. Peu de journaux du Second Empire survivent, comme *Le Petit Journal* ou *Le Figaro*, et l'insubmersible presse financière.

D'abord, en 1871, Paul Dalloz fonde les Messageries de la presse, pour tenter de contourner le monopole d'Hachette dans la distribution des journaux. D'autres encore : *La Lanterne*, concurrent du *Figaro*, possède sa propre messagerie, ou encore l'agence Perinet, qui distribue des périodiques en province. De plus en plus de kiosques s'installent dans Paris.

Les quatre principaux quotidiens français sont alors *Le Petit Journal* (fondé par Moïse Polydore Millaud en 1863) ; *Le Petit Parisien* (fondé par le député Louis Andrieux et son ami Jules Roche en 1876) ; *Le Matin*, fondé en 1883 par Samuel Chamberlain, connu notamment pour ses romans-feuilletons (*Chéri-Bibi*, *Nostradamus*, *Le Chercheur des trésors*) écrits par Gaston Leroux ; et *Le Journal* fondé en 1892 par le journaliste Fernand Xau, avec Émile Zola, Jules Renard, Octave Mirbeau, Clemenceau et le poète José-Maria de Heredia. Ces quatre journaux survivront, très puissants, jusqu'en 1944, date à laquelle ils seront fermés, pour avoir, tous les quatre, collaboré avec les nazis.

D'autres quotidiens paraissent avec moins de succès. *L'Intransigeant*, créé en 1880 par Eugène Mayer, rallié au boulangisme ; *Gil Blas*, quotidien fondé par Auguste Dumont et qui paraît entre 1879 et 1940 avec un supplément illustré. *Le Figaro*, dont le tirage dépasse les 80 000 exemplaires, organise désormais des soirées littéraires les premiers lundis de chaque mois. Et encore *Le Gaulois*, quotidien politique et littéraire fondé en 1868 ; *Le Mot d'ordre*, un journal bonapartiste ; et *La Paix* de Gaston Carle.

La presse financière, qui avait si bien réussi pendant le Second Empire, retrouve toutes ses forces. Les « feuilles financières », souvent propriétés de banques, créent en 1874 un réseau télégraphique leur permettant de recevoir les cours de la Bourse et de les transmettre à des banques et à Havas.

Éliminée après la Commune, la presse socialiste est longue à se reconstituer ; quant aux feuilles de tendance radicale, la plus importante est celle de Gambetta, *La République française*.

Tous ces quotidiens restent surtout dépendants de leurs soutiens politiques, des ventes de leurs services financiers et des donations d'établissements financiers. Le Crédit foncier verse ainsi des mensualités généreuses à de nombreux journaux, surtout financiers, et à des journalistes. *Le Mot d'ordre* reçoit 60 000 francs, et *La Paix*, plus de 125 000 francs pour les seuls mois de mai à novembre 1879… « Dans certains journaux, s'étonne un parlementaire républicain en 1881, le rédacteur du bulletin financier, au lieu d'être payé de son travail par le propriétaire du journal où il écrit, est payé par un entrepreneur particulier qui achète le droit d'en disposer à sa guise. »

Pour bien de ces journaux, une source de revenus simple est alors de présenter, en fin d'après-midi, à un homme fortuné ou un chef d'entreprise la première page du journal du lendemain, en lui disant qu'il ne tient qu'à lui qu'elle ne paraisse pas. Peu de gens résistent à ce genre d'intimidation, qui connaît une grande expansion en cette fin du XIXe siècle.

Le 5 novembre 1878, le député Alfred Naquet propose l'abrogation de toutes les lois restrictives de la liberté de la presse. Les discussions ne s'engagent à la Chambre des députés qu'à partir du 24 janvier 1881.

La loi du 29 juillet 1881, proposée par 22 députés sous la direction d'Émile de Girardin (devenu député de la Seine), aboutit à une loi qui assure à la presse française le régime le plus libéral du monde, garantissant la liberté de publication et de diffusion et enlevant aux autorités politiques pratiquement tout moyen d'action sur les journaux.

Les propriétaires de journaux n'apparaissent que dans l'article 44 de cette loi qui leur enjoint d'indemniser les gens diffamés par leur journal : « Les propriétaires des journaux ou écrits périodiques sont responsables des condamnations pécuniaires prononcées au profit des tiers. »

En 1883, la mort du comte de Chambord entraîne une hécatombe de feuilles légitimistes, dont *L'Union*. *Le Gaulois* devient l'organe de l'aristocratie française ; la presse religieuse est renouvelée par les pères assomptionnistes de la Maison de la bonne presse, qui édite bientôt un grand nombre de périodiques, dont *La Croix*, qui devient quotidien cette année-là et atteint un tirage stable de 170 000 exemplaires.

En 1884, un journaliste américain basé à Paris, Samuel Chamberlain, crée *The Morning News*, un quotidien en anglais, puis un quotidien en français, *Le Matin*. Il veut en faire, dit-il, un quotidien d'information indépendant, où les faits l'emportent sur les commentaires, sur le modèle du *New York Times*... Des éditorialistes (on appelle ça alors des « publicistes ») de chaque parti y écrivent. Il abonne ses deux journaux aux nouvelles d'une petite agence britannique, la Central News, et il utilise le câble transatlantique, auquel Havas n'a pas encore accès, pour obtenir des informations américaines exclusives. Le journal est vendu 10 centimes. Il le revend à un journaliste du *Figaro*, Alfred Edwards, qui se lance, comme bien d'autres journaux du temps, dans le chantage, camouflé en publicité ; et les recettes publicitaires du journal passent de 37 % en 1886 à 50 % en 1894. Il survivra jusqu'à 1944.

En 1886 paraît, dans *Le Journal illustré*, le premier reportage photographique, avec l'interview du chimiste Michel-Eugène Chevreul, photographié par Nadar.

En 1889, la première bande dessinée apparaît en France, avant les États-Unis, dans le *Journal de la jeunesse* : *La Famille Fenouillard*, caricature d'une famille bourgeoise dessinée par Christophe (de son vrai nom Marie-Louis-George Colomb).

En 1891, *Gil Blas* (le quotidien fondé douze ans plus tôt par Auguste Dumont) annonce, de numéro en numéro, par des placards publicitaires de plus en plus grands, la prochaine publication, en feuilleton, d'un roman d'Émile Zola, *L'Argent.* Comme dans une mise en abyme, ce feuilleton attire des lecteurs, qui deviendront les clients des financiers qui contrôlent les pages boursières du même journal, dénoncées dans le roman…

En 1892, le premier journal sportif mondial, *Le Vélo*, est lancé par Pierre Giffard, qui avait été journaliste au *Figaro*, puis au *Gaulois* et au *Petit Journal.* Il crée ainsi la course Paris-Brest et le marathon de Paris. Mais c'est au journal *L'Auto-Vélo*, premier quotidien sportif créé en 1900 par Henri Desgrange, que reviendra l'idée du Tour de France.

Nouveau fléau de la société française, revenu des temps très anciens : l'antisémitisme. Celui de l'Église, auquel s'ajoute à présent celui de laïcs, qui voient dans le judaïsme l'expression d'un universalisme antipatriotique.

Non seulement les grands journaux, comme *Le Matin*, deviennent antisémites, mais d'autres surgissent pour défendre cette cause. En 1892, Édouard Drumont fonde pour cela *La Libre Parole*. Et commence l'affaire qui va diviser le pays et la presse : l'affaire Dreyfus.

En novembre 1894, *La Libre Parole* titre : « La trahison du juif Dreyfus ». Le 22 décembre, Dreyfus est condamné à la déportation à vie au bagne en Guyane (île du Diable) pour espionnage en faveur de l'Allemagne. Beaucoup de journaux se déchaînent. Parmi eux *L'Éclair*, *L'Intransigeant*, *Le Gaulois* et des journaux catholiques comme *La Croix* et *Le Pèlerin* ; les juifs y sont représentés avec des traits grossiers, le nez crochu, de grandes oreilles et l'air fourbe. Ces journaux y gagnent des lecteurs.

À l'inverse, Dreyfus a des soutiens dans la presse : *La Libre Croyance*, *La Grande Bataille*, *Le Figaro*, *Le Siècle*, *La Fronde*, *La Petite République*, *Les Droits de l'homme*, qui perdent alors beaucoup de lecteurs.

À la fin de 1897, alors qu'Hachette rachète les messageries concurrentes, Émile Zola s'engage dans l'affaire dans *Le Figaro*, où le frère du condamné, Mathieu Dreyfus, désigne Ferdinand Walsin Esterhazy comme le vrai coupable. Le 11 janvier 1898, le commandant Esterhazy est pourtant acquitté à l'unanimité par le Conseil de guerre.

Le 13 janvier 1898, dans *L'Aurore*, fondé quelques mois avant par Ernest Vaughan (rédacteur à *L'Intransigeant*), Zola publie, en première page, sur huit colonnes, « J'accuse ». Cela lui vaut la prison et l'exil à Londres. La presse antisémite le représente avec un corps de cochon.

En 1898, *Le Petit Journal* entre dans la bataille contre Dreyfus. Caran d'Ache y publie des caricatures antisémites et va jusqu'à créer, avec un autre grand dessinateur, Jean-Louis Forain, un journal (*Psst…!*), entièrement dédié à accuser Dreyfus et les juifs.

Puis l'affaire se dégonfle : le 30 août 1898, le colonel Henry avoue avoir fabriqué un document (dit le « faux Henry ») incriminant Dreyfus. Le 9 septembre 1899, alors que le journal *Psst…!* cesse de paraître, Dreyfus est à nouveau jugé coupable ; condamné à dix ans de prison, il accepte d'être gracié.

Au même moment, un conflit éclate entre des troupes françaises et anglaises à Fachoda, poste avancé au Soudan, où se croisent les ambitions ouest-est de la France, et nord-sud de la Grande-Bretagne. Les journaux des deux pays mettent de l'huile sur le feu. Le « jingoïsme » anglais et le « chauvinisme » français poussent à la guerre. La petite troupe française, en infériorité numérique, doit cependant céder, déchaînant la colère de la presse nationaliste française, qui y gagne un nombre considérable de lecteurs.

Lire un quotidien devient une habitude pour beaucoup de Français de la classe moyenne. Henry Bérenger, un jeune homme politique et écrivain, futur directeur de *L'Action* et du *Siècle*, se lance alors dans un combat pour la réhabilitation de Dreyfus. Il écrit, cette année-là, dans *La Dépêche* de Toulouse : « La privation du journal constitue un châtiment ignoré. »

Les femmes commencent à se manifester.

En 1897, Marguerite Durand lance *La Fronde*. Le ton est sérieux, on y traite de sujets de fond, aucune futilité. *La Fronde* porte aussi des revendications : l'ouverture de tous les métiers aux femmes, la gestion de leur propre patrimoine… Une de ses journalistes, Caroline Rémy, couvre l'incendie de l'Opéra-Comique, fait un reportage parmi des ouvrières ; elle est la première femme à descendre dans les mines, au lendemain de l'explosion meurtrière de Villebœuf, près de Saint-Étienne ; en 1898, elle crée le prix Femina.

Au tournant du siècle, les quatre mêmes quotidiens se partagent toujours l'essentiel du marché français : *Le Petit Journal*, *Le Matin*, *L'Écho de Paris* et *Le Petit Parisien*. *Le Figaro*, *L'Aurore* et d'autres sont toujours là.

Après 1900, *L'Écho de Paris* devient, sous la direction d'Henri Simond, l'organe attitré de la « Ligue de la patrie française ». *Commedia* est créé comme un quotidien uniquement consacré à la littérature et au théâtre.

En 1902, Gaston Calmette devient directeur du *Figaro* et le modernise, visant « la bourgeoisie la plus riche, le grand commerce, la haute industrie, l'armée, la société étrangère la plus élégante ». Marcel Proust y écrit à partir de 1908. Des journalistes s'y font un nom, comme Pierre de Coubertin, qui y écrit entre 1902 et 1906.

En 1904, Jean Jaurès fonde un nouveau journal, socialiste, *L'Humanité*, avec un tirage de 140 000 exemplaires : il est composé par « une équipe d'ouvriers syndiqués », au 8 rue du Sentier, là même où Mozart séjourna avec sa mère en 1778. Anatole France y signe le feuilleton de la deuxième page.

Entre 1904 et 1908, une affaire marque le sommet de la corruption de la presse parisienne : au moment du placement d'emprunts de l'Empire russe, tous les principaux journaux de Paris (*Le Petit Journal*, *La Lanterne*, *Le Figaro*, *Le Petit Parisien*, *Le Matin*, *La France*) acceptent (on le saura beaucoup plus tard) de recevoir de Moscou une énorme manne de « publicité financière » à condition de ne pas évoquer dans leurs articles les faiblesses politiques et économiques de l'Empire russe, ce qui nuirait à la souscription de ces emprunts.

En 1906, Albert Londres commence une carrière de journaliste parlementaire au *Matin.*

Même si de très nombreux titres restent confidentiels (en 1910, sur 60 titres, 39 tirent à moins de 5 000 exemplaires, dont 25 à moins de 500), d'énormes fortunes continuent de se construire par la presse : Moïse Millaud par *Le Petit Journal* ; Émile de Girardin par *La Presse* ; Hippolyte de Villemessant par *Le Figaro* ; Adrien Hébrard par *Le Temps* ; et Arthur Meyer par *Le Gaulois*, laissent chacun à leurs héritiers entre 5 et 10 millions de francs, alors que, en 1911, seules dix successions parisiennes dépassent 10 millions de francs.

Au moment où s'annonce la guerre, le nombre d'exemplaires de quotidiens imprimés par jour est de 244 pour 1 000 habitants, contre 1,3 en 1815, un des ratios les plus élevés du monde ; le tirage des quotidiens parisiens est passé de 1 million en 1870 à 5,5 millions d'exemplaires, dont 4,5 pour *Le Petit Journal*, *Le Petit Parisien*, *Le Matin* et *Le Journal*. *Le Temps* reste, malgré la faiblesse de ses tirages (45 000 exemplaires au plus haut), le journal français le plus influent à l'étranger. En province existent des milliers de titres tri-, bi- ou hebdomadaires. Chaque sous-préfecture dispose de son ou de ses quotidiens : ils sont près de 250 en 1914.

En 1914, la presse française reçoit cinq fois moins de publicité que la presse anglaise et vingt fois moins que la presse américaine. Et on a vu de quelle publicité il s'agit.

La presse de l'Allemagne wilhelminienne

En Allemagne, qui se rêve la première puissance du monde, en rivalité avec l'Empire britannique, l'ère des grands journaux commence en 1874, quand la liberté de la presse est très timidement et très brièvement inscrite dans la loi (elle ne sera affirmée que bien plus tard, en 1918, en même temps que la proclamation de la République de Weimar).

Chaque tendance politique à Berlin dispose alors d'une feuille importante : la *Norddeutsche Allgemeine Zeitung* (créée en 1861) est l'organe officieux du pouvoir et de Bismarck ; *Die Post* (fondée en 1866) est l'organe des industriels ultraconservateurs ; la *Kreuzzeitung* (1848), conservatrice prussienne ; le *Germania* (1871), organe catholique du centre ; le *Berliner Tageblatt* (1871), feuille libérale ; la *Täglische Rundschau* (1881), journal du protestantisme libéral. Le *Berliner Lokalanzeiger*, fondé en 1883 comme hebdomadaire, devient quotidien en 1885 ; son propriétaire fonde en 1899 l'hebdomadaire *Die Woche*, puis rachète en 1904 *Die Gartenlaube* (hebdomadaire illustré destiné aux familles) et *Sport im Bild* (journal sportif hebdomadaire illustré). Il y a aussi d'autres hebdomadaires, comme le *Zukunft*, et des publications satiriques, comme le *Simplicissimus* à Munich.

Le journal catholique *Das Bayerische Vaterland*, lancé par le publiciste Johann Baptiste Sigl, critique ouvertement le chancelier d'Allemagne et la politique de l'empire, ce qui vaut la prison à Sigl. Le *Berliner Morgen Post* de Leopold Ullstein est indépendant ; en 1913, il atteint 400 000 exemplaires et restera autorisé jusqu'à la fin de la Seconde Guerre mondiale.

En 1883, August Scherl fonde le *Berliner Lokalanzeiger* et, en 1899, l'hebdomadaire *Die Woche*, puis récupère des journaux à succès tels que *Die Gartenlaube* et *Sport im Bild*. Il vendra, enrichi par la production d'armement, son empire, en 1916, à Alfred Hugenberg, le directeur général de Krupp.

En Alsace-Lorraine, devenue allemande, paraissent encore des feuilles en français, comme le *Journal d'Alsace-Lorraine* à Strasbourg ou *Le Courrier de Metz*, sans cesse censurées, menacées et poursuivies.

Et ailleurs, presque rien encore

En Inde, en 1885, les premières réunions du parti du Congrès, qui va devenir le parti de Gandhi, sont suivies par le quotidien *The Hindu*, créé le 20 septembre 1878 à Chennai. Puis les journaux se multiplient. L'administration britannique s'en inquiète et le Press Act de 1910 muselle la presse indienne.

En Chine, presque pas de journaux et presque tous sont encore destinés aux étrangers ou aux Chinois occidentalisés. Le journal le plus influent en chinois de cette période est le *Wanguo Gongbao* (littéralement : « le journal commun des dix mille nations »), fondé en 1868 par un missionnaire américain. On y parle autant de politique étrangère que de christianisme. En 1901, il y a environ 160 journaux en Chine, avec un tirage total de 100 000 exemplaires, dont le *Zhenjiang Xinbao* (« Nouvelles de Shanghai »), fondé par un homme d'affaires britannique ; il y dénonce, en chinois, l'exploitation des jeunes femmes dans les fumeries d'opium de la concession française ; cette pratique est ensuite interdite par les autorités françaises. Après l'instauration de la République, en 1911, la liberté de la presse est instituée. Pour autant, la presse chinoise ne se développe pas, l'analphabétisme étant encore quasi général.

Au Japon, en 1871, trois ans après les débuts de l'ère Meiji, les *kawaraban* (ces tracts imprimés sporadiquement à l'encre noire sur de grandes feuilles de papier, depuis 1615) laissent la place aux premiers journaux. En 1871 est fondé en japonais le premier véritable quotidien, le *Yokohama Mainichi Shinbun*, qui contient à la fois des nouvelles étrangères et nationales. Puis viennent le *Yokohama Mainichi Shinbun* et le *Chūgai Shinbun*, qui revendiquent une constitution démocratique.

En 1872 est lancé le *Tokyo Nichinichi Shinbun* (« Nouvelles quotidiennes de Tokyo »), par l'écrivain Jôno Denpei. Il attire le lectorat populaire en utilisant une lecture phonétique ; on y parle des crimes avec des histoires illustrées de gravures colorées.

En 1873 apparaissent plusieurs quotidiens, dont certains existent encore aujourd'hui : le *Tôkyô Shinbun* (ancêtre du *Mainichi Shinbun*), le *Yûbin Shinbun* (l'actuel *Hôchi Shinbun*) et le plus ancien journal de province, le *Kôchû Shinbun* (aujourd'hui *Yamanashi Shinbun*) de Kofu. Puis le *Yomiru Shinbun.*

Date essentielle : en 1875, le *Tokyo Shinbun* lance le premier service au monde de livraison de journaux à domicile. Cela assurera bien plus tard le succès durable de la presse japonaise.

Beaucoup de grands journalistes japonais se font alors les porte-parole de la pensée libérale, et même de l'idée républicaine tel Nozaki Bunzô, connu sous le nom de plume de Kanagaki Robun, qui crée le premier magazine manga, *Eshinbun nipponchi*.

À partir de 1912, pendant la période « démocratie Taisho », le gouvernement interdit les journaux les plus critiques, comme le *Asahi Shinbun*.

Trois de ces journaux (le *Nichi Shinbun*, le *Yomiru Shinbun* et l'*Asahi Shinbun*) font partie en 2021 des cinq plus importants quotidiens du monde. Et la maison d'édition Kanha, fondée en 1909, qui fait paraître le magazine littéraire *Yûbin* (« Éloquence »), est aujourd'hui encore le premier éditeur du Japon.

En Égypte, en 1876, deux frères libanais, Bishara et Saleem Teqla, lancent à Alexandrie *Al-Ahram* (« Les Pyramides »), deuxième journal à voir le jour dans le monde arabe. Ce quotidien existe encore aujourd'hui.

En Russie, en 1904, les ministres de l'Intérieur, des Affaires étrangères et des Finances créent l'Agence télégraphique de Saint-Pétersbourg (ATSP). En 1898, le tsar Nicolas II, conseillé par Serge Witte, ministre des Finances sous le règne de son père, propose et obtient l'introduction de l'article 14 de la convention de La Haye de 1899, qui protège les journalistes : « Les individus qui suivent une armée sans en faire directement partie, tels que les correspondants et les reporters de journaux, les vivandiers, les fournisseurs, qui tombent au pouvoir de l'ennemi et que celui-ci juge utile de détenir, ont droit au traitement des prisonniers de guerre, à condition qu'ils soient munis d'une légitimation de l'autorité militaire de l'armée qu'ils accompagnaient. »

Jusqu'à la fin du XIXe siècle, il faut pourtant encore une autorisation préalable pour publier un journal en Russie. Durant ce siècle, les journaux les plus influents (comme *Vpered* [« En avant »] de Piotr Lavrov et *Kolokol* [« La Cloche »] d'Alexandre Herzen) sont imprimés à l'étranger et sont distribués clandestinement. La même année, le système de l'autorisation préalable est abandonné. Le nombre et le tirage des journaux explosent. À partir de 1912 est fondée la *Pravda* (« Vérité »). En 1913 paraissent en Russie quelque 800 publications pour un tirage global de 3,5 millions d'exemplaires. En 1914, la *Pravda* est suspendue, mais elle continue d'être distribuée clandestinement, à plus de 40 000 lecteurs, et appelle le prolétariat à se soulever.

La presse et la Grande Guerre

Dès août 1914, la guerre qui commence accroît le tirage de tous les journaux du monde.

Immédiatement, les Anglais détruisent le câble télégraphe sous-marin allemand qui relie l'Europe aux États-Unis. Pour contrer ce blocus, l'Allemagne crée la Transozean Gesellschaft, qui tente de transmettre par radio des informations allemandes à la presse mondiale.

En France, le papier se fait rare et les ressources publicitaires disparaissent ; les journaux ont du mal à être produits et vendus. Ils ne font plus que deux ou quatre pages. La censure, mise en place par une loi du 5 août 1914, leur interdit de parler des stratégies militaires, de faire état de l'armement, du nombre de blessés/tués/prisonniers, et de critiquer le commandement, sous peine de cinq ans de prison. Et la presse s'y plie très bien.

L'Intransigeant écrit le 17 août 1914, dans un article titré « Camelote allemande », que « les balles traversent les chairs sans faire de déchirure », au point que, « dans les grands trains de blessés, les jeunes gens atteints riaient avec une réconfortante bonne humeur ». Le 24 août 1914, *Le Matin* annonce que « nos alliés les cosaques sont à cinq étapes de Berlin ». Toujours dans *Le Matin*, le 15 septembre 1914, on peut lire que les armes allemandes sont si peu efficaces qu'elles « vous font simplement des bleus ». Le 11 octobre 1914 dans *Le Petit Parisien* : « Nos troupes, d'ailleurs, maintenant, se rient de la mitrailleuse [...]. On n'y fait plus attention. »

Un des grands journalistes de ce temps, Édouard Helsey, correspondant de guerre au *Journal*, avouera plus tard avec regret : « J'ai raconté qu'ils riaient et qu'ils chantaient, ces hommes que je voyais se mouvoir comme des ombres, titubant de fatigue, hébétés de ces marches et de ces combats auxquels ils ne comprenaient rien, las de mourir, rompus, finis. J'avais tort, je le sais et je renonçai très vite à cette mauvaise musique. Mais je pensais alors aux mères, aux femmes, aux enfants, à cette détresse toute neuve des familles, dans les premières semaines de la guerre. »

En août 1914, alors que les forces britanniques et françaises se retirent en déroute de Mons, le correspondant de guerre Arthur Moore écrit dans le *Times* : « Les hommes sont stables et joyeux. » En septembre 1914, une loi anglaise stipule que « nul ne doit, par le bouche-à-oreille ou par écrit, diffuser des informations susceptibles d'alarmer les forces de Sa Majesté ou la population civile ». Quand commence la bataille de la Somme, en juillet 1916, l'une des plus sanglantes du conflit, où mourront 200 000 soldats britanniques, un journaliste du *Manchester Guardian* écrit : « Nos pertes ne sont pas lourdes, [...] le premier jour de l'offensive est donc très satisfaisant. » Plus tard, deux journalistes, témoins de ce début de la guerre, écriront l'un : « Il n'y avait aucun besoin de censurer nos dépêches. Nous étions nos propres censeurs », et l'autre : « J'ai complètement et profondément honte de ce que j'ai écrit, pour la très bonne raison que ce n'était pas vrai. »

La diffusion de certains quotidiens reste élevée, parce qu'ils fournissent d'indispensables renseignements sur le ravitaillement : en 1917, 1,5 million pour *Le Matin*, plus de 2 millions pour *Le Petit Parisien*. *L'Écho de Paris*, l'organe de l'état-major, atteint un tirage de 400 000 exemplaires. *L'Intransigeant* devient le plus grand journal du soir. *L'Humanité*, qui reste fidèle à la politique d'Union sacrée, tire à 140 000 au moment de son lancement (1904), à 15 000 en 1905, remonte à 80 000 en 1912, puis baisse quand elle passe aux mains des « pacifistes ». *Le Gaulois* perd beaucoup de lecteurs.

Et comme rien ne change, des journaux français (*Le Journal* et *Le Bonnet rouge*) publient encore, contre rémunération, des articles pacifistes. Aussi, quand les actionnaires cherchent des investisseurs pour sauver *Le Journal*, son directeur, Pierre Lenoir, et un escroc, Bolo Pacha, y investissent de l'argent de financiers allemands...

En 1916, Maurice Maréchal, un ancien journaliste de l'hebdomadaire anarchiste et pacifiste *La Guerre sociale*, fondé en 1906 par Eugène Merle et Gustave Hervé, lance (après un lancement raté en 1915) *Le Canard enchaîné* avec 35 000 exemplaires. Le titre est choisi en référence à celui du journal que Georges Clemenceau avait créé en 1913, *L'Homme libre*, devenu *L'Homme enchaîné* en 1915, quand la censure lui avait supprimé l'essentiel d'un article très critique sur le service des ambulances militaires. Il fait faillite du fait qu'il paraissait tous les dix jours et non toutes les semaines.

Dans son vrai premier numéro (en 1916), *Le Canard* annonce une alliance, évidemment imaginaire, avec l'agence de presse allemande Wolff. Le premier article du journal, intitulé « Coin-coin », annonce immédiatement sa couleur satirique : « *Le Canard enchaîné* prendra la liberté grande de n'insérer, après minutieuse vérification, que des nouvelles rigoureusement inexactes. Chacun sait, en effet, que la presse française sans exception ne communique à ses lecteurs, depuis le début de la guerre, que des nouvelles implacablement vraies. Eh ! bien, le public en a assez. Le public veut des nouvelles fausses… pour changer. Il en aura. Pour obtenir ce joli résultat, la direction du *Canard enchaîné*, ne reculant devant aucun sacrifice, n'a pas hésité à passer un contrat d'un an avec la très célèbre Agence Wolff qui lui transmettra, chaque semaine, de Berlin, par fil spécial barbelé, toutes les fausses nouvelles du monde entier. »

Des journaux écrits dans les tranchées sont diffusés artisanalement par des soldats, avec des titres évocateurs comme : *Le Lacrymogène*, *Le Cri du poilu*, *La Mitraille*, *L'Écho du boyau*… Écrits à la main ou tapés à la machine, recopiés à peu d'exemplaires, souvent pour les seules tranchées d'à côté, ils sont très surveillés par les officiers. L'expression « bourrage de crâne » s'installe pour désigner les mensonges de la presse.

En avril 1917, quand les États-Unis entrent en guerre, les journaux américains n'ont pas le droit de révéler les effectifs engagés. Quatre-vingts correspondants sont autorisés à suivre les troupes, contrôlés par des censeurs.

Parmi ces journalistes, pour la première fois, de nombreuses femmes : Corra Harris (pour *The Independent*), Mary Roberts Rinehart (pour le *Saturday Evening Post*), Mary Boyle O'Reilly (pour le *Boston Globe* et le *Harper's Magazine*) et Inez Milholland (pour le *New York Tribune*). Elles décrivent aussi bien l'entraînement que les combats et la condition des blessés, des femmes et des enfants.

L'armée américaine expérimente en mars 1918 un mode révolutionnaire de transmission de l'information : la radio. Elle crée pour cela une première station de radio en Virginie, utilisant un émetteur de haute puissance servant à la marine à communiquer avec ses bases à travers les États-Unis et aux Caraïbes. Cette station n'émet que de la musique pour les troupes.

En mars 1918, à Paris, alors que l'issue de la guerre est très incertaine, est créé un premier Syndicat national des journalistes, qui réclame le droit à une presse plus libre et un statut des journalistes : « Une libre discussion, une honnête confrontation des intérêts en présence, et, pour conclure, un contrat en forme légale, comportant des engagements réciproques, garanti par des organismes qualifiés, signé par deux parties traitant chacune en pleine clarté, en pleine liberté, en pleine égalité. »

La grippe dite « espagnole » est aussi l'occasion de formidables fausses nouvelles. Alors que, entre septembre et début octobre 1918, 195 000 Américains en meurent, le président Woodrow Wilson interdit aux journaux de donner des informations alarmantes. Le 22 septembre 1918, alors que, à Camp Devers, à 56 kilomètres de Boston, 20 % de la population est malade, et que Boston est touché, les journaux locaux ne parlent que de la guerre et du quota de souscriptions d'obligations pour le quatrième Liberty Bond. Le *Boston Post* écrit simplement : « 191 morts hier : la situation reste grave, mais les autorités sanitaires sont rassurées sur le fait que l'augmentation n'est que minime » ; le *Globe* écrit que « les cas montrent une diminution ». Le 4 octobre, on compte 33 000 morts de la grippe à New York, mais le *New York Times* consacre sa une à la guerre en Europe, à un avertissement sur la baisse des ventes de Liberty Bonds, au mariage de Mlle Katharine Every Morgan et à la performance de l'acteur John Barrymore lors de la première de *The Living Corpse*, pièce de Léon Tolstoï… Et, seulement après la page des petites annonces, sur une seule colonne, on peut lire : « La grippe atteint maintenant 43 États. Des mesures drastiques prises à travers le pays pour contenir l'épidémie. » Le même jour, le *New York Evening World*, pourtant considéré comme un des meilleurs journaux américains de l'époque, se contente d'écrire en page 15 : « Plus de 1 695 nouveaux cas de grippe », juste à côté d'une publicité pour des flocons de maïs grillés Kellogg's illustrée par un bébé souriant et où il est écrit : « C'est une bénédiction que les enfants américains soient si bien nourris et soignés en ces temps troublés. »

La même année 1918, Henry Ford fait racheter *The Dearborn Independent* par un prête-nom, son secrétaire Ernest Liebold, et il en devient directeur de publication. Il en fait rapidement un journal antisémite, expliquant que les juifs ont inventé la Bourse dans l'unique but de corrompre le peuple, qu'ils ont provoqué la guerre et en profitent pour voler les agriculteurs américains. Son journal tire alors à 900 000 exemplaires, juste derrière le *New York Daily News*. Un peu plus tard, il y publie *Les Protocoles des Sages de Sion*, dont il fera imprimer et distribuer 500 000 exemplaires. Adolf Hitler citera ce journal dans *Mein Kampf*.

À propos de l'épidémie, la presse britannique ne fait pas mieux que celles de la France et des États-Unis. En quelques lignes, chaque journal explique que cette maladie n'est pas si grave et donne des conseils pour éviter de l'attraper : laver ses verres, prendre le train à des horaires où il n'y a pas foule, ne pas trop embrasser. Le 11 juin 1918, en Irlande, où la maladie a fait environ 23 000 morts, le *Belfast Evening Telegraph* écrit : « Il n'y a aucune raison pour que le grand public s'inquiète indûment, et les rumeurs actuellement dans la ville peuvent être acceptées avec le grain de sel proverbial. » Il ajoute que « la plupart des médecins ne la considèrent pas comme une malade grave », rapportant cependant que les « pharmacies sont littéralement assiégées ».

En France, en avril 1918, alors que les Parisiens subissent depuis trois mois les bombardements allemands, la grippe espagnole arrive du côté de l'Oise. Jusqu'à la fin du mois de mai, aucun article dans aucun journal. Le 28 mai, alors que les Allemands approchent de la Marne, *Le Journal* rapporte, en quelques lignes en bas de page, que l'Espagne est touchée par une épidémie grippale de « caractère bénin ». Le lendemain, *La Croix* parle de 120 000 malades à Madrid. Rien sur la France. Le 6 juillet, *Le Matin* écrit que la grippe est bénigne en France, contrairement à ce qu'il se passe en Allemagne. Le lendemain, le journal parle d'une « grippe ordinaire qui n'a rien de dangereux ». Le 7 août, *Le Journal* écrit que la grippe est « pure et simple ». Il faut attendre le 4 septembre pour que *La Croix* signale 70 morts, parmi les militaires à Toulon. Le 19 octobre, le ton change :

en première page, *Le Journal* accuse le gouvernement de ne rien faire contre la grippe et de se contenter de donner des conseils, comme prendre des grogs au rhum et trouver un médecin ; il recommande de fermer les écoles et d'interdire les rassemblements. Il conclut : « Tout s'est à peu près borné à des affiches. Il y a pourtant des mesures urgentes à prendre. [...] L'heure n'est pas aux demi-précautions. » Le 9 novembre, Apollinaire en meurt. Le 11 novembre, *Le Journal* titre encore : « La grippe est en déroute ainsi que les Boches. » Edmond Rostand y succombe le 2 décembre.

Le 12 novembre 1918, Gaumont présente le premier film d'actualité en couleurs, représentant le défilé sur les Champs-Élysées des troupes alliées victorieuses.

Chapitre 9

Encore lire, enfin entendre, bientôt voir

(1919-1945)

Comment transmettre autre chose que des textes écrits ? Depuis toujours, la voix se transmet par des cris répercutés de vallée en vallée ; à partir de la fin du XIXe siècle, par le gramophone et le téléphone. Depuis toujours, l'image se transmet par des dessins sur les murs des cavernes, puis par des tableaux ; à partir du milieu du XIXe siècle, par la photographie puis par le cinéma. Après la Première Guerre mondiale, la voix va être diffusée par la radio ; grâce à elle, la musique et les informations parviennent dans les lieux les plus éloignés de la modernité occidentale. La télévision viendra un peu plus tard.

La presse commence par combattre cette concurrence, avant de la laisser se développer et de collaborer avec elle. De fait, la croissance démographique et économique mondiale est telle qu'il y a, pendant presque un siècle, de la place pour les uns et les autres, tant en termes d'audience que de publicité.

Et pourtant, ces nouveaux instruments de la liberté d'expression n'empêcheront pas un grand nombre de démocraties de basculer dans la dictature : un journal ou une radio ne peut rien face à une mitraillette.

Comme dans les chapitres précédents, les données chiffrées des médias ici évoqués sont fournies par eux ou par des sources qui leur sont proches et nécessairement très approximatives.

La presse américaine se renouvelle : les newsmagazines

Les grands journaux nés dans les dernières décennies du XIXe siècle reçoivent de plus en plus de publicité, en particulier des marques d'alimentation et de biens d'équipement ménager ; cela leur donne les moyens d'accroître leur pagination, d'élargir leurs champs d'information et de diversifier leur contenu ; surtout au profit des affaires policières, des faits divers, du sport et de la vie locale. On assiste aussi à la naissance de nombreux nouveaux titres, en particulier hebdomadaires.

En 1923 est créé le premier *newsmagazine* : un hebdomadaire de 70 pages à 15 cents, *Time*. Il est fondé par Henry Luce, fils de missionnaire élevé en Chine ; travailleur acharné, très hostile aux démocrates et aux syndicalistes, il va peu à peu constituer un grand groupe de presse. Il le crée avec Briton Hadden, qui dirigeait déjà le journal du campus de Yale et sera le premier rédacteur en chef du *Time*, jusqu'à sa mort à 31 ans, en 1929.

En 1926, à la mort de son fondateur, le groupe de George Scripps compte 32 journaux dans des villes, quelques journaux syndicaux et des comic strips (comme *Dilbert*, *Marmaduke*, *Peanuts*, *Nancy* et *Garfield*). C'est alors la deuxième plus grande chaîne de journaux aux États-Unis, après celle de Hearst.

À partir d'octobre 1929, la presse fait tout, dans ses pages boursières, pour minimiser la crise économique, qui pourtant ne fait que commencer : le vendredi 25 octobre 1929, le *New York Daily News*, quotidien créé dix ans plus tôt, titre en première page : « La crise boursière est finie. Nous avons vu le pire. Dieu interdit que quelque chose de pire qu'hier à la Bourse soit possible. »

Pourtant, c'est loin d'être fini ; entre 1929 et 1933, l'économie américaine s'effondre, les revenus publicitaires des journaux diminuent d'environ 40 % ; de nombreux titres font faillite ou fusionnent avec d'autres.

En février 1930, Henry Luce crée *Fortune*, mensuel de l'activité économique. En 1932, Arthur Nielsen crée un indice pour mesurer la vente au détail de l'alimentation et des médicaments : c'est le début des études de marché (c'est d'ailleurs Nielsen qui forge ce terme).

Une fois élu, en novembre 1932, F. D. Roosevelt modifie radicalement les rapports de la présidence avec la presse. Au contraire de ses prédécesseurs, très fermés, il donne deux conférences de presse par semaine et fait entrer les reporters de la presse et de la radio dans les coulisses de la Maison-Blanche, allant jusqu'à leur dicter les chapeaux (ou chapôs) de leurs articles, s'adaptant à la ligne de chaque journal et jouant au poker avec les reporters qui l'accompagnent dans ses déplacements.

En 1936, Henry Luce rachète *Life* pour en faire un magazine hebdomadaire spécialisé dans le photoreportage. Puis il ajoute à son groupe d'autres magazines : *Sports Illustrated*, *Newsweek* et *US News*.

La même année, un prêtre catholique, le père Charles Edward Coughlin, qui a fondé deux ans avant une organisation politique d'inspiration fasciste, la National

Union for Social Justice, lance le magazine *Social Justice* avec les mêmes idées que le journal de Ford. Il réunit vite un million de lecteurs.

En 1938, la presse américaine a dépassé la crise : en 1940, le tirage des quotidiens américains est de 41 millions d'exemplaires, contre 20,5 millions en 1920.

La presse des lords

La presse britannique sort, elle aussi, dans un excellent état de la Première Guerre mondiale. Près des deux tiers de la population britannique lit désormais des tabloïds, dont les propriétaires, devenus riches, sont très puissants.

Six d'entre eux, anoblis parce que devenus riches, se partagent presque intégralement les quotidiens britanniques, à peu près tous des tabloïds : Lord Beaverbrook, Lord Rothermere, Lord Camrose, Lord Kemsley, Lord Northcliffe et Lord Astor.

Lord Beaverbrook, né Max Aitken au Canada, est anobli le 23 janvier 1917 à la demande de Lloyd George. Il possède le *Daily Express*, journal le plus vendu dans le pays (qui passe de 40 000 exemplaires en 1919 à 2 329 000 en 1937), l'*Evening Standard* et le *Sunday Express*. Dans les années 1930, il révèle dans ses journaux la liaison entre le roi Édouard VIII et Wallis Simpson, provoquant l'abdication du roi.

Lord Rothermere, né Harold Harmsworth à Londres, est anobli en 1914. À la mort de son frère en 1922, il devient actionnaire majoritaire du *Daily Mail* et du *Daily Mirror* (qui a alors un tirage de 3 millions d'exemplaires) ; l'année suivante, il reprend la chaîne de journaux de Lord Hulton, ce qui lui donne le contrôle de trois journaux nationaux du matin, trois journaux nationaux du dimanche, des journaux du soir de Londres, quatre quotidiens provinciaux et trois journaux provinciaux du dimanche. Très lié à une princesse austro-hongroise, Stephanie von Hohenlohe, il s'oppose à toute hostilité envers l'Allemagne, même après l'arrivée d'Hitler au pouvoir.

Les frères William et Gomer Berry (anoblis l'un sous le nom de baron Camrose, l'autre de baron Kemsley) possèdent, entre autres, le *News Chronicle.*

Lord Northcliffe possède encore le *Times*, lu par l'élite intellectuelle et politique. En 1920, ce journal dénonce un « péril juif » et appelle, comme Henry Ford aux États-Unis, à « un examen approfondi des *Protocoles des Sages de Sion* ». À sa mort, en 1922, le *Times* est vendu à Lord Astor.

Lord Astor, après quelques exploits sportifs, garde le même rédacteur en chef du *Times*, Geoffrey Dawson, jusqu'en 1941 et maintient sa ligne antisémite et conservatrice. Il restera même président du journal jusqu'en 1959, quand son fils Gavin prendra la relève.

Ces lords sont redoutés par les politiques ; en 1928, Stanley Baldwin, dirigeant du Parti conservateur, qui déteste Lord Beaverbrook, les dénonce comme ayant « le pouvoir sans responsabilité, ce qui est en fait la prérogative de la prostituée à travers les âges ».

En 1930, le *News Chronicle* naît de la fusion du vieux *Daily News*, du *Daily Chronicle* et de la *Westminster Gazette*. Propriété de Lord Beaverbrook, il dépasse 1,4 million d'exemplaires en 1939.

Les journaux anglais pensent toujours, pour la plupart, que l'antisémitisme d'Hitler est justifié, ou qu'il n'est qu'un argument de propagande à ne pas prendre au sérieux. En août 1930, quand Hitler s'approche du pouvoir, le *Times*, qui est alors la tribune privilégiée de Neville Chamberlain et de Stanley Baldwin, prône l'apaisement.

Rares sont les journaux comme le *Manchester Guardian*, qui ose écrire en 1931 que l'Allemagne n'est plus un pays sûr pour les juifs. Et quand, en 1933, un correspondant du *Times* en Allemagne, Stanley Simpson, envoie un article dévoilant l'ouverture d'un premier camp de concentration, à Dachau, le rédacteur en chef refuse de le publier.

Durant toute cette période, ces quotidiens restent des affaires très rentables : leur tirage passe de 5,4 millions d'exemplaires en 1920 à 11,5 millions en 1939. Celui de la presse de province passe de 2,5 à 6 millions.

Pendant ce temps, dans l'Inde anglaise, Mohandas Gandhi se lance aussi dans le journalisme et fonde les hebdomadaires *Hajiran* puis *Young India*, dans lequel il écrit le 2 juillet 1925 : « J'ai choisi d'être journaliste, non pas par plaisir, mais comme une aide pour ce que je considère comme ma mission dans la vie. » Il va en faire un outil politique, au point même d'être choisi comme l'homme de l'année par *Time*, en 1930, après la « marche du sel », étape majeure vers l'indépendance de cette colonie britannique.

Une presse française en renouveau : Albert Londres, Alexandra David-Néel et Le Canard enchaîné

À l'inverse de la presse britannique et américaine, une très grande partie de la presse française sort discréditée de la Première Guerre mondiale, pour avoir servi, sans aucun recul, d'instrument de propagande au gouvernement français et avoir nié l'épidémie mortelle de 1918. De plus, les journaux souffrent de la hausse du prix du papier et des charges salariales alourdies après une mobilisation syndicale en 1919. Le tirage des quotidiens stagne, la publicité ne décolle pas. Quelques groupes de presse restent cependant des affaires rentables, et leurs propriétaires en tirent encore de considérables revenus. Pour autant, ils demeurent très dépendants des pouvoirs politiques et de revenus parfois inavouables ; en 1919, quand un jeune journaliste talentueux du *Petit Journal*, Albert Londres, rapporte que « les Italiens sont très mécontents des conditions de paix concoctées par Clemenceau, Lloyd George et Wilson », il est licencié, à la demande, semble-t-il, de Clemenceau.

Le premier journal français est encore *Le Petit Parisien*. Au décès, en 1919, de son fondateur Jean Dupuy, remplacé par ses fils Paul et Pierre, il tire à plus de 2 millions d'exemplaires et se targue d'être le « plus fort tirage au monde » (ce qui est exagéré, au vu des tirages des principaux tabloïds anglais et américains).

Les deux journaux de droite les plus lus sont alors *L'Écho de Paris* d'Henri Simond, avec 500 000 lecteurs, et *L'Intransigeant* de Léon Bailby, avec 300 000 lecteurs. *La Croix* reste le grand organe catholique français ; son tirage est stable, aux alentours de 170 000 exemplaires. *Le Temps* demeure l'organe officieux du patronat, sans dépasser 75 000 exemplaires. *L'Action française*, très soutenue par Léon Daudet, fait régulièrement appel à des souscriptions pour « lutter contre l'or juif » ; elle reste très lue (son tirage varie entre 50 000 et 100 000 exemplaires) jusqu'à sa condamnation par Pie XI en 1926, parce que ses rédacteurs s'affichent parfois comme agnostiques, voire athées. Le journal perd alors la moitié de ses lecteurs et les adhérents de l'Action française se voient interdire le sacrement. *L'Œuvre*, de Gustave Téry, est le plus puissant organe du radicalisme, avec *La Dépêche* (de Toulouse), *La France de Bordeaux et du Sud-Ouest* et *Le Progrès* (de Lyon). La SFIO (privée de *L'Humanité*, passée en 1920 aux mains des communistes de la SFIC) s'appuie sur *Le Populaire de Paris* et *Le Quotidien*. Raymond Patenôtre dirige l'Omnium républicain de la presse, qui regroupe *L'Express de l'Est*, *Le Petit Niçois*, *Le Petit Var* et *La Gazette de Seine-et-Marne*. Dans tous ces journaux, la recherche de la publicité pousse à la multiplication de nouvelles rubriques spécialisées dans les livres, les sports, la mode, la cuisine, le cinéma… La presse financière continue ses turpitudes.

À l'inverse de la presse quotidienne, qui stagne, la presse magazine, les périodiques littéraires et artistiques, sportifs, féminins, illustrés, politiques, surtout de droite, gagnent en importance.

D'abord, en 1919, *Le Canard enchaîné*, né trois ans plus tôt, devenu pour quelques numéros seulement en 1918 *Le Canard libre*, redevient définitivement *enchaîné* après avoir essuyé une censure. La même année, Eugène Merle, qui avait fondé en 1906 l'hebdomadaire antimilitariste *La Guerre sociale* (où avait travaillé Maurice Maréchal, fondateur du *Canard enchaîné*), fonde *Le Merle blanc* en imitation du *Canard enchaîné* : succès fulgurant et éphémère. En 1923, Merle lance *Paris-Soir*, puis se retrouve, comme tant d'autres journalistes de son temps, mêlé à des affaires de chantage et d'escroquerie ; la justice s'en mêle, et il est condamné à deux ans de prison pour extorsion de fonds.

Il y a aussi de nouveaux hebdomadaires : *Candide*, lancé par Arthème Fayard ; *Gringoire*, très anglophobe et antisémite ; et *Les Nouvelles littéraires*.

La presse féminine s'élargit avec *Vogue*, *Femina*, *Le Petit Écho de la mode*.

En 1922, à la demande des annonceurs, est créé l'Office de justification du tirage (OJT), contrôlé par les éditeurs de presse, pour connaître enfin d'une façon à peu près crédible les tirages et les ventes des journaux.

Trois exploits :

En 1923, Albert Londres, qui rentre de Moscou avec un reportage très hostile à l'Union soviétique, puis de Chine et d'Inde, où il a interviewé Gandhi et Tagore, se fait connaître plus encore en allant enquêter pour *Le Petit Parisien* sur les bagnes de Cayenne ; les horreurs qu'il dénonce provoquent une énorme émotion, mais pas encore de réformes.

En 1924, *L'Humanité* publie la correspondance d'un certain Raffalovitch, représentant du ministère des Finances russes à l'ambassade de Russie à Paris, confirmant le financement, entre 1900 et 1914, des principaux journaux français par la Russie tsariste pour appuyer des émissions d'emprunts russes jamais remboursés.

En 1925, une journaliste d'exception, Alexandra David-Néel, qui écrit alors surtout pour des revues savantes (*La Fronde*, *Le Mercure de France*, *Le Lotus bleu*, la *Revue théosophique*, *L'Idée libre*), fait la une de nombreux journaux pour avoir réussi à pénétrer dans la cité interdite de Lhassa, déguisée en moine.

En 1927, le journaliste Bernard Lecache (ancien journaliste à *L'Humanité*, *Marianne*, *Le Quotidien*, *L'Œuvre*, *La Volonté*...) fonde la Ligue internationale contre l'antisémitisme (LICA) et son journal, *Le Droit de vivre*, dans lequel il dénonce les actes antisémites, qui se multiplient à travers l'Europe.

En 1928, Lucien Vogel (dont l'épouse, Cosette, est la sœur de Jean de Brunhoff, le créateur de *Babar*), qui a déjà lancé plusieurs journaux et a dirigé *Vogue*, avec son beau-frère Michel de Brunhoff, France, lance *Vu*, le premier grand journal illustré photographique français. Magnifique magazine. Quand le journal s'engage contre le franquisme et le national-socialisme, la publicité se retire et Vogel en est écarté. Une de ses filles, Marie-Claude, épousera Paul Vaillant-Couturier, le rédacteur en chef de *L'Humanité*, et deviendra une héroïne de la Résistance.

En mai 1928, le parfumeur François Coty, qui a racheté *Le Figaro*, lance *L'Ami du peuple*. 800 000 acheteurs ; puis il rachète *Le Gaulois*, le fusionne avec *Le Figaro* et en fait un journal anticommuniste, antisémite, xénophobe et profasciste. Il y insère des mots croisés, développe toute la partie économique et la rubrique sport et divertissements.

Avec la crise économique, l'agence Havas s'affaiblit encore et devient de plus en plus dépendante de l'État.

En 1930, *La Libre Parole*, journal antisémite fondé en 1892 par Drumont et qui avait fait faillite, reparaît sous la direction de Henry Coston. La même année, Jean Prouvost, industriel du Nord, reprend le titre *Paris-Soir* ; il y emploie Jean Cocteau en reporter international, Colette pour les faits divers, Georges Simenon pour les affaires criminelles, et, comme correspondants de guerre, Joseph Kessel, Blaise Cendrars et Antoine de Saint-Exupéry. Il en fait un quotidien de qualité, avec des publicités photographiques. Son tirage est de 134 000 en 1931.

En 1932, Albert Londres meurt au large d'Aden, dans l'incendie mystérieux du paquebot qui le ramenait de Chine, où il avait effectué une longue enquête sur la guerre sino-japonaise. Cinq ans plus tard, le bagne de Cayenne, qu'il avait tant dénoncé, est fermé.

En 1933, le comte Charles de Breteuil crée, au Sénégal, l'hebdomadaire *Paris-Dakar*, qui devient en 1936 le premier quotidien d'Afrique subsaharienne ; il s'inspire du modèle de *Paris-Soir* de Jean Prouvost. Il crée ensuite *Paris-Congo* et *Paris-Tana* en 1936, *Paris-Bénin* en 1938 ; puis *Abidjan-Matin*, *La Presse du Cameroun*, *La Presse de Guinée*, *Afrique matin*, *Dakar jeunes*...

En 1934, François Coty meurt ; sa veuve nomme à la direction du *Figaro* Lucien Romier, antiparlementaire et pacifiste qui, six ans plus tard, deviendra ministre de Pétain.

La même année, soit dix ans après la révélation du scandale des emprunts russes, est créé un Office de contrôle des annonces, chargé de signaler les annonceurs douteux. L'année suivante, la loi Brochard crée un statut professionnel de journaliste et impose la carte de presse.

En 1936, le tirage du *Canard enchaîné* atteint 200 000 exemplaires avec une influence croissante. La presse communiste a des tirages plus élevés que celle de la SFIO. Le gouvernement de Léon Blum prend entièrement à sa charge le déficit de l'agence Havas et y impose un contrôle sur ce qu'elle dit, en particulier sur la guerre civile espagnole.

En 1937, Prouvost lance *Marie-Claire* et *Paris-Midi* ; puis il reprend *Match*, alors supplément sportif de *L'Intransigeant*, et en fait un magazine généraliste, qui, un an après seulement, tire à 1,1 million d'exemplaires. Comme les autres Européens et les Américains, les

Français veulent voir des photos, des reportages publicitaires, des acteurs de cinéma. Ils veulent avant tout se distraire dans ces heures sombres.

En 1939, *Le Petit Parisien* reste à 2 millions d'exemplaires ; même si c'est le journal qui reçoit le plus de publicité, celle-ci ne représente que 17 % de ses recettes. *Le Matin* est à 300 000 exemplaires ; *Le Journal* est à 400 000 ; *Le Petit Journal* ne tire plus qu'à 175 000 exemplaires.

Neuf quotidiens de province dépassent les 150 000 exemplaires, dont *Ouest-Éclair* à Rennes (350 000), ce qui en fait déjà le troisième quotidien français, *Le Petit Dauphinois* à Grenoble (280 000) et le *Progrès de Lyon* (220 000). Il n'y a plus que 32 quotidiens à Paris et 175 en province.

La presse allemande, au service de la montée au pouvoir des nazis

À partir de 1919, dans une Allemagne vaincue, où la République est disputée entre mille courants, l'Agence Continentale fusionne avec la Telegraphen Union d'Alfred Hugenberg, ce patron de Krupp ayant fait fortune pendant la guerre, qui réussit en quelques années à constituer un énorme conglomérat de journaux (*Der Tag*, le *Berliner Lokal Anzeiger*, *Die Woche*, *Der Kinematograph*, *Denken und Raten*, *Gartenlaube*), de maisons d'édition, de cinéma (autour de l'Universum Film AG), et de publicité. Il fonde aussi, en 1918, le DNVP (Deutschnationale Volkspartei), un petit parti proche du NSDAP d'Adolf Hitler. En août 1919, à Munich, Rudolf Glauer crée un hebdomadaire, le *Münchener Beobachter*, qui devient le *Völklischer Beobachter* (« Observateur populaire »), revendu à l'ordre de Thulé, puis au NSDAP en 1920. Il devient quotidien en 1923. Puis tout s'effondre dans l'hyperinflation. Les journaux survivent tant bien que mal. En particulier les journaux d'opinion.

En 1928, alors que l'Allemagne semble sortir de la crise, la presse socialiste compte encore plus de 200 titres à très faible tirage. Le Parti communiste a une centaine de publications, dont *Illustrierte Arbeiter-Zeitung*, magazine célèbre pour ses photomontages. La presse catholique compte près de 450 titres, dont *Germania* et *Kölnische Volkszeitung*. Les nazis n'ont alors en propre que moins de 3 % des 4 700 journaux allemands.

En 1930, Hugenberg, qui contrôle maintenant, directement ou indirectement, près du quart de la presse allemande, se met au service d'Adolf Hitler. Il devient même, en mars 1933, son ministre de l'Économie et de l'Alimentation, en espérant, comme beaucoup, que celui-ci ne reste pas longtemps au pouvoir. En mai 1933, Hugenberg est renvoyé du gouvernement, son parti est dissous et il doit céder toutes ses entreprises aux nazis. Encore une fois, les armes sont plus convaincantes que les mots et même que l'argent.

De nombreux journaux libéraux, dont le *Tageblatt*, sont interdits ou confisqués par le parti nazi ; les éditions Ullstein et l'agence Mosse sont fermées. Le caricaturiste Emil Stumpp, qui a osé faire un portrait du Führer qui n'a pas plu à Hitler dans le *Dortmunder General-Anzeiger*, est arrêté, puis libéré, puis arrêté à nouveau, et mourra en prison. Le journal qui l'emploie est fermé.

Dès juillet 1933, il ne reste plus que 1 200 journaux, contre 4 700 en 1928 et 2 700 en janvier 1933. En octobre 1933 est promulguée la « loi des Éditeurs », qui remplace tous les éditeurs de journaux et de livres par des fonctionnaires d'État, enregistrés auprès d'une association nationale de la presse, désormais seule habilitée à accréditer les journalistes. La société Eher Verlag, dirigée par un ami très proche du Führer, Max Amann, devient la maison d'édition du parti nazi ; et contrôle directement ou indirectement, sous l'autorité de Goebbels, les deux tiers des journaux allemands, dont beaucoup restent officiellement détenus par leurs anciens propriétaires, qui se plient soigneusement aux directives nazies. (Max Amann mourra d'ailleurs dans son lit, douze ans après la fin de la guerre.)

Parmi les journaux du Parti, *Der Völkische Beobachter*, *Der Stürmer*, hebdomadaire publié par Julius Streicher, *Der Angriff*, dirigé par Goebbels et qui dénonce tous les jours les juifs et publie les caricatures antisémites de Hans Schweitzer ; le *Neues Volk*, un mensuel du Bureau de la politique raciale, répond doctement aux questions de ses lecteurs sur les « relations raciales acceptables » ; le journal féminin *NS Frauen Warte* explique que le rôle des femmes dans l'État nazi est d'élever des enfants ; des magazines pour les petits garçons (*Der Pimpf*) les encouragent à se diriger vers l'armée, d'autres, pour les petites filles (*Das Deutsche Mädel*), leur recommandent de devenir une « bonne femme nazie », se préparant à s'occuper des enfants et à soigner des blessés. Existent aussi des magazines qui se veulent plus « intellectuels », comme *Das Schwarze Korps* ou *Das Reich*.

La presse nippone, au service du militarisme

En septembre 1931, alors que l'armée japonaise envahit la Mandchourie, les journaux nippons qui soutiennent l'invasion se vendent très bien ; les voix dissidentes sont rares ; en novembre 1931, un des rares journaux opposants, *Kaizo*, qui accuse l'armée d'un « double coup d'État » contre le gouvernement de Tokyo et contre le gouvernement de la Chine, est fermé et ses journalistes emprisonnés.

En mai 1932, le Premier ministre Inukai Tsuyoshi est assassiné et l'armée consolide son contrôle sur le système politique et la presse. À partir de 1936, un comité de l'information et de la propagande et un département de surveillance des publications exigent des journalistes qu'ils dénoncent publiquement dans leurs articles le « désir des Américains et des Britanniques de gouverner le monde ».

La censure est absolue : une directive gouvernementale stipule que tout article de presse ou photographie « défavorable » à l'armée impériale est interdit. Tout « article ou photographie d'atrocités » est aussi interdit, sauf les articles ou photographie dénonçant la « cruauté des soldats et des civils chinois ». En juillet 1936, à Kyoto, des universitaires francophones tentent de publier clandestinement un hebdomadaire, le *Doyobi* (qui signifie « samedi », clin d'œil au journal *Vendredi*, hebdomadaire qui soutient alors le Front populaire en France). On y trouve de la culture, du divertissement, des articles antifascistes et pacifistes. Il n'est en vente que dans le « Salon de Thé François », repaire du Parti communiste japonais, alors interdit. Quelques semaines plus tard, les rédacteurs sont arrêtés et le journal interdit.

En juillet 1937, alors que commence la seconde guerre sino-japonaise et que Pékin tombe entre les mains des Japonais, le propriétaire et rédacteur en chef du journal chinois le plus important, le *Zhongyang Ribao* (« Nouvelles quotidiennes centrales »), journal officiel du Kuomintang, publié à Shanghai depuis 1928, est assassiné et le journal passe entre les mains de collaborateurs japonais.

La presse fasciste italienne

Dès le début des années 1920, les fascistes prennent le contrôle de la presse italienne. Alfredo Frassati de *La Stampa* et Luigi Albertini du *Corriere della Serra* doivent céder la direction de leurs journaux, les plus importants de la péninsule, à des hommes proches de Mussolini.

En 1924, les journalistes doivent s'inscrire obligatoirement au syndicat fasciste.

En janvier 1925 apparaissent sporadiquement des journaux clandestins, tel *Non Mollare* (« N'abandonnez pas »), tiré à 25 000 exemplaires par les frères Carlo et Nello Rosselli. Dénoncés par un imprimeur, ils sont arrêtés et assassinés.

En 1926 est créé à Rome l'« Institut national pour le bien-être des journalistes italiens », présidé par le frère du Duce. Cette année-là, le journal socialiste *Avanti !*, interdit, réapparaît, publié depuis Paris. À partir de 1928, un décret du ministère de la Justice interdit la publication de tout journal indépendant du parti fasciste ; les nouvelles politiques publiables sont distribuées chaque jour aux rédactions par le ministère de la Culture populaire. En 1929 est fondée à Rome une « École de journalistes fascistes ».

En 1939, *Il Corriere* et *La Stampa*, devenus fascistes, sont encore les principaux titres du pays (597 000 exemplaires pour le *Corriere della Sera* et 300 000 pour *La Stampa*). Parmi les autres journaux populaires, la *Gazzetta del Popolo*, tirée à 300 000 exemplaires, est le premier quotidien en couleurs en Italie.

La presse soviétique, premier système médiatique totalitaire moderne

Quand le régime tsariste tombe, 90 % de la population russe ne sait encore ni lire ni écrire. Les rares journaux existants passent sous le contrôle des bolcheviques. Les feuilles d'opposition sont supprimées. Le 17 novembre 1918, le premier Congrès des journalistes soviétiques fixe clairement ses objectifs : « La presse soviétique est entièrement soumise à la tâche essentielle du moment : celle de mettre en vigueur la dictature du prolétariat. »

À partir de 1922, le Glavlit (forme abrégée du titre russe de la Direction centrale chargée des affaires de la littérature et des éditions) autorise ou refuse les publications de tous les livres et de tous les journaux. Sont seules exemptes de son contrôle la presse du parti et les éditions du Komintern.

En 1925, l'agence de presse russe, l'APT, est renommée Tass (Agence télégraphique de l'Union soviétique). Elle sera la seule source d'information pour les médias en URSS et sur l'URSS à l'étranger. C'est la première fois, depuis la révolution industrielle, que l'ensemble des médias d'un pays est mis sous le contrôle d'un gouvernement.

Les *Izvestia* (« Nouvelles ») devient la voix du gouvernement ; la *Pravda* (« Vérité ») celle du parti. *Trud* (« Travailliste »), celle du Conseil central des syndicats ; des poètes et écrivains comme Vladimir Maïakovski y écrivent. *L'Étoile rouge* vise à rapprocher l'armée de la population. Parmi les autres journaux, le *Bednota* (« Peuple pauvre »), un quotidien pour les paysans publié par le Comité central du Parti communiste à Moscou ; le *Zhizn'Natsional'nostei* (« Vie des nationalités »), publié par le commissariat pour les nationalités ; et un journal en yiddish (qui existe encore aujourd'hui), le *Birobidzhaner Shtern* (« Étoile de Birobidzhan »).

Tous ces journaux vivent un peu des abonnements et des ventes, très peu de la publicité, et largement des subventions publiques. C'est d'autant plus facile qu'une directive précise que tout membre du Parti communiste doit être abonné à une revue ou à un journal du Parti.

En 1936, le tirage de la *Pravda* est de 1,9 million d'exemplaires ; celui des *Izvestia* de 1,6 million d'exemplaires. La *Pravda* est distribuée dans l'ensemble du territoire, immense, en une matinée, ce que les journaux américains sont encore incapables de faire. Au total, il y a 45 titres pour un tirage global de 9,7 millions ; en tout cas, quand il y a du papier...

Un tremblement de terre : la radio d'abord en Amérique

Et voici la voix ; une tout autre façon de diffuser des informations. Immense mutation : la musique, le théâtre, les matchs, les artistes, les sportifs, les hommes politiques, les journalistes, les gens ordinaires deviennent audibles. Seulement voilà, la radio est par nature gratuite, puisqu'il est impossible de faire payer celui qui l'écoute ; ne restent donc comme recettes possibles que les subventions publiques, une redevance ou la publicité. En tout cas en principe, parce que, aux États-Unis comme ailleurs, les journaux, tout-puissants, vont tout faire, pendant de longues années, pour limiter la concurrence des radios.

En 1919, la radio, utilisée par la Navy pour diffuser de la musique pendant la guerre, réussit à transmettre une voix humaine de l'Irlande vers l'Amérique. À la demande de la Navy, General Electric rachète la filiale américaine de Marconi et crée Radio Corporation of America (RCA). Les récepteurs sont alors peu coûteux et faciles à produire.

Puis le gouvernement américain oblige la Navy à laisser la maîtrise de la radio au secteur privé ; les stations se multiplient : la première, en mars 1920, est California Theatre, à San Francisco. Le 2 novembre 1920, une station de Pittsburgh retransmet en direct, pour la première fois, les résultats d'une élection présidentielle, celle qui conduit à la victoire de Calvin Coolidge.

Certains groupes de presse veulent alors mettre la main sur ce nouveau média dont ils devinent l'importance. À la fin de 1920, les neveux de Scripps, qui ont repris l'empire de leur oncle, créent WWJ, première radio au monde d'information en continu, à partir des nouvelles produites par les rédacteurs de leurs journaux. En 1922, 69 journaux diffusent de la musique et quelques informations par des stations de radio ainsi créées par eux.

Mais beaucoup sont hostiles à ce nouveau moyen de distraire et d'informer : les musiciens, les compagnies d'édition musicale et les organisateurs de concerts craignent que se produire à la radio ne nuise à leurs concerts et à leurs disques. Les patrons de presse et les journalistes craignent que cela n'éloigne les gens des journaux et veulent priver les radios de l'accès aux informations avant que les journaux ne soient livrés à leurs abonnés.

En 1922, Herbert Hoover, alors secrétaire au Commerce du président Coolidge, instaure l'obligation d'acheter à l'État fédéral une licence pour avoir une radio ; le gouvernement peut la reprendre en cas de manquement à quelques règles floues ; c'est ce qu'on appellera « la réglementation du froncement de sourcils ». Elles favorisent des radios ne donnant pas d'informations et regroupées en réseaux, bien contrôlés. C'est le retour d'une forme subtile de censure, qui fait de la radio un média musical et politiquement inoffensif.

Dès 1922, RCA, le premier réseau créé trois ans plus tôt par General Electric, diffuse surtout de la musique classique et très peu d'informations, pour très peu d'auditeurs.

Quatre ans plus tard, RCA crée son propre concurrent, NBC, avec comme co-actionnaires AT&T et Westinghouse. La direction en est confiée à David Sarnoff, un des seuls opérateurs radio restés en lien jusqu'au bout avec le *Titanic* en avril 1912. Sarnoff lance le premier feuilleton radiophonique, *Amos 'n' Andy* (deux Noirs travaillant dans une ferme près d'Atlanta, qui tentent d'avoir une vie meilleure à Chicago). Puis NBC se divise à son tour en deux programmes différents : la Red Network qui diffuse des programmes de musique et de divertissement et la Blue Network qui propose plutôt des informations générales et émissions culturelles. Partout se créent aussi des radios locales, peu écoutées si elles ne sont pas affiliées à l'un des deux grands réseaux nationaux, RCA et NBC.

En 1927, 7 millions de foyers américains ont un poste de radio quand le Radio Act formalise des règles de conduite : interdiction d'utiliser un vocabulaire obscène et limitation de l'information à quelques minutes par jour.

Cette même année, Arthur Judson, un violoniste, directeur d'orchestre et agent artistique de New York, achète une station de faible puissance à ABC et constitue un réseau de seize stations sous le nom de United Independent Broadcasters. Il le finance en vendant à des marques le droit de donner leur nom à des émissions : c'est le début du sponsoring dans un média. Quelques stations locales suivent cet exemple, et en particulier une radio locale de Philadelphie lance l'émission « Miss la Palina », financée par une entreprise locale de cigares, La Palina, propriété de la famille Paley qui, l'année suivante, rachète ce réseau à Arthur Judson et en confie la gestion au fils de la famille, Bill Paley, qui se révèle un génie du divertissement et de la publicité. Il sera le directeur général de CBS jusqu'en 1946 et le président jusqu'en… 1983.

En 1929, les radios ne diffusent encore que très peu d'informations par jour. Elles n'ont pas leurs propres journalistes et sont alimentées seulement par les journaux et les dépêches d'agence ; elles ne proposent que deux émissions d'information de 5 minutes – l'une assez tard dans la matinée et la seconde assez tard dans la soirée pour que les auditeurs aient déjà acheté au moins un journal…

Toutes les informations qu'elles diffusent doivent dater d'au moins 24 heures et ne pas dépasser 30 mots chacune ; enfin, chaque bulletin d'information doit se terminer par : « Pour davantage de détails, reportez-vous à votre quotidien habituel ! » Difficile de faire plus dissuasif !

La radio en Europe : aux ordres du pouvoir

Pendant ce temps, en Europe, presque tous les gouvernements, fascinés et terrifiés par ce nouveau moyen de communiquer avec leurs électeurs plus que par la concurrence des journaux, font le choix contraire : pas de radios privées ; que des radios publiques, financées par l'impôt. Et là encore, très contrôlées, très censurées.

En Grande-Bretagne, en avril 1920, apparaît le premier service de radio régulier européen, par une station créée par la société Marconi en Cornouailles diffusant deux heures par jour. En 1922, le gouvernement britannique crée la British Broadcasting Company, seule autorisée à émettre, entité privée appartenant totalement à l'État et financée seulement par l'impôt et subordonnée au Post Office. Elle ne diffuse que des pièces de théâtre, de la musique et des programmes éducatifs ; et, comme aux États-Unis, des bulletins d'information extrêmement limités, à la demande des lords de la presse. En 1927, la BBC cesse d'être une « company » de droit privé, pour devenir une « corporation », société de droit public constituée par une charte royale. Très peu d'auditeurs encore.

En Allemagne, le 22 décembre 1920, première retransmission d'un concert ; en 1923 est créée près de Berlin la première station de radio, publique, la Berlin-Funk

Stunde AG ; en 1924 sont créées la Hamburg-Nordische Rundfunk et la Münster-Westdeutsche Funkstunde, l'une et l'autre financées par une taxe sur chaque poste récepteur. En 1926, la Deutsche Welle GmbH est créée à Berlin. Peu d'auditeurs, et là encore, peu d'information.

En France, le 24 décembre 1921, commence à émettre la première station de radio française, Radio Tour Eiffel, propriété de l'État et gérée par les PTT : une demi-heure par jour de prévisions météorologiques, de cours de la Bourse et de cours des produits agricoles. Pas d'informations, sinon sportives. En 1925, Maurice Privat, directeur de l'Association des amis de la tour, y crée le premier journal parlé, pendant quelques minutes par jour. Au même moment, la Société française radioélectrique et l'agence Havas sont autorisées à créer Raiola, première radio de droit privé, renommée l'année suivante Radio Paris, avec des émissions pour la jeunesse, des jeux, des émissions religieuses, un orchestre de danse et des bulletins d'information très limités, fournis par Havas. En 1926, Lucien Lévy, propriétaire d'une entreprise de récepteurs radio, est autorisé à créer Radio LL. L'année suivante au Luxembourg, trois frères (François, Marcel et Aloyse Anen, propriétaires d'un magasin de postes de TSF à Luxembourg) créent Radio Luxembourg, une radio associative avec 3 heures de programmes musicaux par semaine. La plupart de ces programmes sont produits à Paris, d'abord rue de Ponthieu, puis, à partir de 1936, rue Bayard, les programmes étant ensuite acheminés par train jusqu'au Luxembourg pour y être diffusés, hors du contrôle des autorités françaises. En 1928, une loi interdit la création de toute nouvelle radio privée, ce qui oblige les nouveaux entrants à racheter les rares licences déjà accordées. En 1929, Radio Luxembourg est sommée de s'arrêter d'émettre par le gouvernement français. Elle obtempère pour un moment.

En URSS, en septembre 1922, pour le cinquième anniversaire de la révolution, est lancée la station de radio du Komintern, la plus puissante du continent européen (elle peut émettre jusqu'à 1 800 km). Un décret de 1924 oblige tout particulier à déclarer la possession d'un poste de radio pour vérifier que personne n'écoute une radio étrangère. Les plus grandes stations sont administrées directement par l'État. Les plus petites font l'objet d'une surveillance et reçoivent du contenu à diffuser.

Le gouvernement investit aussi beaucoup dans des haut-parleurs, qui diffusent pendant plusieurs heures par jour les nouvelles reçues de l'agence Tass. On en installe même dans des hôtels et foyers de travailleurs et il est interdit de les éteindre. Il y en a 7 000 en 1928. Le gouvernement utilise peu la radio, sinon pour diffuser des discours politiques, très rarement en direct.

L'URSS compte alors 29 stations de radio, de Moscou à Vladivostok, d'Irkoutsk à Novosibirsk. Il n'y a que 115 000 postes de radio pour 147 millions d'habitants.

Après la Grande Crise, la radio américaine obtient le droit d'informer

À la suite du krach boursier, un tiers de la population américaine bascule dans le chômage ; beaucoup de ménages renoncent au téléphone, et même, on l'a vu plus haut, au journal, mais pas à leur poste de radio, quand ils en ont un, et ils sont 20 millions en 1930 à

1. Une des lettres envoyées par le roi Tushratta du Mitanni à Aménophis III (XIVe siècle avant J.-C.), retrouvée à El Amarna. Écriture en lignes, des séparateurs délimitant les différentes parties de la lettre.

2. Tablette administrative : donation d'un champ et d'une maison en sumérien. Époque de Shuruppak (vers 2600 avant J.-C.).

3. Représentation du *cursus publicus* mis en place par Auguste.

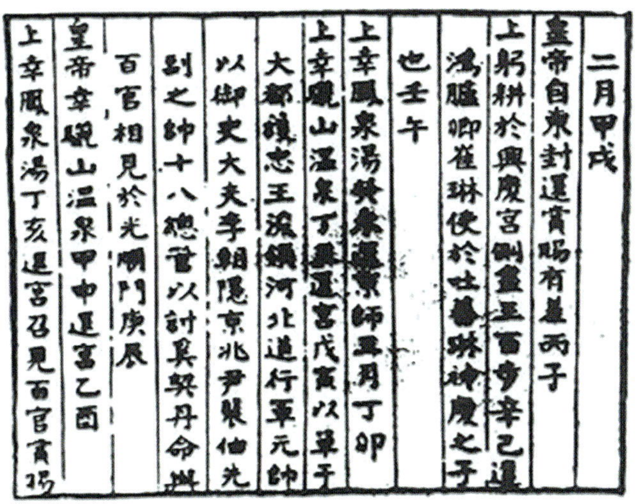

二月甲戌
皇帝自東封還賞賜有差丙子
上躬耕於興慶宮側盡三百步辛巳遣
鴻臚卿崔琳使於吐蕃琳神慶之子
也壬午
上幸鳳泉湯癸未還京師三月丁卯
上幸驪山温泉丁亥還宮戊寅以皇子
大都督忠王浚領河北道行軍元帥
以御史大夫李朝隱京兆尹裴伷先
副之帥十八總管以討奚契丹命與
百官相見於光順門庚辰
皇帝幸驪山温泉甲申還宮乙酉
上幸鳳泉湯丁亥還宮召見百官賞賜

4. Reproduction d'un *Dibao* ou « rapport des résidences officielles » de la cour impériale chinoise, premier périodique apparu au IXe siècle.

5. Service de poste sous le règne du roi de France Louis XI (1423-1483). Postiers à cheval s'arrêtant dans une auberge.

6. Colporteur allemand avec un numéro de la *Neue Zeitung*.

7. Presse de Gutenberg.

8. Un numéro de la *Neue Zeitung* rapportant des nouvelles de la guerre contre l'empire ottoman en 1535.

Newe zeittung/ von Keiserlicher Maiestat/ von dem Türcken/ vnd von dem grossen Sophi/ 2c.
Aus Venedig gen Augspurg geschriben.
1535.

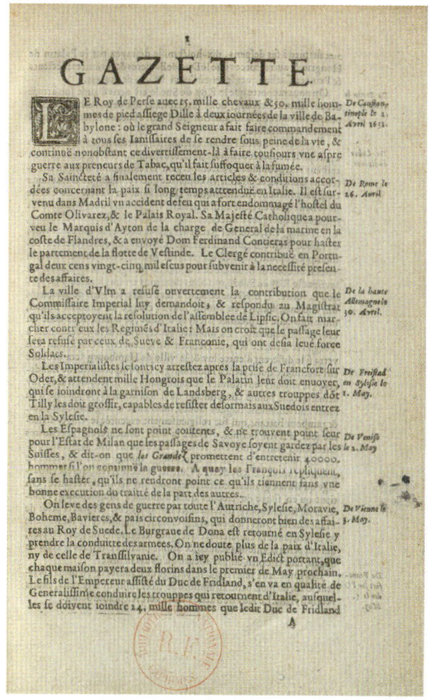

GAZETTE

LE Roy de Perse auec 25. mille cheuaux & 50. mille hommes de pied assiege Dille à deux iournées de la ville de Babylone : où le grand Seigneur a fait faire commandement à tous ses Ianissaires de se rendre sous peine de la vie, & continuë nonobstant ce divertissement-là à faire tousiours vne aspre guerre aux preneurs de Tabac, qu'il fait suffoquer à la fumée. *De Constantinople le 2. Avril 1631.*

Sa Saincteté a finalement receu les articles & conditions accordées concernant la paix si long temps attenduë en Italie. Il est survenu dans Madril vn accident de feu qui a fort endommagé l'hostel du Comte Olivarez, & le Palais Royal. Sa Majesté Catholique a pourveu le Marquis d'Ayton de la charge de General de la marine en la coste de Flandres, & a envoyé Dom Ferdinand Contieras pour haster le partement de la flotte de Vestinde. Le Clergé contribuë en Portugal deux cens vingt-cinq mil escus pour subvenir à la necessité presente des affaires. *De Rome le 26. Avril.*

La ville d'Vlm a refusé ouvertement la contribution que le Commissaire Imperial luy demandoit, & respondu au Magistrat qu'ils acceptoyent la resolution de l'assemblee de Lipsic. On fait marcher contr'eux les Regimés d'Italie : Mais on croit que le passage leur sera refusé par ceux de Sueve & Franconie, qui ont desia leué force Soldats. *De la haute Allemagne le 30. Avril.*

Les Imperialistes se sont icy arrestez apres la prise de Francfort sur Oder, & attendent mille Hongrois que le Palatin leur doit enuoyer, qui se ioindront à la garnison de Landsberg, & autres trouppes dōt Tilly les doit grossir, capables de resister desormais aux Suedois entrez en la Sylesie. *De Freistad en Sylesie le 1. May.*

Les Espagnols ne sont point contents, & ne trouvent point seur pour l'Estat de Milan que les passages de Savoye soyent gardez par les Suisses, & dit-on que *les Grandez* promettent d'entretenir 40000. hommes si l'on continuë la guerre. A quoy les François repliquent, sans se haster, qu'ils ne rendront point ce qu'ils tiennent sans vne bonne execution du traitté de la part des autres. *De Venise le 2. May.*

On leve des gens de guerre par toute l'Autriche, Sylesie, Moravie, Boheme, Bavieres, & pais circonvoisins, qui donneront bien des affaires au Roy de Suede. Le Burgraue de Dona est retourné en Sylesie y prendre la conduitte des armees. On ne doute plus de la paix d'Italie, ny de celle de Transsilvanie. On a icy publié vn Edict portant, que chaque maison payera deux florins dans le premier de May prochain. Le fils de l'Empereur assisté du Duc de Fridland, s'en va en qualité de Generalissime conduire les trouppes qui retournent d'Italie, ausquelles se doivent ioindre 24. mille hommes que ledit Duc de Fridland *De Vienne le 3. May.*

A

9. La *Gazette* de Théophraste Renaudot, exemplaire de 1631.

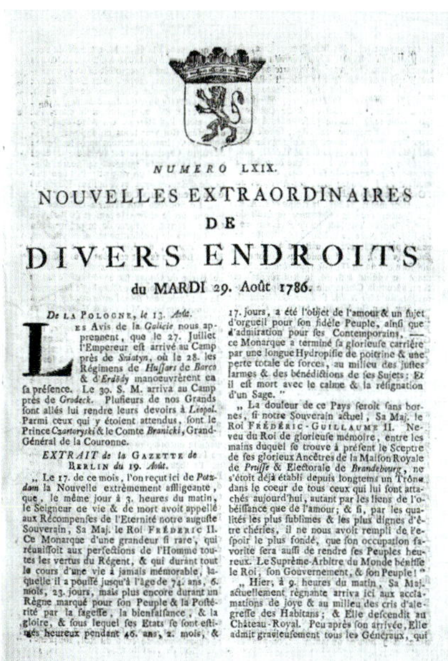

NUMERO LXIX.

NOUVELLES EXTRAORDINAIRES
DE
DIVERS ENDROITS
du MARDI 29. Août 1786.

De LA POLOGNE, *le* 13. *Août.*

LES Avis de la *Galicie* nous apprennent, que le 27. Juillet l'Empereur est arrivé au Camp près de *Sniatyn*, où le 28. les Régimens de *Hussars* de *Barco* & d'*Erdödy* manoeuvrèrent en sa présence. Le 30. S. M. arriva au Camp près de *Grodeck*. Plusieurs de nos Grands sont allés lui rendre leurs devoirs à *Léopol*. Parmi ceux qui y étoient attendus, sont le Prince *Czartoryski* & le Comte *Branicki*, Grand-Général de la Couronne.

EXTRAIT de la GAZETTE *de* BERLIN *du* 19. *Août.*

„ Le 17. de ce mois, l'on reçut ici de *Potzdam* la Nouvelle extrèmement affligeante, que, le même jour à 3. heures du matin, le Seigneur de vie & de mort avoit appellé aux Récompenses de l'Eternité notre auguste Souverain, Sa Maj. le Roi FRÉDERIC II. Ce Monarque d'une grandeur si rare, qui réunissoit aux perfections de l'Homme toutes les vertus du Régent, & qui durant tout le cours d'une vie à jamais mémorable, laquelle il a poussé jusqu'à l'âge de 74. ans, 6. mois, 23. jours, mais plus encore durant un Règne marqué pour son Peuple & la Postérité par la sagesse, la bienfaisance, & la gloire, & sous lequel ses Etats se sont estimés heureux pendant 46. ans, 2. mois, & 17. jours, a été l'objet de l'amour & un sujet d'orgueil pour son fidèle Peuple, ainsi que d'admiration pour ses Contemporains, — ce Monarque a terminé sa glorieuse carrière par une longue Hydropisie de poitrine & une perte totale de forces, au milieu des justes larmes & des bénédictions de ses Sujets : Et il est mort avec le calme & la résignation d'un Sage. "

„ La douleur de ce Pays seroit sans bornes, si notre Souverain actuel, Sa Maj. le Roi FRÉDÉRIC-GUILLAUME II. Neveu du Roi de glorieuse mémoire, entre les mains duquel se trouve à présent le Sceptre de ses glorieux Ancêtres de la Maison Royale de *Prusse* & Electorale de *Brandebourg*, ne s'étoit déjà établi depuis longtems un Trône dans le coeur de tous ceux qui lui sont attachés aujourd'hui, autant par les liens de l'obéissance que de l'amour ; & si, par les qualités les plus sublimes & les plus dignes d'être chéries, il ne nous avoit rempli de l'espoir le plus fondé, que son occupation favorite sera aussi de rendre ses Peuples heureux. Le Suprême-Arbitre du Monde bénisse le Roi, son Gouvernement, & son Peuple ! "

„ Hier, à 9. heures du matin, Sa Maj. actuellement régnante arriva ici aux acclamations de joye & au milieu des cris d'alegresse des Habitans ; & Elle descendit au Château-Royal. Peu après son arrivée, Elle admit gracieusement tous les Généraux, qui

10. Gazette de Leyde.

11. Plus ancien *kawaraban* conservé de l'époque d'Edo, représentant la fin du siège d'Osaka en 1615.

12. Le *Pennsylvania Chronicle* publie le pamphlet de John Dickinson « Letters from a Farmer in Pennsylvania ».

[December, M.DCC.LXVII.] (187) [Numb. 48.]

THE

PENNSYLVANIA CHRONICLE,

AND UNIVERSAL ADVERTISER.

Containing the freshest Advices, both Foreign and Domestic; with a Variety of other Matter, useful, instructive, and entertaining.

From MONDAY, December 7, to MONDAY, December 14, 1767. [Vol. I.]

For the Pennsylvania Chronicle.

Letters from a Farmer in Pennsylvania to the Inhabitants of the British Colonies.

LETTER III.

My Dear Countrymen,

13. La première femme rédactrice en chef, Louise de Kéralio.

Numb. 2.

The Daily Courant.

Thursday, March 12. 1702.

From the Vienna Journal, Dated March 1. 1702.

Vienna, March 1.

THE Regiment of Hussars commanded by Major General Colonitz, consisting of 1000 Men, is on its March from Hungary towards Bohemia and the Empire; and several other Imperial Regiments are marching this way. Our new Levies are carry'd on with great Success, and Recruits are continually sending away to their respective Regiments. We have Advice from Adrianople that the Sultan is in that City, and that my Lord Pagett, Embassadour from England, is also arriv'd there from Constantinople, and preparing to set out for this Place in a few days. Count Teckely lives in so Poor a Condition at Ismid, otherwise call'd Nicomedia in Asia, the place to which he is banish'd, that his Wife is reduc'd to Sell her Jewels for their Subsistance; the Port having taken from them all their Estate.

Copenhagen, Feb. 11. The French Embassador is preparing for his Departure from hence, and seems very much dissatisfy'd with the Success of all his Negotiations at this Court: but chiefly, because Seven new Regiments are raising for the Service of the States General. There is a Report that the King intends in a short time to take a Journey to Holstein, and from thence to Norway.

From the Vienna Journal, Dated March 4. 1702.

Vienna, March 4. Our Forces design'd for Italy continue their March thither with all Expedition, and our Army there will be much more Numerous this Year than it was the last. The Levy-Money is distributed to the Officers of the new Regiments of Hussars that are now raising; and some of them are to Serve in Italy, the others on the Rhine. Prove-

Guards of his Electoral Highness of Bavaria, and the Count D' Autel, Governor of Luxemburg, are made Lieutenant Generals: The Counts of Grebendonk and Toulongeon, the Barons of Winterfelt and Noiremont, Don John de Ydiaquez, and Don Antonio Amenzaga, Brigadiers, and the Sieur Verboom Engineer General. Orders are given for the speedy repairing the Castle of *Ter Veur*, where an Apartment is to be got ready for the Duke of Burgundy, who is coming into this Countrey to Command as Generalissimo this Campaign. On Friday last the Marquiss of Bedmar went to Ghent, where he is to receive on Sunday next, the Homage from the States of Flanders in the Name of His Catholick Majesty.

From the Amsterdam Gazette, Dated March 16.

Vienna, March 1. The Emperour has resolved to dispose of the Confiscated Estates of the Hungarian Rebels, and apply the Produce of them to the Charge of the War; They are valued at three Millions of Crowns.

Francfort, March 8. The French Envoy in his Speech to the Deputies of the Circle of Franconia, in the Diet held at Nuremberg, having rudely tax'd the Emperour with infringing the Peace, they broke up without admitting him again into their Assembly.

Harwich, March 10. At Six a Clock in the Evening Yesterday, sail'd the Eagle Pacquet-Boat with a Messenger and an Express for Holland: And this Morning a hired Smack sail'd with a Second Express for Holland.

London, March 12. The Right Honourable the Earl of Marlborough is declared Captain General of the Forces in England and Holland.

When the King's Body was laid out, there was found a Bracelet about his Right Arm, with His ... it. He was open'd on ... was in very good order, ... ood left in the Body, and

...EMENT.

...oreign Prints, which from ... offers, will be mention'd ...

14. Le *Daily Courant*, premier quotidien au monde, créé en 1702 en Angleterre.

THE

Female Spectator.

VOL. I.

Ill Customs, by Degrees, to Habits rise,
Ill Habits soon become exalted Vice.
DRYDEN.

LONDON:
Printed and published by T. GARDNER, at *Cowley's Head*, opposite St. *Clement's* Church, in the *Strand*, MDCCXLV.

15. Première édition de *The Female Spectator*, 1744, créé par Eliza Haywood.

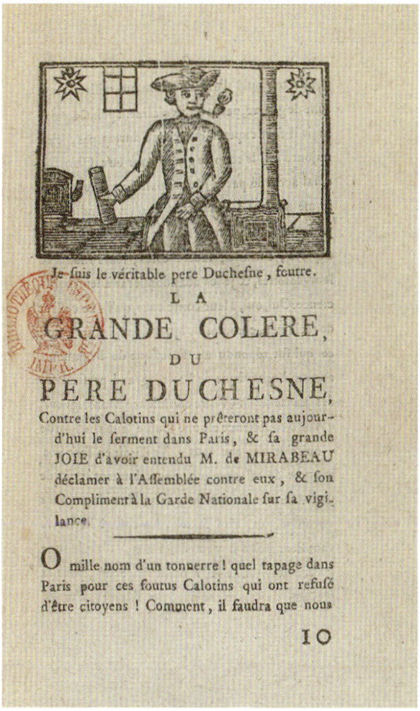

Je ſuis le véritable pere Ducheſne, foutre.

LA

GRANDE COLERE,

DU

PERE DUCHESNE,

Contre les Calotins qui ne prêteront pas aujourd'hui le ferment dans Paris, & ſa grande JOIE d'avoir entendu M. de MIRABEAU déclamer à l'Aſſemblée contre eux, & ſon Compliment à la Garde Nationale ſur ſa vigilance.

O mille nom d'un tonnerre! quel tapage dans Paris pour ces foutus Calotins qui ont refuſé d'être citoyens! Comment, il faudra que nous

IO

16. *Le Père Duchesne* de Jacques-René Hébert, 1791.

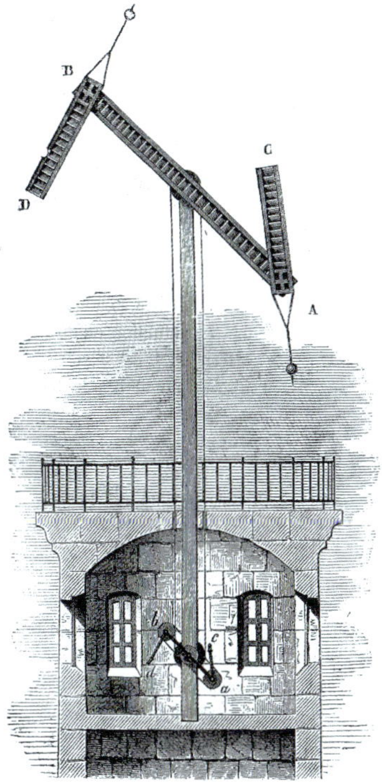

17. Télégraphe optique de Claude Chappe.

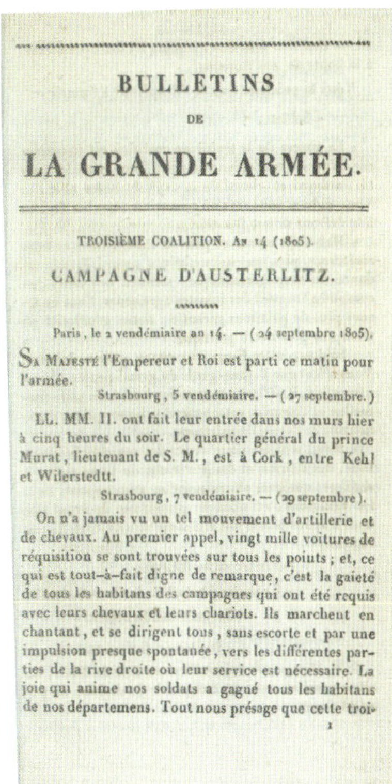

BULLETINS

DE

LA GRANDE ARMÉE.

TROISIÈME COALITION. An 14 (1805).

CAMPAGNE D'AUSTERLITZ.

Paris, le 2 vendémiaire an 14. — (24 septembre 1805).

Sa Majesté l'Empereur et Roi est parti ce matin pour l'armée.

Strasbourg, 5 vendémiaire. — (27 septembre.)

LL. MM. II. ont fait leur entrée dans nos murs hier à cinq heures du soir. Le quartier général du prince Murat, lieutenant de S. M., est à Cork, entre Kehl et Wilerstedtt.

Strasbourg, 7 vendémiaire. — (29 septembre).

On n'a jamais vu un tel mouvement d'artillerie et de chevaux. Au premier appel, vingt mille voitures de réquisition se sont trouvées sur tous les points; et, ce qui est tout-à-fait digne de remarque, c'est la gaieté de tous les habitans des campagnes qui ont été requis avec leurs chevaux et leurs chariots. Ils marchent en chantant, et se dirigent tous, sans escorte et par une impulsion presque spontanée, vers les différentes parties de la rive droite où leur service est nécessaire. La joie qui anime nos soldats a gagné tous les habitans de nos départemens. Tout nous présage que cette troi-

1

18. Les *Bulletins de la Grande Armée* de Napoléon, premier exemplaire de 1805.

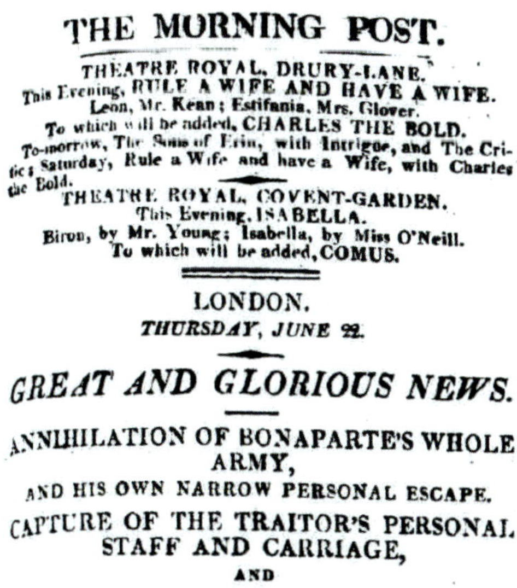

THE MORNING POST.

THEATRE ROYAL, DRURY-LANE.

This Evening, RULE A WIFE AND HAVE A WIFE.

Leon, Mr. Kean; Estifania, Mrs. Glover.

To which will be added, CHARLES THE BOLD.

To-morrow, The Sons of Erin, with Intrigue, and The Critic; Saturday, Rule a Wife and have a Wife, with Charles the Bold.

THEATRE ROYAL, COVENT-GARDEN.

This Evening, ISABELLA.

Biron, by Mr. Young; Isabella, by Miss O'Neill.

To which will be added, COMUS.

LONDON.

THURSDAY, JUNE 22.

GREAT AND GLORIOUS NEWS.

ANNIHILATION OF BONAPARTE'S WHOLE ARMY,

AND HIS OWN NARROW PERSONAL ESCAPE.

CAPTURE OF THE TRAITOR'S PERSONAL STAFF AND CARRIAGE,

AND

TWO HUNDRED & TEN PIECES OF CANNON.

19. Waterloo dans la presse britannique, ici dans *The Morning Post*.

20. Wagon postal (Royal Mail) en Angleterre au XIXe siècle.

21. Télégraphe électrique de Morse.

22. La rotative à six cylindres conçue par Richard Hoe.

THE ILLUSTRATED LONDON NEWS

SATURDAY, DECEMBER 20, 1851.

23. En 1842, création de l'*Illustrated London News*, premier hebdomadaire illustré du monde, qui voit notamment passer Louis Stevenson (ici, édition du 20 décembre 1851).

24. Louis Daguerre utilise son procédé photographique pour prendre la première photo d'être humain, à Paris en 1838.

25. Une du supplément illustré du *Petit Journal* de janvier 1895.

26. « Un dîner en famille », dessin de Caran d'Ache paru dans *Le Figaro* du 14 février 1898 qui illustre la division des Français (en légende, en haut : « Surtout ! ne parlons pas de l'affaire Dreyfus ! » ; en bas : « Ils en ont parlé »).

27. Charles Pathé crée le *Pathé-Journal* en 1908.

28. Premier numéro du *Canard enchaîné*, 10 septembre 1915.

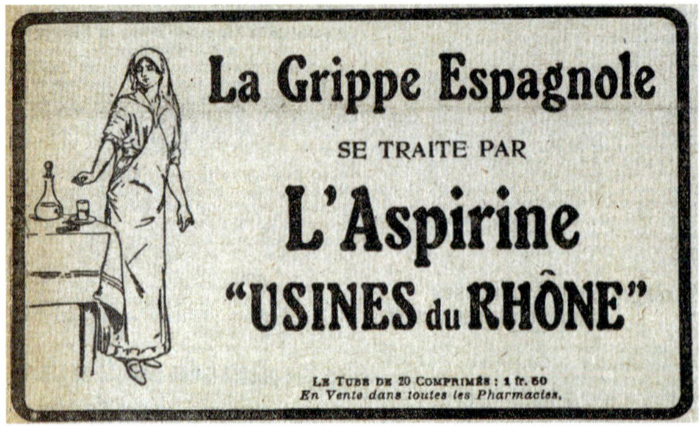

29. Pendant la grippe espagnole, les journaux tardent à prendre la pandémie au sérieux. Des remèdes miracles (douteux) sont mis en avant, comme avec cette publicité en France.

The Ford International Weekly
THE DEARBORN INDEPENDENT

One Dollar — Dearborn, Michigan, May 22, 1920 — Five Cents

The International Jew: The World's Problem

"Among the distinguishing mental and moral traits of the Jews may be mentioned: distaste for hard or violent physical labor; a strong family sense and philoprogenitiveness; a marked religious instinct; the courage of the prophet and martyr rather than of the pioneer and soldier; remarkable power to survive in adverse environments, combined with great ability to retain racial solidarity; capacity for exploitation, both individual and social; shrewdness and astuteness in speculation and money matters generally; an Oriental love of display and a full appreciation of the power and pleasure of social position; a very high average of intellectual ability."

—The New International Encyclopedia.

30. En 1918, Henry Ford devient directeur de publication de *The Dearborn Independent* et en fait un journal antisémite.

31. Joseph Pulitzer (1847-1911), grand patron de presse américain.

32. William Randolph Hearst (1863-1951), grand patron de presse américain.

33. Albert Londres (1884-1932), grand journaliste français.

34. Le général Gustave Ferrié (1868-1932), savant francais, pionnier de la radiodiffusion, ici avec des appareils de télégraphie dans la tour Eiffel à Paris, en 1930.

35. Henry Luce (1898-1967), fondateur du *Time Magazine*.

36. Le 12 mars 1933, le président Roosevelt donne son premier « *fireside chat* » à la radio.

37. Hubert Beuve-Méry (1902-1989), fondateur du *Monde*.

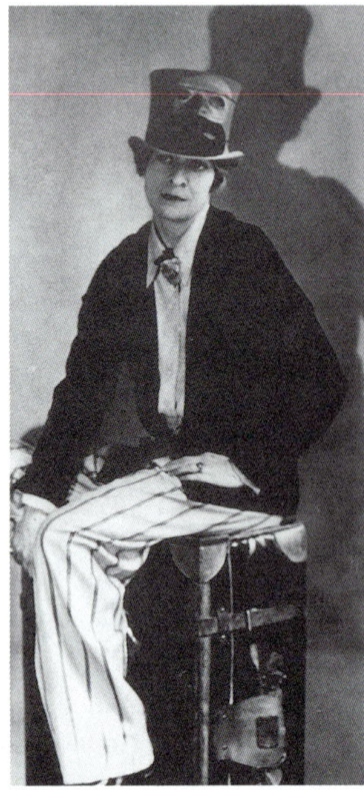

38. Janet Flanner, correspondante du *New Yorker* à Paris entre 1925 et 1975.

39. Gandhi, homme de l'année dans le *Time*, 1930.

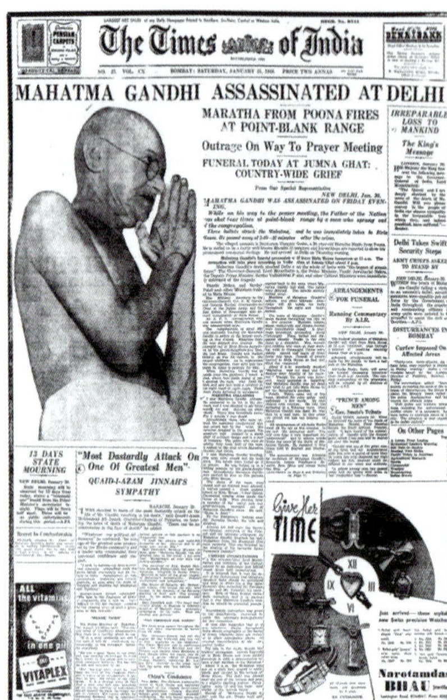

40. *The Times of India* annonce la mort de Gandhi, le 31 janvier 1948.

41. Edward Murrow (1908-1965), journaliste mythique
sur CBS.

42. Premier journal TV
en France, en 1949, présenté
par Pierre Sabbagh.

43. L'âge d'or des jeux vidéos d'arcade, au début des années 1980.

44. Le Minitel, conçu en 1982.

45. Le premier Facebook, 2004.

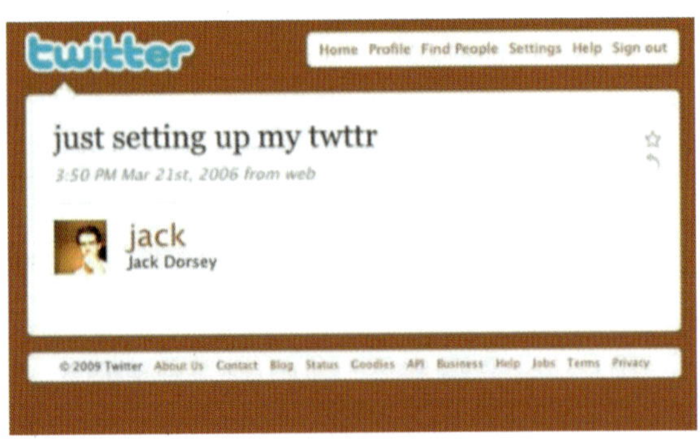

46. Le premier tweet, posté par Jack Dorsey (fondateur de Twitter) en 2006.

en avoir un et à l'écouter en moyenne 4 heures par jour. Les stations de trois réseaux (RCA, CBS et NBC) ne diffusent encore que des concerts, des sketchs, des feuilletons, des publicités et très peu d'information.

En 1931, Henry Luce, le fondateur de *Time*, sponsorise sur CBS une émission d'information internationale, « The March of Time », avec comme narrateurs des acteurs alors célèbres, tels Harry von Zell : c'est le début du « News-Acting », qu'il réplique ensuite dans les premières actualités cinématographiques.

En janvier 1933, CBS offre aux radios affiliées des programmes tout faits, en échange de la diffusion de ses messages publicitaires, qui assurent à CBS de gros bénéfices. Bill Paley tente alors de créer une rédaction. NBC veut en faire autant. Pour s'y opposer, l'American Newspaper Publishers Association enjoint aux journaux de cesser de vendre aux radios des informations et l'Associated Press refuse de les informer. Crise. En décembre 1933, NBC et CBS cèdent.

Dans les années 1930, Archibald Crossley établit un système de mesure d'audience (les « cotes de Crossley ») pour la radio : des ménages choisis au hasard dans des villes sélectionnées appelés au téléphone doivent nommer les derniers programmes de radio qu'ils ont écoutés.

À partir de novembre 1932, la radio commence à jouer un rôle politique. À peine élu, Franklin D. Roosevelt décide de parler régulièrement aux Américains à la radio : une trentaine de minutes sur CBS, seul, sans journaliste. C'est la première fois que les Américains entendent la voix de leur président. Fou de précision, toujours parfaitement entraîné, avec un débit lent, il explique aux auditeurs sa politique et les événements internationaux. Ces interventions, qu'on nommera *fire-side chats* (« discussions au coin du feu »), ne sont pas régulières : on en retrouve 30 entre le 12 mars 1933 (la crise bancaire) et le 12 juin 1944 (l'ouverture d'une campagne d'emprunt de guerre) : la plus courte dure 11 minutes 25 (c'est celle du 3 septembre 1939 sur la guerre en Europe) et la plus longue dure 44 minutes 27 (c'est celle du 27 mai 1941 avec l'annonce de l'état d'urgence national).

En 1934, le Communication Act de la FCC (Federal Communications Commission) est instauré pour réglementer les communications à travers les États-Unis. La demande d'information est trop forte. Les journaux, comprenant qu'ils ne peuvent résister, cèdent. À leur surprise, la publicité ne se partage pas entre les deux médias. Elle augmente.

En 1935, Bill Paley, le patron de CBS, demande à un de ses très jeunes journalistes, Edward R. Murrow (il a alors 27 ans), de diriger la nouvelle équipe de journalistes qu'il a recrutée, puis, sentant que l'Histoire mondiale se joue en Europe, l'envoie à Londres en tant que directeur des opérations européennes de CBS.

En juillet 1938, Bill Paley demande à son ami Herbert G. Wells de lire à la radio son nouveau roman, *La Guerre des mondes*, décrivant une invasion d'extraterrestres dans le New Jersey. Comme si c'était une information véritable. Certains auditeurs, encore peu habitués à entendre des informations à la radio, prennent cela au premier degré. À ce moment-là, 32 millions de personnes écoutent la radio ; selon certains récits, cela sème la panique à New York ; la censure interdit alors aux fictions radiophoniques d'inclure de faux messages d'information. Sans revenir sur la libéralisation du droit des radios à informer.

En 1938, au lendemain de l'Anschluss, les contraintes sautent : les émissions d'information sur CBS durent 30 minutes ; 22 millions d'Américains, y compris le président Roosevelt, écoutent en particulier les reportages du correspondant de CBS à Londres, Edward Murrow. Son émission quotidicnnc, « World Ncws Roundup », fait intervenir tour à tour tous les correspondants de CBS dans chaque capitale européenne. Un de ces correspondants, William Shirer, basé à Berlin, et qui va devenir un des meilleurs historiens de la période, écrira que « la crise [...] a donné naissance au correspondant radio à l'étranger ».

Un sondage d'octobre 1938 montre que les Américains ont trois fois plus recours à la radio qu'aux journaux pour suivre les événements mondiaux. Vingt-six millions de familles ont un poste de radio en 1940, soit 343 postes pour 1 000 habitants.

En Europe, les radios restent propriété d'État

En Grande-Bretagne, en 1930, la radio est encore mal vue par les journalistes, les musiciens et les comédiens. Certains agents refusent même d'autoriser la diffusion des pièces et des concerts de leurs artistes par la BBC, par peur que cela « réduise la valeur de l'artiste ». Et on n'y donne encore que très peu d'informations. En 1930, la BBC est toujours la seule radio, très surveillée par l'État ; en 1935, elle censure une interview d'Oswald Mosley (chef de l'Union britannique des fascistes) et une autre de Harry Pollitt (chef du Parti communiste).

Le nombre de postes de radio passe de 5 millions en 1930 à 8 millions en 1939.

En France, en mars 1933, RTL, interdite trois ans plus tôt, revient clandestinement, sur une fréquence non autorisée, sous le nom de « Radio Luxembourg Expérimental », diffusant tous les jours des concerts, des informations et des débats en français, en allemand et en luxembourgeois. Rien n'est fait à Paris pour l'interdire. En 1933, Radio Paris lance des émissions philosophiques avec comme premier invité Henri Bergson ; on y parle aussi littérature, cinéma, théâtre.

En juillet 1933, RTL passe à 8 heures de programme par jour et ajoute l'anglais à ses langues de diffusion. En 1935, Alex Virot y assure le premier reportage radio de guerre en couvrant le conflit éthiopien. La même année, Marcel Bleustein (qui a fondé Publicis en 1926) rachète la license de Radio LL, la renomme Radio Cité et la finance par la publicité que Publicis place entre les émissions. Il obtient de François Louis-Dreyfus, directeur de *L'Intransigeant*, de mettre à sa disposition dix journalistes ; et lance en même temps un hebdomadaire de huit pages, consacré à présenter les programmes de Radio-Cité. Énorme succès de ce premier guide de médias. Sont lancées alors d'autres radios locales : Radio Lyon, Radio Bordeaux Lafayette, Radio Toulouse, Radio Normandie, PTT Marseille-Provence, PTT Toulouse-Pyrénées, Lille PTT, Limoges PTT.

Le 19 mai 1937, un décret ministériel autorise Jean Prouvost (qui vient de lancer plusieurs journaux) à créer une autre radio privée à Rueil-Malmaison : Radio 37. Le 15 novembre 1937, Radio Luxembourg est la première radio en France à émettre toute la journée sans interruption.

En 1938, alors que les autres stations de radio françaises ne diffusent encore que trois courts bulletins d'information par jour, d'une durée maximale de 7 minutes, Radio-Cité propose 12 bulletins d'information par jour, avec un auditoire fidèle, en particulier grâce à l'organisation dc croisières en Méditerranée. Le 11 mars 1938, Radio-Cité interrompt ses émissions pour retransmettre en direct le discours du chancelier Schuschnigg et celui d'Hitler, au moment de l'Anschluss. En 1939, RTL émet 16 heures par jour pour près de 20 millions d'auditeurs.

Pour autant, la radio se développe moins vite en France qu'ailleurs : en 1939, il n'y a encore que 5 millions de postes dans les foyers français, contre 8 millions en Angleterre, 15 en Allemagne et 26 aux États-Unis.

En Allemagne, quand les nazis arrivent au pouvoir, ils prennent le contrôle de toutes les radios, comme de tous les journaux. Goebbels déclare le 25 mars 1933 : « Je tiens la radio pour l'instrument le plus moderne et le plus important qui soit pour influencer les masses. » « Notre but, dit-il, est d'imprégner jusqu'à la moelle le peuple de nos principes, marteler et polir les esprits, jusqu'à ce qu'ils nous soient entièrement acquis. » Le siège de la propagande du parti envoie aux speakers des *Redner-Schnell* (« Informations express des orateurs ») avec des directives spéciales pour mener des campagnes antisémites. Les radios diffusent en masse les discours d'Hitler. À la tête de la Direction de la radio au ministère de la Propagande, Hans Fritsch obtient de Goebbels le droit de faire modifier la voix d'Hitler, pour la rendre plus radiophonique. Le gouvernement subventionne l'achat par les Allemands de millions de postes de radio à très bon marché, les *Volksempfänger*, dont la portée est volontairement limitée, pour qu'il ne soit pas possible d'écouter les stations étrangères. On peut aussi entendre la radio dans les lieux publics et au travail par des haut-parleurs.

Toute écoute d'une radio étrangère peut conduire en camp de concentration. Les *Feindsender* (« émetteurs ennemis »), écoutés clandestinement, connaissent cependant un grand succès, notamment le programme sur la BBC de Thomas Mann, alors exilé à Londres : « Listen, Germany !»

En 1939, 70 % des foyers allemands possèdent un poste de radio, plus qu'aucun autre pays du monde.

Naissance de la télévision

Après le son, l'image. Elle est déjà transmise, pour les personnes privées, par la photographie depuis près d'un siècle, et transmise à tous depuis trente ans par les journaux. Le cinéma commence dès son invention à diffuser des actualités filmées. Aux États-Unis en particulier, les cinq entreprises dominant l'industrie cinématographique naissante (Warner Brothers, Fox, MGM, RKO, Paramount) diffusent de brefs films d'actualité, dans chaque salle, avant chaque film. En 1929, Fox transforme même un théâtre de Broadway en une salle spécialisée dans la projection de films d'actualité. Gaumont achète des cinémas dans le monde entier pour y diffuser à la fois ses films et ses actualités ; il crée « France Actualité Gaumont », dont il revend ensuite le contrôle à Havas. Pathé en fait autant.

Le 13 janvier 1928 est diffusée, en utilisant encore un système de Marconi, la première image de télévision au monde, depuis une usine General Electric dans l'État de New York ; la même année, et depuis la même usine, est lancée une chaîne de télévision, la WNBT, qui existe encore aujourd'hui, sous le nom de WNBC.

En 1931, la station de radio W2XAB de New York, affiliée à NBS, commence à diffuser, sous le nom de « New York City NBC », un bref programme télévisé quotidien, avec des groupes musicaux connus comme, dans la première émission, le trio de jazz Boswell Sisters. Peu de gens le regardent : cette même année, 1 000 téléviseurs sont vendus aux États-Unis ; ce nombre n'est encore que de 20 000 en 1938.

En 1939, « New York City NBC » retransmet en direct l'ouverture de l'Exposition universelle à New York et 58 heures de programme par mois, du mercredi au dimanche, pour un auditoire estimé à 5 000 ou 8 000 personnes. Les groupes de presse ne s'en inquiètent pas...

En Grande-Bretagne, le 26 janvier 1926, le premier poste de télévision, le « televisor », est présenté par un ingénieur écossais, John L. Baird. La BBC s'octroie le monopole de la télévision, après celui de la radio. Elle diffuse de rares et brefs programmes, cinq jours par semaine, dont une première interview en direct de l'actrice et chanteuse Peggy O'Neill. En 1935, le système Televisor est abandonné pour celui de Marconi déjà utilisé aux États-Unis. En 1937, premier reportage en direct, celui du couronnement de George VI. En 1939, la BBC émet en moyenne 4 heures par jour, pour 15 000 récepteurs, disposés surtout dans des bars et des restaurants et pour retransmettre des événements sportifs.

En France, sous l'impulsion de Georges Mandel, la première émission de télévision a lieu le 26 avril 1935, depuis le ministère des PTT, rue de Grenelle : on y voit Sacha Guitry, Jacqueline de Lubac et des danseurs. Il n'y a que dix téléviseurs. À partir de janvier 1937 sont diffusées, toujours par le ministère des PTT, des émissions quotidiennes entre 20 heures et 20 h 30, dont le premier reportage en direct français, lors de l'inauguration de l'Exposition universelle qui se tient à Paris cette année-là. Le 3 septembre 1939, la télévision française cesse d'émettre : il n'y a alors que 300 postes en France, pour l'essentiel dans des lieux publics.

En Allemagne, le 22 mars 1935, le premier programme télévisé régulier est diffusé depuis Berlin par la Deutscher Fernseh-Rundfunk. Il dure 90 minutes, trois fois par semaine. Pendant les Jeux olympiques d'été de 1936, les émissions se prolongent jusqu'à 8 heures par jour, à Hambourg et à Berlin. Il y a alors un millier de postes de télévision, surtout à Berlin, installés dans des salles spéciales, généralement des théâtres adjacents aux bureaux de poste. Quand s'annonce la guerre, contrairement à ce qui passe en France et en Grande-Bretagne, la télévision continue d'émettre ; des téléviseurs sont placés dans les hôpitaux, afin de distraire les soldats blessés.

En URSS, la Télévision centrale soviétique (SSSR) est officiellement mise en place en 1936, comme partie intégrante de la politique de propagande du Parti communiste ; elle ne diffuse presque rien avant la fin de la Seconde Guerre mondiale.

Les médias pendant la Seconde Guerre mondiale, chez les forces de l'Axe

Au Japon, en 1940, le Département d'information et de propagande devient le Bureau d'information : il contrôle toute la presse et la publicité. En 1941, la loi de mobilisation nationale fusionne tous les journaux de chaque préfecture en un seul journal ; chaque article doit être autorisé. Le Bureau établit une liste des écrivains et journalistes autorisés à publier. À la radio, les informations se réduisent à des annonces officielles. En 1945, il ne reste que 34 magazines et un seul journal par préfecture.

En Allemagne, quand commence la guerre, tous les journaux sont aux ordres du parti nazi ; en 1940, la Wehrmacht créé *Signal*, un hebdomadaire tiré à plus de 2 millions d'exemplaires avec 25 traductions (dont la version française avec 800 000 exemplaires) ; il est diffusé dans les pays occupés, au Proche-Orient et aux États-Unis, avec aussi une édition russe ; *Signal* réquisitionne également des journalistes étrangers, par exemple le photographe français André Zucca (l'un des rares à pouvoir prendre des photos en couleur à cette époque), pour présenter de façon positive l'occupation allemande. Dans l'hebdomadaire *Das Reich*, on trouve beaucoup de reportages vantant l'armée allemande et des critiques violentes de la culture américaine. La Rundfunk devient la Großdeutscher Rundfunk (Radio de la Grande Allemagne) ; une émission quotidienne, le « Wehrmachtbericht », produite par le haut commandement de la Wehrmacht, y délivre des récits de batailles à la gloire de l'armée allemande. Dans les salles de cinéma, de courts films de propagande précèdent les films de fiction. En 1941, Goebbels demande à ses propagandistes de décrire pour les journaux, la radio et le cinéma l'opération Barbarossa comme une « croisade européenne contre le bolchevisme ». Jusqu'à la défaite de Stalingrad du 2 février 1943, la propagande allemande met l'accent dans tous ses médias sur les prouesses allemandes et « la gentillesse » des soldats en territoire conquis ; les Américains sont décrits comme des voyous. À mesure que la défaite s'annonce, les actualités cinématographiques et la presse montrent de moins en moins le terrain et de plus en plus Hitler, penché sur une carte en discussion avec ses généraux, ou salué par la foule, et des escadrons de Stuka prêts à décoller. Alors qu'il y avait encore 2 500 journaux en 1937, ils ne sont plus que 977 en 1944 et le manque de papier et d'encre les contraint à se limiter à deux pages. Le 22 avril 1945, le dernier édito de Goebbels, dans *Das Reich*, est titré : « La Résistance à tout prix ».

En Belgique, à côté des journaux de collaboration, on compte 8 journaux clandestins dès octobre 1940, telle *La Libre Belgique*, financée par des dons de sympathisants, diffusée gratuitement, avec un tirage quotidien de 40 000 exemplaires jusqu'en 1942. En Tchécoslovaquie, Josef Škalda publie *V boj* (« Lutter ») à Prague, qui tire à 10 000 exemplaires. Le Danemark voit aussi l'émergence d'une grande presse clandestine, surtout communiste, avec 600 journaux clandestins, notamment le *Lang og Folk* avec un tirage de 130 000 exemplaires.

En France, le 26 août 1939, la censure est instaurée. Jean Giraudoux, Ludovic-Oscar Frossard et Jean Prouvost assurent la direction des services d'information, de propagande et de censure. Le 24 mai 1940 sont instituées l'autorisation préalable et une réglementation des conditions matérielles de publication des journaux. *Le Canard enchaîné* cesse volontairement de paraître le 11 juin 1940, tout en continuant de payer les salaires de ses journalistes et employés. La presse communiste est interdite, mais reparaît clandestinement presque immédiatement. Après une brève interruption, *Le Matin* reparaît volontairement le 17 juin 1940 ; *Le Petit Parisien* en fait autant le 8 octobre. Beaucoup d'autres journaux, dont *Le Figaro*, *La Croix*, *Le Petit Journal*, *Le Temps*, *Ouest-Éclair*, continuent de paraître en se pliant aux lois nouvelles, dont le licenciement immédiat de tous les journalistes juifs. Des restrictions de papier réduisent les quotidiens à deux pages ; ils diffusent surtout les nouvelles locales, les renseignements administratifs et le ravitaillement. Et de la propagande.

Pour la radio, la convention d'armistice passée entre la France et l'Allemagne en juin 1940 stipule que « tous les postes émetteurs de TSF se trouvant en territoire français doivent cesser sur-le-champ leurs émissions. La reprise des transmissions par TSF dans la partie du territoire non occupée sera soumise à une réglementation spéciale ».

Dès le 19 juin 1940, Radio Londres est créée à la BBC, avec Pierre Brossolette et Maurice Schumann ; son programme est composé de six bulletins quotidiens d'information en français et de deux émissions : « Honneur et Patrie », réalisée par la France libre et tenue par Schumann, et « Les Français parlent aux Français », produite par le gouvernement britannique avec notamment Pierre Dac.

En novembre 1940, les services d'information de l'agence Havas, repliée à Vichy, sont transférés à l'Office français d'information et la partie publicitaire est vendue aux Allemands.

Radio Tour Eiffel et Radio Paris passent sous tutelle d'une nouvelle organisation, la Radiodiffusion française nationale, et deviennent comme les autres radios et télévisions des instruments de la propagande allemande.

En janvier 1941, bien que la famille Dupuy, qui contrôle toujours *Le Petit Parisien*, se soit déclarée en faveur du Maréchal, les Allemands confisquent le journal et prennent en charge la rédaction pour en faire un organe de propagande. Des journaux fascistes, comme *Le Cri du peuple* de Doriot, se mettent au service de l'occupant.

Des journaux clandestins apparaissent : *Libération Nord*, en octobre 1940, puis *Libération Sud*, en juillet 1941, *Le Franc-Tireur*, en décembre 1941.

Presque tous les grands journaux de l'entre-deux-guerres font tout pour reparaître, avec une ligne antisémite et pétainiste.

En novembre 1942, l'occupation de la zone sud accroît la rigueur de la censure. *Le Figaro*, *Le Temps* et *Le Progrès* se sabordent. *La Croix* et *Le Petit Journal* continuent de publier. La presse clandestine compte alors plus de 1 000 titres, dont *Témoignage chrétien*, créé à Lyon en 1941, et *Libération*.

Le 1er juillet 1943, à la demande des Allemands, est inaugurée une nouvelle radio à Monaco, « au service de l'Europe nouvelle ». C'est Radio Monte Carlo. On y entend d'abord l'hymne monégasque, suivi par une allocution enthousiaste de Maurice Chevalier.

En novembre 1943 se constitue une Fédération nationale de la presse clandestine, en liaison avec le gouvernement provisoire qui vient d'être créé à Alger, qui affirme vouloir « assurer la liberté de la presse, son honneur et son indépendance à l'égard de l'État, des puissances de l'argent et des influences étrangères ».

Le 17 août 1944, à 9 heures du matin, alors que les Alliés approchent de Paris, un speaker allemand anonyme fait une dernière déclaration en français au micro de Radio-Paris et prédit la victoire finale de l'Allemagne grâce à une arme secrète. Au même moment sont brûlées les archives de Radio-Paris, qui cesse d'émettre ce même jour, à 14 h 45. Les radios privées, qui ont toutes collaboré, sont supprimées.

En septembre 1944, tous les journaux parus pendant la guerre sous contrôle allemand sont supprimés. Les journaux collaborationnistes sont saisis et remplacés par d'autres : *Le Petit Parisien* par *Le Parisien libéré*, *Le Temps* par *Le Monde*, *Ouest-Éclair* par *Ouest-France*, *Cherbourg-Éclair* par *La Presse cherbourgeoise*, *La Dépêche* par *La Dépêche du Midi*, *Le Petit Marseillais* par *La Marseillaise*, *Le Phare de la Loire* par *La Résistance de l'Ouest*, *La Petite Gironde* par *Sud-Ouest*. Ne sont autorisés à reparaître que les journaux clandestins et les anciens titres qui s'étaient sabordés à temps : *Combat* remplace *L'Intransigeant* ; *Le Franc-Tireur* remplace *Paris-Jour*.

Le 30 septembre 1944, l'Agence France-Presse reprend le rôle tenu depuis plus d'un siècle par Havas.

La presse pendant la guerre, chez les Alliés

Dès l'entrée en territoire soviétique des troupes du IIIe Reich est créé à Moscou un Bureau de la propagande politique et militaire. La radio et les haut-parleurs sont alors installés partout. De 1939 à 1941, le nombre de *radiotochki* (matériel pour recevoir la radio et pour la diffuser par haut-parleurs) est multiplié par dix. À la fin de l'année 1941, il existe encore 18 journaux, qui décrivent surtout les exactions commises par les troupes nazies ; Vassili Grossman, correspondant de guerre pour *L'Étoile rouge*, couvre les batailles de Moscou, Stalingrad, Koursk puis Berlin ; il est l'un des premiers à décrire les atrocités commises par les Allemands à Treblinka. À part lui, les reporters de guerre ne sont bientôt plus que des militaires. Le gouvernement envoie aux stations régionales des milliers d'heures d'émission de propagande et 70 000 enregistrements de Rimski-Korsakov, Tchaïkovski, Beethoven, Glinka, en particulier pendant le siège de Leningrad, alors que les ouvriers et les habitants affamés se plaignent de n'entendre que des symphonies et pas des chansons. Staline repère un jeune présentateur de radio, Youri Lévitan, et en fait le lecteur officiel à la radio des dépêches du bureau d'information soviétique : c'est lui qui, le 9 mai 1945, annonce la défaite du IIIe Reich. Lévitan sera la voix de l'URSS jusqu'à sa mort en 1983 et il mourra en commentant une commémoration de la bataille de Koursk, à Prokhorovka, d'une attaque cardiaque.

En Grande-Bretagne, en mai 1940, le cabinet de Churchill instaure un système de « censure volontaire ». En juin, alors qu'une tentative d'invasion allemande semble imminente, la censure se fait plus sévère ; le ministre de l'Intérieur obtient le droit de suspendre provisoirement tout journal. Ce sera le cas seulement de deux journaux communistes (*The Week* et le *Daily Worker*), interdits de janvier 1941 à septembre 1942. Le *Daily Mirror*, pourtant très hostile à la guerre et à Churchill, n'est pas suspendu, même si Churchill va jusqu'à demander une enquête, soupçonnant Himmler ou Hess d'y détenir des parts. D'une façon générale, le gouvernement compte, à juste titre, sur le patriotisme des médias et des journalistes. Aucune fuite ne vient des fonctionnaires, des militaires, des parlementaires, pourtant très informés par le gouvernement. Deux quotidiens, le *Daily Express* et le *Daily Mirror*, et les journaux du dimanche (*News of the World*, *The People* et *The Sunday Express*) dominent le marché et renforcent leur tirage : le *Daily Express* passe en particulier de 2,5 millions d'exemplaires en 1939 à presque 4 millions en 1945. Les cinémas diffusent de très brèves actualités avant les films. La radio devient un instrument de propagande : en 1940, John Reith, père de la BBC, est nommé ministre de l'Information. Pour lui, « les informations sont les soldats d'élite de la propagande » et il faut tout dire d'une façon valorisante ; la BBC couvre la bataille d'Angleterre avec des journalistes dépêchés sur la côte dans des voitures équipées. Le 13 juin 1940, un journaliste décrit en direct un combat aérien entre la RAF et la Luftwaffe. En octobre 1940, le siège de la BBC fait partie des cibles du Blitz. Entre 1939 et 1945, les effectifs de la BBC passent de 1 635 à plus de 4 000 personnes et, à la fin de la guerre, la BBC diffuse en 32 langues.

Aux États-Unis, en mai 1941, Henry Luce, dans un article titré « The American Century » dans *Life*, appelle le gouvernement américain à entrer en guerre au plus vite pour défendre les valeurs démocratiques et faire triompher la liberté ; Roosevelt refuse encore. En janvier 1942, au lendemain de Pearl Harbor, Roosevelt crée un Bureau de la censure qu'il confie au rédacteur en chef de Associated Press, Byron Price. Ce Bureau établit un code de bonne conduite des médias ; il censure les articles et les photographies qu'il juge susceptibles de menacer l'unité nationale. Au-delà de ce code, et comme en Angleterre, le gouvernement compte avant tout sur le patriotisme des médias et des reporters. Pendant ce temps, 50 millions d'Américains vont au cinéma au moins une fois par semaine et y regardent des actualités, plus fournies que leurs équivalents britanniques : scènes de combat, discours de généraux et d'hommes politiques.

En 1942, Nielsen crée un service national de classification des radios, qui commence à mesurer l'audience : la société recueille des informations sur les stations écoutées par 1 000 foyers, puis ces données sont vendues à des marques intéressées de connaître la popularité relative des programmes.

À la fin de l'année 1943, la RCA, jugée trop puissante, est contrainte par le gouvernement de vendre un de ses deux réseaux, RCA Blue. L'acheteur, Edward Noble, propriétaire par ailleurs des confiseries Life Savers, de la chaîne de pharmacie Rexall et de la station de radio new-yorkaise WMCA, la renomme American Broadcasting Company (ABC), sans modifier ses programmes : de la musique classique, du jazz et des feuilletons à suspense.

Parmi les grands correspondants de guerre :

Ernest Hemingway (qui a couvert la Première Guerre mondiale en Italie et la guerre gréco-turque en 1922, pour le compte du *Toronto Star* ; puis la guerre civile espagnole pour un syndicat de 50 journaux américains et canadiens) ; il part à Cuba en 1942, puis en Angleterre en janvier 1944. Il débarque à Omaha Beach en juin 1944, avant de s'installer au Ritz à Paris en septembre.

Son épouse, Martha Gellhorn, rencontrée pendant la guerre d'Espagne, qu'elle couvrait pour le magazine *Collier's*, est la seule femme à participer comme journaliste au débarquement en Normandie. Elle divorce de Hemingway en 1945, pour ne pas être « juste une note de bas de page dans la vie de quelqu'un d'autre », et poursuit une grande carrière de correspondante de guerre.

Janet Flanner, correspondante du *New Yorker* à Paris depuis 1925, rentre à New York de 1940 à 1944. Elle dénonce alors les vols d'œuvres d'art commis par les nazis, en particulier celui du retable de l'église de Notre-Dame de Cracovie. En mars 1944, elle dresse un des portraits les plus fouillés jamais écrits de Philippe Pétain, puis elle couvre les procès de Nuremberg et revient ensuite à Paris et y reprend son poste jusqu'en 1975.

John Steinbeck, l'auteur de *Des souris et des hommes* et *Les Raisins de la colère*, est envoyé sur le front en Italie en 1943, par le *New York Herald Tribune*. Il couvre notamment la bataille de Salerne et s'intéresse plus à la vie des soldats qu'au déroulement de la guerre.

Le 12 avril 1945, Edward Murrow, le chef des bureaux européens de CBS depuis 1938, est le premier journaliste à entrer dans le camp de Buchenwald. Il décrit, à la radio, de sa voix si particulière, « des corps empilés comme du bois » dans le crématorium.

Chapitre 10

L'âge d'or des trois médias

1945-2000

En 1954, dans *The Gutenberg Galaxy: The Making of Typographic Man*, un universitaire canadien, professeur de littérature anglaise à l'université de Toronto, Marshall McLuhan, prédit que la télévision, qui n'en est alors qu'à ses débuts, permettra bientôt à tous les habitants du monde de partager une même « perception sensorielle » et de former un « village global ». Sept ans plus tard, dans son livre *Counterblast* (« Ouragan »), le même McLuhan popularise le mot « media » pour désigner l'ensemble des trois modes d'information alors disponibles, la presse, la radio et la télévision : « Les médias ne sont pas des jouets ; ils ne devraient pas être entre les mains de Mother Goose et de Peter Pan. Ils ne peuvent être confiés qu'à de nouveaux artistes, car ce sont des formes d'art. » Le mot fait florès ; de fait, à ce moment, les trois modes d'information forment un ensemble cohérent, puissant, et ne se nuisent plus les uns aux autres. Car la croissance économique mondiale repart après la guerre et elle ouvre des marchés, publicitaires et éditoriaux, pour tous les médias.

Dans les pays développés, parmi ces trois médias, la presse et la radio sont, jusqu'en 1972, les principaux moyens de s'informer ; puis la télévision s'impose, au moins jusqu'à l'an 2000. Dans les pays émergents surgissent des milliers de journaux, de radios, puis, plus tard, de stations de télévision. S'il arrive encore que la puissance des médias transperce des frontières, brise des censures et aide à faire tomber des dictatures ou à chasser des occupants, elle ne peut pas empêcher une démocratie de tomber : les armes l'emportent toujours, au moins provisoirement, sur les mots.

Comme dans les chapitres précédents, les données chiffrées des médias ici évoqués, de 1945 à 2000, sont fournies par eux ou par des sources qui leur sont proches et nécessairement très approximatives.

Les médias américains : 1945-1972, l'apogée de la presse

Quand se termine la Seconde Guerre mondiale, les journaux américains affrontent une concurrence durable et redoutable : la radio et la télévision. La presse américaine résiste d'abord très bien : les tirages des quotidiens augmentent encore de 41 millions d'exemplaires en 1940 à 62,6 en 1970. Le *Washington Post* passe sous la direction de Phil Graham, avocat à la Cour suprême des États-Unis et mari de la fille du propriétaire, Katharine Meyer Graham. Les journaux du dimanche et les *newsmagazines* comme *Time*, *Newsweek* et *US News* connaissent eux aussi un grand succès. Ils bénéficient de nouveaux progrès techniques : l'héliogravure, l'offset et la généralisation du fac-similé. Les nouvelles ne manquent pas et les journaux restent sur leurs lignes éditoriales antérieures : distraire et informer ; surtout des sujets locaux.

La radio, qu'écoutent alors 82 % des Américains, est toujours dominée par les deux mêmes géants NBC et CBS – et un nouvel acteur, ABC ; deux tiers des émissions sont à présent sponsorisées par des entreprises commerciales contre seulement un tiers en 1939. Quelques nouveautés apparaissent dans l'art d'écrire, de titrer, de mettre en page, de faire des montages sonores, de mêler les sons et les bruitages. Les informations restent très factuelles et très peu éditorialisées, sur une ligne très patriotique.

Cette année-là, Ed Murrow rentre de Londres pour prendre la tête de CBS News à la radio, où il crée, dans les rares moments laissés à l'information, une nouvelle émission d'information vite mythique « Heard it Now ». Il l'adapte tout de suite, sous le nom de « See it Now », à la télévision, qui fait ses débuts sur CBS, dont il mesure tout le potentiel. Une émission rigoureuse, qui ose peu de sujets nouveaux : les droits civiques, le racisme, la place des femme dans la société. NBC, ABC et les majors de Hollywood créent aussi alors des chaînes de télévision, où l'essentiel est réservé à la distraction.

En 1948, seulement un million de foyers possèdent un téléviseur, qui coûte encore l'équivalent d'un mois de salaire d'un ouvrier. Cette année-là, la Paramount à Hollywood possède 4 des 9 premières chaînes de télévision aux États-Unis. Ed Murrow lance aussi sur CBS le premier journal télévisé régulier : 15 minutes tous les jours à 19 h 30. L'année suivante, à Atlanta, Jesse B. Blayton Sr. (professeur à l'université d'Atlanta) fonde WERD, première station de radio créée par un Noir. Radio essentiellement musicale.

En 1949, l'organe de régulation des médias américains impose aux radios et aux télévisions la *fairness doctrine*, selon laquelle toute information diffusée doit servir l'intérêt général, même au détriment de la liberté d'expression. Cela devient vite une arme contre les discours ségrégationnistes dans les médias.

En 1950, premier signe du prochain déclin de la presse américaine : son tirage augmente désormais moins vite que la population, alors que la radio prospère et que la télévision connaît un décollage foudroyant : 10 millions de foyers américains possèdent un téléviseur. En décembre 1952, l'infatigable Ed Murrow part, toujours pour le compte de CBS, filmer lui-même le quotidien des soldats américains, combattant en Corée pour le compte de l'ONU depuis le printemps 1951. Presque aucun média ne prend position contre la présence américaine dans ce conflit.

Les réseaux changent de main : NBC, qui appartenait à la RCA depuis sa création en 1927, passe à General Electric puis à Westwood One. ABC est vendu à United Paramount Theatres, puis redevient indépendant, puis passe entre les mains de Capital Cities Communications, avant d'être racheté par Walt Disney Company. Tandis que CBS continue d'appartenir à la famille Paley, comme depuis 1927. Dans les zones rurales, des réseaux câblés se développent, concurrençant les grands réseaux, dont ils reprennent plus ou moins légalement les programmes avec des émissions très locales. En 1952, NBC lance « The Today Show », premier programme matinal d'information télévisée.

Les journaux, comme les radios et les chaînes de télévision, quand ils ne diffusent pas de la musique, des feuilletons et des jeux, se concentrent sur les sujets d'information les plus locaux, le sport, la cuisine et ce qui peut intéresser les femmes, trop souvent réduites au rôle de ménagères. L'idéologie dominante reste celle d'une Amérique toute-puissante et centrée sur elle-même, obsédée par l'anti-communisme, avec une classe moyenne obnubilée par la consommation des nouveaux biens d'équipement ménager que l'industrie déverse et dont la publicité vante les produits.

En 1953, quand le nouveau président, le général Dwight Eisenhower, entre en fonction, près de la moitié des foyers américains ont un téléviseur. Le nouveau président l'utilise peu pour communiquer. Cette année-là, le transistor, inventé en 1947, est commercialisé ; il rend possible l'écoute de la radio dans les voitures et à la campagne. Il permet aux jeunes de se rencontrer dans des *surprise-parties* et non plus dans des bals chaperonnés par les parents. Révolution. Cette année-là aussi, quelques médias de la côte est réussissent un coup d'éclat : alors que le sénateur McCarthy annonce avoir démasqué des agents communistes un peu partout, en particulier dans l'armée, le *Washington Post* publie une enquête démentant ces accusations ; Edward Murrow, toujours lui, attaque sur CBS Radio le sénateur, qui est discrédité et disparaît.

En 1958, sur WNTA, à New York, Louis Lomax devient le premier journaliste afro-américain à la télévision. Il coproduit avec Mike Wallace *The Hate that Hate Produced*, un documentaire qui choque des millions d'Américains en révélant le ressentiment des Noirs, l'opposition radicale de certains d'entre eux au mouvement des droits civiques, et en particulier la personnalité de Malcolm X qui, à partir de son apparition dans ce documentaire, sera fréquemment invité sur les plateaux télévisés.

À partir de 1959, le président de CBS Television, James T. Aubrey Jr., fait de la télévision un vrai média de masse, avec des comédies paysannes, des feuilletons policiers (fournis pour l'essentiel par Hollywood) et des journaux télévisés plus longs, toujours aussi formatés. Rigoureux et de plus en plus ouverts aux idées libérales. Walter Cronkite commence à y présenter le journal télévisé ; il le fera durant vingt ans.

En septembre 1960, 90 % de la population a un téléviseur et 70 millions d'Américains assistent au premier débat présidentiel télévisé, entre Nixon et Kennedy. Kennedy, bronzé, plus à l'aise devant la caméra, l'emporte face à un Nixon dégoulinant de sueur et mal rasé. Une fois élu, Kennedy transpose à la télévision avec succès les *fireside chats* de Roosevelt à la radio.

En 1963, Katharine Graham divorce de son mari (qui se suicide) et reprend la direction du *Washington Post*, qui envoie son premier journaliste à Saïgon, vite imité par la plupart des autres grands journaux et agences. La guerre divise immédiatement journalistes et médias en deux camps antagonistes. John Steinbeck y part quelques semaines pour le *News Day*, un quotidien de Long Island lancé en 1940. Les journalistes de la presse écrite doivent transmettre leurs articles à la censure militaire, ce qui n'est pas le cas des images de télévision.

Le 4 novembre 1963, à 13 h 30, 45,4 % des foyers américains ayant la télévision regardent, sur les principales chaînes, les images de l'assassinat du président Kennedy. Quand il récupère la vidéo du meurtre, Jim Aubrey, le patron de CBS, décide de la passer en boucle, « jusqu'à plus soif ». Quelques jours plus tard, 81 % des Américains ayant la télévision suivent son enterrement. La télévision est devenue le principal moyen d'information du peuple américain.

Cette année-là, 94 % des foyers américains possèdent un téléviseur et les deux tiers des Américains en tirent l'essentiel de leurs informations.

En 1967, sur ABC, premier reportage « choc » sur la guerre du Vietnam (les vains efforts d'un médecin pour sauver la vie d'un soldat américain). En février 1968, après l'offensive vietnamienne du Têt, le *New York Times* prend la tête de la campagne pacifiste et réclame la fin de cette guerre, « preuve ultime des limites du pouvoir américain en Asie ». Au même moment, Walter Cronkite, sortant de la neutralité jusque-là respectée par les journaux télévisés, déclare sur CBS que le conflit est « embourbé dans une impasse », ce qui aurait fait dire au président Johnson : « Si j'ai perdu Cronkite, j'ai perdu l'Amérique. » En mars, Johnson annonce qu'il ne sera pas candidat à sa réélection et accuse les médias d'avoir provoqué sa défaite et celle des États-Unis. De fait, il vise surtout la télévision : car, si les 1 800 journaux quotidiens continuent d'être très puissants localement, seuls deux journaux nationaux, le *Washington Post* et le *New York Times*, enquêtent sur les grands sujets et peuvent défier le président. La plupart des autres journaux se gardent bien de prendre parti politiquement. Les réseaux de télévision, même s'ils font surtout de la distraction, mènent parfois des enquêtes sérieuses sur des sujets de politique intérieure et internationale : cette année-là, CBS lance un magazine d'investigation, « 60 Minutes », rapidement incontournable, émission pionnière pour l'utilisation des caméras cachées et de ce qu'on appelle alors le « *gotcha journalism* » (des questions choc, déstabilisatrices).

En 1969, alors que les grands réseaux se battent encore pour empêcher le câble, présent depuis quinze ans dans les campagnes, de pénétrer dans les grandes villes, de nouvelles chaînes câblées réussissent à apparaître pour distraire les Américains avec des films venus de Hollywood (HBO et Disney Channel). Et plusieurs centaines de millions de téléspectateurs dans le monde assistent aux premiers pas de Neil Armstrong sur la Lune.

L'information à la télévision n'est plus seulement dans les programmes spécifiques : par exemple, à partir de 1970, le feuilleton à succès *The Mary Tyler Show* met en scène une jeune célibataire qui s'installe seule à Minneapolis pour faire carrière à la télévision. Cette émission fait découvrir à beaucoup d'Américains les difficultés de carrière des femmes, les inégalités de rémunération, et parle sans tabou du divorce, de l'infidélité, et des relations sexuelles avant le mariage… La plupart des autres feuilletons et émissions de variété véhiculent cependant des messages beaucoup plus conservateurs, prônant le respect des valeurs et des hiérarchies de la famille blanche traditionnelle.

En 1971, coup de tonnerre : le *New York Times* publie des documents secrets du Pentagone, révélant que, cinq ans auparavant, le président Johnson voulait intensifier le conflit au Vietnam, alors qu'il promettait publiquement l'inverse. Le *Washington Post* reprend ces révélations. Nixon, souhaitant défendre l'institution présidentielle, menace de faire interdire les deux journaux, mais la Cour suprême leur donne raison, en se fondant sur le premier amendement de la Constitution américaine, qui garantit la liberté de la presse.

1972, le Basculement : magnétoscope, reality show, *fin de la* fairness doctrine

En 1972, c'est d'abord une photo d'un photographe de presse, Nick Ut, pour le compte de l'agence Associated Press, qui provoque une émotion planétaire :

une fillette courant, dans la panique, après un bombardement américain au napalm, dans un village du Vietnam. La guerre au Vietnam devient de plus en plus impopulaire. En juin de la même année, alors que le nombre de téléviseurs aux États-Unis dépasse celui des exemplaires de quotidiens, un agent de sécurité repère des « cambrioleurs » au siège du Parti démocrate dans l'immeuble dit du Watergate ; au moment où la campagne présidentielle fait rage. Benjamin Bradlee, rédacteur en chef du *Washington Post*, confie l'enquête sur cet étrange cambriolage à deux jeunes journalistes, Bob Woodward et Carl Bernstein. Le *New York Times* en fait autant. La télévision ne s'y intéresse pas ; seuls, sur CBS, « See it Now » et le journal télévisé de Walter Cronkite en parlent. Sous la pression de leurs révélations, qui font apparaître le rôle de la Maison-Blanche dans cette affaire, le président Nixon, pourtant réélu en novembre, doit démissionner l'année suivante.

La télévision s'impose désormais face aux médias écrits et à la radio. En particulier par la création en 1973 du premier *reality show* sous le nom de « An American Family » sur PBS. Les Américains se parlent alors de plus en plus d'eux-mêmes, dans un voyeurisme rassurant.

C'est aussi à ce moment que se généralise une innovation apparue dans les années 1960 : le magnétoscope ; en permettant d'enregistrer une émission de télévision et de la voir à l'heure de son choix, elle rompt, pour la première fois, la communauté des spectateurs qui existaient avec tous les autres médias. La communauté de ceux qui parlent entre eux de ce qu'ils ont lu, entendu ou vu la veille. Immense mutation.

Les émissions d'informations se multiplient : « Good Morning America », « Nightline », « 20/20 » et « This

Week with David Brinkley ». Les journaux télévisés du soir des trois réseaux ont alors des audiences très voisines, autour de 15 millions chacun. Ils sont toujours concurrencés, surtout pour la musique et les feuilletons, par les réseaux câblés et désormais, en plus, par de nouvelles chaînes, cette fois sur satellite.

En 1980, un homme d'affaires d'Atlanta, Ted Turner, crée une chaîne d'information en continu, CNN, qui peine à décoller. Une autre, par contre, décolle tout de suite, MTV, première chaîne de TV consacrée à la diffusion de clips ; les « MTV Video Music Awards » deviendront l'émission télévisée la plus suivie au monde.

C'est un changement immense : ces nouvelles chaînes cherchent à s'adresser non plus aux ménagères américaines, mais au monde entier, et vont véhiculer l'information et la culture américaines à toute la planète.

En 1982, à peine élu, le nouveau président, Ronald Reagan, ressuscite les *fireside chats* de Roosevelt à la radio, oubliés par tous ses prédécesseurs, sauf par Kennedy à la télévision ; pendant ses deux mandats, il s'adressera à la population tous les samedis à midi, jusqu'au dernier jour.

Cette année 1982, *USA Today* est fondé par Alan Neuharth, président de la société Gannett, avec un tirage de 360 000 exemplaires. Les quotidiens les plus influents aux États-Unis sont encore le *New York Times*, le *Los Angeles Times*, le *Wall Street Journal*, le *New York Post* et le *Washington Post*. En janvier 1984 a lieu le démembrement du colosse American Telephone & Telegraph (AT&T), qui exerçait un quasi-monopole sur les lucratives communications interurbaines aux États-Unis.

En 1984, véritable tournant : le tirage des quotidiens américains atteint son apogée (63,3 millions) et commence à décliner. Pourtant, de nombreux nouveaux journaux se lancent : succès foudroyant, pour *USA Today*, qui atteint 2 millions d'exemplaires ; beaucoup d'autres ensuite, tels *La Voz de Houston*, distribué à 100 000 exemplaires, le *Kansas City Business Journal*, le *Rocky Mount Telegram* et l'*Investor Business Daily*.

En 1987, le nouveau patron de la FCC, imposé par Reagan, met fin à la *fairness doctrine* et ouvre la voie aux télévisions et radios partisanes.

En 1990, Time et Warner fusionnent et regroupent leurs chaînes de télévision : entre autres, HBO, CNN et TBS. L'année suivante, l'audience de CNN décolle quand ses journalistes réussissent l'exploit de couvrir la guerre du Golfe en direct depuis l'hôtel Al Rashid de Bagdad et, deux ans plus tard, en direct, la débâcle américaine à Mogadiscio en Somalie.

En 1995, la famille Paley vend CBS (qu'elle possède depuis près de soixante ans) à Westinghouse Electric, qui le revend ensuite à Viacom ; tandis que NBC est racheté par General Electric.

En 1996, le magnat de la presse australienne, Rupert Murdoch, lance une nouvelle chaîne de télévision d'information continue, rivale de CNN, Fox News ; il en confie la direction à Roger Ailes, un expert des médias du Parti républicain, qui avait conseillé Ronald Reagan lors de sa campagne en 1982 et conseillera George H. W. Bush par la suite. Il va en faire, grâce à l'abandon de la *fairness doctrine*, un instrument de combat contre les démocrates ; ils inventent des formes, résumant les nouvelles dans des titres dans un coin de l'écran et lançant des « Fox News Alert » qui interrompent les programmes pour annoncer des informations plus ou moins exceptionnelles, les « Breaking News ». Le pire de la télévision, qu'on croyait atteint depuis longtemps, avec certains *reality shows*, est encore à venir sur cette chaîne et celles qui l'imiteront.

Quand se termine le siècle, les trois médias ont tous décliné, ou sont sur le point de le faire : le tirage de la presse américaine s'est réduit de 59 millions en 1945 à 56 millions en 2000 ; le tirage des quotidiens ne cesse de baisser depuis 1984 et celui des journaux distribués le dimanche depuis 1993. Le nombre de journaux pour cent millions d'habitants est passé de 1 200 en 1945 à 400 en 2000. Ne paraissent plus aux États-Unis que 1 509 quotidiens, contre 1 942 en 1930 ; exception faite de quelques succès, comme le *New York Times* et le *Washington Post*, la plupart ne traitent que de sujets locaux, de sport, de télévision, de cinéma et de scandales. Beaucoup de journaux de qualité, tel le *New Yorker*, sont très endettés et ne survivent que grâce à des mécènes. Les radios stagnent. Les journaux télévisés de CBS, ABC et NBC ne touchent plus au total que 30,4 millions de téléspectateurs, contre 45 millions vingt ans plus tôt. La publicité commence aussi à les quitter. Dans les dix ans qui suivront l'an 2000, les médias du groupe Time Warner perdront 90 % de leur valeur... Quelque chose de nouveau est en train de naître, et personne ne le perçoit clairement encore...

Les médias britanniques connaissent leur apogée

Pendant cette même période, l'évolution des médias britanniques est exactement la même que celle des américains : l'après-guerre commence par une période flamboyante pour tous les médias, suivie, à partir du milieu des années 1980, par une baisse significative de la lecture des journaux, puis des deux autres médias. Là encore, pour l'essentiel, les médias parlent toujours surtout de sport, de distraction, de cuisine, de musique, de vie quotidienne et locale, de jeux, de scandales plus ou moins imaginaires, en particulier liés à la famille royale.

La presse est encore en grande partie entre les mains des lords : le *Daily Mail* appartient toujours au vicomte Rothermere (le 3e) ; *The Observer* à la famille Astor jusqu'en 1977, puis revendu à une compagnie pétrolière américaine, puis à Scott Trust Limited. Le *Times* appartient à John Jacob Astor V qui le vend en 1981 à Rupert Murdoch, qui le relance après une grève des journalistes contre l'arrivée de nouvelles machines et qui rachète aussi le *Sunday Times* en 1984 ; le *Daily Mirror* est vendu au fantasque Robert Maxwell ; en 1986, le *Daily Telegraph*, propriété de la famille Camrose, passe aux mains de Conrad Black.

Plusieurs titres disparaissent : en 1960, c'est le *Star* et le *News Chronicle*. En 1964, c'est le *Daily Herald*, remplacé par le *Sun*, dont le tirage atteint 3,5 millions en 2000. En 1986, lors d'un autre mouvement de grève, Murdoch décide de transférer ses journaux dans l'est de Londres. Fleet Street, rue historique de la presse, passe entre les mains des banquiers et des avocats.

Les tirages de la presse quotidienne britannique augmentent encore jusqu'en 1987, puis amorcent une baisse régulière : pour les quotidiens, on passe de 19,2 millions d'exemplaires en 1945, à 23 en 1987, pour redescendre à 18,5 en 1997. En l'an 2000, le plus fort tirage est celui du *Sun*, suivi du *Daily Mail*, du *Daily Mirror*, tous les trois à plus de 2 millions, puis du *Daily Telegraph* et du *Daily Express* avec plus d'un million d'exemplaires chacun. Tous des journaux à scandales. Même, parfois, qui se prétendent les plus sérieux et les plus respectables. Le *Times*, sérieux et très conservateur, ne vend que 725 000 exemplaires. Les journaux sont encore distribués par portage et par des points de vente, qu'on trouve partout, dans des réseaux spécialisés ou non.

Pour la radio et la télévision, pendant une décennie, après la guerre, la BBC conserve le monopole de la diffusion télévisée et radiophonique, avec des émissions pour l'essentiel d'un très grand sérieux ; jusqu'à ce que le Television Act de 1954 autorise la création d'ITV en 1955, puis de Channel Four en 1982, et Channel Five en 1997, puis de chaînes par satellite en 1998 avec Sky TV.

Les trois réseaux radios de la BBC restent en situation de monopole, jusqu'à ce que soient lancées 19 stations publiques et privées dans les années 1970, dont IRL, Capital et LBC. En 1990 est lancée BBC Radio 5 (informations et sport) ; en 1992, Classic FM ; en 1993, Absolute Radio (musique rock).

En l'an 2000 existent 69 stations de radio commerciales, qui participent à l'affaiblissement de la presse quotidienne et accélèrent sa tentation à évoluer plus encore vers le scandale, l'approximation, le populisme, la mauvaise foi et le nationalisme, qui conduiront un peu plus tard la Grande-Bretagne sur la voie de l'isolement et d'un Brexit très mal préparé.

Les médias français : une relation de plus en plus intense avec les pouvoirs

Même évolution en France, où l'après-guerre voit fleurir un très grand nombre de nouveaux titres de presse dont le développement est freiné par les difficultés de leur distribution. Pendant que la radio triomphe et que la télévision s'installe lentement au centre des médias.

Les médias parisiens sont très dépendants des pouvoirs politiques et financiers, alors que quelques journaux de province sont très prospères et plus éloignés des cercles parisiens.

D'abord, de nouveaux journaux renaissent, après le naufrage de tous ceux qui ont collaboré :

En 1944, Émilien Amaury, personnage majeur de la presse clandestine, crée *Le Parisien libéré* à la place du *Parisien* ; à sa mort, son fils Philippe reprend la direction du quotidien, tandis que sa fille Francine dirige la presse magazine du groupe (*Point de vue*, *Marie France*, *Images du monde*).

La même année 1944, Hubert Beuve-Méry, à la demande du général de Gaulle, lance *Le Monde*, dans les locaux et avec le matériel du *Temps*, qui s'est pourtant sabordé en 1941. Ce quotidien du soir devient vite le journal de référence des hauts fonctionnaires, des politiques et des enseignants. Les éditoriaux de Beuve-Méry, sous le nom de Sirius, exercent souvent une influence considérable. Un peu plus tard, le journal crée la première société de rédacteurs, visant à assurer à la rédaction le maximum d'indépendance éditoriale.

La même année 1944, deux beaux-frères résistants, Paul Hutin-Desgrées et François Desgrées du Loû (fils du fondateur de l'*Ouest-Éclair*), très soutenus par la démocratie chrétienne, créent *Ouest-France*, remplaçant *Ouest-Éclair*, interdit pour fait de collaboration. Le nouveau journal, proeuropéen, hostile à la peine de mort, sera dirigé pendant soixante-dix ans par la famille

Hutin, avec un tel succès qu'il devient vite (et est encore en 2021) le premier quotidien français.

L'année suivante, Albert Camus et Pascal Pia créent *Combat*, en reprenant les locaux et le matériel de *L'Intransigeant*. Le journal tire très vite à 185 000 exemplaires. En 1947, il est repris par Claude Bourdet avec l'aide d'Henri Smadja. En 1948, Victor Faye prend la direction du journal ; en 1960, c'est au tour de Philippe Tesson, qui diversifie le journal jusqu'à le quitter, alors en quasi-faillite, en 1974, pour fonder *Le Quotidien de Paris*, journal résolument de droite.

En 1946, c'est déjà l'heure des pardons et des oublis : Jacques Goddet crée *L'Équipe*, nouvelle version de *L'Auto*, qu'il dirigeait depuis 1940, et qui fut interdit en 1944 pour fait de collaboration.

En 1947 (après une période chaotique dans la distribution de la presse) sont créées les NMPP (Nouvelles Messageries de la presse parisienne), afin de mettre en œuvre la garantie donnée, par une loi dite Bichet, d'une diffusion nationale, équitable, économiquement viable et libre de toute la presse. Les messageries sont possédées par des coopératives de journaux (51 %) et sont gérées par le groupe Hachette (49 %), qui en avait pourtant été chassé en 1944 pour fait de collaboration ; les journaux restent distribués dans un nombre très restreint et très spécifique de points de vente, les kiosques.

La Croix retrouve sa place d'organe religieux principal et s'appuie sur le groupe Bayard Presse (créé en 1873 par la congrégation des Augustins de l'Assomption), qui lance avec succès d'autres publications.

En 1949, *France-Soir*, repris par le groupe Hachette, commence à dominer le marché : il atteint 1,5 million d'exemplaires en 1956, affirmant être « le seul quotidien vendant plus d'un million d'exemplaires ! » ; on y trouve, sous la direction de Pierre Lazareff, de grands reporters (Joseph Kessel, Philippe Labro, Henri de Turenne, Lucien Bodard), des unes percutantes, des scandales affriolants et des bandes dessinées très attendues de Paul Gordeaux, Jean Ache, Albert Uderzo et Sennep.

Quelques lettres confidentielles ronéotypées rencontrent aussi beaucoup de succès auprès des ministres, des chefs d'entreprise, en particulier celles de Paul Dehême et Jean-André Faucher, deux journalistes ayant perdu leur carte de presse en 1944 pour fait de collaboration. À côté existent aussi de nombreux journaux d'extrême droite (*Charivari*, *Rivarol*, *Jeune Nation* et *Aux écoutes*)

À la fin de la IVe République, deux puissants groupes de presse familiaux sont constitués, chacun autour d'un quotidien parisien : le groupe Amaury, qui possède *Le Parisien libéré*, *Marie France*, *Point de vue*, *images du monde*, puis *L'Équipe* ; et le groupe fondé par Robert Hersant (qui collabora avec l'occupant et avec le Parti français national-collectiviste, fondateur de la LVF), constitué à partir de journaux de province et de titres spécialisés (l'*Auto-Journal*, *France-Antilles*, *Paris-Normandie*, *Femina*, *TV Magazine*). À sa mort, en 1996, son groupe possède quelque 25 quotidiens et contrôle près de la moitié du tirage de la presse quotidienne parisienne autour du *Figaro*, racheté en 1975 et fusionné en 1985 avec *L'Aurore*.

Quand Pierre Lazareff, qui dirige *France-Soir*, meurt en 1972, ce journal, qui avait atteint un tirage de 2 millions d'exemplaires, décline inexorablement.

En 1973, Serge July, Philippe Gavin, Jean-Claude Vernier, Jean-Paul Sartre et Bernard Lallement créent

Libération. Sartre et Vernier dirigent le journal pendant un an, puis Serge July leur succède. Jusqu'en 1981, le journal est dirigé par ses salariés, qui reçoivent tous le même salaire ; son tirage dépasse alors les 100 000 exemplaires. Son audace éditoriale et son art des titres font son succès, pour un moment ; en 1982, alors que la gauche arrive au pouvoir, le journal s'effrite ; des actionnaires privés entrent au capital et la part du personnel passe à 61,7 % dans les années 1980, à 33,8 % dans les années 1990 et à 18,4 % dans les années 2000. Et puis plus rien.

Le Parti communiste ne réussit plus à maintenir *L'Humanité*, qui passe de 400 000 exemplaires en 1945 à 150 000 en 1972 au moment du Programme commun de la gauche, 107 000 en 1986 et 46 000 en 2000.

Apparaissent aussi des hebdomadaires d'information générale, imitant, avec trente ans de retard, les *news-magazines* américains : *L'Express* (1964), au centre ; *Le Nouvel Observateur* (1964), à gauche ; *Le Point* (1972), à droite. Les records du tirage sont tenus, en France comme ailleurs, par des magazines spécialisés dans la publication des programmes de télévision.

Le Canard enchaîné reparaît en 1945, en ayant réussi à payer ses salariés pendant toute la guerre. Il redevient le grand journal satirique, très bien informé, avec une influence considérable, atteignant son maximum de ventes en 1986 et 1987 avec plus de 600 000 exemplaires, pendant la première cohabitation entre François Mitterrand et Jacques Chirac.

Pendant ce temps, radio et télévision restent, en France, sous le contrôle très strict du pouvoir politique.

En 1945, la RTF contrôle une puis deux chaînes de télévision et 4 chaînes de radio avec des décrochages locaux. RMC renaît de sa collaboration originelle, comme Radio Luxembourg. Aucune télévision ou radio locale ou privée n'est autorisée.

Pierre Sabbagh, qui suit pour la radio l'exécution de Pierre Laval le 15 octobre 1945 à la prison de Fresnes, crée le premier journal télévisé français le 29 juin 1949.

En 1953, 50 % des personnes interrogées estiment que « la plus grande partie des informations [...] sur ce qui se passe dans le monde » leur vient de la presse écrite et 50 % de la radio.

En 1954, 16 millions d'auditeurs français et belges écoutent RTL, qui propose les émissions les plus populaires (« Reine d'un jour », « La Famille Duraton », « Quitte ou double »...) et où l'abbé Pierre lance un appel très suivi à la solidarité, menant à la création d'Emmaüs. Des millions de Français se mobilisent dès le lendemain.

La même année, alors que 7 ménages français sur 10 possèdent un appareil de radio, Europe n° 1 est créé par Charles Michelson et Louis Merlin, ancien de Radio-Luxembourg. Merlin entraîne avec lui Pierre Sabbagh, Pierre Delanoë, Maurice Siegel ; en 1955, Sylvain Floirat rachète les parts de Michelson. C'est alors la seule station privée autorisée, avec RTL et RMC. Immenses innovations dans les programmes, très populaires. En 1956, Pierre Bellemare et Jacques Antoine y lancent « Vous êtes formidables ! ». En 1955, Daniel Filipacchi, fils de l'éditeur Henri Filipacchi, y présente « Salut les copains », en même temps qu'il rachète *Jazz Magazine*, créé en 1954 par Nicole et Eddie Barclay. Dans toutes les radios et les télévisions, très grand conformisme dans l'information, même si elle n'est pas contrôlée par les partis politiques, qui se succèdent trop rapidement au pouvoir.

En 1956, il y a 500 000 téléviseurs en France ; le double deux ans plus tard ; le nombre croît ensuite très rapidement.

Quand s'installe la Ve République, le général de Gaulle aurait dit : « Pour l'opposition à la presse, nous avons la télévision. » Et de fait, radio et télévision sont désormais entièrement aux ordres du nouveau pouvoir. De Gaulle y fera diffuser ses 53 allocutions et 18 conférences de presse. Avec quelques audaces, comme l'émission « Cinq colonnes à la une » de Pierre Desgraupes, Pierre Dumayet et Pierre Lazareff. En 1964, l'ORTF (Office de radiodiffusion-télévision française) regroupe tous les médias audiovisuels pour mieux les contrôler. C'est encore au cabinet du ministre de l'Intérieur que s'établit tous les soirs le conducteur des journaux télévisés.

En mai 1968, alors que la radio est devenue le premier média des 15-20 ans, quelques journalistes y laissent s'exprimer les opposants. Europe 1 en particulier devient un acteur majeur de la révolution de Mai, avec ses reportages en direct des barricades. Quand la droite, un mois plus tard, remporte les élections législatives, tous les journalistes qui, sur quelques chaînes de télévision et de radio, avaient fait preuve d'indépendance sont impitoyablement chassés.

En 1969, la publicité est autorisée à la télévision, sans que cela nuise à la publicité dans les journaux.

En 1970, on compte 10 millions de téléviseurs en France (dont seulement 0,5 % en couleur, encore très coûteux). En mai 1974, alors que les chaînes de radio et de télévision sont encore très étroitement contrôlées par le pouvoir gaulliste, 23 millions de téléspectateurs assistent en direct au débat entre Valéry Giscard d'Estaing et François Mitterrand qui précède le second tour de l'élection présidentielle. Une fois élu, Valéry Giscard d'Estaing maintient le monopole et le contrôle absolu des radios publiques et des trois chaînes publiques, apparemment mises en concurrence : TF1, Antenne 2 et FR3. Une censure politique très sévère comme sur les chaînes de radio et de télévision, d'État et privées. Pas une personnalité d'opposition d'importance ne peut être invitée à la radio ou à la télévision sans accord explicite du cabinet du président de la République. Par ailleurs, l'ORTF est démembré en sept sociétés distinctes, dont l'Institut national de l'audiovisuel.

En 1974, Jean-Luc Lagardère prend la direction d'Europe 1, puis les rênes d'Hachette et du groupe de presse de Filipacchi. *Paris Match* passe dans le giron de ce qui deviendra un peu plus tard le groupe Lagardère, avec bien d'autres titres prestigieux : *Elle*, *Le Journal du dimanche*, et d'innombrables autres titres.

En 1979 commence une bataille pour réclamer l'autorisation des « radios libres », c'est-à-dire des médias enfin indépendants de l'État.

Il faut attendre l'élection de François Mitterrand en mai 1981 pour qu'émergent près de 3 000 stations, dont NRJ, Radio Nostalgie, Skyrock, RFM, et tant d'autres, pour l'essentiel musicales ; il faut attendre plus encore pour que les informations à la radio et à la télévision prennent enfin de la distance avec le pouvoir politique. Au point que Francois Mitterrand, qui souhaite se doter de médias plus favorables, pousse à la création en 1984 de Canal+. Quand, à son grand dam, cette première chaîne cryptée décide de ne pas faire d'information, il encourage le lancement d'une autre chaîne, la Cinq, confiée à un homme d'affaires italien, Silvio Berlusconi, qui ne fait que ce qu'il sait faire dans son pays avec succès, c'est-à-dire une chaîne bas de gamme et populiste. En 1987, TF1 est vendue au groupe Bouygues par le gouvernement de Jacques Chirac. La politique est toujours là.

Dans les années 1990, le paysage audiovisuel bouge peu, dominé à la radio par RTL, France Inter, NRJ et Europe 1 ; et à la télévision par TF1 et France 2. Une première chaîne de radio toute info apparaît avec France Info en 1987. Les groupes de presse ne réussissent pas, comme dans d'autres pays, à s'étendre aux médias audiovisuels. Des entreprises extérieures au monde du journalisme (Bouygues, Dassault, Vivendi) en profitent pour développer des chaînes d'information en continu, dont l'audience reste alors dérisoire.

En l'an 2000, les principaux journaux quotidiens français restent *Ouest-France* (790 000 exemplaires), *Le Parisien* (486 000), *L'Équipe* (398 000), *Le Monde* (392 000), *Le Figaro* (360 000) et *Libération* (169 000). D'une façon générale, les journaux régionaux sont alors encore beaucoup plus solides et plus influents que les journaux parisiens.

En France plus qu'ailleurs, le statut des journalistes quel que soit le média (sauf pour quelques vedettes) reste précaire et la rémunération de moins en moins attractive.

En France aussi, en l'an 2000, se termine la période faste des médias…

Surveiller pour vendre

Partout dans le monde, surveiller participe depuis toujours du pouvoir, et en particulier du pouvoir marchand dès son émergence. Les journaux, depuis longtemps, cherchent à savoir qui sont leurs lecteurs, ce qu'ils veulent lire, et ce que la publicité peut leur vendre.

La publicité est désormais la condition de survie des médias privés, dont elle constitue une recette de plus en plus indispensable. Les marques cherchent ainsi à connaître aussi précisément que possible l'audience des médias qui se disputent leurs budgets publicitaires. Et c'est donc pour servir les agences de publicité et leurs clients que se développent, d'abord aux États-Unis, toutes les techniques de mesure d'audience.

En 1947, aux États-Unis, l'agence Nielsen, fondée en 1923 à Chicago, fait son premier rapport détaillé d'écoute de la radio : une analyse sommaire des audiences des 20 programmes les plus écoutés, en mesurant 4 facteurs (audience totale, audience moyenne, audience cumulée et revenu de chaque foyer). Un peu plus tard, elle fait la même chose pour la télévision. Ces méthodes s'affirment et s'imposent ensuite comme la principale mesure de l'audience audiovisuelle partout dans le monde.

En 1949, en France, l'IFOP (Institut français d'opinion publique), créé en 1938 par Jean Stœtzel, réalise ses premières mesures d'écoute de la radio ; en 1957 est créé le Centre d'étude des supports de publicité, contrôlé par des médias, annonceurs et publicitaires ; en 1964, l'ORTF lance les enquêtes téléphoniques en s'inspirant de ce que fait l'Audience Research Departement de la BBC depuis 1938. À partir de 1981, en Grande-Bretagne, c'est le Broadcasters Audience Research Board (BARB) détenu par la BBC, Channel 4, Channel 5, Sky et The Institute of Practitioners in Advertising qui compile les mesures d'audience des stations de télévision. Plus de 12 000 foyers acceptent pour cela d'être surveillés par une boîte noire placée sur le téléviseur ; en échange, ils ne paient pas leur redevance et reçoivent un téléviseur gratuit. La même année en France sont lancées par le CEO (Centre d'étude d'opinion) les premières mesures audimat ; en 1985, le panel français est élargi par Médiamétrie à 1 000 foyers avec des enquêtes ciblées sur les 8-16 ans (notamment en raison du succès de l'émission « L'École des fans »), puis en 1993 sur les 4-6 ans. En 1992, en Grande-Bretagne, le Radio Joint Audience Research Limited (RAJAR), détenu par la BBC et RadioCentre, mesure aussi l'audience des stations de radio et enregistre pour cela les comportements d'écoute de 54 000 adultes (15 ans et plus).

La création publicitaire se professionnalise, en même temps que se développe la sémiologie pour mieux cerner ce qu'elle pense être le désir profond des consommateurs : acheter les biens représentant des signes d'appartenance à la classe sociale à laquelle chacun désire s'identifier.

Apparaissent aussi, d'abord en France, les centrales d'achat : les pages ou les minutes d'un média s'achètent désormais en gros et se vendent en détail.

En 1996 est créé aux États-Unis le Nielsen Media Research (NMR), chargé cette fois de mesurer les audiences de tous les médias (TV, radio, films ciné, journaux, Internet) mondialement.

Les médias allemands

La défaite des nazis entraîne la disparition complète des médias allemands. Alfred Rosenberg, rédacteur en chef du *Völkischer Beobachter*, est jugé à Nuremberg et pendu le 16 octobre 1946 ; le premier rédacteur en chef du magazine *Signal*, géré par la Wehrmacht, Harald Lechenperg, s'enfuit en Bohême, et redevient journaliste dans les années 1950 ; le deuxième, Wilhelm Reetz, arrêté par les Soviétiques en 1945, meurt à Buchenwald en janvier 1946 ; le troisième, Giselher Wirsing, fait prisonnier de guerre par les Américains en juin 1945, travaille pour leurs services secrets, puis reprend une carrière de journaliste et fonde en 1948 une revue évangélique. Le rédacteur en chef de *Das Reich* et du *Völkischer Beobachter*, Eugen Mündler, échappe, lui, à toute prison et mène une vie tranquille jusqu'en 1981.

Les Alliés lancent alors des journaux qui seront ensuite remis aux mains d'Allemands ; certains d'entre eux deviendront les grands journaux d'aujourd'hui : *Die Berliner Zeitung*, publié par l'Armée rouge en mai 1945 ; *Der Tagesspiegel*, créé en septembre 1945 par les Américains ; *Die Welt*, fondé en 1946 par les forces britanniques ; *Der Spiegel*, fondé en 1947 sous égide britannique. Et, à Munich, *Die Neue Zeitung*, créé par les Américains. Quelques journaux allemands paraissent à partir d'avril 1945, en se limitant strictement à quelques reportages locaux et à des annonces : *Schaumburger Zeitung*, *Cellesche Zeitung*, *Deister und Weserzeitung*... D'autres, très anciens, renaissent de leurs cendres.

En 1948, à Hambourg, Axel Springer, l'héritier d'une famille d'éditeurs, qui ne s'est pas compromis dans le nazisme, commence à construire un empire de presse, résolument anti-intellectuel et conservateur : il lance d'abord le *Hamburger Abendblatt* en 1948, puis un tabloïd quotidien, *Bild*, en 1952, avec l'hebdomadaire *Bild am Sonntag* ; il rachète *Die Welt* en 1953, puis lance, entre autres, le magazine radio/TV *Hörzu*, qui fait sa fortune. Puis il rachète le groupe Ullstein, que la famille éponyme avait récupéré en 1946.

Les Alliés créent également des radios, dont l'AFN (American Forces Network), qui émet depuis les bases américaines en RFA, et la RIAS (Rundfunk im Amerikanischen Sektor), qui émet depuis Berlin-Ouest. En 1948, les Britanniques autorisent la NWDR (Nordwestdeutscher Rundfunk) à émettre dans la zone qu'ils occupent. Les Français en font autant. En 1949, 9 stations de radio sont créées en Allemagne de l'Ouest. Puis une première chaîne de télévision. À l'Est, la Rundfunk der DDR crée 4 stations de radio, puis une de télévision, la DFF (Deutscher Fernhsehfunk), en 1952, pour l'anniversaire de Staline, avec deux heures de programme par jour.

En 1949, après la création de la République fédérale, les Alliés accordent plus de 1 000 licences de journaux quotidiens à des Allemands non compromis avec les nazis ; les grands partis politiques sont autorisés à recréer des journaux, mais beaucoup périclitent vite. D'anciens journaux locaux et régionaux sont republiés et redeviennent populaires. À la fin des années 1960, quelque 85 % de la population adulte lit régulièrement au moins un quotidien. En 1970, Axel Springer contrôle un quart des quotidiens allemands. En 1963 est créée la deuxième chaîne de télévision ouest-allemande, la ZDF (Zweites Deutsches Fernsehen), puis naissent deux premières chaînes de télévision privées : RTL Plus et

SAT 1, première chaîne par satellite, fondé par RTL, dont les propriétaires sont à la fois luxembourgeois et allemands.

Après la réunification, en 1992, le tirage des quotidiens allemands dépasse les 27 millions ; les médias de l'Est disparaissent ou s'adaptent à la situation nouvelle. La Deutschlandradio, un établissement public issu d'un accord entre les 16 Länder, gère alors trois radios nationales : la Deutschlandfunk (information), la Deutschlandfunk Kultur et la Deutschlandfunk Nova.

En l'an 2000, quatre Allemands adultes sur cinq lisent encore un quotidien tous les jours. Chaque ville en a au moins deux, d'un tirage souvent très faible. Berlin compte plusieurs quotidiens, dont le *Tagesspiegel*, la *Berliner Zeitung* et le *Berliner Morgenpost*. Ils sont souvent populistes. Un seul quotidien est encore un grand succès, un journal à scandales : *Bild*. Ils sont souvent propriété de groupes financiers ou du groupe Springer. Et, en l'an 2000, en Allemagne comme ailleurs, le tirage total des quotidiens, qui est encore de 25 millions d'exemplaires, commence à baisser…

Samizdats *et glasnost*

À la sortie de la guerre, les médias soviétiques restent sous l'emprise impitoyable de Staline et du Parti communiste.

La *Pravda* et les *Izvestia*, dont les tirages avoisinent alors les 10 millions, sont lus obligatoirement par tous les membres du Parti. Il y a alors 172 quotidiens en Union soviétique, tous contrôlés par le Parti. La radio est le média principal de communication du pouvoir.

Juin 1949 marque les débuts de la télévision, avec la retransmission en direct d'un match de football depuis le stade Dynamo de Moscou ; un journal télévisé est diffusé tous les soirs.

À la mort de Staline, en mars 1953, la censure interdit environ 400 livres et articles par an ; elle peut décider de la mort d'un journal en 24 heures. Les radios occidentales sont toujours brouillées ; des *samizdats* (« autopubliés ») sont imprimés dans des ateliers clandestins ou importés depuis l'étranger. Deux *samizdats* littéraires, *Phoenix* et *Sintaksis*, publient des essais littéraires en prose et des poèmes. En 1968 commencent à paraître clandestinement les extraordinaires *Chroniques des événements courants* (reprenant le titre d'une émission de la BBC) ; elles sont publiées à Moscou à l'initiative de deux descendants de victimes de Staline : la petite-fille du général Yakir et le petit-fils de Maxime Litvinov. Ce *samizdat*, porte-parole des militants des droits de l'homme, documente les exactions commises par le gouvernement et les arrestations arbitraires. Au grand dam de la police et des dirigeants, il donne les noms des victimes et des bourreaux, et publie les documents les plus secrets. Seize numéros de ces *Chroniques* réussissent à paraître entre 1968 et 1983, malgré des perquisitions incessantes et de nombreuses arrestations. Modèle de courage et de rigueur pendant toute la période brejnévienne, une de ses animatrices, la mathématicienne Tatiana Vélikanova, est arrêtée en 1980, puis libérée en 1986.

Le mot *samizdat* renvoie aussi à sa façon aux *avvisi* italiens du XVIIe siècle, qu'on retrouvera en ce début du XXIe siècle.

En 1981, les radios occidentales cessent d'être brouillées en Union soviétique ; la station américaine Radio

Liberty est même autorisée à avoir des correspondants à Moscou. À partir de 1985, quand Gorbatchev arrive au pouvoir, la censure se fait plus légère ; des programmes de radio et de télévision très écoutés tels que « Yunost » (créé en 1962, qui signifie « La Jeunesse ») et « Mayak » (lancé en 1964, qui signifie « Panoramas ») commencent à aborder en direct des sujets de société et présentent des points de vue contradictoires. En 1986, plusieurs stations diffusent même un échange entre étudiants de Moscou et étudiants de la Southern Illinois University. La *Pravda* continue à tirer à 12 millions d'exemplaires.

En avril 1986, après le drame de Tchernobyl, la censure tente d'abord, en vain, de cacher la catastrophe. Les paroles se libèrent ; la peur s'éloigne. *Krokodil* tire à 6 millions d'exemplaires et commence à caricaturer les dirigeants soviétiques. La revue *Ogonyok* (« Petit feu ») publie des extraits d'ouvrages d'intellectuels emprisonnés (comme la poésie de Yuli Daniel) ou assassinés (comme les textes de l'écrivain Nikolaï Gumilev).

En 1988, la revue *Sovetskaya Kultura* (« Culture soviétique ») dénonce les purges staliniennes, l'industrialisation à outrance et la collectivisation forcée. Cette année-là apparaissent 250 nouveaux journaux et revues ; 760 l'année suivante.

Le 1er août 1990, la censure prend officiellement fin, même si le gouvernement a toujours la mainmise sur la production de papier et les réseaux de distribution des journaux.

Apparaissent aussi les premières stations de radio privées, lancées en particulier par des Français : en 1990, Europe Plus et Nostalgie ; en 1991, 10 stations privées sont créées à Moscou ; en 1992, Moscou en compte 21, puis 40 en 2000 ; à Saint-Pétersbourg, Radio

Baltica est lancée en 1991. De même à Nijni Novgorod, Samara, Rostov-sur-le-Don... En 1998, on compte 1 500 stations de radio privées en Russie.

Le tirage de la *Pravda*, dont la lecture n'est plus obligatoire, s'effondre à 2,7 millions en 1990 ; elle est revendue en 1992 à un investisseur grec (Jannis Jannikos, proche du Parti communiste grec) ; lorsque le journal prend parti contre Eltsine en octobre 1993, il est suspendu pour un temps, et son tirage continue de s'effondrer à 250 000 exemplaires en 1997, quand il est racheté par le Parti communiste russe.

De 1991 à 1993, le nombre de journaux russes passe de 112 à 238. Parmi les nouveaux titres : le *Sport-Express*, lancé en 1991 et largement inspiré de *L'Équipe*, aujourd'hui le journal le plus lu de Russie.

Le 1er avril 1993, un groupe de journalistes, soutenu par Gorbatchev (il possède 10 % des parts) et par le milliardaire Alexander Lebedev, lance la *Novaya Gazeta*, qui se veut indépendante et promet de dénoncer la corruption des élites, les rouages de mouvements fascistes et les exactions commises en Tchétchénie.

À partir de 1994, alors que l'Union soviétique disparaît, commencent en Russie des actes d'intimidation à l'encontre de ceux des journalistes qui croyaient en l'avènement de la liberté de la presse. En 2000, une émission de télévision, « Nazad v SSSR » (« Retour vers l'URSS »), réhabilite le passé soviétique et évoque avec nostalgie « les camps de pionniers, la camaraderie du service militaire, les réussites techniques »...

Les tirages de la presse sont alors en baisse constante : *Vechernyaya Moskva* (1,39 million), *Komsomolskaya Pravda* (785 000 exemplaires), *Moskovskaya Pravda* (304 529), les *Izvestia* (234 500), *Versia* (170 000),

Tribuna (124 000), *Kommersant* (131 000). Presque tous sont alors contrôlés par des groupes financiers proches du pouvoir.

La toute-puissance des médias japonais

Après la guerre, les États-Unis n'exigent pas la fermeture des journaux qui ont soutenu l'effort de guerre nippon, comme ils l'ont exigé en Allemagne. Seule obligation : en 1946, l'Association des éditeurs de journaux et de publications (Nihon Shinbun Kyokai) doit approuver les « Canons du journalisme », qui affirment que « les journaux sont les gardiens d'une société dans l'ordre ». Jusqu'à la fin des années 1960, les journaux véhiculent peu d'opinions. Puis on commence à y trouver des éditoriaux et des sondages d'opinion. Les journaux sont délivrés à domicile et très lus.

En 1970 le tirage des quotidiens nippons est de 51 millions d'exemplaires, pour une population de 104 millions d'habitants. Derrière ces médias (le *Yomiuri Shinbun*, le *Tokyo Shinbun*, le *Asahi Shinbun*, le *Kyoto Shinbun*), on trouve de très grands groupes industriels et financiers.

À partir de 1951, on assiste aussi à un développement des stations de radio commerciales privées. À partir de 1953, la NHK, institution publique qui contrôle la principale radio, devient aussi une société de télévision. À partir de 1954, premières émissions de télévision régulières par la NHK. Elle est financée par une redevance payée par les propriétaires de téléviseurs et de radios. Radio Nikkei, une station de radio commerciale à ondes courtes, créée en 1954, diffuse des informations de finance, de santé, de culture, et médiatise les courses de chevaux le week-end. Puis apparaissent des chaînes privées de télévision, possédées en général par les journaux. Succès foudroyant de la télévision : en 1964, 95 % des ménages possèdent une télévision (alors qu'on n'atteint ce niveau en France qu'en 1980). En l'an 2000, il y a 62 sociétés de télévision, 36 de radio et télévision, 18 de radio.

Tout cela ne nuit absolument pas à la presse écrite : en l'an 2000, on vend encore 60 millions d'exemplaires de 115 quotidiens pour 117 millions d'habitants. Soit plus d'exemplaires qu'aux États-Unis : la presse japonaise est devenue la première du monde.

Les médias dans les pays décolonisés

Dans les pays accédant à l'indépendance, la radio et la télévision se développent très vite. La presse écrite, elle, reste limitée par le faible niveau d'alphabétisation légué par les colonisateurs. Un habitant sur deux de la planète est alors analphabète. Seuls 20 % des Indiens savent lire.

En Inde, après l'indépendance, la liberté d'expression est garantie par la nouvelle Constitution (article 19). En 1964, il existe déjà 149 quotidiens et 726 périodiques en hindi. À la fin des années 1970, les 250 millions d'Indiens qui savent lire ont le choix entre 800 quotidiens ; la moitié d'entre eux achètent les 42 principaux journaux, avec 13 éditions publiées dans six villes différentes, dont 31 appartiennent à quatre grandes entreprises privées, dont The Times Group, à la famille Sahu Jain (avec notamment *The Times of*

India), le India Today Group, propriété de la famille Birla, le Essel Group, propriété de Subhash Chandra Goenka, et le ABP Group, qui possède alors des quotidiens (comme *Anandabazar Patrika*, *The Telegraph*, *Desh*, *Sananda*, *Anandamela* et *Anandalok*).

La radio et la télévision indiennes se développent très lentement : le jour de l'indépendance en 1947, il n'y a que 6 stations de radio dans le pays ; et quand les radios privées sont autorisées, il leur est interdit de diffuser des informations.

La transmission quotidienne de la télévision ne commence qu'en 1965, d'abord à Calcutta, puis à Bombay et Amritsar en 1972. Jusqu'en 1975, seules 7 villes indiennes ont accès à la télévision. Jusqu'en 1984, il n'y a qu'une seule chaîne, Doodarshan. En 1984, une deuxième chaîne, DD2, commence à émettre, avec des films, des programmes humoristiques et pour les enfants et pour les ménagères. À partir de 1991, le gouvernement autorise les radiodiffuseurs privés et étrangers à diffuser dans le pays. Arrivent alors CNN, Star TV et des chaînes privées nationales (Zee TV, la première chaîne privée du pays, ou encore Sun TV...). Plusieurs groupes familiaux de journaux créent des chaînes de télévision. Aucune chaîne de radio ou de télévision privée n'est à ce moment autorisée à transmettre des informations.

En Afrique, à partir de l'indépendance, les journaux se multiplient, avec des tirages très faibles. Aucun ne dépasse les frontières de son pays, sinon l'hebdomadaire *Jeune Afrique*, publié à Tunis à partir de 1960. Dans certains pays, il n'y a qu'un unique quotidien : *Horoya* en Guinée, *Le Temps du Niger* (au Niger), *Togo Press* (au Togo), *Ethiopian Reporter* (1991), *Addis Fortune* (2000). En Afrique du Sud, *Beeld*, créé en 1974, est distribué dans 4 provinces.

Les radios nationales diffusent à la fois dans la langue de l'ancien colonisateur et en langues locales ; surtout des programmes de vulgarisation des techniques agricoles. Les radios privées arrivent dans les années 1990. Et on écoute partout les stations de l'ancien colonisateur, dont RFI et la BBC.

La télévision est très tardive.

En 1962, le premier, Fulbert Youlou, chef d'État du Congo-Brazzaville, demande à la France une assistance technique pour mettre en place une télévision nationale ; en 1963, c'est au tour du Gabon, puis, la même année, du Burkina Faso ; au Ghana, la télévision nationale apparaît en 1965 et sert la propagande des idées panafricanistes de Kwame Nkrumah ; en 1972, la télévision arrive au Sénégal ; en 1973, l'empereur Bokassa de Centrafrique lance la télévision centrafricaine ; la même année est créée la Radio-télévision d'Angola ; en 1976, la télévision apparaît en Afrique du Sud. En 1977 est créée au Nigeria la Nigerian Television Authority (NTA). La Libye aide à équiper la Guinée de Sékou Touré en 1977, le Mozambique en 1979 et le Mali en 1983. Le Cap-Vert crée sa télévision en 1984, comme la Mauritanie, avec l'aide de Saddam Hussein ; le Tchad en 1987 ; le Rwanda en 1992. Pendant les années 1990 arrivent des chaînes internationales : en Afrique anglophone, on peut capter la BBC et CNN. L'Afrique du Sud propose aussi de nombreuses chaînes en anglais.

Les griots sont, eux, toujours là ; et la rumeur reste un mode très important de diffusion de l'information. Un hebdomadaire nigérien, *Le Paon africain*, écrit en 1993 : « Nous ne croyons pas à l'objectivité. Elle n'existe pas, [...] sans malmener les faits, une réalité peut se décrire de mille manières [...]. Subjectivité donc. Mais subjectivité mesurée, presque... désintéressée, mais non désincarnée. »

Pendant que trois médias triomphent encore, un quatrième se déploie : Internet

À côté de ces trois médias longtemps triomphants, voici que s'annonce un quatrième, qui bousculera bientôt les trois autres. Sa croissance souterraine pendant ces cinquante-cinq années, de 1945 à 2000, explique l'affaiblissement souterrain des trois autres.

Comme le courrier a conduit à des gazettes, comme le téléphone a conduit à la radio, comme la photographie a conduit au cinéma et à la télévision, c'est en utilisant une technologie d'abord conçue pour transmettre des messages personnels que va commencer un nouveau média : Internet. C'est en cherchant un moyen de faire passer des messages personnels d'un ordinateur à un autre qu'apparaît un moyen radicalement neuf de communication : les réseaux sociaux. Pendant longtemps, ce ne sont que des technologies de communication (obscures et réservées à très peu d'ingénieurs, surtout militaires) qui progressent, sans que personne ou presque n'en imagine l'usage à venir comme un média.

Tout commence en 1948, quand le professeur Claude Shannon, spécialiste de cryptographie pendant la guerre, publie un article fondateur sur la théorie de l'information, où il introduit le concept de « bit » et la capacité de transmission d'un code. Au début des années 1960 (alors qu'apparaît le premier jeu vidéo, *Spacewar*, créé au MIT), l'US Air Force veut créer un réseau permettant de sécuriser l'envoi de messages entre ses bases en cas d'attaque nucléaire. Pour y parvenir, en 1964, un ingénieur américain, Paul Baran, imagine (à partir des travaux de 1953 du professeur Leonard Kleinrock, lui-même inspiré par les travaux de Claude Shannon) un réseau de communication aux mailles si nombreuses qu'il peut fonctionner même si une partie en est détruite ; les messages y sont transférés non pas en bloc, mais par paquets de données, suffisamment découpées pour être illisibles ; elles sont ensuite regroupées en arrivant chez le destinataire ; ces messages peuvent alors être reconstitués, même si une rupture partielle du réseau empêche de transmettre une partie des paquets. En 1969, un département de l'armée américaine, l'ARPA (Advanced Research Project Agency), crée un tel réseau pour communiquer avec des universités californiennes : c'est Arpanet.

En 1971, l'ingénieur américain Ray Tomlinson, qui travaille pour Arpanet, réussit à transmettre, sur ce réseau, un message envoyé par une machine à une autre : c'est le premier courrier électronique ; il est envoyé à partir de la toute première adresse mail, la sienne, tomlinson@bbn-tenexa. En 1972 (alors qu'apparaît le premier jeu, *Arcade Pong*, d'Atari), première utilisation du mot « Internet » par un ingénieur américain, Robert E. Kahn, lors de la première International Conference on Computer Communications (ICCC), à Washington. Le terme est dérivé d'*internetting* (pour « interconnecter des réseaux »).

En 1973, Vinton Cerf, de l'université Stanford, et Bob Kahn, de l'ARPA devenue DARPA (Defense Advanced Research Projects Agency), inventent le protocole TCP/IP (Transmission Control Protocol/Internet Protocol), qui permet à deux ordinateurs de communiquer.

La même année 1973, en France, avec le soutien de l'État et de Thomson-CSF, un ingénieur, Louis Pouzin, développe, à partir des idées de l'Anglais Donald Davis et de l'Américain Paul Baran, un système similaire de transmission par paquets, le Datagramme. L'année suivante, en 1974, son projet est rejeté par la Compagnie générale d'électricité, qui choisit une autre technologie, issue de l'administration des postes, baptisée « Transpac », qui ne permet que d'envoyer des messages et pas d'en recevoir. Toujours le biais centralisateur français, qui a déjà freiné le développement de la poste, de la presse, de la radio, de la télévision, et de tant d'autres choses. Erreur fatale. Cela débouche sur le Minitel, créé par la Direction générale des télécommunications, qui n'est qu'une façon d'envoyer des ordres et pas d'échanger. Ailleurs commence l'aventure d'Internet, qui va bientôt tout balayer.

En 1980, Richard Stallman, un ingénieur chez IBM (à l'origine par ailleurs des logiciels libres), lance l'idée d'une encyclopédie universelle et libre ; cela deviendra Wikipedia en 2001. En 1983, Jon Postel et Paul Mockapetris, deux chercheurs américains, créent, à la demande de la DARPA, une base de données permettant aux ordinateurs qui y ont accès d'associer un nom en langage courant à un nom de domaine et une adresse IP, afin que chacun puisse être univoquement repéré. C'est le Domain Name System (DNS). En 1984 est lancé à Moscou le jeu vidéo le plus addictif de l'histoire, *Tetris*.

En 1985 apparaît Nintendo et aussi le premier nom de domaine enregistré : symbolics.com. En 1989, année où apparaît la Game Boy®, Tim Berners-Lee, chercheur au CERN de Genève, met au point l'hypertexte, permettant de relier des documents entre eux, et crée le 20 décembre 1990 le premier site Internet, info.cern.ch, qui regroupe une documentation sur l'hypertexte et des informations pour créer un site. Il nomme tout cela World Wide Web. Internet est né.

Chacun peut désormais non seulement envoyer des messages, mais aussi créer un site Internet, où il rend disponible des informations. Il faudra moins de dix ans pour que les sites se multiplient.

Ainsi, une fois de plus, ce qui est né comme un moyen d'envoyer des messages privés va devenir un moyen d'informer, un média. Et il peut réaliser l'utopie des précédents : communiquer, à tous, tout le savoir et les informations. De plus, chacun peut créer son média. Ce qui n'était disponible que de façon très limitée à quelques marchands vénitiens, sous le nom d'*avvisi*, puis aux rédactions des agences, des journaux, puis des radios et des télévisions, devient désormais accessible à tous.

En 1990, un premier moteur de recherche est développé par Alan Emtage, un étudiant de l'université McGill à Montréal, sous le nom d'Archie : c'est un annuaire, très difficile d'usage, qui recense les liens vers des sites Web. En 1991, un projet similaire est mené à l'Université du Minnesota ; puis apparaît Wandex, premier moteur de recherche recherchant dans les pages indexées sur le Web.

En 1992 est créé le premier site d'e-commerce, Book.com ; le paiement en ligne n'étant pas sécurisé, personne ne l'utilise. En même temps apparaît justement un premier logiciel de cryptage, PDP (Pretty Good Privacy) ; et le premier service de messagerie en ligne, American Online (AOL). Il n'y a alors en tout que 130 sites Internet dans le monde.

La même année, erreurs majeures : le *Chicago Tribune* crée le premier site Web d'un média, sur AOL, donnant gratuitement des titres et de brèves informations ; le quotidien *The Columbus Dispatch* met en ligne gratuitement son contenu, avec le fournisseur d'accès Compuserve. Erreurs majeures, parce qu'il sera ensuite très difficile de faire payer ce qu'on vient de donner gratuitement.

L'année suivante, en 1993, le *San Jose Mercury* crée le *Mercury News*, qui met en ligne, gratuitement aussi, les premiers articles d'un journal papier avec des dépêches d'agence de presse, des articles non parus, des textes intégraux de conférences, des données boursières et les programmes de chaînes de télévision. Cette même année, un étudiant de 22 ans de l'Université de l'Illinois, Marc Andreessen, crée les deux premiers navigateurs grand public, Mosaic et Netscape. Toujours en 1993 apparaît la première bannière publicitaire en ligne (une publicité pour des musées), laissant espérer quelques revenus aux journaux qui s'y sont aventurés. Cette année aussi apparaît le jeu FIFA®, produit par Electronic Arts et vendu rapidement à 500 000 exemplaires.

Un an plus tard, en 1994, une autre compagnie de logiciels informatiques, Microsoft, fondée vingt ans plus tôt par un informaticien de 20 ans, Bill Gates, et par son ami Paul Allen, crée un ensemble de programmes permettant de diriger l'utilisation de l'ensemble des ressources d'un ordinateur (un système d'exploitation), sous le nom de Windows, contenant en particulier son propre navigateur, Internet Explorer. Microsoft, imposant sa présence sur toutes les machines, détient vite près de 90 % de ce marché.

Cette même année, le *New York Times* commence à publier, lui aussi gratuitement, du contenu en ligne.

Le 11 août 1994, un habitant de Philadelphie, Phil Brandenberger, passe la première commande en ligne d'un album de musique (le *Ten Summoners' Tales* de Sting) sur un des tout premiers sites de vente en ligne, NetMarket. La même année, très importante, un jeune homme de 30 ans, diplômé d'informatique de Princeton, Jeff Bezos, fonde un autre site de vente en ligne de livres, de disques et de vidéo : Amazon. Toujours en 1994 sont créés des annuaires du Web : Yahoo, Lycos, Infoseek puis AltaVista. La même année, Lou Montulli et John Giannandrea inventent les cookies, qui permettent de tracer les comportements des utilisateurs en ligne. On en verra l'extrême importance un peu plus tard.

En 1995 (alors qu'apparaissent avec Sony les premiers jeux vidéo en 3D), quelques journaux allemands (*Die Tageszeitung*), japonais (*Yomiuri Shinbun*) et français (*Libération*, *Le Monde diplomatique*, *Le Monde* et *Les Dernières Nouvelles d'Alsace*) lancent leurs « cahiers multimédias », des résumés, toujours gratuits, d'actualité avec des archives de leurs journaux. La même année, aux États-Unis, le Français Pierre Omidyar crée eBay, le premier site de ventes aux enchères en ligne ; le premier objet vendu sur ce site est un pointeur laser hors d'usage acheté par un collectionneur… La même année encore est créé WebConnect, premier réseau publicitaire en ligne, qui refuse d'abord d'utiliser les cookies, pour ne pas porter atteinte à l'intimité des utilisateurs ; l'année suivante, son concurrent, Double Click, n'hésite pas à utiliser les cookies et fait fortune, avant d'être racheté par Google.

En 1995, le quotidien anglophone *The Hindu* propose lui aussi une version en ligne de son contenu. Toujours gratuit. En France, *L'Humanité* en 1996 puis *Le Monde* en 1997 mettent alors une partie de leurs contenus en ligne.

En 1998, deux anciens cadres d'AOL se disputent la paternité du terme « réseau social » : Tina Sharkey et Ted Leonsis. Tina Sharkey est même allée jusqu'à déposer le nom de domaine socialmedia.com.

Les sites se multiplient ; les administrations, les universités en créent ; on numérise un très grand nombre de données et de documents. En 1996, il y a plus de deux millions de sites. Il devient très difficile de savoir comment s'y repérer ; deux étudiants de Stanford, Sergey Brin et Larry Page, mettent au point BackRub, un algorithme sous-jacent d'un moteur de recherche nommé Google, qui vérifie le nombre et la qualité des liens de retour vers des sites. Google devient vite un succès, une source essentielle de recherche en ligne et un moyen d'attraction de trafic pour les sites de presse, qui comprennent que, pour être lus, ils doivent être répertoriés et visibles sur ce moteur de recherche. Et c'est là que le pire va commencer pour les médias.

En 1997, alors qu'est créé un nouveau service de location de vidéo, sous le nom de Netflix, le *Wall Street Journal*, n'espérant plus rentabiliser sa version en ligne par la publicité, est le premier journal au monde à proposer un paiement pour accéder à sa version en ligne sous forme d'abonnement. Très peu de succès.

En 1998, Bill Gross crée le système qu'on appelle aujourd'hui Pay Per Click (l'annonceur paye l'hébergeur chaque fois qu'un utilisateur clique sur sa pub). Énorme espoir de revenu pour les médias en ligne, qui devront vite déchanter, parce que Google gardera ces revenus pour lui. Personne ne voit encore que le courrier et la poste vont disparaître, qu'on pourra bientôt lire tous les journaux du monde sans attendre de les recevoir et que le papier va péricliter...

En 1998, Microsoft accepte, pour échapper à la menace de son démantèlement, de mieux distinguer son logiciel d'exploitation Windows, incontournable, de ses programmes applicatifs (bureautique, navigateur de recherche sur Internet...). L'alerte passe.

En 1999, tandis que Google lève ses 25 premiers millions de dollars et réalise 3 millions de recherches quotidiennes, l'opérateur téléphonique japonais DoCoMo lance le premier service d'accès à Internet par téléphone, et ComScore est créé par Gian Fulgoni et Magid Abraham, qui utilise un système de surveillance pour mesurer les audiences sur le Web.

Tout est en place pour la naissance d'un quatrième média, qui va bientôt bousculer les trois autres : les réseaux sociaux.

Chapitre 11

Lire, voir, entendre, toucher, jusqu'au vertige

2000-2020

Dans un essai majeur, paru d'abord en novembre 1980 dans *The New Yorker*, qui y consacra un numéro entier, *Within the Context of No Context*, le sociologue américain George W. S. Trow explique que ses concitoyens, n'ayant pas d'histoire nationale profonde ni beaucoup de grands personnages à qui se rattacher, n'ont comme héros que des personnages de bandes dessinées. Manquant de la culture historique de longue durée permettant de hiérarchiser les faits et les idées, ils ne distinguent le bien et le mal que d'une façon sommaire. En particulier, explique-t-il, les médias américains mettent sur le même plan des informations d'une importance très inégale ; et c'est pire, selon lui, depuis l'avènement de la télévision, qui a réduit massivement le temps consacré à la lecture de livres et de journaux de qualité, et à la participation à des débats dans les associations d'anciens élèves et les clubs, qui permettaient de se forger un avis documenté. Les Américains n'appartiennent donc plus qu'à deux entités (que Trow nomme deux « contextes ») : l'ensemble des 200 millions d'Américains (la population de l'époque) et « l'ensemble de l'intimité », c'est-à-dire la famille nucléaire. L'idéal est alors pour eux de ne rien faire de différent des autres pour avoir un sentiment d'appartenance et de se contenter de se fier au spectacle de la télévision, qui détruit tous les conflits, et qui est « la force de la non-histoire ».

Comme pour beaucoup de ses trop rares lecteurs, ce livre fut pour moi une révélation et j'ai été très heureux de pouvoir, grâce à l'éditeur Claude Durand, le faire connaître au public francophone et en écrire la préface. Sans savoir encore que tout ce qu'il disait sur la télévision s'appliquerait bien plus encore aux réseaux sociaux, qui s'esquissaient alors à peine.

À partir de 2001, les médias peuvent atteindre le monde entier, ce qui n'était le cas auparavant que pour les rares lecteurs étrangers de quelques journaux anglo-saxons, les auditeurs de la BBC ou de RFI et les téléspectateurs de CNN et de la BBC. Cela permet aussi aux extrémistes et aux mouvements terroristes de toucher un bien plus vaste public.

Quand commence le XXIe siècle, la plupart des journaux, des radios, des télévisions, sont détenus par un tout petit nombre d'entreprises ou de personnes, soucieuses de la rentabilité de leurs investissements. Obsédés par l'audience, condition de leur survie, ces médias ne mettent trop souvent en avant que ceux qui font passer le spectacle avant l'information et l'indignation avant l'argumentation. Tout occupés par la concurrence entre eux, ils ne voient pas qu'ils sont tous en voie d'être balayés par les plateformes numériques et les réseaux sociaux, qu'ils auraient pu créer eux-mêmes, mais dont les propriétaires nouveaux venus commencent à faire d'immenses fortunes et à racheter les autres médias.

Le déploiement des « réseaux sociaux »

Les deux décennies qui vont de l'an 2000 à 2020 sont d'abord celles de la montée en puissance des « réseaux sociaux », dont le nom est apparu, on l'a vu, cinq ans plus tôt.

Profitant à plein de la loi de Moore (qui dit la puissance croissante des microprocesseurs) et de la loi de Metcalfe (qui dit que l'utilité d'un réseau est proportionnelle au carré du nombre de ses utilisateurs), ces nouveaux médias vont progressivement former un nouvel espace de communication, d'information et de distraction. Sans plan établi au départ. Sans prévoir les dérives qui allaient pervertir les utopies les plus louables de certains de leurs fondateurs ; au service des pires convoitises de la plupart des autres.

Une fois de plus, comme depuis le Moyen Âge, un nouveau système de transmission de messages privés est à l'origine d'un formidable nouveau moyen de communication de masse. Une fois de plus, un moyen de communiquer devient une façon de faire fortune pour les mieux informés et un simple moyen de distraction pour les autres. Une fois de plus aussi, les propriétaires de ces nouveaux médias prennent le contrôle des médias précédents pour les mettre à leur service.

Suivre année par année, de 2000 à 2020, la naissance et la croissance de ces quelques monstres, et l'apathie de ceux qui auraient pu y résister, éclaire l'extraordinaire accélération de l'Histoire à laquelle nous assistons, dans ce domaine comme dans d'autres. Des évolutions qui, dans les siècles précédents, auraient pris des décennies, se déroulent ici en quelques années, voire quelques mois.

Voici cette histoire.

En l'an 2000 apparaissent les premiers médias entièrement en ligne. L'obsession de tous va être de conserver l'attention des gens, qui doit être ressaisie, dit-on, toutes les 12 secondes – un peu plus pour les images, un peu moins pour les textes.

D'abord, le Coréen OhmyNews, premier site participatif d'information ; n'importe qui peut y soumettre un article ; il n'y a pas de rédaction, seulement des « vérificateurs » choisissant ce qui sera publié. C'est d'abord un grand succès, avec jusqu'à 50 000 contributeurs venant de 100 pays en 2007 ; puis de gros problèmes financiers conduisent à son effacement. Cette année-là aussi, un quotidien régional britannique, le *Southport Reporter*, est le premier journal à se lancer totalement sur Internet. Il existe toujours. La même année, d'autres journaux font la même erreur, comme *Bangla2000* en Inde et *Japan Today* au Japon. Cette année-là aussi est créé Baidu, premier moteur de recherche en Chine ; aujourd'hui deuxième moteur mondial, en nombre de recherches par jour (6 milliards), après Google, et quatrième site le plus visité au monde. Cette année-là aussi, l'AFP crée un département dédié au numérique.

L'année suivante, en 2001, les attentats terroristes à New York et à Washington donnent toute leur place aux informations télévisées et aux chaînes d'information. Larry Sanger, docteur en philosophie du Reed College à Portland, lance, sous le nom de Nupedia, un projet d'encyclopédie en ligne : il faudrait que les auteurs soient uniquement des experts, dont les articles soient vérifiés minutieusement avant d'être publiés ; puis, devant l'échec de ce projet en raison de la lenteur de validation des articles, il lance Wikipedia, qui n'a pas la même rigueur de validation et devient vite une formidable réussite.

En 2002, deux anciens de Paypal, Reid Hoffman et Allen Blue, créent un nouveau réseau social, LinkedIn, pour mettre en relation les gens à la recherche d'un emploi, en reprenant ce qui se fait autrement dans les pages d'annonces des journaux ; ce réseau social (rêve de Théophraste Renaudot au XVIIe siècle et qui aurait pu être créé par un journal), racheté en 2016 par Microsoft, compte en 2020 plus de 660 millions d'utilisateurs.

Ces projets, comme ceux qui suivent, auraient pu être lancés par des journaux, des radios ou des télévisions. Ils avaient les marques et les compétences pour le faire. Aucun, nulle part, ne l'a tenté. Parce que aucun ne s'intéressait à ces nouvelles technologies et surtout n'avait compris que la vraie richesse de l'avenir est dans les données que leur fournissent leurs lecteurs, auditeurs, spectateurs. Sans doute aussi parce qu'ils avaient peur de créer leur propre concurrence. À tort.

En 2002, Amazon (qui vaut alors déjà près de 4 milliards de dollars, contre 90 milliards en 2020) se diversifie encore avec Amazon Web Services, qui gère la chaîne de services, de l'approvisionnement à la livraison, avant de devenir le premier acteur mondial du cloud.

Le 4 février 2004, alors qu'il est encore étudiant à Harvard, Mark Zuckerberg lance « The Facebook », un trombinoscope d'abord réservé aux seuls étudiants de son université avant de s'ouvrir à d'autres. En août 2005, « The Facebook » devient Facebook. En 2006, le site est accessible à tous. Deux ans plus tard, Facebook compte 100 millions d'abonnés, pour atteindre 2,2 milliards d'utilisateurs actifs chaque jour à la fin de 2020. Là encore, un journal ou une télévision aurait pu le faire à partir de sa base d'abonnés et en partant de ses très anciens services de mise en relation de ses lecteurs.

Cette même année 2004, alors qu'il existe 5,6 millions de sites Internet, le patron de Google explique encore que la mission de son entreprise n'est que d'orienter celui qui dépose une requête sur son moteur de recherche vers le site (en particulier le média) le plus pertinent ; et non pas de l'informer lui-même, ce qu'il va pourtant faire deux ans plus tard avec Google News, agrégateur d'articles de médias en ligne, mettant en avant les informations les plus consultées, sans analyse ou prescription ; selon un algorithme mystérieux, qui contrôle en particulier ce qu'on appellera bientôt les « graphes sociaux » (c'est-à-dire l'ensemble des données de comportement, les noms de sites fréquentés, les requêtes sur les moteurs de recherche de chaque usager).

Par ailleurs, toujours en 2004, lancement d'un jeu vidéo qui met le joueur dans la peau de l'assassin de J. F. Kennedy avec un concours qui permet de remporter 100 000 dollars si quelqu'un parvient à reconstituer exactement l'attentat. D'autres suivent. Le jeu vidéo se rapproche de plus en plus de l'information.

En 2005 est postée la première vidéo sur YouTube. Le 7 juillet 2005, les attentats de Londres sont l'occasion pour un journal britannique, le *Guardian*, de mettre à jour en continu, pour la première fois, les contenus de son site Internet, et de faire découvrir ainsi la puissance potentielle du journalisme en ligne. Sans avoir, là encore, aucune source de revenu associé. Il est en 2021 un des premiers sites d'information en ligne du monde, avec plus de 44 millions de visiteurs par jour.

Le 21 mars 2006, Jack Dorsey fonde Twitter, qui, trois ans plus tard, passe le million d'utilisateurs, pour dépasser 320 millions à la fin 2020. Là, c'est clairement un média en ligne et non plus un moyen d'envoyer des messages privés ; chacun peut y être journaliste ; une première sorte d'*avvisi* numérique. La même année en Suède est fondé Spotify, utilisé en 2020 pour accéder à la musique par près de 300 millions de personnes par des abonnements dont les artistes bénéficient à peine et d'une façon obscure. Là encore, rien n'empêchait une radio ou une télévision de le faire. Elles ne l'ont pas fait, de peur de se concurrencer elles-mêmes. Fatale erreur.

En 2007, alors que sort le premier iPhone d'Apple, qui va bouleverser l'usage d'Internet en le faisant basculer sur le téléphone, et qu'apparaissent les premiers jeux sur téléphone, Facebook introduit le système Beacon, qui permet à ses abonnés de faire connaître automatiquement à tous leurs « amis » leurs achats et leurs abonnements, ce qui entraînera un procès et la fermeture de Beacon. Premier, et très provisoire, coup d'arrêt à l'appropriation des données par ce qu'on ne nomme pas encore les GAFA.

En 2009 apparaît un logiciel de suivi d'audience des journaux en ligne, Chartbeat, qui leur donne une vision claire de ce qui se passe sur leur site, et ce qu'y font leurs lecteurs. Mais pas d'accès aux comportements des lecteurs sur les autres sites. Chartbeat va devenir très addictif dans les salles de rédaction. En octobre 2010, l'Américain Kevin Systrom et le Brésilien Mike Krieger fondent Instagram pour échanger des images, racheté deux ans plus tard par Facebook ; début 2021, plus de 1 milliard de personnes l'utilisent chaque mois, dont la moitié l'utilisent chaque jour.

En janvier 2011, la société chinoise Tencent crée WeChat, qui se veut un équivalent de WhatsApp. C'est aujourd'hui aussi un opérateur mobile, une application de messagerie, une banque, un kiosque à journaux, un agenda et beaucoup plus encore. Tout cela en anglais comme en chinois ; en 2021, parmi le milliard d'abonnés, 600 millions l'utilisent au moins une fois par mois, pour la plupart en Asie.

En 2011, lancement de Twitch, plateforme de *sharing* de jeux vidéo rachetée par Amazon. Elle est le 14e site le plus populaire aux États-Unis, avec plus de 15 millions de visiteurs par jour, d'un âge moyen de 21 ans.

En 2012 apparaît Tinder, une application de rencontres, qui a près de 60 millions d'utilisateurs en 2020. La même année est créé NowThis, média présent initialement uniquement sur les réseaux sociaux.

En mai 2015, une dizaine d'éditeurs (*National Geographic*, *Wall Street Journal*, *Buzzfeed*, *New York Times*, *The Atlantic*, *The Guardian*, *Der Spiegel*, BBC…), incapables de conserver leurs lecteurs, qui filent vers les sites Internet gratuits, et en particulier sur Facebook, où tous les articles sont mis en ligne, se résignent à signer un partenariat avec Facebook (qui a alors 1,4 milliard d'utilisateurs mensuels), l'autorisant à publier directement leurs articles, en échange d'une faible rémunération. Conséquence immédiate : l'année suivante, 44 % des Américains revendiquent de s'informer principalement par un média en ligne ; de fait, ils s'informent en priorité gratuitement sur Facebook, qui revend à son seul profit à des annonceurs les informations considérables que lui donnent ainsi gratuitement ses utilisateurs sans les communiquer aux médias qui lui ont confié leur contenu.

L'usage de plus en plus développé de Chartbeat conduit les journaux en ligne à la chasse au clic, au titrage agressif, à repérer et à faire naître des sujets très importants jusque-là mal repérés, comme les *gender issues*.

En 2016, Guillaume Lacroix crée Brut, en France, après ThisIsNow aux États-Unis, médias en ligne hybrides, au succès vite planétaire.

En 2017, Jim VandeHei, Mike Allen et Roy Schwartz (des anciens de *Politico*) créent Axios, un média qui se donne pour mission de fournir une information « plus intelligente et plus rapide sur ce qui compte » : des articles de 300 mots maximum, deux podcasts quotidiens, quelques documentaires. Le média compte 400 000 abonnés fin 2020.

Toujours en 2017, la société chinoise ByteDance crée TikTok, un réseau social de partage de vidéos qui, seulement trois ans plus tard, revendique 625 millions d'utilisateurs mensuels. La demande latente était là, depuis longtemps, gigantesque. Et il fallait que quelqu'un s'en saisisse. Là encore, aucun média ancien n'a su le faire.

La même année, lancement du jeu *Fortnite*, avec en 2020 plus de 300 millions de joueurs dans le monde, utilisé ensuite comme plateforme pour retransmettre des concerts et des événements. Un jeu devenant un média.

En 2020, on estime à quelque 8 secondes la période moyenne au bout de laquelle il faut relancer l'attention sur ces réseaux, comme sur tous les autres médias, contre 12 secondes en 2000. Tout ce qui va suivre en découle.

Les journaux papier : l'effondrement

Même si le déclin des journaux papier, principalement les quotidiens, commencé à la fin des années 1980, s'accélère considérablement, dans de très nombreux pays, quelques rares journaux, quotidiens ou non, sont encore très lus, et très rentables, possédés en général par de grands groupes financiers. Leur contenu consiste pour l'essentiel en des informations locales, sportives et économiques, rarement des informations internationales ; très souvent des occasions, plus ou moins imaginaires, de s'indigner. Quelques journaux, partout dans le monde, persistent à traiter des informations vraies et vérifiées, même s'ils ont de moins en moins de moyens.

Les journaux papier sont de moins en moins adaptés au mode de vie rapide et changeant d'aujourd'hui : lire un quotidien prend du temps. Et si on l'achète, c'est pour le lire dans la journée, pas pour le garder, comme on le fait avec un livre. Et quand on le lit, les informations qu'il contient sont souvent largement dépassées. On le lit donc de plus en plus pour des analyses de fond ou des sujets très spécifiques, ou pour des opinions.

En 2020, les quotidiens les plus lus dans le monde sont deux journaux japonais, le *Yomiuri Shinbun* (qui revendique 9,1 millions d'exemplaires quotidiens) et le *Asahi Shinbun* (6,6 millions), appartenant l'un et l'autre à des firmes et à des grandes familles ; puis viennent deux quotidiens indiens en hindi : le *Dainik Bhaskar* (3,8 millions), propriété d'un conglomérat coté, et le *Dainik Jagran* (3,3 millions), de même ; puis un journal chinois, le *Reference News* (3,07 millions), appartenant à Xinhua News Agency, l'agence nationale de presse ; puis un autre japonais, *Nikkei* (2,8 millions), appartenant à un conglomérat coté, qui a aussi racheté le *Financial Times* en 2015 à Pearson PLC ; puis encore, un autre chinois, le *People's Daily* (2,8 millions), journal officiel du Parti communiste chinois ; avec, à égalité, deux autres quotidiens indiens (*Amar Ujala* et *The Times of India*). Tous traitent, avec sérieux et orthodoxie, des affaires nationales et d'économie ; et tous, sauf les deux journaux chinois, appartiennent à des groupes capitalistes puissants et tirent l'essentiel de leurs recettes de la publicité. *USA Today*, un américain qui était troisième en 2017, avec 4 millions d'exemplaires en 2016, n'est plus qu'à 1,4 million en semaine et 0,8 le week-end en 2020. Aucun journal européen ne figure dans cette liste des dix premiers quotidiens mondiaux.

Les quatre périodiques les plus lus au monde (si on excepte les brochures régulières rédigées pour des associations, comme le *AARP magazine* et le *AARP Bulletin*, pour personnes âgées, qui tirent chacun à 23 millions d'exemplaires aux États-Unis, ou pour des clients de chaînes de distribution, comme le *Costco Connection*, qui tire à 12 millions d'exemplaires) sont quatre magazines américains, qui se veulent parfaitement innocents politiquement, en fait idéologiquement très liés aux valeurs occidentales et à la société de marché : le *Readers Digest* (10 millions d'exemplaires, dix fois par an), suivi de quatre autres tirant à 3 millions d'exemplaires : le *National Geographic*, *Sports Illustrated* et *Time*, suivis d'un chinois, *Duzhe*. Ailleurs, les principaux magazines sont consacrés pour l'essentiel aux programmes de télévision ou aux sports, aux célébrités ou aux sujets dits féminins. Contrairement à ce que l'on croit : moins c'est engagé, plus cela se vend.

Au Japon, en 2020, où l'on compte trois quotidiens parmi les dix premiers mondiaux, on publie encore chaque jour un exemplaire d'un quotidien pour 4 habitants. 95 % d'entre eux sont livrés à domicile avec un abonnement. Le *Weekly Shonen Jump* tire encore à plus de 2,4 millions d'exemplaires.

En Inde, il existe près de 120 000 journaux (dont 36 000 hebdomadaires), avec 186 millions de lecteurs de quotidiens chaque jour (soit un pour 7 habitants). Quatre quotidiens se partagent les trois quarts du lectorat en hindi, dont deux sont, on l'a vu, les troisième et quatrième journaux mondiaux. L'hebdomadaire *Vanithya* tire à plus de 2,5 millions d'exemplaires. L'Inde est ainsi devenue, et de loin, le plus grand pays importateur de papier journal au monde. Mais la démocratisation très rapide et massive des smartphones et de l'Internet commence à réorienter, là comme ailleurs, la recherche d'informations vers les médias en ligne.

En Chine, en 2020, plus de 9 000 magazines et 2 000 journaux sont détenus par des consortiums, contrôlés directement ou indirectement par des entreprises nationales, c'est-à-dire par le Parti communiste et le gouvernement. Les journaux les plus vendus sont *The Reference News*, *The People's Daily*, le *Yang Cheng Wan Bao*, le *China Daily*, le *Jie Fang Daily* et le *Beijing Daily*. La principale source des revenus de ces journaux est la publicité. Là encore, le contenu est idéologiquement sous contrôle ; là encore, une économie de marché sous contrôle du Parti communiste. Comme ailleurs, le nombre de publications sur papier, comme le nombre de lecteurs, diminue rapidement. 96,6 millions d'exemplaires de quotidiens sont vendus par jour :

en 2020, 19 % des Chinois lisent un quotidien chaque jour, contre 52 % en 2010.

En Corée du Sud, les principaux quotidiens (le *Chosun Ilbo*, le *Dong-A Ilbo* et le *Joong-ang Ilbo*) sont détenus par de grands groupes industriels ou religieux ; ils tirent à plus d'un million d'exemplaires chacun, pour une population de 52 millions d'habitants. 90 % du chiffre d'affaires de la presse écrite coréenne vient de la publicité. Ici aussi, la baisse est très rapide : l'achat de papier journal y a baissé de plus de 50 % de 2010 à 2018 et de 30 % de plus en 2019 et 2020.

Aux États-Unis, la circulation de quotidiens s'effondre, on l'a vu, depuis 1990 : le tirage des quotidiens, qui a atteint son apogée en 1984 (63,3 millions d'exemplaires), n'est plus que de 43,7 millions en 2006 et moins de 33 millions en 2020. De plus, les revenus de la publicité qu'ils collectent diminuent à grande vitesse (– 62 % entre 2008 et 2018). Le temps consacré par les Américains à lire des quotidiens passe de 25 minutes chaque jour en 2010 à 12 minutes en 2018. Près de la moitié des millénials (nés entre 1980 et 2000) ne lisent jamais de quotidiens. Le nombre total de quotidiens américains est passé de 1 748 en 1970 à 1 279 en 2018. New York, qui comptait 10 quotidiens en 1945, n'en compte plus que 3 en 2020. Le nombre de journalistes de presse écrite est passé de 71 000 en 2008 à moins de 30 000 en 2020, avec un statut de plus en plus précaire. Les journaux se regroupent ou disparaissent : le *New York Post* et le *Wall Street Journal* passent en 2007 aux mains de Rupert Murdoch, qui possède en 2020 près de 200 titres dans le monde. Le *New York Times*, premier journal d'Amérique, ayant le plus grand nombre de journalistes, reste détenu en partie par une holding The NYT

Company (qui possédait aussi le *Boston Globe*, dont la valeur s'est aussi effondrée, et quelques journaux régionaux), appartenant depuis 1896 à la famille Sulzberger ; le reste du capital est détenu en partie par un Mexicain, Carlos Slim, une des plus grandes fortunes du monde, initialement industriel dans les télécommunications. Le *Washington Post* appartient à Jeff Bezos depuis 2013, qui veut y déployer toutes les technologies numériques. Peu de ces journaux ont les moyens éditoriaux de lancer et de suivre une enquête approfondie sur un sujet controversé. Les États-Unis ont perdu autour du quart de leurs journaux entre 2000 et 2020. La majorité de ceux qui ont mis la clé sous la porte sont des hebdomadaires et autres journaux non quotidiens. Environ 1 500 comtés (sur un total d'environ 3 000) n'ont plus qu'un seul journal – souvent hebdomadaire. Environ 200 comtés n'ont pas de journal du tout. Les comtés du Sud sont plus dépourvus que ceux du Nord. La plupart des journaux américains ont de moins en moins de journalistes dédiés aux informations ; le *Daily News* n'a même plus de *news room* depuis août 2020. Les scandales, les faits divers, le sport, les autres médias, le cinéma, les informations pratiques constituent l'essentiel du contenu des journaux. Les Américains n'ont pas conscience de ces évolutions : 71 % d'entre eux considèrent que leur journal local se porte bien, alors que seulement 14 % d'entre eux en ont acheté régulièrement un exemplaire dans l'année.

Certains magazines, comme on l'a vu plus haut, restent très puissants, surtout s'ils sont liés à des groupes commerciaux ou à des associations. Ils ressemblent plus à des catalogues qu'à des journaux.

En Europe, les pays ayant la plus forte proportion de lecteurs de quotidiens imprimés sont la Norvège et la

Finlande, où 70 % de la population lit la presse quotidienne écrite, contre moins de 10 % en Bulgarie et en Pologne ; en Norvège, on compte 520 exemplaires vendus pour 1 000 adultes ; 430 en Finlande et 410 en Suède ; 230 au Royaume-Uni ; 270 en Allemagne ; 130 en France et 105 en Espagne. Plus qu'en Amérique, on y recherche l'expression d'opinions dissidentes en lesquelles se reconnaître. Partout, les hebdomadaires les plus vendus sont ceux qui donnent des programmes de télévision, suivis de magazines féminins et de ceux qui parlent de célébrités plus ou moins fugaces. Comme les consommateurs avec la publicité, les lecteurs aiment à vivre des vies meilleures par procuration. Les pays scandinaves sont aussi ceux où la confiance dans les médias est la plus forte.

En Grande-Bretagne, le tirage des quotidiens baisse de moitié entre 2008 et 2020. Le *Sun* passe de 3 millions de lecteurs en 2010 à 1,2 en 2020, dépassé désormais par le quotidien gratuit *Metro* (1,4), créé en 1999, devenu le premier quotidien européen, très loin des dix premiers mondiaux. Puis vient le *Daily Mail* (1,1 million), l'*Evening Standard* (787 000), le *Daily Mirror* (441 000) et le *Times* (360 000) ; les ménages britanniques dépensent moitié moins en 2020 qu'en 2005 en achat de journaux ; et seulement 19 % des adultes au Royaume-Uni lisent un quotidien tous les jours.

En Allemagne, le tirage des quotidiens s'effondre aussi de 22,5 millions en 2003 à 12,5 en 2020. Moins de la moitié de la population lit un quotidien contre 85 % en 1970. Le premier, *Bild* (1,37 million), journal à scandale, est encore la propriété de la veuve d'Axel Springer (le groupe réalise désormais l'essentiel de son chiffre d'affaires en dehors de la presse) ; il est très loin devant le deuxième journal allemand, la *Süddeutsche Zeitung*

(275 000 exemplaires), réputée pour son sérieux et son indépendance ; la *FAZ* (*Frankfurter Allgemeine Zeitung*) peine à atteindre les 200 000 exemplaires ; *Die Welt* est loin derrière avec seulement 66 000 exemplaires. En dix ans, les revenus publicitaires de la presse quotidienne allemande ont diminué de moitié.

En France, la presse écrite s'effondre aussi : la consommation de journaux et de presse écrite est au plus bas depuis qu'on a commencé à la mesurer en 1940, avec 28,6 millions d'exemplaires pour les quotidiens et 30,8 pour les hebdomadaires. Seulement 5 % des moins de 30 ans lisent régulièrement un journal papier, surtout *L'Équipe*. Seulement 20 % des lycéens français lisent un journal plusieurs fois par mois en 2020, contre 60 % en 2008. Le quotidien ayant la plus grande circulation est *20 Minutes*, journal gratuit créé en France en 2002 et détenu par le groupe belge Rossel et le groupe Sipa-Ouest-France, qui revendique 4 millions de lecteurs et un tirage de 900 000 exemplaires. Le quotidien le plus vendu est encore *Ouest-France* avec 625 000 exemplaires (ce qui est très loin des tirages britanniques ou du premier quotidien allemand), suivi par *Le Monde* (375 000), *Le Figaro* (330 000), *Le Parisien* (180 000) et *L'Équipe* (235 000) ; *Les Échos* (131 000, racheté en 2017 avec *Le Parisien* par LVMH au groupe Pearson qui l'avait racheté à la famille Beytout en 1988). *Libération* (71 000) est aussi devancé par de nombreux quotidiens de province. Et encore, ces statistiques sont-elles sujettes à caution, car fournies par les médias eux-mêmes. Les hebdomadaires, dont *L'Obs* et *L'Express*, se sont effondrés, à la différence d'autres, dont *Le Point*, *Marianne*, *Télérama*, *Valeurs actuelles* et *Le Canard enchaîné* (qui conserve son tirage autour de 450 000 exemplaires, dont plus de la moitié par abonnement). Certains magazines très particuliers sont de vrais succès éditoriaux, tels *Le 1*, quand *Le Débat*, lui, s'arrête, et dont les deux éditeurs, Pierre Nora et Marcel Gauchet, écrivent dans leur dernier éditorial : « La consultation en ligne pour un prix beaucoup moins élevé que l'achat d'un numéro – pour heureux que soit à beaucoup d'égards le phénomène – en change radicalement le sens et signe, même, la mort programmée de ce qu'a toujours été une revue [...] La consultation en ligne sort un article de son contexte pour en faire une réalité hors sol. »

Selon une étude coordonnée par l'économiste Julia Cagé et le sociologue Olivier Godechot en 2017, plus de la moitié des médias français sont contrôlés par des financiers et des assureurs. Il faut y ajouter des industriels de la défense et du luxe.

En Italie, le *Corriere della Sera* est le premier quotidien du pays, avec seulement 225 000 exemplaires. En Espagne, bien que le castillan soit la langue maternelle de 427 millions de personnes dans 20 pays différents, aucun journal en cette langue n'a franchi les frontières du pays, où le pourcentage des adultes lisant un journal papier est passé de 37 % en 1997 à 25 % en 2017. Plus généralement, la presse écrite du pays, mis à part la presse sportive, est en chute libre depuis 2008 ; en 2020, le tirage du premier quotidien du pays, *El País,* ne dépasse pas 160 000 exemplaires.

En Russie, le gouvernement possède directement 2 des 14 journaux nationaux et un grand nombre des 45 000 périodiques. Les journaux indépendants ont la plus grande difficulté à survivre. *Vedomosti*, quotidien économique (lancé en 1999 par le *Financial Times*, *le Wall Street Journal* et le premier groupe de presse finlandais Sanoma), appartient désormais à un groupe russe éditeur d'un tabloïd. *Kommersant*, lancé en 1989, a été racheté en 2006 par un oligarque de Gazprom. La *Pravda* existe toujours, de nouveau gérée par le Parti communiste russe ; les *Izvestia* appartiennent désormais à Gazprom avec un tirage de 234 500 exemplaires en 2020. *Novaya Gazeta* continue, malgré l'assassinat de plusieurs de ses journalistes.

En Australie, le groupe Murdoch (qui possède aussi de nombreux journaux au Royaume-Uni (*The Sun*, *The Times*) et aux États-Unis (*The New York Post*, *The Wall Street Journal*) contrôle 70 % de la presse.

En Indonésie, en 2019, il y a 172 quotidiens, pour seulement 4,7 millions de tirage total journalier pour 267 millions d'habitants.

En Éthiopie, une population de 110 millions d'habitants lit 23 journaux principaux, au tirage très limité ; et dont le prix de vente est si élevé que beaucoup de lecteurs se contentent de les louer pour quelques minutes. En Afrique du Sud, le plus grand quotidien est le *Daily Sun*, créé en 2002 et tirant en 2020 à 287 000 exemplaires ; le *Sunday Times* (créé en 1906 par George Herbert Kingswell) est encore aujourd'hui le plus grand journal du pays, avec un tirage hebdomadaire de 450 000 exemplaires. Au Brésil, le tirage total (déclinant) des quotidiens est de 4,5 millions d'exemplaires. *O Globo* et *Folha de S.Paulo* sont parmi les plus importants.

Le principal signe de l'effondrement mondial de la presse papier se voit à la consommation de papier journal, qui a baissé mondialement de trois quarts entre 2000 et 2020 ; et même plus encore, on l'a vu, en Amérique du Nord. Cette consommation baisse même partout de plus en plus vite, y compris en Inde, depuis 2019. Sauf encore au Japon.

Pendant ces vingt dernières années, presque partout dans le monde se sont aussi maintenues ou développées des lettres confidentielles, très chères ou envoyées gratuitement par de grandes institutions financières à leurs clients ; elles restent (comme depuis les *avvisi* des XVIe et XVIIe siècles) des moyens privilégiés d'information d'initiés ; certaines ont encore un poids considérable dans les décisions industrielles, financières et politiques ; les informations qu'elles contiennent finissent par être reprises, avec un peu de retard, d'autant plus que la Covid rend plus difficile de se les procurer par les autres médias.

Les journaux passent en ligne

Tous les journaux papier tentent désormais leur chance en ligne. Et pour cela, ils cherchent plus encore à savoir ce qu'aiment leurs lecteurs et à capter leur attention le plus longtemps possible. Chartbeat et les autres logiciels équivalents jouent un rôle déterminant dans ce suivi détaillé, minute par minute, article par article, de l'audience depuis 2010. Presque aucun journal ne réussit pourtant à faire payer ses lecteurs en ligne. Après avoir essayé de survivre avec la seule publicité, ils optent souvent pour des modèles « freemium », avec une partie du contenu gratuit et une autre payante. Mais comme entre 30 % et 60 % du trafic de leurs sites vient de Google (dont le service Subscribe with Google vise à faciliter le processus d'abonnement à un site de presse), une part significative de la valeur de l'abonnement est conservée par Google, qui maîtrise et utilise les comportements sur les réseaux sociaux de ces abonnés au-delà de ce que Chartbeat peut faire connaître au journal lui-même. Presque aucun média en ligne ne réussit en tout cas à y attirer assez de publicité ; encore moins à en faire une activité rentable.

Parmi les journaux ayant le mieux réussi leur passage en ligne, avec des revenus d'abonnement, on trouve d'abord le *New York Times*, qui revendique aujourd'hui d'être le plus grand journal quotidien numérique mondial avec 5,7 millions d'abonnés numériques (en comptant le supplément jeux et le supplément cuisine) ; le 5 août 2020, les revenus de la version numérique du journal ont dépassé pour la première fois ceux de sa version papier.

Début 2021, on trouve ensuite le *Wall Street Journal*, avec 2,2 millions d'abonnés numériques, *Informer* (2,1 millions) et le *Washington Post* (2 millions), soit quatre médias américains ; puis vient le *Financial Times* (avec 1,1 million) et le *Nikkei* (Japon), devenu *Nikkei Asia* en septembre 2020, avec 700 000 abonnés, cent quarante-quatre ans après sa création. Le *Guardian* est le journal en ligne britannique le plus lu. Le premier journal chinois en ligne, le *Caixin*, ne compte que 300 000 abonnés. En France, *Le Monde* revendique 240 000 abonnés en ligne et *Le Figaro* 200 000.

Les transferts sont donc massifs vers le numérique, mais avec une gigantesque perte de valeur (un abonnement numérique ne rapporte au *New York Times* que 150 dollars par an contre 700 pour un abonnement papier).

Certains rares titres nés en ligne, comme Slate, réussissent à trouver leur équilibre avec la publicité. D'autres avec des abonnements, comme Mediapart. D'autres le tentent, avec quelques espoirs de succès, comme le Huffington Post, The Conversation ou Les Jours, Arrêt sur images ou encore Le Média. C'est un tout nouveau modèle en devenir, qui s'allie d'ailleurs à la radio, puisqu'ils trouvent une partie de leur équilibre en développant des podcasts.

La radio, un déclin contrôlé

En 2020, la radio reste un média très peu coûteux à fabriquer et à recevoir, sur un poste, sur un téléphone et par Internet, à domicile et en mouvement. C'est un média très adapté au mode de vie d'aujourd'hui et le confinement lié à la Covid lui a donné un nouvel essor. Trois milliards de personnes écoutent les quelque 100 000 stations existant dans le monde en plusieurs milliers de langues, au moins une fois par semaine ; en particulier les habitants de communautés isolées, les plus pauvres et les analphabètes, qui sont encore très nombreux... On l'écoute surtout pour la musique, le sport et notamment les informations de proximité, en particulier la météo et le trafic routier. Par ailleurs sont apparus en 2004 les podcasts – qui permettent d'écouter des émissions longues à l'horaire de son choix, poursuivant l'évolution commencée avec le magnétoscope en 1975. Les États-Unis en sont les leaders, suivis par le Brésil, la France et l'Espagne.

La radio n'en est pas moins en déclin, comme la presse écrite. Aux États-Unis, en 2020, 80 millions de personnes l'écoutent encore au moins une fois par semaine, de plus en plus sur Internet. Le temps passé à écouter la radio n'est plus que de 100 minutes par jour (contre 240 dans les années 1930). Le nombre de radios commerciales est passé de 10 000 en 2000 à plus de 15 000 en 2019. 60 % des Américains de plus de 18 ans pensent que la radio est le média le plus fiable, en particulier depuis la pandémie. Le réseau public, NPR, rassemble 849 radios à but non lucratif, surtout des radios musicales. C'est d'ailleurs NPR qui a lancé le premier podcast au monde, avec NPR One, agrégeant des émissions de NPR, des programmes des stations affiliées et des contenus extérieurs ; il vise à devenir un « Netflix of listening ». Google et Spotify et des journaux, tels le *Daily News* et le *New York Times*, s'y sont lancés aussi avec succès.

En Grande-Bretagne, en 2020, 90 % des adultes écoutent encore la radio chaque semaine, dont 15 % désormais sur Internet. Mais le temps d'écoute a un peu baissé, de 22,3 heures par semaine en 2010 à 20,2 heures en 2020. Les stations les plus écoutées sont BBC Radio 2 (14,3 millions d'auditeurs) ; suivie de BBC Radio 4 (avec un programme musical iconique depuis 1942, « Desert Island Discs »), BBC Radio 1 et Classic FM. Là encore, la musique, le sport et la météo. BBC World Service, retransmise en 40 langues, touche en théorie plus de 210 millions de personnes par semaine à travers le monde.

En France, en 2020, plus de 40 millions de personnes écoutent chaque jour au moins une des 1 235 radios publiques et 1 415 radios privées ; 15 % l'écoutent sur Internet. En tête se trouvent France Inter, RTL, NRJ, Europe 1 et Skyrock. Pour ceux qui veulent être informés, France Info, France Culture et Radio Classique sont devenues incontournables. Les radios musicales et les radios communautaires sont florissantes. En dix ans, les radios ont pourtant toutes, ensemble, perdu plus de 2 millions d'auditeurs. Là encore, la pandémie a ralenti le déclin et renforcé l'audience. En 2017, Skyrock, fondée par Pierre Bellanger, est un des très rares médias classiques à avoir créé un réseau social, Skred, messagerie sécurisée en pair à pair intégral. Cette messagerie a, au début de 2021, 8 millions d'utilisateurs dans le monde et un nouvel utilisateur toutes les six secondes.

En Allemagne, en 2020, 36 millions de personnes écoutent encore quotidiennement 443 stations de radio ; en légère baisse par rapport à 2016 ; les stations les plus écoutées sont Radio NRW, Bayern 1 et SWR3. Là encore, surtout information, musique et sport.

En Inde, 99 % de la population a accès à la radio, qui appartient à 100 % au réseau public All India Radio (AIR) ; les radios privés ne disposent que d'une licence et n'ont le droit de diffuser que de la musique et du divertissement. Seulement 50 millions de personnes, soit 3 % de la population, écoutent la radio.

En Chine, 22 % de la population écoute la radio tous les jours. Les stations les plus écoutées sont des radios musicales et sportives.

La télévision résiste encore

La télévision est de moins en moins adaptée au mode de vie moderne. Sauf pour y voir des événements sportifs, parfois des journaux télévisés, des émissions de jeux et de téléréalité, des séries et des campagnes électorales.

En moyenne, les humains passent en 2020 autour de 3 heures par jour devant la télévision ; et cette durée diminue régulièrement. Les événements les plus vus en direct ont été la cérémonie d'ouverture des JO de Pékin en 2008 (2 milliards de personnes) et le sauvetage des mineurs chiliens en 2010 (1 milliard de personnes) : le sport et le voyeurisme.

L'essentiel du temps des spectateurs devant une télévision est consacré au sport et à la distraction. Seulement 6 % est consacré à s'informer. Les chaînes dites d'information en continu font tout en général, y compris le plus bas, partout dans le monde, pour attirer l'audience, repassant en boucle les pires séquences, choisissant leurs invités non sur leur compétence mais sur leur capacité à s'indigner, à faire du scandale. Certaines sont plus ou moins ouvertement des chaînes de « propagande ». Les extrêmes recrutent plus de clients que les raisonnables.

Aux États-Unis, la télévision n'est plus un moyen de s'informer que pour 12 % des 18-29 ans, 21 % des 30-49 ans, 25 % des 50-64 ans, et 43 % des plus de 65 ans. En 2020, en moyenne, le premier réseau américain, CBS Network, n'a plus que 7 millions de spectateurs en prime time ; NBC, 6 millions, ABC, 6 millions, puis Fox, 4 millions et Fox News, 2,5 millions. Les grandes émissions comme « Meet the Press » depuis 1946 et « 60 Minutes » depuis 1968 perdurent. Le déclin est particulièrement marqué pour les chaînes locales, qui peinent à maintenir une qualité de programmes de proximité ; la politique nationale aussi y est délaissée : le débat présidentiel de septembre 2020 entre Donald Trump et Joe Biden a attiré 73 millions de spectateurs, soit 11 de moins que celui de 2016 entre Donald Trump et Hillary Clinton. Même si, depuis le début du coronavirus, les *evening shows* des quatre grandes chaînes (ABC, NBC, CBS et Fox) regagnent de l'audience.

En Europe, 82 % des adultes regardent quotidiennement la télévision sur des chaînes très diverses. L'essentiel de l'audience se joue sur la détention des droits de retransmission des grands événements sportifs. En Allemagne, il existe aujourd'hui plus de 365 chaînes de télévision. Les premières sont ZDF (13 % de part d'audience), Das Erste (11,3 %), RTL (8,4 %). En Italie, Rai 1 (17,43 %), Canale 5 (15,37 %), Rai 3 (6,73 %). En Grande-Bretagne, ce sont : BBC One (20,5 %), ITV (17,86 %), BBC Two (5,36 %).

En France, la durée moyenne passée par chaque Français devant la télévision a diminué de 20 minutes entre 2012 et 2020. Les audiences les plus élevées sont encore celles de TF1 (19,5 %), suivi de France 2 (14 %), France 3 (9,3 %) et M6 (9 %). Aucune des 5 chaînes d'information en continu ne dépasse les 2 % d'audience ; France 24, disponible en théorie dans plus de 355 millions de foyers dans 180 pays, est regardée chaque semaine par 55 millions de téléspectateurs dans le monde.

Au Japon, 10 % de la population regarde les informations à la télévision entre 7 et 9 heures du matin et entre 19 et 23 heures. Le réseau public, la NHK, reste totalement dominant ; les trois plus grands quotidiens japonais possèdent aussi des sociétés de télévision.

En Corée du Sud, il y a 200 chaînes, dont 12 nationales ; les 3 principaux groupes, Korean Broadcasting System (KBS), Munhwa Broadcasting Corporation (MBC) et Seoul Broadcasting System (SBS), ont aussi des chaînes d'information en continu. Là encore, l'audience de la télévision semble s'effriter, sauf pour le sport et les feuilletons.

En Chine, un tiers seulement de la population regarde la télévision tous les jours. Surtout pour les feuilletons et le sport, de plus en plus, et très peu pour les informations. CGTN (Chine Global Television Network) est une chaîne uniquement consacrée aux nouvelles nationales et internationales ; elle peut être captée dans 100 pays. Toutes les chaînes sont évidemment contrôlées par l'État directement ou par l'intermédiaire d'entreprises publiques.

En Inde, 90 millions de familles ont un poste de télévision. Le réseau public, AIR, contrôle les 420 stations du pays, en 23 langues et 179 dialectes. Si les 38-53 ans s'informent encore plus via la télé que par Internet (34,5 % vs 24,3 %), seulement 22 % des millénials regardent la télévision pour cela. Le sport, la musique et la distraction attirent l'essentiel de l'audience télévisée.

L'Afrique semble le continent où la télévision reste le plus prisée. 42 % des ménages africains regardent une télévision en moyenne 3 h 20 par jour (soit 30 minutes de plus que la moyenne mondiale), pour la distraction et le sport, bien plus que pour les informations. Les pays africains qui regardent le plus la télévision sont Madagascar, l'Algérie et le Cameroun. La République démocratique du Congo a 58 chaînes, contre seulement 5 en Côte d'Ivoire. Canal Africa, filiale de Canal + qui diffuse du sport et des films, connaît un certain succès, comme France 24. En 2016 est créée Africanews, qui se veut chaîne panafricaine d'informations internationales en continu, basée en République du Congo ; elle est diffusée à travers 33 pays, en français et en anglais, et touche environ 7,3 millions de foyers.

Au total, à la fin de 2020, alors qu'elle représente encore plus d'un tiers du nombre d'heures de l'usage de médias dans le monde, la télévision stagne. Et si nombre de ces trois médias (journaux, radios, télévision) font encore des prouesses pour maintenir des informations de qualité, beaucoup d'autres, pour survivre, se concentrent sur les jeux, le sport, la distraction, les séries importées, les scandales et les débats entre indignés incompétents.

Pour s'en défaire, encore faudra-t-il qu'ils sachent ce que veulent leurs clients et comment les intéresser. Or les médias classiques ne possèdent plus les informations sur les préférences, les appartenances, les inspirations de leurs clients, qui appartiennent désormais aux câblo-opérateurs, aux opérateurs téléphoniques et, surtout, aux réseaux sociaux.

Les réseaux sociaux s'imposent comme moyen général d'informer ou de s'informer

Une fois de plus, un nouveau moyen de communication privée devient une nouvelle source d'information publique : après la poste (utilisée aussi pour distribuer des journaux), après le téléphone (donnant naissance à la radio), et après la photographie et le bélinographe (ancêtres très lointains de la télévision), un autre moyen de communiquer des messages privés devient lui aussi un moyen de s'adresser au grand nombre : les plateformes numériques, pensées pour transmettre des messages individuels, deviennent des moyens de communication de masse ; et plus encore : des magasins en ligne, des vendeurs de logiciels, des banques, des théâtres, des universités, des usines, des hôpitaux, des outils de surveillance. On aurait pu imaginer que tout cela soit créé par les autres médias en mal de débouchés, il n'en a rien été.

Les plus puissantes messageries personnelles sont, en 2021, Facebook et deux de ses filiales : WhatsApp (avec 1,9 milliard d'utilisateurs par mois transmettant 65 milliards de messages par jour) et Messenger (avec 1,3 milliard d'utilisateurs par mois). Début 2021, les utilisateurs d'Instagram envoient environ 700 millions de « stories » par jour, contre 150 millions en janvier 2017. Puis viennent, en Chine, WeChat (1,2 milliard), QQ (messagerie de Tencent) (800 millions) ; puis, en Occident, Skype et Snapchat (300 millions) ; LinkedIn, Viber, Telegram, Line Discord (200 millions chacun).

Ces moyens de communiquer des messages personnels servent aussi à informer et s'informer. En 2020, les réseaux sociaux les plus utilisés pour s'informer en Occident sont Facebook, YouTube, WhatsApp, Twitter, Instagram. Selon un rapport de 2018 du Pew Research Center américain, 43 % de ceux qui s'informent sur les réseaux sociaux le font via Facebook. Twitter est devenu la première agence de presse mondiale. Les réseaux de messageries permettent en particulier d'envoyer des informations pour des groupes de 250 personnes, et parfois plus, qui l'envoient à d'autres groupes, atteignant vite une audience de plusieurs centaines de milliers de personnes, en particulier au Brésil, qui compte 120 millions d'abonnés à WhatsApp pour 200 millions d'habitants. Un rapport de 2020 du Reuters Institute montre que le nombre d'utilisateurs s'informant sur Instagram a doublé depuis 2018. Selon Tencent, plus de la moitié du milliard d'utilisateurs mensuels de WeChat l'utilisent, surtout en Chine, avant tout pour avoir des informations.

Dans un marché des médias qui n'est plus en croissance globale, les réseaux sociaux ne peuvent croître qu'en prenant de l'audience, et donc des revenus publicitaires, aux autres médias. Ils pillent pour cela les informations et les données sur leurs lecteurs, que leur fournissent les autres médias, sans les rémunérer. Ainsi, plus de la moitié des recherches sur Google aboutissent aussi depuis 2020 à de courts textes résumant les articles auxquels le moteur de recherche était supposé conduire. Pour contrer cela, les médias classiques investissent lourdement, afin de faire connaître leurs contenus sur les réseaux sociaux. Pareil en Chine avec Toutiao, un agrégateur de nouvelles très populaire. Mais cela ne sert en rien les médias traditionnels, qui n'ont plus la maîtrise des données et des graphes sociaux de leurs lecteurs et qui ne font que fournir ainsi de l'audience aux plateformes.

En Chine, 40 % de la population utilise au moins un réseau social en 2020 pour s'informer ; WeChat permet à chaque Chinois d'avoir accès aux seules informations que le gouvernement tolère. Les grands journaux chinois republient leurs articles via des comptes publics sur WeChat. Une fonction « tipping » permet aux lecteurs de donner un « tip » (pourboire) aux créateurs de contenus autorisés dont ils apprécient le travail ; un journaliste sur WeChat, He Caitou, explique ainsi que chaque article lui rapporte entre 600 et 5 000 dollars, alors que les journaux lui en proposent 75. Les réseaux sociaux et sites Internet étrangers sont pratiquement tous interdits en Chine et on ne peut y avoir accès que par une connexion VPN, à laquelle il semblerait que plus de 10 % des Chinois l'utilisent ; mais les services VPN sont très instables, les fournisseurs d'accès étant sans cesse bloqués quand ils réapparaissent ; certains de ces VPN sont même des leurres lancés par le gouvernement pour savoir qui cherche à se connecter.

L'Inde est le premier pays en nombre d'utilisateurs de Facebook, avec 380 millions de personnes, et de WhatsApp, avec plus de 400 millions ; TikTok et WeChat y sont interdits et le gouvernement tente de créer un géant national du numérique à l'instar de WeChat. On peut s'attendre à ce que l'Inde soit bientôt le premier pays d'usage de l'information en ligne : 400 millions d'Indiens se sont abonnés à Internet entre 2017 et 2020 ! Et là, les informations sont extrêmement divisées, segmentées, en des dizaines de langues, avec des contenus parfois très nationalistes. Si la logique de ce qui s'est passé en Europe au moment de l'émergence de l'imprimerie se produit, cela devrait entraîner en Inde des résurgences de demandes d'autonomie ou d'indépendance de certains États. On en parlera au chapitre suivant.

L'Afrique compte en 2020 170 millions d'utilisateurs de Messenger et de WhatsApp. En février 2020, au Kenya et en Afrique du Sud, 75 % des adultes utilisent les réseaux sociaux pour s'informer en contournant les informations officielles des médias d'État. C'est sur ce continent que se développent le plus les réseaux sociaux, comme s'y est développé en premier le téléphone mobile. Les Africains en feront des usages innombrables, sur le modèle de WeChat.

En 2020, aux États-Unis, plus de la moitié de ceux qui utilisent les réseaux sociaux le font surtout pour envoyer des messages personnels, liker ou commenter des posts ; pour envoyer des messages et pour s'informer, 190 millions d'Américains utilisent Facebook, suivi par YouTube, Twitter, Instagram, LinkedIn et Snapchat. Vingt pour-cent des Américains s'informent aussi en 2020 grâce aux réseaux sociaux, contre 18 % grâce aux journaux (chiffres inverses en 2016) ; les millénials s'informent d'abord par les réseaux sociaux (57 %), puis par la radio (28 %), les médias en ligne (25 %), la télévision (21 %), les journaux papier (10 %) et les podcasts (8 %). 78 % des femmes de plus de 18 ans utilisent les réseaux sociaux, contre seulement 65 % des hommes. La campagne présidentielle de l'automne 2020 a été l'occasion d'un formidable développement de cette information en ligne. Le débat Trump-Biden a été retransmis jusque sur la plateforme de jeux vidéo Twitch.

Le temps moyen passé à lire un article en ligne sans relance est à présent descendu à 15 secondes ; celui passé à regarder une vidéo sans relance n'est plus que de 10 secondes. Certains journaux en ligne, tels Slate, Wired ou d'autres, très spécialisés en matière d'écologie, d'agriculture, d'automobile, d'armement, de finance, de technologie, maintiennent une excellente qualité d'information. Parmi les groupes les plus puissants, on compte Bloomberg, qui regroupe en 2020 de nombreux médias financiers, dont Bloomberg Radio et Bloomberg Television, le mensuel *Bloomberg Markets* et *Business Week*, hebdomadaire fondé en 1929, devenu en 2009 *Bloomberg Business Week*. On dira plus tard les innombrables déviations que cette accumulation entraîne et entraînera.

Au Royaume-Uni, près de 40 % des adultes et 60 % des jeunes de 16 à 24 ans déclarent utiliser les réseaux sociaux pour s'informer. L'information consultée en ligne et via les réseaux sociaux dépasse désormais celle vue à la télévision. En Allemagne, près de 40 % des adultes déclarent utiliser les réseaux sociaux pour s'informer et les réseaux sociaux sont maintenant à égalité avec les autres médias. En France, en 2020, près de 40 % des adultes déclarent utiliser les réseaux sociaux pour s'informer. Les jeunes sont près de 30 % à utiliser pour s'informer uniquement les réseaux sociaux ou des journaux en ligne, tels que Mediapart, qui revendique 170 000 abonnés, Les Jours, Slate ou encore The

Conversation, site rassemblant chaque jour des publications de haut niveau, rédigées par des universitaires.

En Russie, les sources d'information sont désormais la télévision (84 %), les réseaux sociaux (72 %), la presse écrite (23) et la radio (20 %).

Au Japon, en raison d'une politique qui vise à protéger l'imprimé et les journaux papier, très influents, le passage au numérique est plus lent que dans tous les autres pays : seulement 25 % des adultes déclarent s'informer sur les réseaux sociaux.

Tous ces médias ont une tendance de plus en plus prononcée à s'exprimer en anglais sommaire, le « globish », qui s'impose sur les réseaux sociaux de la planète, donnant le sentiment qu'on va vers une globalisation appauvrissante. On verra plus loin qu'il n'en sera rien.

Mais de quelles « informations » s'agit-il ?

Au total, jamais les moyens de bien s'informer n'ont été aussi importants

Jamais l'humanité n'a eu autant de moyens de s'informer. L'analphabétisme a reculé partout. Le niveau d'éducation des garçons comme des filles est plus élevé que jamais. Presque aucun endroit de la planète n'est privé d'accès au moins à la radio, sinon à la télévision, à Internet et à l'écrit. Jamais autant d'information sérieuse n'a été disponible. L'éducation primaire, secondaire et universitaire est de plus en plus répandue. De plus en plus de nouveaux médias de qualité sont apparus : dans la presse écrite, sous forme surtout de magazines ; à la radio, sous forme souvent de podcast ; à la télévision, sous forme de chaînes très spécialisées et d'émissions d'enquête ; en ligne, sous forme de médias universitaires ou de think tanks, rassemblant les meilleures sources disponibles. Jamais les moyens de savoir vraiment ce qu'il faut savoir n'ont été disponibles pour autant de gens. Jamais il n'a été plus facile de contredire un menteur ou de dénoncer une erreur. Jamais il n'a été plus difficile d'empêcher une information d'atteindre son public. Jamais autant de gens n'ont été en situation de disposer des moyens d'analyse pour échapper aux rumeurs et aux manipulations. Jamais les journalistes n'ont été aussi bien formés ; et la profession ne manque pas, partout dans le monde, de vocations.

Il existe aussi de plus en plus de lanceurs d'alerte, dans tous les domaines, souvent relayés très largement, même si souvent ils le paient de leur liberté, comme Julian Assange, fondateur en 2006 de WikiLeaks, une ONG dont l'objectif est de publier des documents en grande partie confidentiels. En 2010, Assange y publie plusieurs millions de documents confidentiels relatifs aux modes opératoires de l'armée américaine en Irak. Il a d'abord obtenu l'asile politique à Londres, mais il est arrêté à l'ambassade d'Équateur le 11 avril 2019, et incarcéré à la prison de haute sécurité de Belmarsh, en attendant son éventuelle extradition aux États-Unis, où il encourt jusqu'à cent soixante-quinze ans de prison pour espionnage.

De tout temps, on l'a vu, des médias ont menti, vendant leur plume au plus offrant, servant les causes les plus abjectes, obéissant servilement aux pouvoirs. D'autres pourtant ont sauvé l'honneur de leur profession, en produisant des articles impeccables, fouillés, en découvrant des scandales, au risque de leur vie.

Pour ne citer que quelques-uns des plus récents assassinats de journalistes, photographes et reporters :

Daniel Pearl au Pakistan, Veronica Guerin en Irlande, Carlos Cardoso au Mozambique, Hidaya sultan al-Salem au Koweït, Anna Politkovskaïa et Anastasia Babourova à Moscou, Daphne Caruana Galizia à Malte, Jamal Khashoggi à Istanbul. Et tant d'autres : Marie Colvin, Rémi Ochlik, Ghislaine Dupont, Claude Verlon, James Foley, Pamela Montenegro, Nevith Condés Jaramillo, Cabu, Charb, Elsa Cayat, Tignous, Georges Wolinski, Honoré, Bernard Maris et Mustapha Ourrad.

Et pourtant, malgré toutes ces preuves de la capacité inégalée des médias à remplir leur rôle, la confiance en eux est au plus bas : selon une étude du Reuters Institute, la confiance dans les médias ne dépasse 50 % que dans de très rares pays (Finlande, Brésil, Portugal, Pays-Bas, Turquie) ; l'Allemagne est à 45 %. D'autres sont à moins de 30 % (Italie, États-Unis, Corée du Sud) et elle n'atteint que 23 % en France. Le classement du Brésil et de la Turquie ne reflète d'ailleurs pas la crédibilité des médias. De fait, dans bien des pays, la liberté d'informer est en recul. Selon Reporters sans frontières (qui classe 180 pays et régions selon le degré de liberté dont jouissent les journalistes), les pays où l'information est le plus libre sont les pays scandinaves. L'Allemagne est 11e ; la France, 34e, l'Italie, 41e, les États-Unis, 45e, le Japon, 66e ; les quatre derniers sont la Chine, l'Érythrée, le Turkménistan et la Corée du Nord.

Et même dans les démocraties, bien des dérapages, en particulier liés aux réseaux sociaux, annoncent de graves dangers pour l'avenir. Des dérapages financiers et des logiques meurtrières.

Les réseaux sociaux fragilisent les trois premiers médias en attirant toute la publicité

D'abord, l'équilibre financier entre les quatre médias est rompu.

Pour se financer, les médias papier et en ligne ont les abonnements. Les radios et télévisions publiques ont les redevances. Tous ont besoin aussi de la publicité. Or, la publicité passe de plus en plus par Internet. Et, à la différence de ce qui se passait avant l'an 2000, l'apparition d'un nouveau média n'augmente plus le marché publicitaire global et les médias doivent se battre pour un montant non croissant. En 2021, la presse papier quotidienne ne représente plus que 5 % des investissements publicitaires mondiaux des marques (contre 36 % en 1995). La presse magazine passe de 13 % à 3 %, la radio de 8 % à 5 % et la télévision de 36 % à 26 %. En 2020, en France, la publicité numérique représente pour la première fois plus de la moitié du marché publicitaire. La publicité des marques passe massivement sur les applications des téléphones mobiles. Piège mortel. Car non seulement cette publicité ne va vers les journaux que pour leur présence en ligne, mais encore ces journaux en ligne sont concurrencés par des réseaux sociaux qui attirent eux aussi de la publicité. Et qui savent tout des comportements sociaux en ligne des utilisateurs des autres médias.

Enfin, l'efficacité de la publicité elle-même est remise en cause.

D'abord, la publicité est de plus en plus attribuée par des entreprises numériques, en particulier Google ;

celles-là connaissent mieux que personne par leurs logiciels le nombre de lecteurs des divers médias et leur comportement, leurs centres d'intérêt, leur situation sociale, ce à quoi ils s'intéressent, quels autres sites ils visitent, et deviennent un intermédiaire quasi incontournable pour des marques dans le choix des supports ; la régie publicitaire de Google se présente aussi tout naturellement comme le meilleur conseil pour les marques pour déterminer où investir en publicité ; Google contrôle en 2020 près de la moitié des dépenses publicitaires mondiales, et même plus des quatre cinquièmes aux États-Unis. Facebook est, sur ce marché, le numéro 2, suivi par Alibaba et Amazon. En conséquence, la publicité s'est considérablement réduite dans les grands médias papier nationaux. Ne reste que la publicité à la radio, à la télévision et sur les médias locaux.

De plus, les marques s'éloignent de la publicité classique sur tous les médias, pour s'approprier de nombreux événements, réels ou en ligne, comme le firent, on l'a vu, toutes les grandes marques américaines avec la radio dans les années 1930. En 2020, Red Bull, par exemple, accompagne les plus grands événements de sports extrêmes du monde et produit du contenu vidéo, audio et écrit, à travers sa propre Web TV (Red Bull TV), son site Internet et son journal (*The Red Bulletin*). D'autres marques cherchent à intégrer leurs annonces dans le graphisme de média en ligne, pour ressembler de plus en plus à du rédactionnel ; c'est ce qu'on appelle pompeusement du « *native advertising* ».

Enfin, les marques passent de plus en plus, pour se faire connaître des consommateurs, par des influenceurs en ligne, qui parlent d'elles sur leur compte Instagram ou autre. Et même, pour être parfaitement ciblés, par des micro-influenceurs très localisés.

La plupart des principaux médias privés sont aujourd'hui entre les mains de grandes fortunes ou de fonds d'investissement

Les journaux, radios, télévisions, réseaux sociaux, applications numériques, médias en ligne, quand ils n'appartiennent pas à des États, appartiennent à de grandes fortunes et à d'immenses fonds d'investissement privés. Et ceux-là, quoi qu'ils en disent, ne se privent pas d'influer sur le contenu éditorial.

Pour tous ces puissants, la vraie information continue de circuler dans de tout petits cercles, d'amis, d'investisseurs, de financiers, de chercheurs, d'universitaires, d'entrepreneurs, qui savent mieux, et avant les autres, l'état de la science, de la technologie, des marchés, et quelles personnes rencontrer. Ils en déduisent à temps où investir et font des fortunes en achetant des biens ou des titres avant que tous les autres ne connaissent leur vraie valeur.

Leurs produits, leurs journaux, leurs magazines, leurs radios, leurs télévisions, leurs réseaux sociaux, ne sont alors pour eux que des sources de revenus, des distractions, des illusions pour faire oublier au peuple qu'il n'a toujours pas accès aux biens les plus rares, à la meilleure éducation, aux informations privilégiées. La massification de l'information, elle-même censée être démocratique, n'est ainsi, à la fin, qu'une ruse de la prolétarisation des classes moyennes. Et au moins un moyen de les tenir en dépendance.

Ces nouveaux médias sont aussi en soi d'immenses puissances financières : aux États-Unis, les grands réseaux et applications américains (les GAFA), qui possèdent pour la plupart les grands réseaux sociaux, pèsent en 2020 un peu plus de 3 500 milliards de dollars, soit environ 4 % du PIB mondial. Si on y ajoute les nouveaux médias chinois (les BATX, Baidu, Alibaba, Tencent et Xiaomi), on arrive à 5 500 milliards de dollars environ, soit 5,5 % du PIB mondial. Ils contrôlent les revenus d'autres médias, freinent l'arrivée de nouveaux entrants et monopolisent la quasi-totalité des innovations dans de nombreux autres secteurs.

Leurs fondateurs et propriétaires – Jeff Bezos (Amazon), Mark Zuckerberg (Facebook), Michael Bloomberg (Bloomberg), Sergey Brin (Google), Ma Huateng (Tencent et WeChat) – sont parvenus en moins de vingt ans à faire partie des vingt personnes les plus riches du monde.

Certaines autres firmes propriétaires de médias classiques sont encore très rentables : Walt Disney Company est propriétaire de ABC et copropriétaire de Hulu ; Comcast est propriétaire de NBC, de Telemundo, de 15 réseaux câblés nationaux et 9 chaînes de télévision dans le monde ; Century Fox détient Fox Broadcasting, Fox Sports, Star India et Sky ; Time Inc. possède notamment *Time Magazine*, *Sports Illustrated* et *InStyle*.

Aux États-Unis, en 2020, six grandes firmes possèdent l'essentiel des médias de toute nature du pays : National Amusements de Sumner Redstone, Disney de Bob Iger, Time Warner de Jason Kilar, Comcast de Brian L. Roberts, News Corp de Rupert Murdoch et Sony de Ken'ichiro Yoshida. Au Japon, Yomiuru Shinbun Holdings possède le *Yomiru Shinbun*, The Japan News, une partie de Nippon TV et du groupe d'édition Yomiru. En Allemagne, ProSiebenSat.1 possède 15 chaînes de télévision ; Springer détient des journaux, magazines, chaînes de télévision, stations de radio et sites Web dans 35 pays (notamment *Die Welt*, *Bild* et *B.Z.*). En Italie, Silvio Berlusconi est le principal actionnaire de la plus grande société de télévision privée du pays, Mediaset, du plus grand éditeur italien, Mondadori, et de la plus grande société de publicité d'Italie, Publitalia. Son frère Paolo Berlusconi est actionnaire et éditeur de *Il Giornale* et son ex-épouse, Veronica Lario, est actionnaire de *Il Foglio*. En France, moins de dix grandes fortunes contrôlent la quasi-totalité des principaux médias privés.

Les réseaux sociaux produisent des addictions

Ces nouveaux moyens d'information ont les mêmes objectifs que leurs prédécesseurs, avec des moyens plus puissants. Comme eux, depuis deux siècles, ils cherchent à gagner de l'argent et à avoir de l'influence. Et, pour cela, à *capter le plus longtemps possible l'attention de leurs utilisateurs* ; à en *attirer de nouveaux* et à *attirer de la publicité*.

Les sites d'information n'envoient à leurs utilisateurs que des informations choisies pour leur convenir. Ils savent beaucoup mieux que les autres médias et avant eux combien de temps des utilisateurs y regardent un texte, une photo, une vidéo ; ils savent quels autres sites ils ont regardé, ce qui les y a retenus, et parviennent à en déduire ce qui peut les intéresser ; comment augmenter leur temps d'attention au-delà des fatidiques neuf secondes, en utilisant ce qu'ils nomment pompeusement la « *persuasive technology* ». Ils savent comment capter l'attention des utilisateurs à partir des données que les autres médias leur abandonnent imprudemment. Comme Amazon sait utiliser pour son propre compte les informations que les autres marques lui laissent en se faisant référencer sur son site.

Ceux de ces réseaux qui sont aussi des lieux de messageries personnelles, tels Facebook, WhatsApp, WeChat ou Instagram, permettent aussi à chaque utilisateur d'informer les autres en groupe. Et les groupes de messages transforment ces messageries en médias en ligne. Chacun y crie ses indignations, y relaie des nouvelles plus ou moins exactes.

Ces réseaux deviennent alors, avec d'autres, le lieu de la mise en avant du meilleur de soi, de son meilleur parcours professionnel, des bonnes nouvelles intimes, et même de la présentation de soi comme une bonne nouvelle. Jusques et y compris par le mensonge, le simulacre, la réinvention de soi, dans un carnaval numérique. Comme si chacun voulait être, en soi, LA nouvelle.

Sur tous ces réseaux, chacun attend des autres une approbation qu'il guette comme une gratification, une consolation de plus en plus addictive : beaucoup de personnes ne peuvent plus passer dix minutes sans vérifier s'ils n'ont pas reçu, sur leur compte en général anonyme, un message ; si quelqu'un n'a pas « liké » une de leurs publications. Et, si ce n'est pas le cas, ils repostent leurs messages, criant leur solitude et leur demande d'amour.

Et ce n'est pas tout…

Les réseaux sociaux démultiplient les fausses nouvelles : le cas Alice Donovan

À partir de l'été 2016, une journaliste freelance nommée Alice Donovan envoie régulièrement, pendant dix-huit mois, des articles aux rédacteurs en chef de CounterPunch, un média en ligne de gauche radicale créé en 1994, qui en acceptent plusieurs, sur des sujets aussi variés que la Syrie ou les emails cachés de Hillary Clinton ; certains autres de ses articles sont publiés par d'autres médias en ligne. En 2018, le FBI fait savoir aux trois patrons de CounterPunch qu'Alice Donovan n'est qu'une fiction créée par une agence de renseignement militaire russe. CounterPunch enquête alors et constate que nombre des articles signés d'Alice Donovan sont en fait des plagiats d'articles écrits par une certaine Sophia Mangal, journaliste affiliée à un certain Inside Syria Media Center, qui se présente comme un think tank américain créé en 2015. En cherchant davantage, les journalistes de CounterPunch découvrent que cette Sophia Mangal est, elle aussi, une fiction, ou au moins le pseudo de quelque inconnu qui recopiait des articles parus dans le *New Yorker* et *Arab News*.

Cela n'est pas un cas exceptionnel. Et même un média aussi à l'affût d'informations difficiles à trouver que CounterPunch a pu se faire piéger. On trouve partout sur la Toile ce genre de faux journalistes, répandant des fausses nouvelles. En remontant, on tombe souvent sur une autre agence russe, The Internet Research Agency, qui, en particulier pendant la campagne présidentielle américaine de 2016, aurait lancé une campagne de fausses nouvelles et produit des tweets et des articles pour Facebook, placés ensuite, sous de faux noms, sur des sites créés pour l'occasion ou dans des journaux occidentaux tout à fait respectables.

De tout temps aussi, on l'a vu, les rumeurs ont prospéré, reprises par le bouche-à-oreille, la presse papier, la radio et la télévision ; depuis très longtemps, des gens ont accepté de mentir pour de l'argent. C'est encore plus vrai avec les nouveaux médias : depuis 2004, les autorités chinoises font écrire sur les réseaux sociaux des millions de commentaires favorables au Parti communiste. D'autres pays, et bien des entreprises, font aussi publier en masse des commentaires élogieux de leurs actions, de leurs produits ou de leurs services. Au Royaume-Uni, le parti pro-Brexit a eu recours pour cela aux services de Cambridge Analytica ; et aux États-Unis, les deux partis y recourent très largement. Ces gens, ou ces robots, placent aujourd'hui plus de 500 millions de commentaires par an. C'est pratique courante aussi pour les restaurants, les hôtels, les firmes de cosmétiques.

Au point que les recommandations en ligne perdent toute signification et que nul ne sait plus qui y croire. On en est même à pouvoir financer par des sites du fundraising en ligne, du type Ulule, de façon anonyme, avec de toutes petites sommes, des films de propagande diffamatoires, faisant appel à l'ignorance et au goût du complot, bourrés d'erreurs à chaque image, faits de citations tronquées et de mensonges, dont *Hold-Up* est un exemple. Bien d'autres, on le verra, viendront, bien plus terribles, si la démocratie ne sait y mettre un point d'arrêt.

Les réseaux sociaux tuent : le cas de la Covid

La gestion de la pandémie a révélé, et révèle encore, que certains médias peuvent être extraordinairement dangereux. Certains se sont révélés extrêmement sérieux. D'autres ont été prêts à porter au pinacle les derniers gourous venus et à tuer en recommandant leurs mixtures.

Certains médias se sont révélés excellents et très sérieux. Les grandes chaînes nationales de télévision ont été en général, dans beaucoup de pays, excellentes. Même quand il fallait, comme aux États-Unis, contredire leur gouvernement. Certains journalistes, en particulier en France, en Italie, en Inde, en Grande-Bretagne, ont fait preuve de courage et de compétence. En revanche, les journaux à scandale et les tabloïds ont véhiculé les pires fausses nouvelles. Les chaînes d'information en continu, obligées dans les pays de nourrir leur antenne, ont donné la parole à des experts et des escrocs. Surtout à des escrocs.

Les réseaux sociaux ont, eux aussi, véhiculé de rares vérités et, à égalité de traitement, les pires mensonges ; ces messages ont tué. Et ces messages sont puissants et innombrables. Les « fake news » voyagent six fois plus vite que les vraies sur Twitter. Pour le mois d'avril 2020 seulement, un réseau mondial de fact-checkers (en France, les Décodeurs du *Monde*, le Factuel de l'AFP) a signalé plus de 50 000 posts mensongers sur Facebook. Aux États-Unis, selon une étude de la Carnegie Mellon University, 45 % des tweets liés à la Covid, de janvier à avril 2020, étaient des mensonges transmis par des robots. Selon le MIT, 50 % des conversations sur la Covid sont des mensonges. En Grande-Bretagne, en avril 2020, d'innombrables messages ont fait le lien entre la Covid et la 5G ; et de très nombreux techniciens et infrastructures télécom ont été attaqués dans toute l'Angleterre. Les traitements recommandés sur les réseaux sociaux sans vérification ont tué beaucoup de gens dans beaucoup de pays.

Il n'empêche que, au total, les médias classiques comme les réseaux sociaux n'ont pas joué le rôle qu'ils auraient pu jouer. En particulier, les médias classiques occidentaux ont, d'abord, suivi l'évolution de la pandémie en Chine, pour ne pas s'en inquiéter à temps, sans regarder attentivement ce qui se passait depuis décembre en Corée du Sud, où la réaction à la situation était rapide et très efficace, justement parce que les Coréens avaient suivi ce qui se disait en Chine sur WeChat avant que cela ne soit censuré. Or, si les médias du monde avaient rendu compte de ce qui se passait à Séoul plutôt qu'à Wuhan dès ce moment-là, le monde aurait pu beaucoup mieux se préparer ; la pandémie eût été mondialement mieux maîtrisée. En ce sens, on peut dire que les médias n'ont pas aidé les gouvernements à prendre la meilleure stratégie.

Les réseaux sociaux tuent aussi autrement : Samuel Paty

De tout temps, on l'a vu, les rumeurs, les mensonges, les calomnies, les dénonciations anonymes, murmurées, écrites, téléphonées, radiodiffusées ou télévisées ont tué.

En 2020, avec les médias en ligne et les réseaux sociaux, les moyens de faire du mal sont plus puissants que jamais : il est désormais possible, par un seul message anonyme, d'attribuer de façon très crédible une fausse déclaration à quelqu'un et de la faire savoir à tous impunément. Il est ainsi possible de ruiner durablement et mondialement une réputation par un tweet de 240 signes. Dans pratiquement aucun pays, ce genre de comportement n'est véritablement illégal. Ni contrôlé. Chacun peut être victime de cela une fois, et cela se répète à l'infini, par des gens sincèrement choqués ou par des manipulateurs malfaisants. De plus en plus nombreux sont les comptes anonymes qui diffusent de fausses nouvelles. Nombre d'entre eux sont des robots. Sur Facebook et sur Twitter, au moins 15 % des comptes renvoient à des robots. En tout cas, dans aucun pays, sauf dans quelques dictatures très fermées, il n'est possible de censurer ce genre de messages avant qu'il ne soit distribué ; au point que, même s'il est ensuite annulé, ou démenti, même si son auteur est ensuite sévèrement puni, la trace est toujours là et la calomnie continue à se propager.

Et plus une fausse nouvelle est répétée, plus elle acquiert de la légitimité. Surtout si elle est mise en forme, présentée comme une citation réelle d'un livre ou d'un journal ou d'une interview. Elle s'installe. Et celui à qui on la prête est en position d'accusé lorsqu'il cherche à la démentir : s'il existe quelques organismes chargés de la censure, ou de la vérification des faits, dont on reparlera, ils n'ont pas les moyens d'empêcher ces informations de traverser les murs et les frontières. Ils n'ont pas les moyens de distinguer les vraies et les mensonges.

Les exemples de ces méfaits sont innombrables. Des millions de gens en souffrent tous les jours. Parfois en secret. Parfois sur la place publique. Parfois cela reste virtuel. Parfois cela tourne au drame. Comme avec le professeur français d'histoire-géographie Samuel Paty, dénoncé sur les réseaux sociaux et assassiné par un terroriste islamiste à Conflans-Sainte-Honorine, en France, le 16 octobre 2020.

Les réseaux sociaux fabriquent des sectes meurtrières : le modèle QAnon

Comme les cassettes de Khomeini ont tué en 1978 en Iran, comme la radio des Mille-Collines a tué au Rwanda en 1993 et 1994, les réseaux sociaux fabriquent des croyances et des sectes meurtrières.

Aux États-Unis, en 2003, un jeune homme de 15 ans, Christopher Poole, ouvre un site, 4channel ou 4chan, qui se présente comme une copie de 2channel ou 2chan, fondé quelques années plus tôt au Japon par un étudiant, Hiroyuki Nishimura, et devenu un lieu d'échange clandestin entre jeunes. Comme le japonais 2chan à ses débuts, l'américain 4chan parle d'abord de mangas, puis, comme personne n'y exerce de modération, d'homophobie et de suprématie blanche. En 2015, Christopher Poole abandonne la direction de 4chan, reprise par le fondateur de 2chan, le Japonais Hiroyuki Nishimura. Le site devient alors le lieu de nombreuses dénonciations. On y déclenche une grande campagne contre John Podesta, le directeur de campagne de Hillary Clinton ; puis, en octobre 2017, un post anonyme y annonce que « l'extradition de Hillary Clinton est en cours depuis hier et il faut s'attendre à ce que ses complices fuient le pays et provoquent des émeutes, que l'armée américaine se prépare à mater ». Puis d'autres messages, soi-disant signés d'une personnalité masquée disposant prétendument d'une habilitation maximale aux secrets d'État, nommée « Q clearance » (d'où le nom de QAnon), annonce une prochaine opération, « Tempête », pour renverser les gens les plus puissants aux États-Unis, qui tenteront de se maintenir au pouvoir en déclenchant une guerre civile. Cette « personnalité anonyme » envoie ensuite des milliers de messages, dit « drops », sur le site 4chan, puis sur d'autres sites très liés à l'extrême droite américaine, comme 8chan et 8kun ; et sur d'autres sites comme Reddit, Facebook et Twitter, prétendant par exemple que le Parti démocrate est financé par un trafic pédophile visant à fournir aux dirigeants démocrates des enfants à manger pour leur permettre d'atteindre l'immortalité. Se forme alors un groupe de croyants, une secte, qui révère ce QAnon comme le gourou ; et prétend que le président Trump est leur allié et livrerait une guerre secrète contre les crimes sataniques et pédophiles des élites démocrates encore implantées dans le gouvernement, les milieux financiers et les médias. Le président Trump ne dément pas et retweete nombre de leurs messages. Fin 2020, près de 10 000 de ces « Q drops » sont recensés ; l'un de ces messages, sur Facebook, prétendant que 39 enfants enlevés venaient d'être retrouvés dans un camion dans l'État américain de la Géorgie, est partagé plus d'un million de fois ; chacun des posts de Q est débattu par des millions de gens ; des sénateurs américains les soutiennent. En août 2020, 3 millions de personnes sont dans les groupes QAnon sur Facebook. Devant les protestations, en octobre 2020, Facebook annonce que les pages associées à la mouvance QAnon seront supprimées, même si elles ne « contiennent pas de contenus violents ».

Cela n'arrête rien : des influenceurs sur Instagram relaient les posts de QAnon en Australie, au Brésil (où ils ont joué un rôle très important dans l'élection de

Bolsonaro), en Nouvelle-Zélande, en Allemagne, au Royaume-Uni, aux Pays-Bas, au Portugal, en Italie, en France ou en Afrique du Sud, où des posts partagés plusieurs milliers de fois expliquent que Pretoria est au centre d'un trafic d'êtres humains. Environ 80 candidats aux élections pour le Congrès américain sont ouvertement pro-QAnon. L'une d'entre eux, Marjorie Taylor Greene, est élue. John Ratcliffe, chef des services secrets de Donald Trump, est un de ses partisans.

Partant de l'Internet le plus profond, QAnon est ainsi devenu en trois ans une sorte de religion et atteint les classes moyennes américaines espérant en un sauveur, dont parlait déjà Norman Cohn, en 1957, dans son essai *The Pursuit of the Millennium*, René Girard dans *La Violence et le Sacré*, en 1972, George W. S. Trow, dans *In the Context of no Context*, en 1980, et tant d'autres.

Tout est en place pour bien pire, comme on le verra plus loin.

Les réseaux sociaux menacent la démocratie : l'élection présidentielle américaine de novembre 2020

En enfermant de plus en plus les gens dans des bulles de certitudes, en rendant plus difficile de savoir ce que pense l'autre, de connaître ses arguments, les passages entre camps politiques deviennent de plus en plus difficiles, on saborde tous les ponts entre ceux qui auront de toute façon à vivre ensemble. On encourage la colère et le ressentiment de ceux qui perdent une élection, qui ne peuvent voir cette défaite que comme le résultat d'un truquage, puisqu'ils n'ont pas accepté d'être informés par d'autres sources que celles de leur camp.

L'élection présidentielle américaine de novembre 2020 n'est pas anecdotique. Elle est le signe annonciateur d'un mouvement qui rendra la démocratie de moins en moins supportable aux minorités, qui forment souvent, en raison des modes de scrutin, des majorités éphémères.

Les chiffres parlent : selon World Values Survey, qui mesure les opinions dans 48 pays, le pourcentage des électeurs américains qui « veulent un leader fort, qui ne s'encombre ni du Parlement ni des électeurs » est passé de 25 % en 1990 à 37 % en 2017. Il doit être bien plus élevé aujourd'hui. La démocratie est en danger.

Ce qui s'est passé aux États-Unis se passe partout ailleurs, par la logique même des réseaux sociaux, qui permettent à chacun de s'enfermer dans ses croyances, sa culture, sa langue, son genre, même. En exacerbant la dynamique autistique et narcissique des serviteurs du marché, ce phénomène fabrique ce à quoi on assiste aujourd'hui : des sociétés unies se fragmentent pour n'être plus composées que de blocs de certitudes juxtaposés, qui ne peuvent plus se contenter de compromis, alors que c'est la base du processus démocratique.

Dis-moi comment tu t'informes, et je te dirai qui tu es

De tout temps, à toute époque, la façon de s'informer de chacun est, on l'a vu, déterminée par sa position dans la société, par son éducation, ses habitudes, sa curiosité, son esprit critique.

Ceux qui se tiennent éloignés de toutes les sources d'information, par choix ou par force, se concentrent sur ce qu'ils sont, sans progresser, sans apprendre, sans sortir des croyances qu'ils reçoivent de leur environnement familial ou religieux.

Ceux qui s'informent à des heures régulières, par des médias choisis une fois pour toutes, pendant des années, ne peuvent qu'être confortés dans leurs opinions ; c'est le cas de ceux qui ne lisent qu'un seul journal ; des auditeurs de la même station de radio ou de télévision, à longueur d'année ; de ceux qui ne consultent qu'une seule publication en ligne ou qui ne croient que ce que leur réseau social favori choisit de leur faire savoir.

Ceux qui agissent ainsi sont emplis de certitudes et condamnés à affaiblir leur esprit critique, à être disponibles pour croire à toutes les conspirations et à toutes les théories du complot qui pourraient défendre leur vérité.

Certains de ceux qui passent des heures sur les réseaux sociaux les plus divers, sans grille de lecture, ni curiosité particulière, ni exigence de qualité, et qui se croient des esprits libres, se font prendre aussi dans les filets de ces réseaux, qui analysent leurs préférences, leurs centres d'intérêt, et leur font connaître surtout ce qui est proche de leurs préjugés, sans même qu'ils en soient conscients. Ils les ramènent involontairement à la situation de ceux qui choisissent volontairement de n'entendre qu'un point de vue : pour ces gens-là, en plus, comme dans le passé pour d'autres médias ou pour des moyens de transport, le temps qu'on y perd est supérieur au temps qu'on y gagne.

Ceux qui, en revanche, parcourent avec exigence des dizaines de journaux, écoutent plusieurs radios, regardent plusieurs chaînes de télévision, lisent de nombreux journaux en ligne de qualité, ne se laissant pas aller à ne lire que ce qui conforte leur point de vue, ceux qui pensent contre eux-mêmes, conversent avec des amis, des parents ou des correspondants tolérants et fiables, en réel ou en virtuel, multiplient les sources de leurs connaissances du monde et développent leur esprit critique, ceux-là sont prémunis. Encore faut-il y avoir été préparé.

Ceux qui ont, en plus, accès aux cercles du pouvoir politique, national ou local, du pouvoir économique, technologique, culturel et scientifique, continuent, comme depuis trois mille ans, d'être les seuls à avoir accès aux informations essentielles pour investir au mieux leur argent, occuper des postes de pouvoir et créer une vie libre. Comme depuis toujours.

De fait, quelle que soit l'immensité des changements technologiques, démographiques, culturels, économiques, politiques et historiques, rien d'essentiel n'a changé depuis des millénaires ; du passé, on peut toujours extraire des lois, valables pour l'avenir.

Chapitre 12

Être informé, être libre et agir

2021-2100

George Orwell, dans un roman universellement connu, *1984*, publié en 1948 et inspiré par les totalitarismes hitlérien et stalinien, décrit comment un homme et une femme sont broyés par un système qui les force à nier ce qu'ils sont, en utilisant les méthodes des pires dictatures : la propagande, la surveillance, la réécriture de l'histoire, la novlangue, la police de la pensée ; au service d'un Big Brother.

Et c'est bien, d'une certaine façon, la réalité aujourd'hui, pour beaucoup d'humains. Non seulement pour ceux qui vivent dans les dictatures contrôlant plus du tiers de la population du monde, mais aussi pour ceux qui, dans les démocraties formelles, sont encore martyrisés, affamés, sous-éduqués, sous-informés, distraits, flattés dans leur ego ou soumis à un déluge numérique de messages sommaires, d'incitations commerciales, de propagande tapageuse, de dénonciations imaginaires, de nouvelles approximatives, d'indignations sectaires, d'appels à la violence et de surveillance de plus en plus étroite. Sinon que, loin des dictateurs, le Big Brother moderne n'est ni une personne, ni un

État, mais un système technique au service de quelques grandes fortunes.

On en serait donc là, après des milliers d'années de combat pour plus d'éducation, de culture, de raison, de lumières, de liberté, de progrès, de bien-être, d'information, de science, de créativité ? Faut-il se résigner à voir tant de gens faire un si triste usage des fabuleux moyens que tant de femmes et d'hommes de génie, tant de martyrs de la liberté, tant de chercheurs, de professeurs, de journalistes, d'entrepreneurs, de travailleurs, d'écrivains, de militants, d'artistes, ont rassemblé et ont transmis ? En particulier, faut-il se résigner à la façon dont, depuis vingt ans au moins, on a dévoyé les immenses promesses des technologies numériques ?

Et encore, n'est-ce qu'un début.

Ce qui attend les prochaines générations, et plus encore celles qui seront là dans un siècle ou deux (s'il y a encore une humanité dans un siècle ou deux) est bien plus extraordinaire encore. Bien plus fou. Pratiquement incomprehensible aujourd'hui.

Dans quel monde vivrons-nous ? Quelles conséquences auront les formidables mutations écologiques, technologiques, économiques, sociales, idéologiques, géopolitiques, culturelles, politiques, auxquelles on peut encore s'attendre ? Saura-t-on encore distinguer le vrai et le faux ? L'information et la distraction ? Existera-t-il encore des journaux ? des stations de radio ? de télévision ? des réseaux sociaux ? des journalistes ? Sera-t-on, plus encore qu'aujourd'hui, surveillés par des puissances privées et/ou politiques, sous prétexte de recevoir l'information la mieux adaptée aux besoins de chacun ? En particulier des informations sur sa santé ? Chacun voudra-t-il et pourra-t-il recevoir autre chose que des informations sur lui-même ? Les informations les plus importantes, celles qu'il faut savoir avant les autres pour qu'elles aient de la valeur, seront-elles toujours réservées à une infime minorité continuant d'accumuler l'essentiel des richesses du monde ? À quoi servira-t-il d'être informé si c'est pour être totalement contraint par la surveillance extrême de ceux qui informent et revendent ensuite les informations de ceux qu'ils informent au plus offrant, ou les cèdent au pouvoir politique dont ils dépendent ? Toutes les informations, vraies et fausses, seront-elles un jour fabriquées par des automates, directement branchés sur des sources infinies de fausses nouvelles ? Chacun aura-t-il accès à l'infinité des hologrammes des mondes des autres ? Peut-on imaginer plus encore ? Peut-on imaginer mieux encore ? Un avenir de liberté de l'information est-il encore souhaitable et possible ?

Quelles leçons tirer du passé ?

Pour bien comprendre ce qui s'annonce, et pour que nos sociétés ne soient pas un jour balayées par les outils qu'elles ont créés pour lire, entendre, voir, savoir, il faut d'abord tirer les leçons de l'immensité des événements, des technologies, des aventures qui jalonnent l'histoire de l'information et des moyens de communiquer. Car, dans ce passé, on peut repérer des motifs, des invariants, des constantes, des tendances qui forment comme des lois de l'histoire des médias.

On peut déceler dans l'Histoire quelques lois, valides depuis quelques millénaires, et qui pourraient le rester pour quelques décennies au moins. Rappelons-les :

1. Les moyens de distribution de messages privés se transforment les uns après les autres en moyens de communication de masse : le courrier devient le journal ; le téléphone devient la radio ; la photographie devient la télévision ; le message électronique devient Internet. D'autres moyens de transmission de l'information suivront.
2. Les moyens d'informer servent aussi à se former, à se cultiver, à se distraire et à créer des œuvres d'art. Ils ont rendu possibles la sculpture, la gravure, l'imprimerie, la photographie, le disque, le cinéma, la radio, la télévision, le jeu vidéo et les jeux en ligne.
3. Les diverses façons de produire et de distribuer des informations, devenues les unes après les autres des activités commerciales, sont tour à tour automatisées et remplacées par des artefacts (de l'imprimerie aux réseaux sociaux).
4. Un outil de communication est avant tout une source de pouvoir pour le politique, de profit pour ses propriétaires, et de distraction pour ses clients.
5. La forme idéologique, culturelle, économique, politique de chaque société détermine largement la façon dont chacun peut, ou choisit, d'y être informé.
6. Réciproquement, l'avenir politique, culturel, économique et social de chaque société dépend de la façon dont chacun de ses membres est, ou n'est pas, informé.

7. La principale puissance géopolitique d'une époque est la nation qui maîtrise le mieux les moyens de communication et d'information du moment et qui sait s'en servir pour rayonner hors de ses frontières.
8. Le pouvoir exige d'avoir les moyens d'être informé en premier des choses vraiment importantes, de choisir quelles informations transmettre aux autres, de censurer, de cacher ou de dénigrer toutes les autres.
9. Les médias cherchent depuis toujours à connaître les goûts de leurs clients, comme les pouvoirs cherchent à connaître ceux de leurs sujets ; les uns et les autres cherchent à surveiller, séduire, distraire, capter l'attention ; à valoriser au mieux les données qu'ils en obtiennent, soit policièrement, soit politiquement, soit financièrement.
10. De plus en plus de gens, en nombre absolu comme en nombre relatif, ont accès à des informations vérifiables et démontrables. De plus en plus de gens sont en situation de fournir des informations fiables, dont ils sont témoins ou dont ils peuvent analyser les conséquences.
11. L'égal et libre accès de tous à toutes les informations pertinentes et utilisables pour l'action est la condition d'existence de la démocratie, même si cela ne peut suffire à empêcher une dictature de s'installer.
12. Tous les sens ont été, sont et seront successivement mis à contribution pour communiquer, informer, manipuler, asservir, agir, libérer : après la vue et l'ouïe, viendront le toucher, l'odorat et le goût. Et bien plus encore.

Si toutes ces tendances, à l'œuvre depuis des millénaires, se prolongent, et il n'y a pas de raison que cela ne soit pas le cas, on continuera, pendant quelques années encore, dans de nombreux pays, d'acheter et de lire des journaux imprimés sur du papier, d'écouter la radio, de regarder la télévision, d'utiliser les réseaux sociaux. De plus en plus de personnes se diront journalistes et créeront des médias. Ils seront pour les uns de plus en plus fiables, et pour les autres de plus en plus partisans, sectaires ou mensongers. Les privilégiés continueront, et pour longtemps encore, de bénéficier avant les autres des informations décisives, et d'en tirer des occasions de faire fortune.

Et puis, les uns après les autres, ces médias évolueront et disparaîtront, en tout cas dans la forme où on les connaît aujourd'hui. Et avec eux pourrait disparaître, pour beaucoup, l'accès à la littérature, à la connaissance des enjeux du monde, à la vérité et à la liberté. Les plus riches et les mieux informés connaîtront de nouvelles ivresses, de nouvelles sensations, jusqu'à être un jour plongés dans les artefacts des événements, et plus seulement informés de leur déroulement. Puis, un jour, ils deviendront eux-mêmes des artefacts consommant des artefacts, de toutes les façons possibles. À moins que des humains, assez nombreux, se battent et réussissent à ce que l'humanité tout entière obtienne les moyens de s'informer, de se cultiver, de critiquer, de chercher, de penser, d'être libre.

Quel monde, demain ?

On a vu que la forme idéologique, culturelle, économique de chaque société détermine très largement la façon dont on y est informé. Pour comprendre ce que vont devenir les façons de s'informer, il faut donc comprendre, autant qu'il est possible, ce que deviendront demain les sociétés et comment elles seront, en retour, influencées par l'évolution des façons de s'informer.

S'il est possible de raconter l'histoire de l'humanité depuis six mille ans et de son rapport à l'information, peu osent en déduire à quoi ressembleront nos sociétés dans un siècle ; et en particulier la façon dont on s'y informera. Il est vrai que c'est très difficile : les paramètres qui déterminent le futur sont innombrables ; qui aurait même pu prédire, ne serait-ce qu'en 2000, le monde de 2021 ?

Prédire l'avenir n'est pas impossible. Il existe une immense littérature de science-fiction, qui donne à entrevoir les mille et un avenirs possibles. Des films décrivent l'envahissement vraisemblable du monde par des écrans, et la façon dont s'y mêleront le réel et le virtuel. Il existe aussi une passionnante littérature de futurologie, qui décrit quelques tendances longues. Et je m'emploie à développer une méthodologie depuis de longues années qui a donné quelques résultats. Voici le plus probable.

Pendant quelques décennies encore, la population mondiale continuera d'augmenter, puis se réduira ; le climat se détériorera ; avant, peut-être, de s'améliorer ; le niveau éducatif et culturel de la société mondiale, et en particulier celui des femmes, s'améliorera ; de plus en plus de gens vivront dans, ou à proximité, des villes ; le mode de vie, le travail, la consommation, seront, pour un moment encore, rapides, flexibles, nomades ; travail et consommation se confondront en de plus nombreuses occasions ; la solitude sera de plus en plus grande, au travail et dans la vie privée ; les couples, comme les emplois, seront de plus en plus précaires ; les exigences climatiques imposeront une sobriété énergétique et l'abandon aussi rapide que possible des énergies fossiles.

Le marché et ses maîtres informeront, surveilleront, persuaderont, contraindront ; l'information, la plus rare, celle qui a de la valeur, sera encore monopolisée par les mêmes, leurs héritiers, et ceux qui sauront se glisser dans les interstices de ces mondes clos pour y prendre une part. Les autres seront occupés à gagner leur vie et à se distraire, étant eux-mêmes leur principal sujet de distraction.

Les industries qui recueilleront l'essentiel des investissements seront les industries de la vie (la santé, l'hygiène, l'alimentation, l'agriculture, l'éducation, la culture, la recherche, le numérique, la distribution, les énergies propres, le logement durable, l'eau propre, la sécurité, la démocratie, l'information, la distraction, l'hospitalité, l'assurance et le crédit). De plus en plus d'activités humaines seront automatisées ; les lois de Moore et de Metcalfe s'appliqueront encore très longtemps. Les modes de communication continueront d'évoluer selon les douze lois précédentes.

Les principales puissances actuelles (les États-Unis, la Chine et l'Europe) s'opposeront au moins pendant un demi-siècle, économiquement, politiquement, militairement, culturellement ; puis viendront de nouvelles puissances, démographiques, économiques, puis militaires :

l'Inde et le Nigeria, l'Indonésie et le Brésil. D'immenses forces radicales continueront de faire trembler le monde.

L'humanité sera de plus en plus clairement organisée en trois groupes : l'un, très minoritaire, composé de nomades de luxe, contrôlant l'essentiel des pouvoirs, des savoirs et des richesses ; un deuxième, les plus pauvres, nomades de misère extrême, mourant encore parfois de faim ; et un troisième, entre les deux, nomades virtuels, rêvant de rejoindre le premier groupe et redoutant de basculer dans le deuxième.

Dans le premier groupe, l'information continuera de circuler dans de tout petits cercles d'amis, de riches, d'investisseurs, de financiers, de chercheurs, d'universitaires, d'entrepreneurs, qui connaîtront encore avant les autres l'état de la science, de la technologie, des marchés, des innovations, et sauront quelles personnes rencontrer. Dans le deuxième, les plus pauvres n'auront des nouvelles du monde que par le téléphone ou son successeur. Dans le troisième enfin, la classe moyenne sédentaire, on aura encore accès aux journaux aussi longtemps qu'ils existeront.

S'ils ne réagissent pas très vite, les États perdront progressivement tout pouvoir face aux grands groupes collecteurs d'informations, qui assureront, avec les données collectées, tous les services publics d'aujourd'hui (de l'éducation à la distraction, de la production à la santé, de la consommation à la distraction, de la banque à l'assurance, de la police à la justice, de la naissance à la mort).

Chacun sera de plus en plus enfermé dans sa bulle, fuyant les informations contradictoires. Les compromis seront alors plus difficiles à construire entre des groupes de plus en plus retranchés dans leurs certitudes ; la liberté individuelle sera moins recherchée que la sécurité. Les exigences environnementales imposeront des contraintes de plus en plus fortes : on passera de l'hypersurveillance où nous sommes déjà à l'autosurveillance, où chacun fournira volontairement de plus en plus d'informations sur lui-même à ceux qui lui fourniront d'autres services en échange ; et chacun fuira la peur de la mort par la distraction, plus encore que par toute croyance ou tout rituel.

Face aux immenses contradictions que ce monde prépare, avant même d'en arriver à ces extrêmes, surgiront, surgissent déjà, des groupes réclamant qu'on en finisse avec ces cauchemars, qu'on donne un sens au monde et qu'on se débarrasse de ceux qui profitent outrageusement de celui-là.

Certains de ces groupes défendront des idéologies de la foi, de l'enracinement, de la fermeture, du sectarisme ou du communautarisme au service de minorités maltraitées ; certains y dévoieront les idéaux écologiques. D'autres voudront tout simplement se débarrasser de ceux qu'ils croient puissants. Ils feront régner la terreur et triompheront dans certains pays, où ils installeront, pour un temps, des dictatures sociales, religieuses, identitaires ou écologiques.

D'autres groupes combattront pour le respect des libertés individuelles, pour la mise en place de démocraties réelles, positives, c'est-à-dire accordant le droit de vote aux générations futures et organisant une gouvernance planétaire des grands enjeux communs.

Qui gagnera ? Rien n'est joué. Les médias seront encore des armes essentielles de ces batailles.

Certains journaux papier survivront un moment encore

Dans bien des pays, pendant quelque temps encore, un nombre croissant de personnes auront le temps, la liberté politique, les moyens financiers et la curiosité intellectuelle de lire la presse papier. Dans la plupart de ces pays, les gens continueront de souhaiter recevoir à domicile des journaux quotidiens et des magazines avant de partir travailler. Pour autant, ils seront de moins en moins nombreux.

Dans certaines rares démocraties, tel le Japon, la presse papier est assurée de son avenir, pour quelques longues années. En particulier, ceux des quotidiens de ces pays qui sont aujourd'hui parmi les dix premiers du monde resteront un moment encore lus, et rentables. Dans les autres démocraties, les quotidiens disparaîtront peu à peu, les plus résilients étant les journaux sportifs et quelques titres locaux.

Pour autant, dans tous ces pays, un nombre croissant de jeunes voudront être journalistes. Ils se rabattront, on le verra, sur d'autres médias.

Dans certaines dictatures, comme la Chine, les quotidiens continueront un temps à transmettre au public les ordres et les nécessités quotidiennes. Ils resteront, directement ou indirectement, la propriété du parti unique.

Partout, les magazines, quelle que soit leur périodicité, resteront un peu plus durablement lus, pour donner à comprendre les événements, permettre d'en rire ; mais surtout pour servir des publics spécialisés, pour donner le programme des autres médias, pour raconter la vie des célébrités fugitives, traiter de la vie associative, de sport, d'environnement, d'économie, de spectacle, de questions de genre et de minorités, et d'innombrables autres sujets spécifiques. Tous ces journaux pourront être encore rentables, sans même avoir nécessairement une version numérique, s'ils savent apporter un contenu original et utile à des clientèles très particulières, dont ils pourront chercher à mieux comprendre les désirs par les applications qui succéderont à Chartbeat.

Quand ils ne seront pas la propriété dissimulée de dirigeants politiques, ces journaux appartiendront à de grands groupes financiers ou à de grandes entreprises collectrices de données, qui les utiliseront pour compléter leurs moyens de connaître les comportements et les réseaux de leurs utilisateurs dans le but de leur vendre ensuite bien plus que de l'information : des assurances, du crédit, de l'éducation, des armes, de la nourriture, des moyens de transport, etc.

On pourra s'abonner à plusieurs de ces journaux papier à la fois, comme on le fait avec Netflix ou Apple pour le cinéma ou avec Spotify pour la musique. De telles plateformes d'abonnements multiples existent déjà, avec un certain succès : le canadien Press Reader, leader mondial de ce marché depuis 1999, avec 12 millions d'utilisateurs mensuels, donne accès par un abonnement unique à plus de 7 000 journaux et magazines en 60 langues. Le suédois Readly rassemble depuis 2013 3 400 titres, dont 1 000 en langue allemande. L'américain Magzter, fondé en 2011, rassemble aujourd'hui plusieurs dizaines de millions de lecteurs, notamment en Inde, autour de plus de 5 000 titres. Au Japon, Nordoc Inc, fondé en 2015, rassemble aujourd'hui 6 millions de lecteurs autour de centaines de titres, en japonais et en anglais. En France, Cafeyn regroupe 1 600 titres, et ePresse, 450 titres.

Cependant, à plus ou moins long terme, dans la plupart des pays, et malgré la qualité et le désir des journalistes, le modèle économique de la presse papier deviendra intenable.

D'abord, les quotidiens (puis les magazines) n'apporteront plus à temps des informations que chacun aura déjà reçues par d'autres médias ; et les journaux quotidiens n'auront pas toujours les moyens et le recul nécessaire pour apporter l'analyse de fond qu'un hebdomadaire peut encore fournir. Ensuite, ces journaux seront peu à peu totalement privés de publicité, les marques trouvant plus d'intérêt à placer directement leurs annonces sur les réseaux sociaux (mieux ciblés), sur les comptes personnels d'influenceurs (ayant plus d'impact), à s'immiscer dans les informations elles-mêmes, et par de toutes nouvelles méthodes qui vont bientôt apparaître. Ensuite encore, le coût de la distribution, sous forme de kiosques ou de portage, va devenir prohibitif, comparé au coût, quasi nul, de la distribution numérique. Enfin, il est peu vraisemblable que la presse papier ait un grand avenir dans les pays où elle n'est pas encore développée, comme dans les pays africains. En particulier, le Nigeria (appelé à devenir dans un siècle un des – sinon le – pays les plus peuplés au monde) et la République démocratique du Congo (premier pays francophone) devraient passer directement à la presse numérique, comme ils sont passés directement au téléphone mobile sans passer par l'étape du téléphone fixe.

Les journaux papier devront donc, pour survivre, développer les podcasts ; des réseaux sociaux, des séminaires, des forums ; réduire massivement leur nombre de journalistes, employer des pigistes ou des contributeurs gratuits. À moins de trouver, encore une fois, des mécènes ayant d'autres buts que la rentabilité. On y reviendra au chapitre suivant.

Dans certains pays, le journal papier disparaît déjà : en Norvège, pays où la pénétration des smartphones est la plus élevée au monde (plus de 95 %), et bien que le public ait très confiance dans la presse, certains journaux basculent déjà entièrement en numérique : les abonnements numériques constituent, en 2021, l'essentiel des revenus du quotidien *Aftenposten*. Les journalistes y assument de ne plus travailler que pour l'écran du téléphone mobile : « Nos articles sont pensés pour ça, et rien que pour ça. »

En Suède, nombre de rédactions de grands journaux sous-traitent déjà la totalité de la production du contenu de leur version papier à une agence extérieure, pour se concentrer sur le seul digital ; ainsi, le contenu de la version papier du *Svenska Dagbladet*, possédé par Schibsted, est sous-traité à l'agence de presse TT News Agency, qui le compose à partir de ses dépêches et des articles les plus lus sur le site Web du journal.

Les médias mixtes : le leadership menacé du New York Times

Parmi les journaux soucieux de maintenir leur indépendance financière, beaucoup développeront une version numérique, en tentant pour certains de conserver une version papier, qui permettra de réduire les coûts communs. Un succès exemplaire avec cette stratégie, on l'a vu, est celui du *New York Times*, aujourd'hui rentable. Au début de 2021, il a 5 millions d'abonnés numériques (ce qui en fait le premier journal numérique du monde). Et alors que son ambition était en 2011 d'atteindre 10 millions d'abonnés en 2025, elle est désormais d'attirer l'ensemble de la population mondiale adulte, diplômée et parlant anglais, soit, selon la formule orgueilleuse du directeur général du journal, plus de 200 millions de personnes qui « voudront savoir ce qui se passe aux États-Unis, et plus généralement en Occident ». Le journal veut même s'imposer « comme la seule source fiable mondiale indépendante d'information ». Il pense avoir pour cela de moins en moins de concurrents, car cela exigera, dit-il, « une énorme équipe de journalistes de très haut niveau, très difficile à réunir, d'une façon rentable ».

Outre le caractère extraordinairement impérial et arrogant d'une telle ambition, et indépendamment des dérives récentes de ce journal, qui en font de moins en moins « une source fiable d'information », on pourrait voir se développer, en Inde comme au Nigeria au moins, et peut-être même aussi en Chine, au Vietnam, ou ailleurs en Europe, des éditions internationales de journaux fournissant à bien moindre coût que le *New York Times* des nouvelles mondiales, en un excellent anglais, avec des journalistes très compétents, avec un contenu beaucoup moins imbibé par l'impérialisme, le relativisme et le communautarisme américains : l'arrogance est le pire ennemi du puissant...

D'innombrables autres titres numériques se développeront avec leur version papier.

Chacun pourra aussi bientôt (peut déjà) se fabriquer son journal numérique à partir de ses préférences, en rassemblant des articles pris dans tous les médias qui l'intéressent, sans avoir à se référer au site de chacun d'entre eux. De très nombreux journalistes peuvent aussi développer seuls les journaux numériques, avec des logiciels de plus en plus sophistiqués – cette piste étant une des plus prometteuses et des moins suivies, on y reviendra dans le chapitre suivant.

Pour autant, l'abonnement numérique à un média, quel qu'il soit, ne sera pas aisé à décrocher devant l'abondance d'informations gratuites, en particulier à la radio, à la télévision et sur d'innombrables sites ou plateformes, qui produisent des informations et des commentaires gratuits, ou qui volent pour cela le contenu d'autres médias.

Au total, à terme, les seuls journaux papier qui survivront un temps seront des titres spécialisés, pour des publics particuliers, surtout âgés, auxquels ils apporteront un sentiment d'appartenance. Ce seront des journaux soutenus par des entreprises pour leurs salariés ou leurs clients ; par des compagnies d'assurances pour leurs assurés ; par des associations pour leurs membres ; par des Églises pour leurs fidèles ; par des médias pour leurs spectateurs. Ils contiendront des articles d'explication, replaçant les événements d'un domaine particulier dans leur contexte culturel et historique, allant chercher du sens dans le passé, pour redonner des racines à des sociétés nomades et éphémères, utilisant des expertises extérieures. Ces périodiques seront de plus en plus des brochures, des albums, des publications hybrides, intermédiaires entre le magazine et le livre.

Aussi longtemps qu'ils existeront, les journaux papier continueront aussi d'être les réceptacles de diffamations, de faux scandales, d'appels au meurtre. Comme ils l'ont été depuis des siècles. Le désir d'en finir avec les élites, de démolir les idoles, sera de plus en plus prégnant. Et la presse trouvera des sources d'inspiration.

Continueront aussi de se développer ce qui n'a jamais cessé d'exister depuis les *avvisi* du XVIe siècle : des lettres confidentielles, très chères ou envoyées gratuitement par de grandes institutions financières à leurs clients. Les informations qu'elles contiendront auront encore un poids considérablc dans les décisions financières et politiques, avant d'être reprises, sans plus aucun avantage financier, par les autres médias. Si elles passent au numérique, pour accélérer la vitesse de communication de leurs informations, elles devront utiliser les technologies les plus avancées du cryptage.

Certaines d'entre elles, on le verra, tenteront avec succès de devenir des médias grand public, en assumant le fait que le grand public a droit aux mêmes vérités que les puissants.

La radio, média nomade de l'avenir

Ce média, qui existe depuis maintenant un siècle, a encore un grand avenir devant lui. Il a été et restera encore le premier et principal point de contact avec les informations générales des populations éloignées des grands centres ; là où Internet est disponible, on l'écoutera sur un téléphone, par le DAB ou par VPN. Les urbains écouteront la radio au bureau, à domicile, en faisant du sport, dans les transports en commun, en marchant, en faisant du vélo ou en voiture (à condition de ne pas l'écouter avec un casque en conduisant). Certaines applications, comme Radio Garden, permettent déjà d'écouter dans d'excellentes conditions toutes les stations du monde, sous réserve de l'octroi de licences. On pourra de plus en plus aisément créer de nouvelles stations avec des programmes de plus en plus pointus. Il est et deviendra de plus en plus facile de créer des radios en toute langue, ce qui favorisera la survie de langues menacées, et remettra en cause, en particulier grâce aux traductions automatiques, le *globish*, cet anglais sommaire qui semble se répandre dans toutes les conversations.

Les revenus des radios privées seront pour l'essentiel de la publicité, sous forme de parrainage d'émissions ou de podcasts. Les revenus des podcasts dépasseront même un jour ceux de la radio proprement dite.

La musique, le sport et les informations resteront les principaux programmes. Des émissions sont et seront produites par les journalistes attachés à la station, des spécialistes extérieurs, ou proposées par les auditeurs. Les ruraux l'écouteront pour s'informer, se cultiver, se distraire, se relier au monde, et aussi pour la météo et les conseils agricoles. Il y aura de plus en plus de stations spécialisées, dans des domaines de plus en plus variés, et des radios de plus en plus personnalisées, telle Radiant, qui établit une liste de lecture en fonction des préférences de chaque auditeur, du moment de la journée et du temps qu'il fait, et qui fournit en permanence les dernières nouvelles. Chacun pourra aussi regrouper dans un média personnel des programmes pris dans plusieurs stations de son choix.

D'autres médias, écrits ou télévisés, lanceront des radios. Des applications spécifiques (Audacity, Reaper, Garage Band, Speaker Studio...) permettent déjà de réaliser des émissions et de les mettre en ligne, sous licence, sous forme de podcasts. Des sociétés (Buzzsprout, Transistor et le français Audiomeans) proposent aussi un hébergement, une distribution et une monétisation de ces podcasts qui sont et seront aussi diffusés sur des plateformes commerciales classiques, telles que Spotify ou Deezer.

La télévision, un média incontournable et pourtant dépassé

La télévision, qui n'est opérationnelle que depuis 1945, a encore un très grand avenir, dans une large partie du monde. Pour se distraire, s'informer, et pour suivre en direct des événements sportifs et des élections.

Apparaîtront de nouveaux écrans, pas nécessairement plats, intégrés aux murs des appartements et des bureaux, aux vêtements, aux meubles. Les téléphones et les écrans seront largement remplacés par des lunettes qui permettront de voir les images du correspondant en réalité virtuelle. On verra se développer des chaînes spécifiques, pour des publics très particuliers, parfois pour des programmes très courts d'explication, sur le modèle de YouTube, TikTok, NowThis ou Brut, dont les temps de visualisation augmenteront, et qui deviendront des médias de plus en plus prisés, même par ceux qui recherchent des informations pointues et qui s'éloigneront des chaînes d'information. L'interview du président français, Emmanuel Macron, le 4 décembre 2020, sur Brut, en constitue un premier exemple. Des programmes spécifiques seront aussi fournis à ces nouveaux supports par Netflix, HBO, Amazon Prime, YouTube (plus de 2 milliards de personnes se connectent au moins une fois par mois sur YouTube fin 2020).

Pour choisir quel reportage, quel article, quelle émission, et produire, des journalistes lanceront des sujets de conversation sur les réseaux sociaux et chercheront comment réagissent les graphes sociaux pour déterminer ceux des sujets qui auront le plus d'impact et sur qui. Apparaîtront aussi des sujets d'abord très universitaires, puis plus suivis, pour lesquels on prendra la peine d'investir pour leur contenu. On créera des médias permettant, en regardant une émission avec une communauté particulière, d'échanger, sur l'écran, avec cette communauté, comme on peut le faire déjà avec certaines applications numériques. On pourra aussi (c'est ce que propose déjà la fonction Smart TV Vidaa) demander à haute voix en direct à son écran de fournir des informations sur tel vêtement porté par un ou une journaliste, ou un acteur ou une actrice, sur tel accessoire, et l'acheter en ligne.

Chaque être humain, chaque groupe social, pourra se fabriquer sa chaîne de radio et de télévision, sur YouTube ou ailleurs, avec les journalistes et artistes de son choix et des publicités personnalisées. Chacun pourra ensuite intervenir dans la narration d'une fiction ; c'est déjà disponible pour certains dessins animés, par le Craft Technology développé par le Allen Institute for Artificial Intelligence.

On verra aussi se développer des stations de radio et des chaînes de télévision provisoires, dirigées pour ou contre une personne, ou pour ou contre un groupe, ou pour défendre une cause, louable ou détestable. Pour en appeler à la résistance contre la dictature, ou pour en appeler au meurtre, comme c'est déjà le cas depuis longtemps.

Dans ces médias de plus en plus éclatés, les journalistes seront de plus en plus des auto-entrepreneurs, employés précaires de médias précaires pour des spectateurs évanescents. Leurs droits, leurs protections, leurs spécificités professionnelles seront partout remis en cause, par les autorités comme par leur public.

Les réseaux sociaux : informer pour être informé

Chacun s'informera pendant quelque temps encore, par Facebook, LinkedIn, Twitter, Instagram, TikTok, WeChat et par leurs concurrents et successeurs, indiens, nigérians, mexicains, indonésiens et européens.

Chacun continuera de faire connaître sur ces réseaux des informations sur lui-même, et de rechercher les informations, les événements et les gens qui influent sur sa propre vie. Beaucoup continueront de ne chercher comme sources d'information que ce qui conforte leur point de vue et y seront conduits par le jeu des algorithmes qui font tout pour que les utilisateurs restent le plus possible sur les réseaux.

Chacun sera entouré de capteurs, qui donneront sans cesse aux réseaux des informations sur sa santé, l'état de son frigidaire, de ses comptes en banque, et sur ses proches.

Chacun pourra être tenu, par la loi ou un contrat, de fournir ces informations à des gouvernements, des entreprises de données, des compagnies d'assurances. Chacun devra informer, pour être informé.

Ceux qui collecteront ces données et maîtriseront les graphes sociaux pourront envoyer des propositions commerciales, décider qui est dangereux ou simplement déviant de la norme, cesser d'assurer quelqu'un qui ne respecte pas ses obligations sportives ou qui passe trop d'heures devant la télévision, qui regarde trop d'émissions de cuisine ou dont les constantes de santé se dégradent. Les réseaux sociaux seront aussi un moyen pour chacun d'informer les autres : une personne envoyant un message à cinq groupes WhatsApp de 255 personnes peut atteindre 1,4 million d'individus après seulement six itérations. Et plus encore sur Telegram et d'autres réseaux.

L'Inde sera le principal pays de croissance de médias nouveaux. D'ici à 2025, 500 millions d'Indiens supplémentaires se connecteront à Internet et aux réseaux sociaux. Ils seront alors plus d'un milliard connectés. Puis ce sera le tour de 2 milliards d'Africains. Ils inventeront bien des applications encore inimaginables, dont je donne quelques idées plus loin.

L'application ultime de ces réseaux pourrait ressembler à ce que tente d'être WeChat en Chine et que bien d'autres imiteront : une application unique pour converser, se distraire, être informé, acheter, surveiller ses comptes, payer ses impôts et savoir si on est éligible à des programmes sociaux, voter, suivre des cours, jouer en ligne, etc.

Le cours de Bourse de ces applications étant fondé sur leur croissance, elles ne pourront survivre que par une croissance qui pourra venir en partie de leur substitution aux autres médias. Et, comme Amazon ne pourra survivre qu'en concurrençant les marques qu'elle abrite, les réseaux sociaux ne pourront survivre qu'en concurrençant tous les autres médias. Google a déjà prévu de supprimer, à partir de 2022, les « Third Party cookies », privant aussi les agences de publicité et les médias de toute information sur ceux qui les contactent en passant par ce moteur de recherche.

Si tout cela se réalise, quelques journalistes seront les nouveaux *avvisi* numériques, pour des publics solvables. Les autres ne seront plus que ces « *collapsing dominants* » dont parlait déjà George W. S. Trow. Avant d'être, eux aussi, remplacés par des machines.

Le journalisme d'artefact

Un très grand nombre de journaux emploieront longtemps encore des journalistes ; un très grand nombre de gens seront, partout dans le monde, assez cultivés et motivés pour écrire des articles pour un prix dérisoire, ou même gratuitement, pour avoir le plaisir d'être publiés, ou lus, ou vus ; ils le feront, dans les innombrables journaux numériques, blogs, podcasts, radio, télévision et autres réseaux sociaux, pour défendre de bonnes ou de mauvaises causes, de façon désintéressée, honnête ou mensongère. Dans ces nouveaux *avvisi* numériques dont je prévois l'émergence.

Puis les travailleurs humains seront remplacés progressivement, dans les médias comme ailleurs, par des artefacts.

L'automatisation de l'activité médiatique s'inscrit dans la tendance historique très longue à l'automatisation de toutes les activités humaines ; et en particulier, on l'a vu dans les chapitres précédents, dans la tendance longue à l'automatisation de la manipulation de l'information.

Cette automatisation permettra de fabriquer des articles de presse, puis des émissions de radio et de télévision, sans intervention humaine. Elle permettra de réduire massivement le coût de l'information. Comme pour d'autres métiers, la disparition des journalistes passera par leur prolétarisation, qui commencera, qui a déjà commencé, par leur féminisation.

Voici comment ce processus s'engagera : ce que permet la loi de Moore ne se réduira plus à automatiser la reproduction des informations, mais conduira à automatiser la production d'informations elle-même.

Cette automatisation commencera par l'écrit. De nombreux logiciels le permettent déjà en partie.

Grammarly détecte le plagiat et propose à un rédacteur des commentaires sur le choix des mots ; c'est d'ailleurs la seule activité d'automatisation de l'acte d'écrire qui est, fin 2020, parfaitement opérationnelle. Google Translate commence aussi à pouvoir traduire des textes et il est déjà utilisé, aux États-Unis, par les *Annals of Internal Medicine*, pour produire des versions anglaises d'articles médicaux écrits dans de nombreuses autres langues. Smart Compose suggère des mots et des phrases pendant l'écriture d'un mail, en créant une représentation mathématique du style de chaque utilisateur, à partir de l'analyse de sa correspondance numérique, réduisant le temps d'écriture des mails, qui, selon McKinsey, occuperait en 2021 le quart de la journée de salarié du tertiaire.

Narrative Science peut transformer des données comptables ou industrielles en un récit leur donnant un sens ; il est déjà utilisé par des journaux, tels le Scandinave *Schibsted* et l'Américain *Washington Post*, pour rédiger automatiquement le compte rendu d'un match de football, les résultats d'élections locales, ou un rapport sur les cours de certains produits de base. Wordsmith d'Automated Insights génère aussi des textes explicatifs à partir de données brutes et il est déjà utilisé par Yahoo et Associated Press.

AI Writer génère des articles à partir d'un titre ou sujet. Articoolo fait de même et permet en plus de choisir le nombre de mots de l'article (jusqu'à 500). Article Forge propose de sélectionner des articles liés à un mot donné, en fait une synthèse en 60 secondes, dans un langage assez classique pour qu'on puisse penser qu'un humain l'a écrit. Lightkey mémorise des habitudes d'écriture et termine les phrases. Writer.com, anciennement Qordoba, uniformise les styles rédactionnels de tous les employés d'une même entreprise ou d'une même rédaction.

GPT-2 (Générative Program Transformer) est le plus prometteur. Développé par le laboratoire en intelligence artificielle OpenAI, une entreprise créée en 2015 par Elon Musk et Sam Altman, il possède environ un milliard et demi de paramètres ; il est entraîné par plus de huit millions de textes, et est capable, depuis 2019, avec encore beaucoup d'erreurs, d'écrire un article à partir de quelques phrases donnant un thème et un ton. Son successeur, le GPT-3, lancé par la même entreprise en juin 2020, compte cent fois plus de paramètres ; il pourra bientôt, selon ses concepteurs, générer d'une façon crédible du langage HTML, créer des pages Web, alimenter des *chatbots*, traduire des poèmes, écrire des articles dans un style particulier, et même « écrire des essais de philosophie du même niveau que ceux d'un étudiant en licence » ; Google, YouTube et Netflix l'utilisent déjà pour mettre en forme la façon dont ils communiquent les résultats de recherche.

Le *Guardian* a publié en septembre 2020 sur son site un éditorial entièrement écrit par GPT-3, intitulé : « Un robot a écrit cet article. Êtes-vous déjà effrayés, humains ? » Enfin, un ingénieur a dialogué sans le savoir sur Reddit avec un interlocuteur, nommé « thegentlemetre », en fait un automate, qui répondait par GPT-3 à ses questions en moins d'une minute, avec des textes de six paragraphes, non copiés sur Google, et des phrases aussi sophistiquées que : « Le but de cet exercice est d'éviter de penser que vous passez votre vie à travailler pour de l'argent. »

Plus tard, GPT-3, ou d'autres logiciels plus performants encore, proposeront des métaphores à des auteurs, selon leur propre style. Ils pourront préparer des articles de journaux, des discours pour des hommes politiques, écrire des romans, des essais scientifiques. Ils pourront par exemple faire écrire, avec le style de Zola, un « J'accuse » sur un scandale nouveau. Et tant d'autres choses.

Le contenu de ces textes restera longtemps déterminé par ceux qui manipuleront ces automates. Par ceux qui concevront et nourriront ces algorithmes. D'une certaine façon, le métier de journaliste consistera à manipuler et à écrire ces algorithmes. Puis il leur échappera et des médias autonomes créateurs d'algorithmes, déterminés par des intelligences artificielles, se déchaîneront contre quelqu'un, ou pour un autre, ou pour une idéologie particulière.

On pourra aussi très bientôt accorder un droit d'auteur, et une rémunération, à l'automate qui aura écrit un article ou un livre, comme c'est déjà le cas pour une œuvre musicale. Indépendamment de toute rémunération du créateur de l'automate. On pourra plus tard avoir des journalistes virtuels, avec carte de presse, des journaux virtuels, des rédactions virtuelles. Un jour même, peut-être, échappant aux humains les ayant créés...

On aura un jour la même chose avec le son : les robots remplaceront les voix humaines. Non pas seulement comme aujourd'hui pour répondre au nom de Siri, mais pour écrire et dire des textes.

La BBC expérimente déjà l'usage d'une voix de synthèse pour son service vidéo japonais ; Google Home et Amazon Echo mettent à disposition de leurs utilisateurs la lecture par des voix de synthèse d'articles de journaux et un fil de nouvelles ; le *Financial Times* propose aussi des articles lus par des voix de synthèse. *Les Échos* font de même. Des stars vendront, vendent déjà leur timbres, leurs intonations et leurs accents. L'auditeur pourra choisir les voix qu'il veut entendre ; chacun aura sa propre radio à écouter, comme il pourra en créer une pour ceux qui le suivent sur les réseaux sociaux.

Avec ces évolutions, la presse écrite glissera lentement vers la radio, évolution déjà commencée avec les podcasts. Les deux se confondront même et seront utilisables indifféremment, puisqu'il sera possible de transformer toute émission de radio en article de journal et réciproquement.

On pourra un jour faire de même avec les images.

Depuis 1990, avec Photoshop d'Adobe, on peut modifier des photos sans que les lecteurs de magazines de mode ne s'en offusquent. On va déjà beaucoup plus loin : en Chine, la chaîne de télévision Xinghua News utilise déjà des animateurs holographiques, copies de présentateurs réels, pour présenter des informations 24 heures sur 24. Des logiciels en open source, comme DeepFaceLab et Faceswap, permettent, à partir d'une ou plusieurs photographies en haute définition, de produire une vidéo d'une personne ; on sait déjà en déduire des montages réalistes, faisant dire à quelqu'un le contraire de ce qu'il pense. Chacun pourra choisir les journalistes virtuels qu'il aura envie de voir lui présenter les informations. On développera, on développe déjà, des influenceurs virtuels, inspirés de héros de jeux vidéo, telle Séraphine de League of Legends, qui a déjà des millions de followers et qui est utilisée en publicité.

Et, comme la pandémie pousse à la virtualisation du spectacle vivant, cela passera par une accélération de la virtualisation de la culture : on pourra donc un jour faire réaliser par Luchino Visconti un reportage sur une soirée à la mode à Shanghai, faire raconter par Luis Buñuel les turpitudes de QAnon. Journaux, radio, télévision et réseaux sociaux fusionneront en un seul média, puisqu'il sera possible de transformer un écrit en une bande-son et en un spectacle visuel, et réciproquement.

On pourra, un jour, transmettre aussi les odeurs et le toucher comme des données ; on aura alors, sur des écrans, et autour, une vision de plus en plus complète de l'événement transmis. On pourra, mieux encore qu'aujourd'hui par des algorithmes de plus en plus puissants, connaître plus finement les goûts de chacun pour mieux l'enfermer dans une bulle de certitude.

Puis un personnage charismatique virtuel prendra le pouvoir quelque part au nom d'une secte, avec les techniques de manipulation des foules expérimentées sommairement sur les réseaux sociaux. Big Brother sera là.

Tout cela supposera des moyens technologiques aujourd'hui hors de portée, et des sources d'énergie aujourd'hui inaccessibles. Cela aura lieu. Et plus encore.

Au-delà de l'information, vivre la vie des autres

Par un lent glissement, imperceptible au début, des technologies permettront en effet de transmettre des spectacles de plus en plus réalistes. Au lieu de se contenter de rapporter des événements, ou de transmettre des informations, des sons, ou des images, chacun pourra ensuite pénétrer à l'intérieur des événements, des spectacles, des matchs.

Cette évolution se fera par une succession de mutations imperceptibles, qui, cumulées, conduiront à une fusion du réel et du virtuel. Là encore, la virtualisation de la culture et du spectacle vivant qu'exigent cette pandémie et les suivantes fonctionne comme un accélérateur.

On commencera par transmettre des images avec la réalité augmentée, puis avec de la réalité virtuelle, puis avec des hologrammes.

Tout cela a déjà commencé, comme toujours, par la distraction et le jeu. Et c'est par ceux-là que ces technologies deviendront, deviennent déjà, des réalités. On conduit déjà des réunions en réalité virtuelle, dont l'usage a été largement accéléré par la pandémie. On joue déjà en 3D ; à des guerres virtuelles, à des matchs de football, comme joueurs ou comme spectateurs. On n'est plus très loin de pouvoir le faire avec des événements réels.

On commencera par entrer dans l'hologramme d'un événement. La société londonienne Kino-Mo a déjà développé une technique pour transmettre en 3D une photographie prise sur un téléphone. Aerial Burton, basée à Kawasaki, au Japon, a mis au point True 3D Display qui diffuse des hologrammes sans support, à l'aide de lasers au plasma. On peut voir aussi, sur un casque, des vidéos en réalité virtuelle qui permettent d'être plongé dans la vie de trois jeunes réfugiés en Syrie, en Ukraine et au Sud-Soudan. Même chose avec *On the Brink of Famine*, un documentaire de 10 minutes à propos d'un village du Sud-Soudan confronté à une famine de PBS Frontline et du Brown Institute for Media Innovation.

Plus tard, cet « *immersive journalism* » permettra à des correspondants de guerre ou des reporters sportifs d'envoyer aux abonnés de leur réseau des hologrammes de la situation dans laquelle ils se trouvent.

On imagine les moyens que ces technologies donneront à des idéologues, des partis politiques, des sectes, des terroristes, qui diffusent déjà en direct des meurtres et des actes de torture sur les réseaux sociaux.

Bien plus tard, l'hologramme du spectateur pénétrera avec le journaliste (ou quel que soit le nom de celui qui assistera à l'événement réel et en retransmettra la réalité avec sa caméra) dans la représentation holographique d'un événement, ou d'un spectacle ; il s'y comportera comme un spectateur physique et interférera avec les hologrammes qui vivent la réalité dans laquelle il aura pénétré. On pourra ainsi s'immiscer au milieu d'une guerre, comme un de ses combattants, que ne verront pas, ou que verront, les combattants réels, qu'ils pourront, ou ne pourront pas, tuer, ou être tué selon les moyens techniques mis en œuvre. On pourra donner à voir ou même participer à un meurtre. Les plus terrifiants films d'horreur d'aujourd'hui apparaîtront comme des bluettes, en comparaison de ce que permettra de faire le virtuel.

Puis, bien plus tard, on pourra avoir accès aussi aux odeurs, aux saveurs et aux touchers de l'événement qu'on aura été visiter ; on pourra toucher les personnages dont on aura vu la représentation virtuelle en relief. On pourra sentir le souffle du vent, les odeurs de la campagne, le goût des fruits.

Chacun pourra alors acheter ses rêves, ses délires, ses fantasmes, ses pulsions ; se mettre en scène, se donner en spectacle, s'offrir, se vendre ; simuler des situations avant de les vivre ou au lieu de les vivre ou de les imposer à d'autres ; vivre des millions de vies. Ou de perversions.

De tout cela, on est encore très loin ; les ordinateurs les plus puissants restent extrêmement éloignés de l'efficacité d'un cerveau humain, capable d'apprendre infiniment plus vite, plus efficacement et surtout d'interagir avec d'autres d'une façon qu'aucun langage informatique ne peut imaginer imiter.

Si cette étape est franchie, viendra l'ultime évolution dans l'univers de la communication : la transmission de pensée.

Au-delà encore, transmettre d'un cerveau à un autre

Comme tous les nouveaux médias commencent par la transmission d'un message d'une personne à une autre, il en ira de même avec la transmission de pensée ; quand il sera possible de digitaliser des pensées et de les transmettre sans aucun support matériel à un autre cerveau. D'un cerveau à un autre. Ce n'est pas théoriquement impossible. On pourra même, en théorie, transmettre ainsi infiniment plus d'informations que par les médias actuels.

Des expériences sont menées en ce sens depuis des siècles. Par des escrocs. Par des gens sérieux. En particulier dans l'armée américaine et dans des universités américaines, russes et chinoises.

En 2014, des chercheurs de la Harvard Medical School et de l'Université de Barcelone ont, grâce à une technologie de la société française Axilum Robotics, réalisé une première expérience de communication télépathique entre deux humains, en utilisant l'électro-encéphalographie (EEG) et la stimulation magnétique transcrânienne (rTMS). En 2018, des chercheurs du MIT ont créé une interface cerveau-machine capable en théorie de comprendre les mots qu'une personne s'apprête à prononcer, en étudiant les signaux électriques envoyés par le cerveau vers les muscles qui commandent la parole. Elon Musk finance depuis 2017 le développement d'un dispositif intégré dans le cerveau et qui aurait pour mission d'« optimiser la production mentale ».

On commencera par transmettre des messages d'une personne à une personne, par des artefacts connectés. On pourra ainsi par exemple faire savoir silencieusement à l'autre ce qu'on pense d'un tiers, qui vient de se mêler à une conversation ; on pourra aussi jouer les Cyrano aidant Christian à séduire Roxane ; on pourra influencer les pensées de quelqu'un sans qu'il sache qu'on est entré dans son esprit ; on pourra peut-être aussi pénétrer dans son cerveau, non pour lui transmettre des informations, mais pour savoir ce qu'il pense en écoutant les messages que sa pensée émet à l'égard d'elle-même, sans qu'il les exprime. Et, là comme ailleurs, information, distraction, jeu et activités militaires se réuniront en des applications communes.

Puis, comme pour les autres moyens d'envoyer des messages, on utilisera la transmission de pensée, non plus seulement pour transmettre très largement des messages personnels, mais pour faire connaître des informations, qu'on nommerait aujourd'hui subliminales. On l'utilisera en particulier comme instrument de propagande, commerciale, idéologique, religieuse, politique. Naturellement, les armées, les services secrets, les mouvements religieux, commerciaux, publicitaires, politiques, les terroristes, l'utiliseront pour surveiller, gratifier, faire peur et punir. On pourra aussi l'utiliser pour soigner et pour enseigner.

À l'extrême, un jour peut-être, la transmission de pensée permettra de transférer dans un autre cerveau, dans un hologramme, dans tout autre sorte d'artefact ou dans un clone des souvenirs, des sentiments et même sa propre conscience de soi. Les humains, au moins les plus riches d'entre eux, seront alors potentiellement immortels, puisque leur conscience de soi pourra survivre à la mort de leur corps.

On aura alors réussi à transmettre artificiellement la plus précieuse des informations : la vie. L'artificialisation progressive du vivant, principale dynamique de l'Histoire, aura atteint son but ultime : créer l'immortel artefact de soi, ayant conscience de soi. Immortel parce qu'artefact. Artefact parce qu'immortel.

Le vrai pouvoir

En attendant la réalisation de ce fantasme absolu, les puissants continueront de distraire les autres, en leur faisant croire parfois qu'ils les informent. Les informations les plus précieuses, politiques, économiques, technologiques, sanitaires, biologiques, continueront de circuler dans de tout petits cercles, ceux du pouvoir politique ou d'investisseurs, de financiers, de chercheurs, d'universitaires, d'entrepreneurs, qui connaîtront mieux et avant les autres l'état de la science, de la technologie, des marchés, et sauront quelles personnes rencontrer. Ils échangeront en particulier les informations qui permettront de maîtriser ces technologies.

Dans cet univers, les GAFA, les BATX et ceux qui les remplaceront, deviendront très vite propriétaires des grandes firmes d'assurances, de santé, d'éducation et de distraction. Ayant compris mieux que les États que l'avenir appartient aux entreprises de l'économie de la vie, ils en contrôleront l'essentiel. Ils disposeront alors de moyens dont ne disposeront plus les États pour informer, former, surveiller et punir ; et ils mettront au pouvoir les hommes et femmes politiques qu'ils auront choisis, dont ils sauront tout, et dont ils feront et déferont les carrières, pour atteindre leurs objectifs, et réaliser cet artefact de conscience de soi qui est leur but ultime.

Ils seront confrontés à des ennemis disposant de plus en plus des mêmes moyens, des mêmes armes, et même d'artefacts combattants ayant conscience de soi.

On ne pourra plus échapper à une catastrophe absolue qu'en prenant, dès aujourd'hui, un tout autre chemin.

Chapitre 13

Que faire ?

« *Dixi et salvavi animam meam.* » (« Je dis cela, en espérant seulement sauver ainsi mon âme. ») C'est par cette phrase mystérieuse, dans cette langue latine qu'il maîtrisait si bien, que Karl Marx clôt sa *Critique du programme de Gotha*, texte rageur envoyé en 1875 aux principaux dirigeants socialistes allemands, Liebknecht et Lassalle, qui tentaient alors de fusionner leurs deux partis lors d'un congrès réuni dans la ville thuringeoise de Gotha. Marx, qui n'était pas marxiste, enrageait de lire, dans leur projet de programme commun, ce qu'il considérait comme d'énormes erreurs conceptuelles et tactiques ; il prévoyait l'usage malfaisant que des apprentis dictateurs feraient de ses idées ; et pas seulement dans l'Allemagne alors à peine unifiée. Aussi leur envoya-t-il une critique en règle de leur texte. Sans aucune illusion sur le sort que les congressistes réserveraient à ses critiques et à ses propositions. De fait, il ne fut pas écouté, ni en 1875 à Gotha, ni en 1917 à Moscou. Ni bien ailleurs ensuite.

C'est un peu dans le même état d'esprit que j'aborde la conclusion de ce livre. Convaincu qu'on ne fera vraisemblablement rien de ce que, avec d'autres sans doute, je vais proposer ici.

D'abord, je suis convaincu qu'on pourrait faire en sorte que, bientôt, chaque être humain dispose d'informations de plus en plus planétaires, de plus en plus complètes, de plus en plus exactes ; qu'on pourrait empêcher tout dictateur de priver les citoyens des informations qui le gênent. Je suis convaincu des formidables potentialités démocratiques des nouvelles technologies, qu'elles peuvent faire naître une société altruiste, où chacun pourrait mener les mille et une vies que nous autorise la prison du temps.

Bien des éléments pourraient nous pousser à un tel optimisme : aujourd'hui, chaque être humain pourrait être très bien éduqué et remarquablement informé, à faible coût. Beaucoup pourraient être journalistes : créer une élégante publication en ligne, un podcast de qualité professionnelle, une vidéo de belle facture ne coûte pratiquement rien. Les candidats journalistes, venus de milieux de plus en plus divers, sont déjà plus éduqués, plus matures, plus déterminés, d'origines plus diverses, plus ouverts au monde, ni amers ni complotistes. Il est devenu très facile pour eux de trouver des références, de vérifier rapidement toute information. Les progrès de la traduction automatisée et les divers assistants technologiques dont il a été question dans le chapitre précédent leur permettent d'écrire des articles plus sophistiqués et de les publier dans le monde entier, que ce soit sous forme de textes, vidéos, podcasts, ou toute autre forme.

Mais, à l'inverse, et on l'a vu aussi dans le chapitre précédent, ces évolutions *a priori* positives peuvent avoir des conséquences catastrophiques.

Pouvoir tout savoir plus vite, c'est risquer de perdre le sens de la perspective et le recul ; avoir des informations de plus en plus complètes, de plus en plus transparentes, c'est ouvrir la voie au voyeurisme le moins supportable, rendre possible la surveillance absolue de chacun et interdire la protection des données personnelles, des brevets, des innovations, des œuvres d'art. Rendre les informations immédiatement ct partout accessibles, c'est exposer chacun, en particulier les enfants, aux pires messages, aux pires spectacles, aux pires calomnies ; c'est aussi rendre possible la manipulation de tous par la fascination vertigineuse d'un virtuel de plus en plus réaliste et la gratification dérisoire qu'apporte l'approbation programmée d'autres victimes du même système.

De fait, le plus vraisemblable est que le meilleur n'arrivera pas naturellement, que les forces du marché feront advenir le pire : les réseaux sociaux, pour survivre, auront un besoin vital de priver tous les autres médias de tout revenu et les détruiront ; journaux, radio, télévision, incapables de maîtriser leurs relations avec leurs clients, disparaîtront l'un après l'autre. Les journalistes compétents et bien formés auront peu de chance de trouver un média sérieux et durable pour les employer. Les jeunes d'aujourd'hui, fascinés par des réseaux sociaux, des applications, des jeux vidéo, des hologrammes de plus en plus addictifs, deviendront des adultes mal informés, préférant la distraction au savoir, le spectacle à la vérité, les convictions à la raison, les voyages hallucinés dans les mondes virtuels à la confrontation au réel, la jouissance narcissique de l'autosurveillance à la découverte émerveillée de l'altruisme. Et ce sera bien pire encore avec les technologies qui s'annoncent ; l'important et l'anecdotique, le vrai et le faux se mêleront plus que jamais. Les idéologies les plus malfaisantes domineront.

Si on veut éviter tout cela, il faudra réorienter radicalement et mondialement le cours des choses, vaincre bien des puissances ; et, sans se résigner à la défaite, tenter et réussir bien des réformes, à quatre niveaux : le citoyen, le journaliste, les médias, les autorités nationales et internationales.

Apprendre à s'informer

Dès l'enfance, l'enfant s'informe en même temps qu'il apprend.

Il apprend, à l'école, un savoir permanent, dont il aura l'usage toute sa vie, en devant l'actualiser aussi souvent que possible : des langues, des cultures, des littératures, les mathématiques, la musique, la physique, l'histoire, la géographie, les bases des droits et des devoirs d'un citoyen.

Par ailleurs, il s'informe des événements du monde par ses parents, ses amis, ses professeurs, les journaux, la radio, la télévision, les réseaux sociaux.

Très tôt, l'enfant doit confronter le savoir avec les informations. En théorie, jamais les informations ne devraient contredire le savoir ; seulement le compléter.

Un être humain apprend pendant une partie plus ou moins longue de sa vie ; il s'informe pendant toute sa vie.

Pourtant, bien des informations qu'il reçoit sont fausses et il n'apprend presque jamais à distinguer le vrai du faux.

Le vrai : « une connivence critique »

Distinguer le vrai du faux n'est pas si simple.

Pour bien des gens, le vrai est ce qu'ils veulent croire ; et certains veulent croire que la Terre est plate, que l'homme n'est pas le résultat d'une évolution des espèces, que l'Univers a été créé il y a seulement quelques milliers d'années. Ils confondent alors les faits, les opinions et les croyances.

Le vrai prend plusieurs formes. Parfois, il s'impose, parce qu'on le voit ; parfois au contraire (et même de plus en plus souvent), il est le résultat de théories non intuitives, que peu de gens savent démontrer. Le vrai est ce qui se prouve, par des faits, des théories, des statistiques, ou des expériences qui établissent, dans certaines circonstances clairement identifiées, la validité d'un raisonnement.

Le vrai se distingue de la coïncidence (deux phénomènes ayant un point commun ou se déroulant simultanément n'ont pas nécessairement des causes communes) et de la corrélation (deux phénomènes évoluant dans le même sens ne sont pas nécessairement conséquences l'une de l'autre). Coïncidences et corrélations ne disent donc pas le vrai ; elles ne font que faire surgir des intuitions permettant de trouver une vérité ou fournissant des arguments fallacieux en soutien à des théories fausses.

Le vrai, dans la réalité sociale, obéit aux mêmes critères que dans la science la plus abstraite. Le vrai est le même quelle que soit la classe sociale de celui qui l'exprime. Le vrai n'est pas le résultat d'un rapport de force. Même si le vrai est très souvent plus facilement accessible aux riches, qui ont plus facilement accès au savoir et aux informations. Même si certains peuvent, par la force des armes, ou de l'argent, ou de la foi, faire croire à un mensonge, même si d'autres ont construit des fortunes sur un usage privilégié de la vérité, cela n'établit pas pour autant que la vérité est condamnable ; seul son usage est juste ou injuste.

Le vrai, en tout domaine, évolue avec la recherche, qui établit des preuves de la validité d'une théorie, qu'il faut considérer comme vraie aussi longtemps qu'aucun phénomène ou expérience ne vient la contredire. Le vrai n'est donc que le résultat provisoire d'un consensus, entre le plus grand nombre possible d'experts honnêtes, indépendants de tout pouvoir, et aux compétences le plus largement reconnues. C'est ce que Karl Popper résumait en parlant d'une nécessaire « connivence critique » de ceux qui cherchent à établir une vérité. Ce qui suppose de leur part humilité, doute et capacité à penser contre soi.

Aujourd'hui, les réseaux sociaux, par la multiplication des points de vue les plus contradictoires, également écoutés quelles que soient les compétences de leurs auteurs, n'aident pas à la manifestation de la vérité, même la plus scientifique. Par exemple, les débats récents dans les divers médias sur l'actuelle pandémie ont ruiné très largement, pour beaucoup, la confiance en la science, brusquement rabaissée par les disputes d'experts, souvent autoproclamés, à une opinion parmi d'autres.

Le vrai est compatible avec la foi ; à condition d'admettre que les diverses formes de la Révélation doivent être sans cesse réinterprétées à la lumière des plus récents résultats de la science. Et de se souvenir de ce que disait à ce propos au XIIe siècle le grand philosophe cordouan et musulman Ibn Ruschd : « L'examen démonstratif n'entraîne aucune contradiction avec ce que dit la religion : car la vérité ne peut être contraire à la vérité, mais s'accorde avec elle et témoigne en sa faveur. » Autrement dit, l'une et l'autre étant de nature différente, la foi doit accueillir avec sérénité les avancées de la science, qui ne font que déplacer le champ du mystère divin, sans jamais l'anéantir.

Enseigner l'art de s'informer

Une fois que l'on a appris à distinguer le vrai du faux, puis développé l'esprit critique, il faut apprendre comment et où trouver les meilleures informations ; apprendre à distinguer clairement un fait, une opinion et une croyance ; ce qu'est l'esprit critique, le doute systématique, la recherche obsessionnelle de preuves ; et ce qui se cache derrière toute affirmation non étayée.

Cela suppose en particulier d'apprendre à penser contre soi-même et contre ce qu'on apprend dans son cercle familial ; à se demander sans cesse ce que penserait quelqu'un qui aurait intérêt à penser différemment ; à multiplier ses sources ; à privilégier celles qui sont les moins dépendantes d'un agenda politique, idéologique ou religieux ; à douter de tout, sans pour autant voir un complot derrière chaque vérité dérangeante.

Il faudrait, pour y parvenir, enseigner dans toutes les écoles du monde (comme le font déjà bien des enseignants courageux) à analyser l'actualité, à y distinguer l'accessoire, l'important et l'essentiel ; sans, autant qu'il est possible, que l'enseignant glisse dans ses cours ses propres croyances, ses propres biais idéologiques.

Si tout cela était correctement enseigné, un média pourrait plus difficilement survivre en mentant ou en misant sur le scandale. Et la démocratie aurait peut-être un avenir.

Se doter des moyens de détecter les fausses nouvelles, les insultes et les menaces

Encore faudrait-il que chacun dispose des moyens de détecter une fausse nouvelle, une menace, une théorie complotiste. Ce n'est pas toujours possible. Pas seulement faute d'éducation ou de savoir, mais parce que les mensonges et les fausses nouvelles sont de mieux en mieux dissimulés.

Il est, certes, désormais possible, avec un peu ou beaucoup de recherche, de repérer un plagiat, une fausse citation, une photographie utilisée hors contexte ou truquée. Il est par contre beaucoup plus difficile de repérer une fausse nouvelle, une erreur scientifique, de dépister un faux complot, de débusquer de fausses preuves, de confondre de faux témoins.

De plus, le nombre de nouvelles à vérifier est désormais quasiment infini : chaque jour, début 2021, les deux tiers des 2,5 milliards de membres actifs de Facebook échangent ou « likent » dans 101 langues différentes à peu près cent milliards d'informations. Et tout autant sur YouTube, Instagram, Twitter, et leurs équivalents chinois et autres. Chaque jour, chacun est confronté à plusieurs milliers d'informations, vraies ou fausses.

Pour lutter contre les fausses nouvelles, certains États tentent de renforcer leur arsenal législatif. Dans beaucoup de pays, la législation contre la propagation de fausses nouvelles s'élargit tous les jours. En France, par exemple, l'organe de tutelle et de contrôle des médias, le CSA, a, depuis 2018, obtenu le droit de suspendre des médias étrangers au motif qu'ils répandraient de fausses informations. D'autres États le font non pour lutter contre de fausses informations, mais pour cacher à leurs citoyens des vérités dérangeantes.

Certaines agences de presse ont créé des services de contrôle des informations. Mais les quantités d'informations qu'elles peuvent vérifier restent très faibles comparées aux calomnies qui circulent : par exemple, l'AFP FactCheck, un des plus importants et des meilleurs vérificateurs au monde, ne valide que 500 informations par mois ; et elle emploie pour cela 91 personnes réparties sur 38 bureaux dans le monde.

Certains réseaux sociaux aussi, contraints et forcés, ont commencé à lutter, timidement, contre les fausses nouvelles qu'ils véhiculent. En 2018, Google a lancé le prototype d'un nouveau moteur de recherche, sous le nom de Dataset Search, qui afficherait, à côté de certains articles, une certification ou une contre-indication, à partir d'une base de données alimentée par des vérificateurs indépendants ; mais ce moteur de recherche est cependant resté au stade de prototype. En 2020, Facebook prétend avoir fermé plusieurs millions de faux comptes et de comptes haineux et encouragé ses utilisateurs à signaler les « fake news » ; il prétend employer 35 000 personnes pour cela ; à l'inverse, au début de 2020, son président, Mark Zuckerberg, a réaffirmé que les partis ou groupes de pression peuvent publier sur Facebook des mensonges sans être inquiétés, en raison du premier amendement de la Constitution américaine, qui empêcherait « Facebook de s'ériger en arbitre de la vérité ». Par contre, en novembre et décembre 2020, Twitter, comme d'autres réseaux et certains médias américains, ont été jusqu'à censurer les messages du président Trump, qui prétendait sans preuve que les élections de novembre 2020 avaient été truquées. D'autres plateformes vidéo ont retiré, outre des contenus pédophiles, certains films complotistes, tel *Hold-Up*, ramassis de banalités et de mensonges, paru en novembre 2020, qui a, malgré cela, été vu plus de trois millions de fois en un mois.

On pourrait rêver que beaucoup plus soit fait pour lutter contre les mensonges, les théories conspirationnistes, les menaces et les autres messages de haine.

Les États-Unis pourraient d'abord modifier la section 230 du Communication Decency Act, afin que les réseaux sociaux américains soient considérés comme des éditeurs et non plus comme des hébergeurs, et qu'ils aient ainsi la responsabilité du contenu qu'ils transportent.

Plus généralement, tous les pays pourraient décider que ce qui est interdit hors du numérique l'est aussi sur les réseaux sociaux, et que de très lourdes amendes soient infligées pour tout message numérique attisant la haine ou menaçant nommément une personne ou un groupe, même anonymement. Cela est évidemment plus facile à décider qu'à mettre en œuvre : il faut des moyens considérables, en termes de police et de justice, pour remonter à la source de ces menaces et en arrêter les auteurs. En tout cas, une application numérique pourrait aussi assez aisément repérer les messages de haine sur les réseaux sociaux et les transférer automatiquement aux autorités judiciaires.

Les plateformes numériques pourraient déployer beaucoup plus d'ingénieurs et de vérificateurs, internes et externes pour vérifier les informations qu'elles hébergent ; pour y parvenir, elles pourraient solliciter et rémunérer des universitaires et des étudiants du monde entier. Et si elles refusaient de financer cela, elles pourraient y être contraintes avec la mise en œuvre de vérificateurs publics, qui seraient rémunérés grâce au produit d'une taxe de quelques centimes de dollar ou d'euro par unité d'information transférée, sur le modèle de celle qui pèse sur les billets d'avion.

On pourrait aussi imaginer que soit développée une application radicalement neuve qui, sur le modèle des moteurs de recherche, permettrait, sinon de savoir immédiatement si une information est vraie ou fausse, au moins d'établir une échelle de validité, avec, au plus haut, les publications scientifiques ayant fait l'objet d'une vérification par les pairs, et au plus bas, une conjecture sans consensus international (en prenant garde que cela puisse aussi être le cas d'une vérité scientifique nouvelle et dérangeante). Plusieurs équipes travaillent dans cette direction. Par exemple, un projet lancé en 2017 à l'université Stanford par le journaliste français Frédéric Filloux, et qui se poursuit en France sous le nom de Deepnews, en est une première tentative ; il utilise l'intelligence artificielle pour tenter d'évaluer la qualité journalistique d'un article en évaluant le nombre d'adjectifs, de sociétés, de pays, d'experts cités, et vérifie leur expertise ; en particulier, il traque des phrases vagues et trompeuses, comme « selon certains documents » ou « selon des sources anonymes ». Son algorithme, fondé sur un réseau de neurones utilisé habituellement pour la reconnaissance d'images, examine un article en moins d'un dixième de seconde au travers d'un tamis de 25 millions de mailles.

Il est encore à l'état de prototype. D'autres tentatives du même genre se développent à travers le monde.

Une telle application devrait être aussi capable de repérer si un texte, un son, une image, a été préparé par un être humain ou par un artefact. Un jour, même, elle devra être capable de détecter si celui qu'on croisera dans l'hologramme d'un événement est un être réel ou imaginaire.

Elle pourrait aussi vérifier si quelqu'un ment sur ses diplômes, ses activités professionnelles présentes ou passées, et bien d'autres choses fort utiles.

En attendant que tout cela soit en place, si cela l'est un jour, les processus démocratiques seront vraisemblablement mis à mal par des générations de citoyens mal informés, nourris par l'outrance, l'indignation, le ressentiment et le mensonge, les uns et les autres monétisés par et pour les réseaux sociaux.

C'est là que les journalistes trouvent leur vrai rôle.

Revaloriser le journalisme

Chacun, de plus en plus, est, par les réseaux sociaux, en situation de fournir des informations plus ou moins vraies aux autres. Et on pourrait prédire, on l'a vu, que le métier même de journaliste disparaîtra, chacun étant à la fois informé et informant. Il n'empêche : ce n'est pas irréversible, et il est possible de protéger l'existence d'une profession si essentielle. Pour cela, il faut commencer par reconnaître qu'informer est un métier qui suppose des compétences très spécifiques, même si l'on peut ne pas l'exercer toute sa vie, ni à plein temps.

Former les journalistes

Bien former des journalistes reste la meilleure garantie de la qualité de l'information à venir. Il faudra d'abord fournir un maximum de bourses et de soutiens pour diversifier l'origine sociale et le genre des étudiants d'écoles de journalisme et dans des filières spécifiques des universités et des grandes écoles. Il faudra aussi faire en sorte que ce métier puisse être exercé par des gens ayant eu d'autres vies professionnelles antérieurement ou simultanément.

Il faut en tout cas enseigner à tous les étudiants journalistes ce qu'on leur enseigne déjà dans certaines des meilleures écoles d'aujourd'hui.

On devra en particulier leur enseigner en détail les dix principes suivants :

1. Distinguer le vrai du faux ; faire la part entre information, opinion et croyance. S'en tenir aux faits ; ne pas faire passer une opinion pour un fait ; ni glisser sa propre opinion dans un article en la plaçant dans la citation, plus ou moins imaginaire, d'un témoin plus ou moins anonyme. Il n'y a pas de journaliste objectif ; il n'y a que des journalistes honnêtes.
2. Donner toujours les sources de ce qu'on avance. Aller si possible soi-même au contact des événements qu'on relate. Ne jamais se contenter d'une source anonyme, sauf si c'est pour protéger la sécurité d'un témoin dont on aura vérifié la crédibilité. Se souvenir des questions de base à se poser avant toute publication : Qui ? Quand ? Où ? Comment ? Pourquoi ?

3. Ne jamais céder à une tentative de corruption ou de courtisanerie. N'échanger jamais une faveur contre un silence. Ne jamais taire ce qu'on a appris, si cela mérite d'être publié.
4. Ne pas réserver des informations à certains ; ne céder ni au communautarisme, ni au sectarisme, ni au politiquement correct.
5. Replacer toujours les événements d'actualité dans leur contexte social, idéologique, culturel et historique.
6. Ne jamais se contenter, pour attirer l'attention, d'un contenu à haute portée émotionnelle. Ne pas céder au voyeurisme, ou à l'exploitation de la misère matérielle ou morale d'autrui.
7. Ne pas en rester aux mauvaises nouvelles et aux drames ; mettre également en valeur les succès de la démocratie, les actes de bravoure, les découvertes scientifiques, les réformes économiques ou sociales positives.
8. Commencer à publier très tôt (et les supports de publication ne manquent et ne manqueront pas, on le verra) sur un sujet d'intérêt personnel. Apprendre la co-création des contenus d'information avec les citoyens et le journalisme de solutions et d'impact.
9. Apprendre à travailler avec des designers, des développeurs, des spécialistes de l'analyse sémantique ; apprendre à maîtriser les technologies digitales, depuis Excel, G-Suite, WordPress, Airtable, Notion, jusqu'à Substack, Mailchimp, TinyLetter ; et celles qui viendront plus tard. Plus généralement, maîtriser l'usage et l'écriture d'algorithmes.

10. Se préparer à créer son propre média : il existe déjà pour cela de formidables outils de publication, gratuits ou presque, puissants, qui permettent de faire naître des médias personnels, réservés à des abonnés, qu'on pourrait appeler, en référence aux premiers médias, ces manuscrits vendus par les *novellanti* vénitiens et romains du XVe et du XVIe siècle des « *avvisi* numériques ». J'y reviendrai plus loin.

Protéger les journalistes et les médias

Il n'existe encore, on l'a vu, aucune protection internationale réelle des journalistes. Le travail de l'Unesco en matière de liberté d'expression et de sécurité des journalistes s'inscrit dans la continuité de l'article 19 de la Déclaration universelle des droits de l'homme sur la liberté d'expression, et répond au mandat constitutionnel de l'Unesco de « promouvoir la libre circulation des idées ». Mais il n'a pas abouti pour l'instant à une convention ; pas même à une recommandation.

Il serait donc urgent de négocier et d'obtenir une charte applicable mondialement, protégeant les journalistes même hors des zones de guerre, garantissant l'indépendance éditoriale face à la puissance des actionnaires et des États, et de leurs appareils répressifs, et tenant les journalistes comptables de la vérification de leurs sources. Une telle charte devrait s'aligner aussi sur une charte de l'intelligence artificielle, afin d'empêcher le pire, précédemment décrit.

Sur tout cela, tout est à faire ; et bien des pouvoirs, privés et politiques, s'y opposent et s'y opposeront.

*Assurer la survie des journaux, des radios, des télévisions, et la naissance d'un nouveau média : l'*avvisi *numérique*

Les médias classiques, unifiés dans les trois dimensions (écrit, son, image), subsisteront quand ils seront capables de fournir des services sur mesure (chacun écoutera son média, qui saura qui il est ; et qui pourra lui proposer des activités très personnelles) et du sens dans l'instant, un spectacle vivant, liant celui qui le reçoit au reste du monde.

Idéalement, les médias classiques et privés (presse écrite, radio et télévision) devraient pouvoir ne plus dépendre des grands groupes financiers, qui ne leur garantissent pas leur autonomie éditoriale ; ni de la publicité, qui va leur échapper ; ni des grands réseaux et plateformes, qui ont vocation à les détruire. Ni évidemment des États, qui les tiennent, par nature, en suspicion.

Cela passe par l'indépendance de leur financement et l'élargissement de leurs activités.

Un financement autonome des productions éditoriales

De tout temps, la tarification du service rendu par un média est restée énigmatique : que vaut une information ? Comment fixer le prix de quelque chose qui n'est pas rare par nature et ne l'est qu'artificiellement ? Comment trouver des moyens de rendre tout média économiquement viable : par sa vente au consommateur ? par la publicité ? par les subventions publiques ? par le trafic d'influence ? par les donations de mécènes ? Aucun modèle unique n'a jamais pu être établi, parce que l'information n'est ni un bien public, ni un bien privé. Et parce que les réseaux sociaux ont ajouté à cette confusion, en créant une richesse nouvelle, faite des données fournies par les utilisateurs, trésors pour des marques et des puissants.

Aujourd'hui, la vente au numéro, l'abonnement et la publicité ne sont plus des recettes crédibles pour les trois médias classiques, qui en sont privés par les réseaux sociaux. Ils devront donc chercher d'autres sources de financement pérennes telles que :

- Des mécènes et des fondations, pour qui la défense de la démocratie et de l'information libre peut être une cause aussi légitime que celle de l'écologie ou de la justice sociale.
- Des associations d'usagers de ces médias, qui pourraient verser volontairement une contribution régulière à une fondation propriétaire du média, ce qui revient à demander à ceux qui le consultent gratuitement de payer un abonnement.
- Des rémunérations par les lecteurs à chaque clic sur le lien d'un article ou par un « tip » volontaire, comme ceux que reçoivent, on l'a vu, certains journalistes chinois sur WeChat ; comme on devrait rémunérer les ayants droit des auteurs de vidéos, de sons, de musique ou de films chaque fois qu'un utilisateur écoute, regarde ou poste une œuvre dont un tiers est titulaire des droits.
- Des kiosques permettant à des usagers de s'abonner à un ensemble de médias, écrits, parlés et télévisés, sur le modèle de Spotify. Sur le modèle de ce que Google a tenté un moment avec Googlera,

avant de le remplacer par un Journalism Emergency Relief Fund, abondé de 300 millions de dollars, puis de 1 milliard de dollars, à destination des journaux utilisateurs de Google News, c'est-à-dire presque tous. Une aumône aux moribonds.

Un nouveau média : l'*avvisi* numérique

Dans ce désastre annoncé des médias existants, le moment est venu d'aider tout journaliste à créer son propre média. Cela est aujourd'hui parfaitement possible, grâce aux technologies existantes, telle que Substack (une plateforme créée en 2018 par deux journalistes et un développeur), et surtout d'autres qui viendront. On en reviendra ainsi à l'origine du journalisme : l'*avvisi* manuscrit du *novellante* vénitien et romain du XVe siècle, vendu à quelques abonnés.

L'*avvisi* numérique serait un tout nouveau média, qui utiliserait à la fois les formes des quatre autres, pour produire des « lettres confidentielles », réservées à des abonnés, utilisant l'écrit, le son, l'image et le réseau social. À terme, l'*avvisi* numérique utilisera aussi les futures technologies du virtuel pour se constituer en hologramme du journaliste ou d'un de ses avatars, qui viendra chez ses abonnés pour les informer d'une façon aussi personnalisée que possible. Ces *avvisi* numériques auront d'autant plus de succès qu'ils seront capables de reprendre la maîtrise des graphes sociaux de leurs abonnés, pour leur permettre d'échapper aux réseaux sociaux et construire des communautés hors de la dépendance des plateformes. Flint en constitue une première approche, en donnant accès à des articles autres que ceux que suggèrent les graphes sociaux.

Ce seront les successeurs des courriers des lecteurs, des blogs, des pages personnelles et de bien d'autres tentatives anciennes. Pour les faire connaître au grand public, il y aura alors des agrégateurs d'*avvisi* sur le modèle du Huffington Post et de YouTube.

Des activités nouvelles

Les médias classiques (journaux, radio, télévision) et nouveaux (les *avvisi* numériques) devraient aussi, pour lutter contre les réseaux sociaux, développer des sources alternatives de revenus.

D'abord, développer des podcasts, qui pourraient constituer, pour les trois médias classiques et pour les *avvisi* numériques, des sources considérables de fréquentation et de revenus. Puis, ils pourraient lancer des plateformes propres à partir de leurs marques, reprenant ainsi les marchés qu'ils n'auraient jamais dû laisser partir : ceux des petites annonces personnelles, qui auraient dû les conduire à créer des précurseurs ou des concurrents de Facebook et de Tinder : ceux des annonces de mariages, qui auraient pu les conduire à se lancer dans le métier d'organisateur de mariages – et plus encore dans les réseaux sociaux spécialisés ; ceux des annonces d'emplois, qui auraient dû les conduire à créer des précurseurs ou des concurrents de LinkedIn ; ceux des annonces immobilières, qui auraient pu les amener à créer des agences immobilières ; ceux des annonces de décès, qui auraient pu les conduire à se lancer dans la gestion des services funéraires. Ceux des jeux vidéo aussi, puisque les journaux savaient, dès le XIXe siècle, attirer leurs lecteurs par des rubriques de jeux.

Enfin, le métier des médias étant de rendre compte d'événements, pourquoi n'en organiseraient-ils pas davantage eux-mêmes ? Certains le font déjà depuis longtemps, en particulier les radios musicales, qui savent que c'est là que se situe la valeur de leur marque, et leur potentiel de croissance. Les médias devraient donc développer séminaires, forums, virtuels ou physiques, quand les conditions sanitaires le permettront. Là encore, les hologrammes et ce qui suivra ouvrent des perspectives illimitées que les médias ne devraient pas abandonner à d'autres.

Contrôler et démanteler plateformes et réseaux sociaux

Les applications et les réseaux sociaux détiennent désormais, on l'a vu, la clé d'entrée dans les médias, la santé, le commerce, les moyens de paiement, les transports, la distraction. Il reste vital pour eux de continuer de s'approprier les graphes sociaux produits par leurs algorithmes et, avec cela, de priver les autres médias de la manne publicitaire, de récupérer tous les autres métiers annexes, de recruter tous les talents et, surtout, de racheter toutes les firmes innovantes dès qu'elles commencent à avoir du succès.

Les GAFA et leurs homologues chinois, les BATX (Baidu, Alibaba, Tencent et Xiaomi), qui emploient ces stratégies, sont désormais clairement, on l'a vu, en situation d'abus de position dominante : ils contrôlent bien plus de la moitié du marché publicitaire mondial, l'essentiel de la distraction et de l'information passe par eux. Pas une innovation ne leur échappe. Google paie des fabricants de smartphones, dont Apple, pour qu'ils favorisent son moteur de recherche ; il capte 90 % des recherches en ligne ; et, avec une trésorerie de 100 milliards d'euros, il a les moyens de lever une armée d'avocats. Amazon dépense autant en investissement qu'Exxon Mobil le fait pour chercher des hydrocarbures et moderniser ses raffineries dans le monde entier. On pourrait en dire plus encore, on l'a vu, de Facebook et de Tencent.

Au total, la puissance relative de ces plateformes est aujourd'hui bien supérieure à celle qu'avaient la Standard Oil ou AT&T quand elles furent démantelées. Et, si on continue ainsi, on l'a vu, le pouvoir des nations sera de plus en plus fictif. Aucun pays, démocratique ou non, ne peut donc laisser grandir sans réagir de telles puissances. Certaines se crisperont et tenteront d'échapper à la dictature technologique en installant une dictature politique.

Pour éviter ces deux avenirs catastrophiques, il est nécessaire de maîtriser le pouvoir de ces plateformes ; et des discussions, timides, ont commencé. D'abord sur le terrain fiscal.

L'OCDE, à l'initiative de l'Europe, travaille à une refonte globale de la fiscalité internationale des entreprises, qui se traduirait notamment par une réforme des taxes sur ces plateformes afin qu'elles paient des impôts dans les pays où elles font des profits ; les États-Unis s'y opposent et continuent d'exiger que les entreprises américaines puissent choisir si elles veulent ou non faire partie du nouveau régime, ce qui en détruirait évidemment l'efficacité.

L'Union européenne discute par ailleurs de réglementations plus strictes à leur imposer : le Digital

Services Act, qui pourrait entrer en vigueur en 2021, vise à remanier les règles nationales pour les services numériques, y compris la responsabilité du contenu généré par les utilisateurs, la désinformation en ligne et le ciblage publicitaire. L'accord est loin d'être fait entre Européens sur ces sujets, qui ne constituent d'ailleurs, on l'a vu, qu'une petite partie du problème.

Le gouvernement américain lui-même s'en mêle : le département de la Justice, appuyé par onze États, a annoncé, le 20 octobre 2020, qu'il engageait des poursuites contre Google au terme d'une enquête d'un an qui l'a convaincu que la firme de Mountain View a « maintenu de façon illégale un monopole dans la recherche et la publicité en ligne ».

Enfin, le gouvernement chinois commence à s'inquiéter du pouvoir croissant des équivalents chinois de ces firmes et envisage la mise en place de politiques antitrust contre ses propres champions nationaux, les BATX. Il vient d'ailleurs d'en donner un premier signe en refusant à Jack Ma, président d'Alibaba, en novembre 2020, la mise en Bourse d'Ant Group, la filiale bancaire d'Alibaba.

Jusqu'aux actionnaires et dirigeants de ces firmes, qui sentent bien que tout cela n'est pas durable et en sont presque à penser qu'ils peuvent avoir un intérêt financier à une partition de ces entreprises.

Bien des pistes sont alors possibles pour réduire leur pouvoir et protéger les autres médias.

Retirer aux GAFA l'appropriation des données personnelles

On peut d'abord imaginer de demander aux GAFA et aux BATX de laisser leurs données aux utilisateurs et, en échange, ne leur offrir qu'un accès payant à des services réduits. On pourrait par exemple demander, ou imposer, à Google de proposer à ses utilisateurs une version payante de ses services (quelques euros par mois pour Search, Maps, etc.) sans publicité et sans collecte de données ni tracking d'aucune sorte. Certains pensent que cela serait inefficace, car l'essentiel des utilisateurs préféreraient continuer d'utiliser l'actuelle version gratuite et d'abandonner à Google leurs données personnelles.

Un premier pas a été fait en théorie dans cette direction en Europe avec le RGPD (Règlement général de protection des données), qui devrait protéger la propriété privée des données ; mais il n'est absolument pas appliqué et les GAFA, comme bien d'autres, le contournent allégrement.

Un deuxième pas a été franchi le 16 juillet 2020, avec l'arrêt Schrems 2 de la Cour de justice de l'Union européenne. Il annule l'obligation faite aux GAFA de transmettre les données de leurs utilisateurs aux gouvernements et vers des entreprises situées sur le sol des États-Unis. Le 19 novembre 2020, Microsoft a non seulement déclaré qu'il respecterait cet arrêt européen, mais que toute demande de renseignement émanant de n'importe quel gouvernement serait refusée dès lors qu'une base juridique permettra de le faire.

Pour aller plus loin, on pourrait créer des tiers de confiance, qui réguleraient et sécuriseraient le partage et la circulation des données privées. Des technologies commencent à être développées dans ce but. En particulier, la *blockchain* peut aider à tracer et à partager la propriété des données. Dfinity, plateforme cryptographique dans le cloud, fondation à but non lucratif créée à Zurich par Marc Andreessen et Ben Horowitz, avec des centres de recherche en Californie, vise ainsi à rendre la propriété des données à chaque utilisateur, en développant un Internet décentralisé dont les données ne passeraient pas par les bases dont les GAFA sont les maîtres.

Dévoiler les algorithmes des GAFA

Un réseau social, on l'a vu, souhaite capter et conserver, le plus longtemps possible, l'attention de celui qui pénètre sur sa plateforme, pour avoir le temps de récolter ses données personnelles et de les exploiter ultérieurement à des fins de marketing ciblé. Il utilise pour cela des algorithmes secrets qui construisent des graphes sociaux, rassemblant l'ensemble des relations numériques et des préférences de chacun ; la complexité technique de ces algorithmes est leur meilleur rempart contre les régulateurs.

On devrait pourtant pouvoir les maîtriser. Et pour cela, leur imposer de ralentir la viralité de leur contenu, exiger la publication de leurs algorithmes, les faire auditer par des équipes d'experts, pour réduire leur dimension addictive, leur viralité et leur capacité à orienter les consommateurs.

Cette ouverture des algorithmes permettrait aussi de faire apparaître ouvertement les communautés qu'ils organisent et permettre à chacun d'échapper à ses liens forcés et de se connecter en toute liberté aux groupes qui lui conviennent. Des logiciels tels Clubhouse et Geneva le permettent déjà et devraient être imposés aux GAFA.

Plus radicalement encore, il faudra imaginer des applications permettant à chacun d'échapper aux griffes des réseaux sociaux, en récupérant ses propres graphes, en cessant de les abandonner aux GAFA, et de maîtriser ainsi son propre univers numérique. Cela supposerait des applications personnelles disposant d'une très grande puissance d'intelligence artificielle, capables de contrer les graphes sociaux des plateformes, de brouiller leurs algorithmes et de s'en libérer. On en est encore très loin, mais c'est certainement la menace technologique qui pèse sur la survie des GAFA.

Affaiblir le pouvoir monopolistique des GAFA et BATX

Dans le cadre de l'Organisation mondiale du commerce, il faudrait établir une jurisprudence mondiale de la concurrence, sur le modèle de celle de l'Union européenne, qui définirait quels technologies et services peuvent être combinés sans dommages pour la concurrence, et lesquels sont au contraire créateurs de monopole ou de monopsone. Il faudrait donc :

- Imposer un accès non discriminatoire de tous les utilisateurs aux infrastructures des GAFA et BATX, comme on l'a obtenu pour l'accès aux réseaux électriques et ferroviaires.
- Instaurer, dans le cadre de l'OMC, un droit mondial spécifique du numérique et de la concurrence, comme les États-Unis ont su le faire pour se

protéger des fusions excessives des grands groupes industriels, avec le Hart-Scott-Rodino Act en 1976.

• Empêcher le monopole des GAFA et des BATX, dès lors qu'ils cherchent à acheter une nouvelle firme, ce qui aurait, en son temps, empêché en particulier le rachat d'Instagram et de WhatsApp par Facebook, lesquels ont considérablement renforcé sa situation monopolistique.

Démanteler les GAFA et les BATX

En cas de refus de ces compromis, il faudra aller beaucoup plus loin et obtenir des gouvernements américain et chinois qu'ils décident, avec l'Union européenne et conformément à leurs propres intérêts, de :

• Diviser Google au moins en 4, en séparant le moteur de recherche, Android, la régie publicitaire et les autres métiers.

• Diviser Amazon au moins en 3, en séparant la place de marché, la publicité et le cloud.

• Diviser Facebook au moins en 4, en séparant Facebook, Messenger, WhatsApp et Instagram.

• Diviser Microsoft au moins en 2, en séparant le cloud du reste.

• Diviser Apple au moins en 2, en séparant le hard du soft. Et lui interdire d'entrer dans d'autres activités de services (streaming vidéo, musique).

• Diviser Tencent au moins en 3, en séparant le réseau social, le cloud = et le reste.

• Diviser Alibaba au moins en 4, en séparant la place de marché, la publicité, le cloud et la banque.

• Diviser Baidu et Xiaomi au moins en 3, en séparant le réseau social, le cloud et le reste.

Ce sera évidemment très difficile, car ces firmes ont beaucoup de moyens de représailles : elles peuvent interrompre leurs investissements en infrastructure et faire s'effondrer de nombreux protocoles, ralentissant terriblement Internet. Elles peuvent aussi s'appuyer sur la satisfaction de centaines de millions d'internautes et la gratuité qu'elles offrent de certains de leurs services irremplaçables (courriels, cartes, GPS, accès à Internet...).

Pour autant, il ne faudra pas céder à ces menaces, ni accepter leur proposition actuelle d'une compensation financière aux éditeurs de presse, qui ne servirait qu'à financer leurs funérailles.

L'Europe en particulier devra avoir le courage de prendre le risque de se passer pendant un moment des services de ces firmes. Cela conduirait peut-être à y faire éclore des géants du Net.

Prendre le temps de ne pas s'informer

Enfin, et peut-être surtout, il faudra, pour échapper aux griffes de ces médias addictifs et destructeurs, penser un autre rapport au temps.

Cela supposerait de réduire la vitesse de circulation des informations et des messages personnels ; d'apprendre à se déconnecter régulièrement des médias, de ne pas se contenter de la gratification sommaire du nombre de gens qui approuvent les messages ; de lire des livres, de prendre le temps de réfléchir, de converser avec des gens réels, sans être connecté, d'imaginer, de rêver, de méditer.

Plus largement, de retrouver l'attention aux autres et à soi sans avoir pour cela besoin de la satisfaction artificielle qu'offrent l'appartenance à un réseau social et l'approbation virtuelle qu'on peut en recevoir. Se distraire par ce qu'offrent l'art et la culture, et non par des jeux vidéo vides de sens ou par le spectacle de polémiques insignifiantes.

Il faudra donc, et c'est l'essentiel, ne craindre ni la solitude ni la rencontre avec des personnes réelles ; donner sa pleine valeur au temps qu'on vit, l'utiliser pour devenir soi, par des motivations intérieures, son génie propre, au moins autant que par les informations qu'on peut recevoir.

Ne pas s'informer est, parfois, la meilleure façon de se préparer à bien s'informer, pour mieux agir.

*

* *

Serons-nous tous à terme les victimes consentantes d'un vol généralisé de nos identités par des machines abstraites, qui n'ont d'autre finalité que de croître pour le seul bénéfice de leurs actionnaires ? A-t-on pris conscience que ces monstres sont désormais dangereux, non seulement par ce qu'ils sont, mais par le désastre que provoquerait leur effondrement ? Quand comprendra-t-on que la fusion en marche entre l'information et la distraction n'est qu'une façon de faire oublier aux humains qu'ils sont mortels, pendant que certains des plus riches cherchent à devenir immortels ? N'avons-nous pas d'autres urgences, en particulier climatiques ?

Est-il encore possible d'agir ? Est-il encore temps de nous libérer de nos artefacts, d'affronter le réel, grâce à des médias enfin libres ?

Aurais-je écrit tout cela pour rien ? Devrais-je terminer ce livre par le même message de résignation que Marx le fit avec son adresse aux socialistes allemands ?

Si tout ce que je propose plus haut n'est pas mis en œuvre, la plupart des médias classiques disparaîtra. Nous dépendrons de plus en plus de ces grandes machines numériques, qui s'effondreront à leur tour un jour, emportant avec elles de grands pans de l'infrastructure de nos sociétés ; et, comme nous leur aurons abandonné tous nos moyens de communiquer, de nous distraire, de nous informer, de produire, de commercer, de nous former, de nous soigner, de nous financer, nous reviendrons à l'âge de pierre.

Si au contraire nous savons réagir maintenant et organiser leur maîtrise, alors nous pourrons utiliser le meilleur de ces technologies pour nous informer, apprendre, agir et vivre des vies libres, également libres, dans des sociétés véritablement démocratiques, où toutes les différences seraient enfin reconnues comme des sources de richesses collectives.

Les médias, de toute nature, pourraient alors accomplir leur mission idéale, jamais réalisée : permettre aux humains de partager tout le savoir disponible, et le transmettre aux générations suivantes.

L'humanité pourrait alors espérer découvrir, un jour, la raison d'être de ce qu'on nomme, faute de mieux, la conscience.

Annexes

Annexe 1 : Quel titre de la presse écrite avez-vous lu dans les deux dernières semaines ?

Sources : Statista Global Consumer Survey

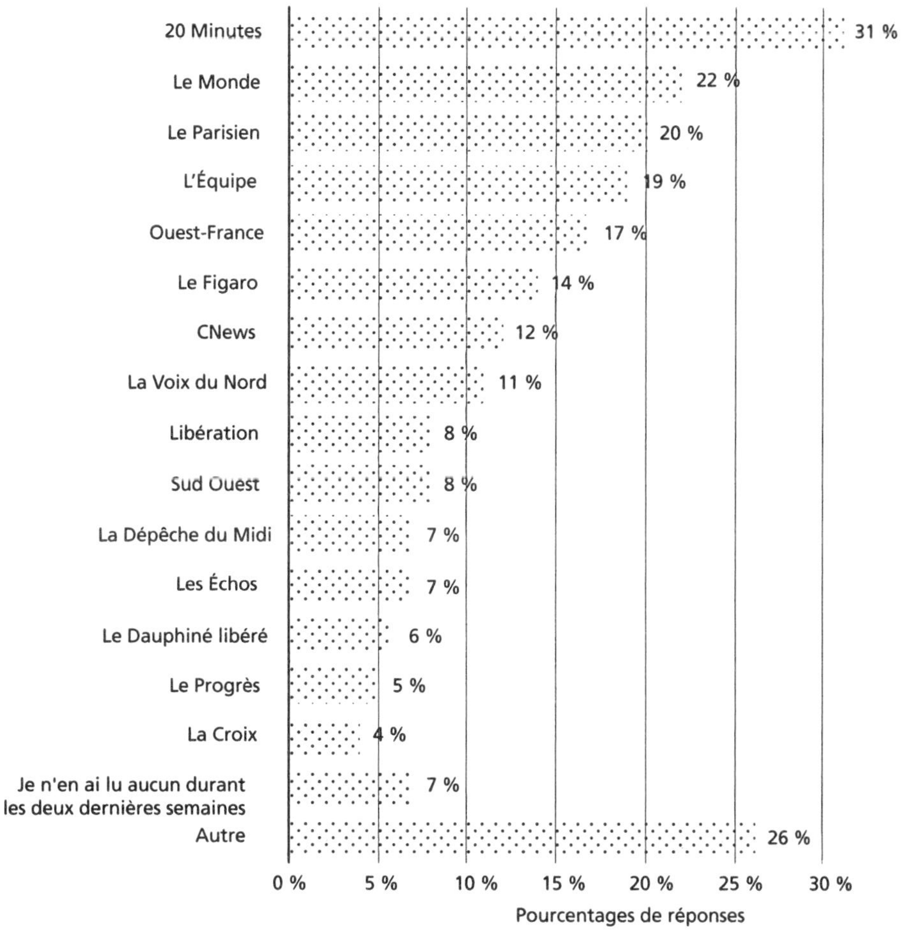

Sondage effectué en France, du 14 février au 25 mars 2020 et du 21 juillet au 13 août 2020, 706 réponses.

Annexe 2 : Sources d'information aux États-Unis
2013-2020

Source : 2020 Reuters Institute Digital News Report

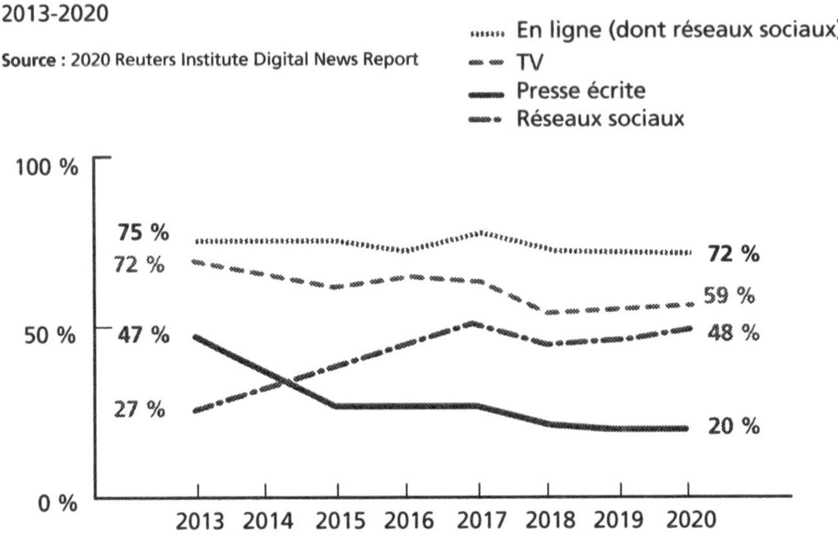

Annexe 3 : Sources d'information en France
2013-2020

Source : 2020 Reuters Institute Digital News Report

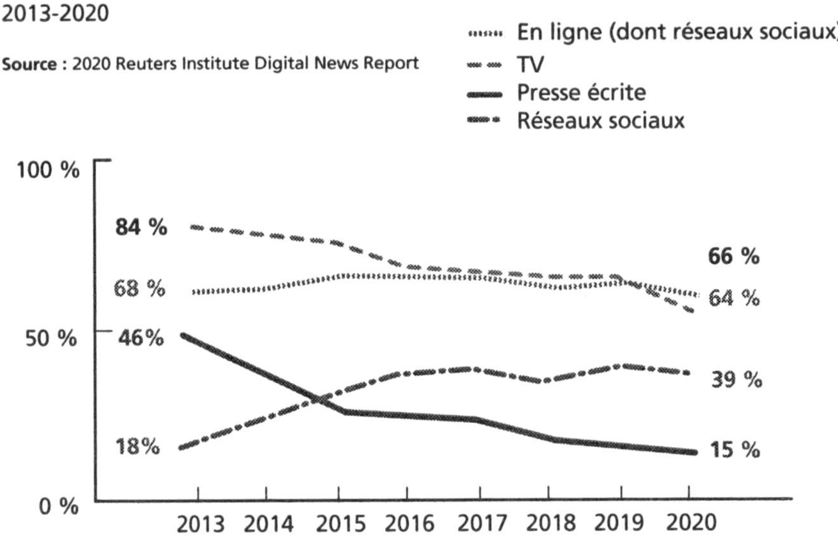

Annexe 4 : Part des adultes s'informant sur les réseaux sociaux, classement par pays, février 2020

Source : Statista Global Consumer Survey © Statista.

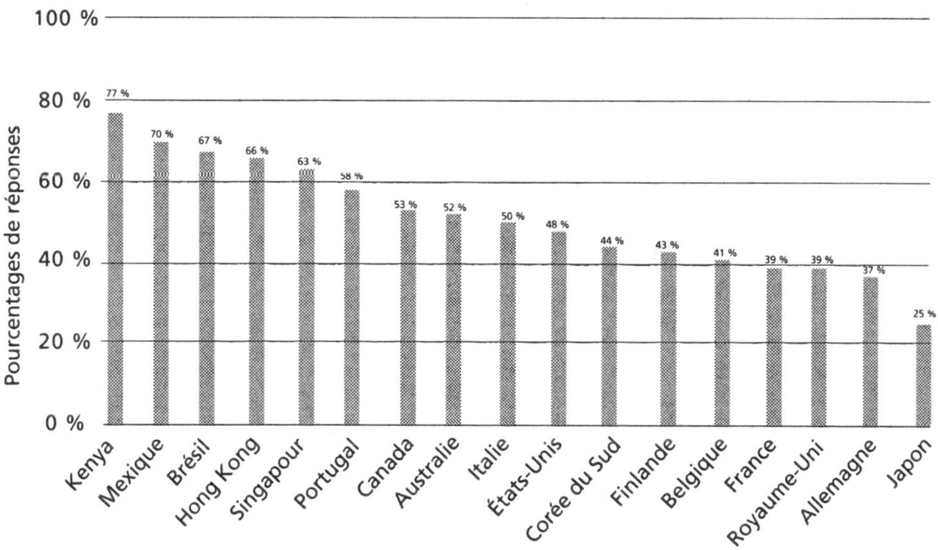

Annexe 5 : Part de la population utilisant les réseaux sociaux aux États-Unis, de 2017 à juillet 2020, puis estimation jusqu'en 2025

Source : © Statista 2020

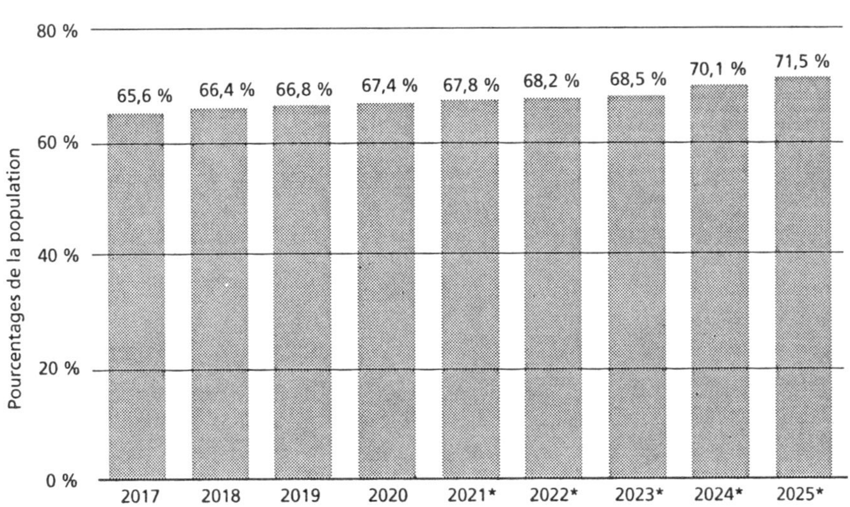

Annexe 6 : Classement des pays par nombre d'utilisateurs de Facebook, octobre 2020

Source : We Are Social ; DataReportal ; Hootsuite ; Facebook. © Statista 2020

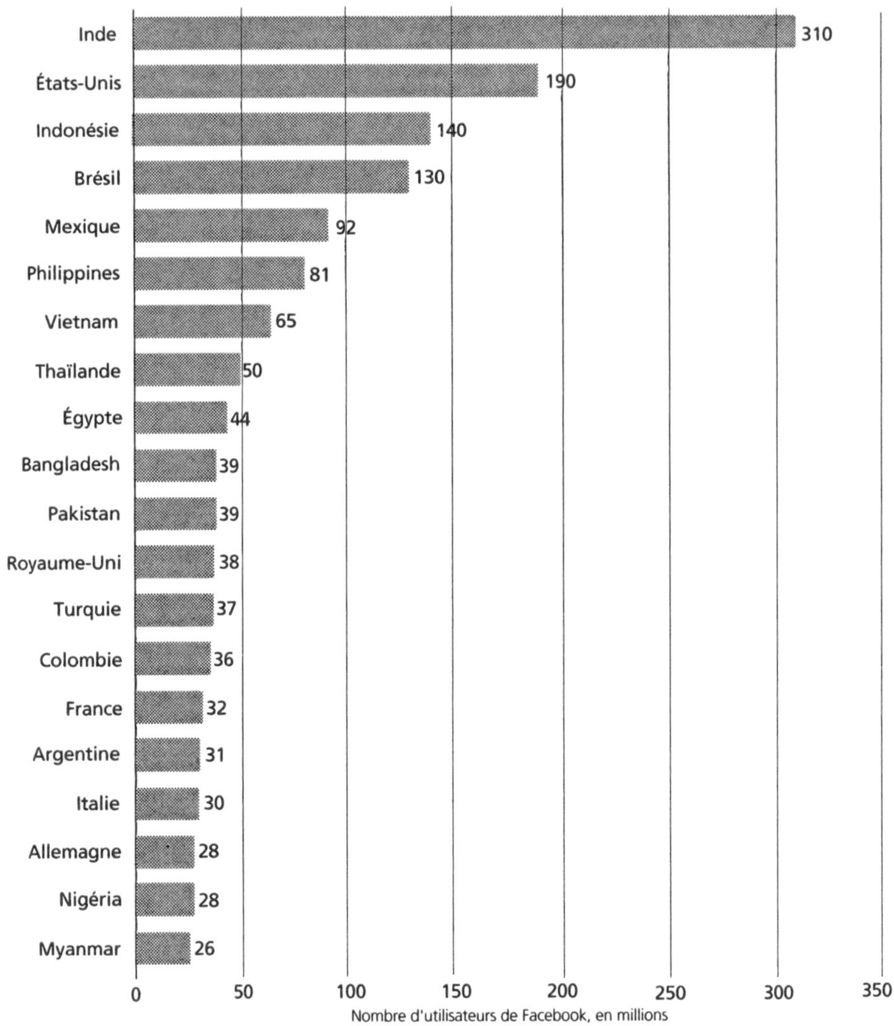

Annexe 7 : Sources les plus utilisées pour s'informer sur le coronavirus, mars 2020

Source : Edelman. © Statista 2020

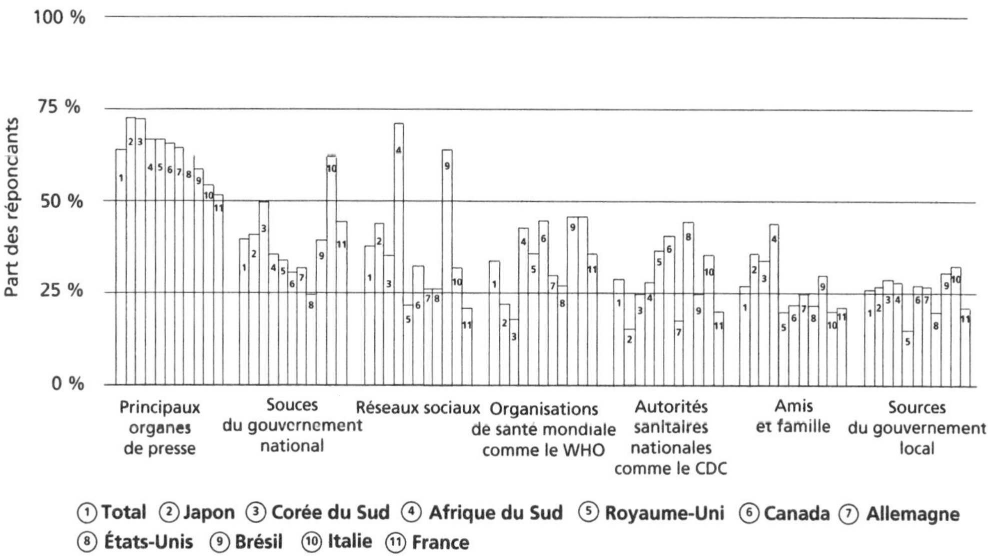

Annexe 8 : Appareils utilisés pour s'informer en ligne aux États-Unis en 2020

Source : 2020 Reuters Institute Digital News Report

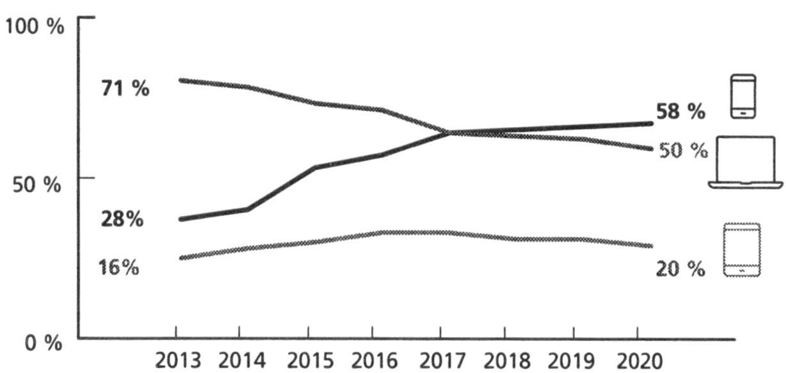

En 2018, le smartphone prend la première place, devant l'ordinateur.

Annexe 9 : Appareils utilisés pour s'informer en ligne en France en 2020

Source : 2020 Reuters Institute Digital News Report

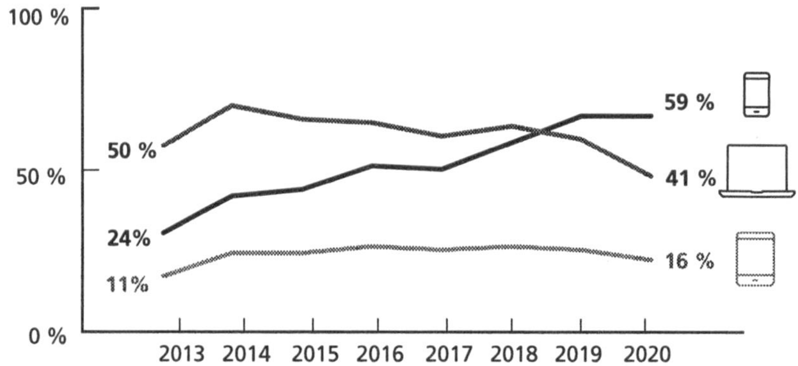

En 2019, le smartphone prend la première place, devant l'ordinateur.

Annexe 10 : La crédibilité des médias

Source : 33e Baromètre de confiance dans les médias réalisé par Kantar pour *La Croix*, janvier 2020 © Visactu.

En général, à propos des nouvelles que vous lisez / entendez / voyez dans un journal / à la radio / à la télévision / sur Internet, est-ce que vous vous dites :
Les choses se sont passées comme l'a raconté…

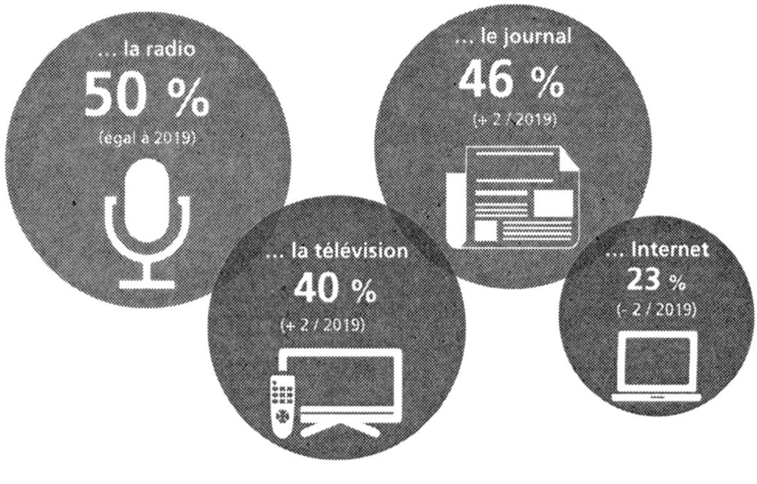

Annexe 11 : Confiance dans les médias aux États-Unis en 2020

Source : 2020 Reuters Institute Digital News Report

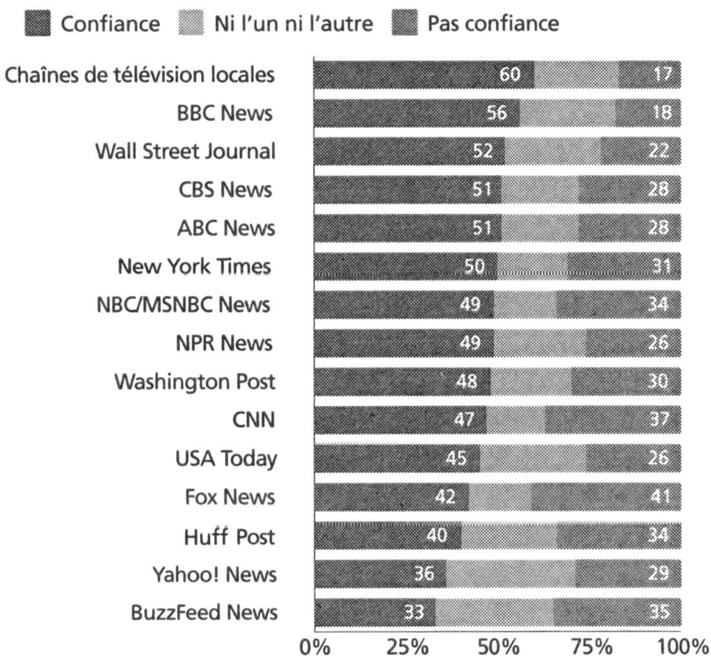

Confiance = % de 6 à 10 sur une échelle de confiance de 10 points, Pas confiance = 0-4, Ni l'un ni l'autre = 5. Ceux qui ont donné un média non présenté ont été exclus du graphique.

Annexe 12 : Confiance dans les médias en France en 2020

Source : 2020 Reuters Institute Digital News Report

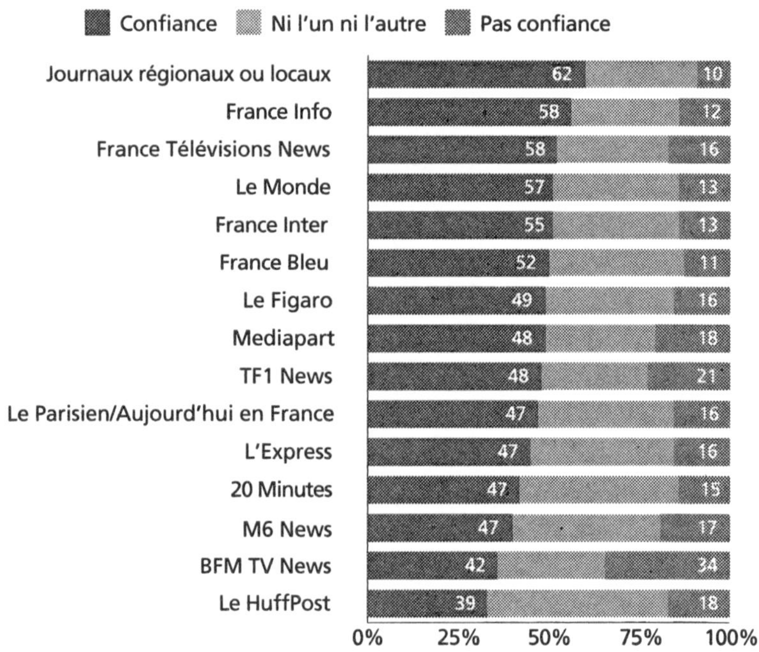

Confiance = % de 6 à 10 sur une échelle de confiance de 10 points,
Pas confiance = 0-4, Ni l'un ni l'autre = 5.
Ceux qui ont donné un média non présenté
ont été exclus du graphique.

Annexe 13 : Échelle de confiance (tentative)

Source : *Frédéric Filloux/MondayNote*

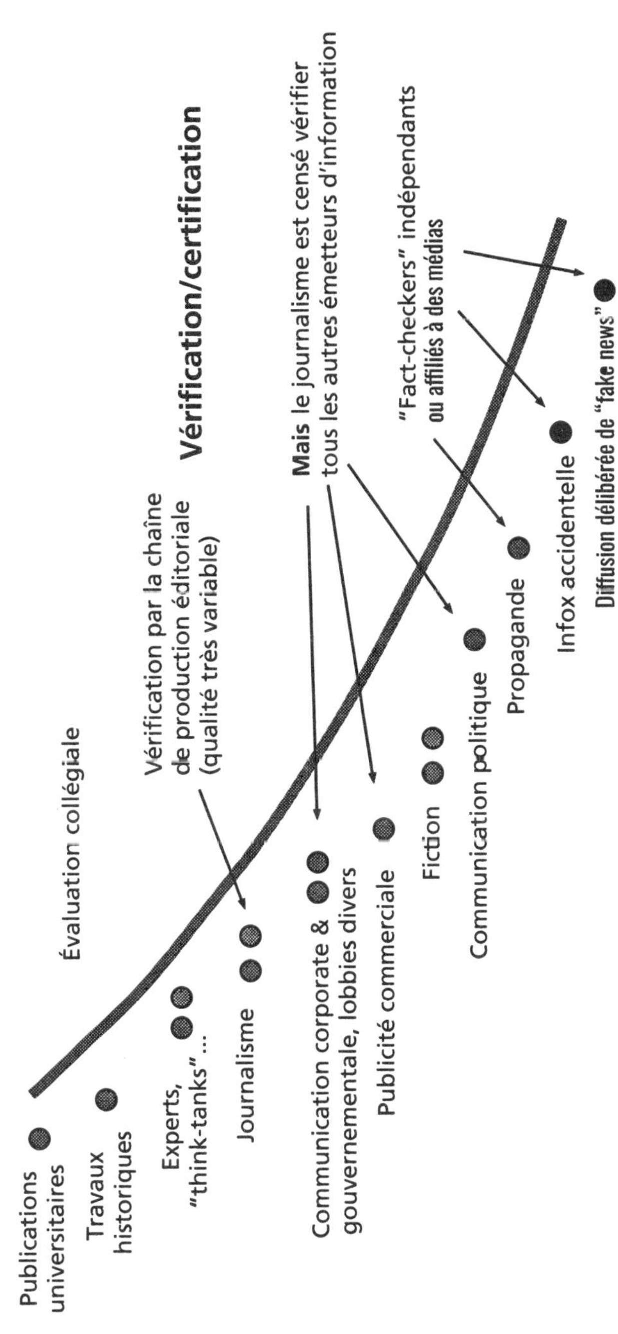

Annexe 14 : Plateformes dont la capitalisation boursière est supérieure à 3 milliards de dollars, novembre 2020

Source : Bloomberg CB Insights

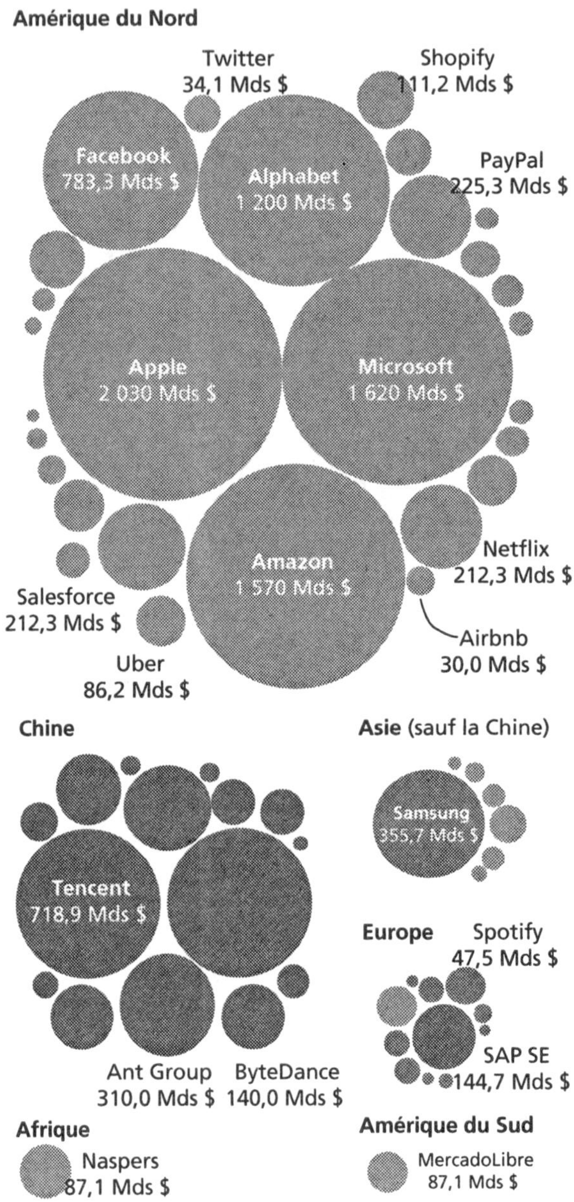

Bibliographie

Général

Ouvrages

Ágoston Gábor, Masters Bruce Alan, *Encyclopedia of the Ottoman Empire*, Facts on File, 2009.

Albert Pierre, *Histoire de la presse*, PUF, « Que sais-je ? », 2018.

Ammaz Camille, *Histoire de la poste dans le monde*, Pygmalion, 2013.

Attali Jacques, *La Parole et l'Outil*, PUF, 1976.

—, *Bruits. Économie politique de la musique*, Fayard, [1977] 2000.

—, *Au propre et au figuré. Histoire de la propriété*, Fayard, 1988.

—, *1492*, Fayard, 1991.

—, *Les Juifs, le Monde et l'Argent*, Fayard, 2002.

—, *Karl Marx ou l'Esprit du monde*, Fayard, 2005.

—, *Une brève histoire de l'avenir*, Fayard, 2006.

—, *Gândhî ou l'Éveil des humiliés*, Fayard, 2007.

—, *Phares. 24 destins*, Fayard, 2010.

—, *Diderot ou le Bonheur de penser*, Fayard, 2012

—, *Peut-on prévoir l'avenir ?*, Fayard, 2015.

—, *Vivement après-demain !*, Fayard, 2016.

—, *À tort et à raison. Entretiens avec Frédéric Taddeï*, Éditions de L'Observatoire, 2020.

Attali Jacques, Salfati Pierre-Henry, *Le Destin de l'Occident. Athènes, Jérusalem*, Fayard, 2016.

Barbier Frédéric, Bertho Lavenir Catherine, *L'Histoire des médias, de Diderot à Internet*, A. Colin, 1996.

Bertho Lavenir Catherine, *La Démocratie et les médias au 20e siècle*, Armand Colin, 2018.

Biard Michel (dir.), *Combattre, tolérer ou justifier ? Écrivains et journalistes face à la violence d'État (XVIe-XXe siècle)*, Publications des universités de Rouen et du Havre, coll. « Cahiers du GRHis », n° 20, 2009.

Braudel Fernand, *Civilisation matérielle, économie et capitalisme*, LGF, [1979] 1993.

Brizay François (dir.), *Les Formes de l'échange. Communiquer, diffuser, informer de l'Antiquité au XVIIIe siècle*, Presses universitaires de Rennes, 2012.

Cazenave Élisabeth, Ulmann-Mauriat Caroline, *Presse, radio et télévision en France de 1631 à nos jours*, Hachette, 1995.

Cucheval-Clarigny Athanase, *Histoire de la presse en Angleterre et aux États-Unis*, Amyot, 1857.

Dahl Svend, *Histoire du livre de l'Antiquité à nos jours*, 3e édition, Lamarre-Poinat, 1967.

Delporte Christian, *Histoire du journalisme et des journalistes en France*, PUF, 1995.

Delporte Christian, Blandin Claire, Robinet François, *Histoire de la presse en France : XXe- XXIe siècles*, Armand Colin, 2016.

Dorna Alexandre, Quellien Jean, Simonnet Stéphane, et Maison de la recherche en sciences humaines de Caen, *La Propagande. Images, paroles et manipulation*, L'Harmattan, 2008.

Éveno Patrick, *L'Argent de la presse française des années 1820 à nos jours*, Éditions du Comité des travaux historiques et scientifiques, 2003.

Fang Hanqi, *A History of Journalism in China*, Silkroad Press, 2012.

Feyel Gilles, *La Presse en France des origines à 1944. Histoire politique et matérielle*, Ellipses, 2007.

Fuentes Juan Francisco, Fernández Sebastián Javier, *Historia del periodismo español*, Editorial Síntesis, 1997.

Harari Yuval Noah, *Sapiens. Une brève histoire de l'humanité*, trad. par P.-E. Dauzat, Albin Michel, 2015.

Herd Harold. *The March of Journalism: The Story of the British Press from 1622 to the Present Day*, Allen & Unwin, 1952.

Jeanneney Jean-Noël, *Une histoire des médias. Des origines à nos jours*, Seuil, 1996.

Lacroix Jean-Michel, *Histoire des États-Unis*, PUF, coll. « Quadrige », 3e éd., 2006.

Lévrier Alexis, Wrona Adeline (dir.), *Matière et esprit du journal, du Mercure Galant à Twitter*, Presses de l'université Paris-Sorbonne, 2013.

Martin Laurent, *La presse écrite en France au XXe siècle*, LGF, 2005.

Martin Marc, *Trois siècles de publicité en France*, Odile Jacob, 1992.

McChesney Robert W, Nichols John, *People Get Ready: The Fight Against a Jobless Economy and a Citizenless Democracy*, Nation Books, 2016.

Mercier Arnaud, *Fake news et post-vérité : 20 textes pour comprendre la menace*, The ConversationFrance, 2018.

Muhlmann Géraldine, *Du journalisme en démocratie*, Payot, 2004.

—, *Une histoire politique du journalisme, XIXe-XXe siècle*, PUF, 2004.

Pettegree Andrew, *The Invention of News: How the World Came to Know About Itself*, Yale University Press, 2014.

Pinson Guillaume, *La Culture médiatique francophone en Europe et en Amérique du Nord de 1760 à la veille de la Seconde Guerre mondiale*, Presses de l'université de Laval, 2016.

Stephens Mitchell, *A History of News*, Harcourt Bracen, 2e éd., 1996.

Singaravélou Pierre, Venayre Sylvain (dir), *Le Magasin du monde. La mondialisation par les objets du XVIIIe siècle à nos jours*, Fayard, 2020.

Starr Paul, *The Creation of the Media: Political Origins of Modern Communications*, Basic Books, 2004.

Tétard Philippe, Chauveau Agnès, *Introduction à l'histoire des médias en France de 1881 à nos jours*, Armand Colin, 1999.

Thoveron Gabriel, *Histoire des médias*, Seuil, 1997.

Voyenne Bernard, *Les Journalistes français*, Retz, 1995.

Publications de recherche/spécialisées

Bradshaw Samantha, Howard Philip N., « Troops, Trolls and Troublemakers: A Global Inventory of Organized Social Media Manipulation », *Working paper* n° 2017.12, University of Oxford, 2017.

Cohen Évelyne, Brétéché Marion (dir.), « La fausse information de la Gazette à Twitter », *Le Temps des Médias*, n° 30, printemps 2018.

Valbert G., « L'histoire du journalisme en Autriche », *Revue des Deux Mondes*, 3e période, tome 110, 1892, p. 693-704.

Articles en ligne

Soll Jacob, « The long and brutal history of fake news », *Politico Magazine*, 18 décembre 2016.

Yurkova Olga, « Six Fake News Techniques and Simple Tools to Vet Them », *Global Investigative Journalism Network*.

Histopresse, www.histopresse.com.

History of American Journalism, history-journalism.ku.edu.

The Hoax Museum Blog, hoaxes.org.

World Radio History, worldradiohistory.com.

Chapitre 1 : Nouvelles de princes, nouvelles des peuples (De – 30000 au début de notre ère)

Ouvrages

Achard Guy, *La Communication à Rome*, Les Belles Lettres, 2006.

Andreau Jean, Virlouvet Catherine (dir.), *L'Information et la mer dans le monde antique*, École française de Rome, 2002.

Boivin Nicole, Frachetti Michael D. (dir.), *Globalization in Prehistory: Contact, Exchanges and the People without History*, Cambridge University Press, 2018.

Bridges E. Lucas, *Uttermost Part of the Earth: Indians of Tierra del Fuego*, Dover Publications, Inc, [1949] 1988.

Bresson Alain, Cocula Anne-Marie, Pébarthe Christophe (dir.), *L'Écriture publique du pouvoir*, Ausonius, 2005.

Capdetrey Laurent, Nelis-Clément Jocelyne (dir.), *La Circulation de l'information dans les États antiques. Actes de la table ronde « La circulation de l'information dans les structures de pouvoir antiques*, Ausonius, 2006.

Coulet Corinne, *Communiquer en Grèce ancienne. Écrits, discours, information, voyages*, Les Belles Lettres, 1991.

Ferdowsi, *Le Livre des rois*, trad. par J. Mohl, Sindbad-Actes Sud, 2002.

Figuier Louis, *Les Merveilles de la science ou description populaire des inventions modernes*, Furne, Jouvet et Cie, 1867-1891.

Finnegan Ruth, *Oral Literature in Africa*, Open Book Publisher, 2012.

Gazagnadou Didier, *La Poste à relais en Eurasie*, Kimé, 1994.

Hadas-Lebel Mireille, *Rome, la Judée et les Juifs*, Picard, 2009.

Heurgon Jacques, *La Vie quotidienne des Étrusques*, Hachette, 2019.

Ibn Battûta, *Voyages*, trad. par C. Defremery et B. R. Sanguinetti (1858), F. Maspero, coll. « La Découverte », 1982, 3 vol.

Jourdain Louis, *Les Juifs d'Alexandrie dans l'Antiquité*, Presses universitaires de Rennes, 2019.

Lewis Sian, *News and Society in the Greek Polis*, G. Duckworth, 1996.

Maspero François, *Les Maîtres de vérité dans la Grèce archaïque*, La Découverte, coll. « Textes à l'appui », 1967.

Maspero Henri, Balazs Étienne, *Histoire des institutions de la Chine ancienne*, Annales du musée Guimet, tome LXXIII, PUF, 1967.

Niane Djibril Tamsir, *Soundjata ou l'épopée mandingue*, Présence africaine, 1960.

Ragheb Youssef, *Les Messagers volants en terre d'Islam*, CNRS Éditions, 2002.

Schmitt Pantel Pauline, *La Cité au banquet. Histoire des repas publics dans les cités grecques*, Publications de l'École française de Rome, n° 157, 1992.

Silverstein Adam J., *Postal Systems in the Pre-Modern Islamic World*, Cambridge University Press, 2007.

Vernus Michel, *La Fabuleuse Histoire du papier*, Éditions Cabédita, 2004.

Woods Mary B., Woods Michael, *Ancient Communication Technology: From Hieroglyphics to Scrolls*, Twenty-First Century Books, 2011.

Wu Silas H. L., *Communication and Imperial Control in China: Evolution of the Palace Memorial System, 1693-1735*, Harvard University Press, Harvard East Asian Series, 1970

La Bible de Jérusalem, Pocket, 2015.

Publications de recherche/spécialisées

André-Salvini Béatrice, « Chapitre III. Babylone au temps de Nabuchodonosor II (605-562 av. J.-C.) », dans Béatrice André-Salvini, *Babylone*, PUF, coll. « Que sais-je ? », 2019, p. 43-116.

Arranz Almudena Dominguez, *Politica y genero en la propaganda en la Antigüedad. Antecendentes y legado*, Academia.edu : https://www.academia.edu/15263381/Pol%C3%ADtica_y_g%C3%A9nero_en_la_propaganda_en_la_Antig%C3%BCedad_Antecedentes_y_legado_Gender_and_politics_in_propaganda_during_Antiquity_Its_precedents_and_legacy_

Ayoun Richard, « Les Juifs et la mer, introduction », *Revue française d'histoire d'outre-mer*, « Les Juifs et la mer », t. 87, n° 326-327, 1er semestre 2000, p. 7-13.

Charpin Dominique, « Chroniques bibliographiques. 2, La commémoration d'actes juridiques : à propos des kudurrus babyloniens », *Revue assyriologique*, vol. 96, fév. 2002, p. 169-191.

—, « Civilisation mésopotamienne », *L'Annuaire du Collège de France*, 117, 2019.

Clottes Jean, « De "l'art pour l'art" au chamanisme : l'interprétation de l'art préhistorique », *La revue pour l'histoire du CNRS*, n° 8, 2003.

David Abraham, « Les documents de La Geniza du Caire », *Annuaire de l'École pratique des hautes études* (EPHE), Section des sciences historiques et philologiques, n° 139, 2008, p. 26-28.

Davis Ernest, « The Life of Information, from Drums to Wikipedia. Review of James Gleick: The Information: A History, a Theory, a Flood », *The Times Literary Supplement*, 23 août 2011.

Demoule Jean-Paul, « Révolution néolithique, révolution de l'information », *La Revue des médias*, INA, 30 septembre 2016 (mis à jour le 3 décembre 2019).

Goblot-Cahen Catherine, « Les hérauts grecs agents et victimes de châtiments », *Hypothèses*, vol.6, n° 1, 2003, p. 135-144.

Goldberg Jacques, « La communication animale », dans Jean-François Dortier (dir.), *La Communication. Des relations interpersonnelles aux réseaux sociaux*, Sciences Humaines, coll. « Synthèse », 2016, p. 32-40.

Gouraud Jean-Louis, « Quelques propos cavaliers sur les Khazars », dans Jacques Piatigorsky et Jacques Sapir (dir.), *L'Empire Khazar* VII-XIe *siècle. L'énigme d'un peuple cavalier*, Autrement, p. 117-142.

Grenier Albert, « Les stèles étrusques de Bologne », *Revue archéologique*, vol. 19, 1912, p. 137-140.

Harari Ibrahim, « Portée de la stèle juridique de Karnak. Essai sur la terminologie juridique du Moyen Empire égyptien », *Annales du service des antiquités de l'Égypte*, n° 51, 1951, p. 273-297.

Heck A. (sous le pseudonyme d'Al Nath), « Légendes de Patagonie », *Orion*, vol. 54, n° 288, 1996.

Miller Dean A., « The logothete of the drome in the middle byzantine period », *Byzantion*, vol. 36, n° 2, 1966, p. 438-470.

Peyras Jean, « Pouvoir romain et terre étrusque d'après des documents romains de l'Antiquité tardive », dans Thierry Piel (dir.), *Figures et expressions du pouvoir dans l'Antiquité : Hommage à Jean-René Jannot*, Presses universitaires de Rennes, 2008.

Piérart Marcel, « Le héraut du Conseil et du peuple à Athènes », *Bulletin de correspondance hellénique*, vol. 100, livraison 1, 1976, p. 443-447

Pieri Dominique, « Marchands orientaux dans l'économie occidentale de l'Antiquité tardive », dans Lucien Rivet, Martine Sciallano (dir.), *Vivre, produire et échanger : reflets méditerranéens. Mélanges offerts à Bernard Liou*, Monique Mergoil, coll. « Archéologie et Histoire romaine », 8, 2002, p. 123-132.

Sapwell Mark, « Understanding Palimpsest Rock Art with the Art as Agency Approach: Gell, Morphy, and Laxön, Nämforsen », *Journal of Archaeological Method and Theory*, vol. 24, 2017, p. 352-376.

Sartre Maurice, « Antiquité gréco-romaine : le bourdonnement incessant de l'information », *La Revue des médias*, mars 2019.

Sifuentes Jesse, « The propaganda of Octavian and Mark Antony's Civil War », *Ancient History Encyclopedia*, 20 novembre 2019.

Thomas Léon, « Des peuples en voie de disparition : Les Fuégiens », *Cahiers d'outre-mer*, n° 24 - 6e année, oct.-déc. 1953, p. 379-398.

Wagner Rudolf, « The Early Chinese Newspapers and the Chinese Public Sphere », *European Journal of East Asian Studies*, vol. 1, n° 1, p. 1-33, 2002.

Winter Irène, « After the Battle is Over: The "Stele of the Vultures" and the Beginning of Historical Narrative in the Ancient Near East », dans *Pictorial Narrative in Antiquity to the Middle Ages*, National Gallery of Art, coll. « Studies in the history of art », 1985, p. 11-32.

Xiaoping Li, « La civilisation chinoise et son droit », *Revue internationale de droit comparé*, vol. 51 n°3, Juil.-sept. 1999, p. 505-541.

Zanetti Vincent, « Le griot et le pouvoir », *Cahiers d'ethnomusicologie*, vol. 3,1990, p. 161-172.

Zavaroni Adolfo, « Nuove ipotesi sulla bilingue etrusco-latina di Pesaro », *Latomus : revue d'études latines*, vol. 62, n° 2, 2003, p. 307-310.

Zemp Hugo, « La légende des griots malinké », *Cahiers d'études africaines*, vol. 6, n°24, 1966. p. 611-642.

Articles

Lamazou Titouan, « Cap Horn. Au bout du monde », *L'Équipe Magazine*, n° 975, 13 janvier 2001.

Thieme M., « Les postes des sultans d'Égypte », *L'Union postale*, Berne, juillet 1884.

Articles en ligne

Novillo Miquel Angel, « Acta diurna : le premier quotidien de l'Histoire était romain », *National Geographic*, 17 avril 2020.

Sacleux Arnaud, « Découverte de la première mention du mot “Israël” dans un écrit de l'Égypte Antique », *National Geographic*, 9 juillet 2020.

Strechie Madalina, « Propaganda of the Ancient Roman World », *Rewminate*, 4 septembre 2018.

« Discovered : Facebook… for cavemen ? », *The Week Staff*, 22 mai 2012.

Documentaires

Kasse Mady Diabate – The Real Art of the Griot, 2015 : https://vimeo.com/125403965

Chapitre 2 : Le temps des messagers (du Ier au XIVe siècle)

Ouvrages

Adler Elkan, *Jewish Travelliers in the Middle Ages*, Dover Publications, 1987.

Banniard Michel, *Viva Voce. Communication écrite et communication orale du IVe au IXe siècle en Occident latin*, Institut des études augustiniennes, 1992.

Champfleury, *Histoire de la caricature au Moyen Âge*, E. Dentu, 1870.

Le Goff Jacques, *Les Intellectuels au Moyen Âge*, Seuil, [1957] 2014.

Lett Didier, Offenstadt Nicolas (dir), *Haro ! Noël ! Oy ! Pratiques du cri au Moyen Âge*, Éditions de la Sorbonne, 2003.

Menache Sophia, *The Vox Dei: Communication in the Middle Ages*, Oxford University Press, 1990.

Société des historiens médiévistes de l'enseignement supérieur public (dir.), *L'Autorité de l'écrit au Moyen Âge (Orient-Occident)*, XXXIXe Congrès de la SHMESP (Le Caire, 30 avril-5 mai 2008), Éditions de la Sorbonne, 2009.

Société des historiens médiévistes de l'enseignement supérieur public (dir.), *La Circulation des nouvelles au Moyen Âge*, XXIVe Congrès de la SHMESP (Avignon, juin 1993), École française de Rome, coll. « Publications de l'École française de Rome », 190, 1994.

Verdon Jean, *Information et désinformation au Moyen Âge*, Perrin, 2010.

Publications de recherche/spécialisées

Bianchi Luca, « Un Moyen Âge sans censure ? Réponse à Alain Boureau », *Annales. Histoire, sciences sociales*, 57e année, n° 3, 2002. p. 733-743.

Billoré Maïté, « La rumeur au Moyen Âge : média des élites et voix du peuple », *La Revue des médias*, 25 avril 2016.

Boucher d'Argis Antoine Gaspard, « Les colporteurs », *L'Encyclopédie*, 1re éd. t. 3, p. 659-660.

Brouwer Christian, Devroey Jean-Pierre, « La participation des juifs au commerce dans le monde franc (VIe-Xe siècles) », dans Alain Dierkens, Jean-Louis Kupper et Jean-Marie Sansterre (dir.), *Voyages et voyageurs à Byzance et en Occident du VIe au IXe siècle*, Actes du colloque international (Liège, 5-7 mai 1994), Presses universitaires de Liège, 1998, p. 321-355.

Devroey Jean-Pierre, « Juifs et Syriens. À propos de la géographie économique de la Gaule au Haut Moyen Âge », dans Jean-Marie Duvosquel et Erik Thoen (dir.), *Peasants and Townsmen in Medieval Europe*, Snoeck-Ducaju & Zoon, 1995, p. 51-72.

Doudet Estelle, « Moyen Âge et archéologie des media. Vers un nouveau temps profond des arts et des imaginaires de la communication », *Fabula-LhT*, « Le Moyen Âge pour laboratoire », n° 20, janvier 2018.

Fargette Séverine, « Rumeurs, propagande et opinion publique au temps de la guerre civile (1407-1420) », *Le Moyen Âge*, tome CXIII, 2, 2007, p. 309-334.

Fischel, Walter J. « The Jewish Merchants, Called Radanites », *The Jewish Quarterly Review*, vol. 42, n° 3, 1952, p. 321-325.

Gauvard Claude, « Au Moyen-Âge aussi, informer c'est gouverner », *La Revue des médias*, septembre 2016.

Ibn Khurdadbeh, *Le Livre des Routes et des Provinces*, trad. par C. Barbier de Meynard, *Journal asiatique*, 1865, mars-avril et mai-juin 1885, p. 227-296 et 446-532.

Jamme Armand, « Écrire pour le pape du XIe au XIVe siècle. Formes et problèmes », *Mélanges de l'École française de Rome-Moyen Âge*, vol. 128, n° 1, 2016.

Lang Jean-Bernard, « Les juifs austrasiens dans le commerce international au Haut Moyen Âge VII-X siècles », Académie nationale de Metz, 2007.

Leclerc Dom Jean, OSB, « Le genre épistolaire au Moyen Âge », *Revue du Moyen Âge latin*, janv. 1946, p. 63-70.

Martin Hervé, « Les sermons du Bas Moyen Âge. Un réexamen en cours », *Revue d'histoire de l'Église de France*, « Un siècle d'histoire du christianisme en France », t. 86, n° 217, 2000, p. 447-458.

Offenstadt Nicolas, « Guerre civile et espace public à la fin du Moyen Âge. La lutte des Armagnacs et des Bourguignons », dans Laurent Bourquin et Philippe Hamon (dir.), *La Politisation. Conflits et construction du politique depuis le Moyen-Âge*, Presses universitaires de Rennes, 2010.

Petitjean Johann, « The Papal Network : How the Roman Curia Was Informed about Southeastern Europe, the Ottoman Empire and the Mediterranean », dans Joad Raymond, Noah Moxham, *News Networks in Early Modern Europe*, Brill, 2016, p. 178-192.

Saige Gustave, « La Papauté au Moyen Âge. Nicolas Ier, Grégoire VII, Innocent III, Boniface VIII. Études sur le pouvoir pontifical, par Félix Rocquain… », *Bibliothèque de l'École des chartes*, t. 43, 1882, p. 367-372.

Shagrir Iris, « Pilgrimage in the Rhetoric of the Jerusalem Liturgy in the Twelth Century », dans *Les Récits de pèlerinage à Jérusalem au Moyen-Âge : nouvelles sources, nouvelles lectures*, Journée d'étude au Centre de recherche français à Jérusalem, 15 mars 2016.

Chapitre 3 : La révolution de l'imprimerie (de 1400 à 1599)

Ouvrages

Baye Nicolas (de), *Journal. 1400-1417*, Renouard, 1888.

Eisenstein Elizabeth L., *La Révolution de l'imprimé à l'aube de l'Europe moderne*, trad. par M. Duchamp et M. Sissung, La Découverte, 1991.

Edwards Mark U. Jr., *Printing, Propaganda, and Martin Luther*, University of California Press, 1994.

Palma-Cayet Pierre-Victor, Buchon Jean Alexandre C., *Palma Cayet . avec notices biographiques. Chronologie novénaire contenant l'histoire de la guerre sous le règne du très chrestien roy de France et de Navarre Henry IV*, vol. 1, Desrez, 1836.

Publications de recherche/spécialisées

Ancel René, « Étude critique sur quelques recueils d'*avvisi* », *Mélanges d'archéologie et d'histoire*, t. 28, 1908, p. 115-139.

Chopard Michel, « En marge de la grande érudition, un amateur éclairé : Pierre de L'Estoile », dans *Histoire et littérature. Les écrivains et la politique*, PUF, coll. « Publications de l'Université de Rouen. Série littéraire », 42, 1977.

Beaune Colette, « La rumeur dans le *Journal du Bourgeois de Paris* », dans *La Circulation des nouvelles au Moyen Âge*, Actes des congrès de la Société des historiens médiévistes de l'enseignement supérieur public, 24e congrès, Avignon, 1993, p. 191-203.

Briand Julien, « Foi, politique et information en Champagne au XVe siècle», *Revue historique*, vol. 653, n° 1, 2010, p. 59-97.

Debarbieux Bernard, Fontaine Laurence, « Histoire du colportage en Europe (XVe- XIXe siècle) », *Revue de géographie alpine*, vol. 82, n° 1, 1994, p. 99-100.

Eisenstein Elizabeth L., Mansuy Gérard, « L'avènement de l'imprimerie et la Réforme », *Annales. Économies, Sociétés, Civilisations*, 26e année, n° 6, 1971, p. 1355-1382.

Fargette Séverine, « Rumeurs, propagande et opinion publique au temps de la guerre civile (1407-1420) », *Le Moyen Âge*, tome CXIII, 2, 2007, p. 309-334.

Fedele Clemente, « Un enigma di storia postale : la Repubblica veneta », *Rivista dell'Istituto di studi storici postali*, « Archivio per la storia postale comunicazioni e società », n° 2, 1999 ; n° 3, 1999.

Gantet Claire, « Katrin Keller, Paola Molino, *Die Fuggerzeitungen im Kontext. Zeitungssammlungen im Alten Reich und in Italien…* », *Revue de l'IFHA*, fév. 2017.

Gauvard Claude, « Rumeur et gens de guerre dans le royaume de France au milieu du XVe siècle », *Hypothèses*, n° 1, 2001.

Guellec Dominique, « Gutenberg revisité. Une analyse économique de l'invention de l'imprimerie », *Revue d'économie politique*, vol. 114, n° 2, 2004, p. 169-199.

Lüsebrink Hans-Jürgen, « La littérature des almanachs : réflexions sur l'anthropologie du fait littéraire », *Études françaises*, vol. 36, n° 3, 2000, p. 47-64.

Mollier Jean-Yves, Carrez Maurice, « Libelles, brochures et propagande en Europe du XVIe au XXe siècles », *Cahiers d'histoire. Revue d'histoire critique*, 90-91, 2003, p. 11-17.

Petitjean Johann, « Compilation des nouvelles et écriture de l'actualité à Venise au XVIe siècle », *Hypothèses*, vol.13, n°1, 2010, p.73 à 82.

—, « Mots et pratiques de l'information. Ce que *aviser* veut dire (XVIe-XVIIe siècles) », *Mélanges de l'École française de Rome*, Italie-Méditerranée, 1222, 1, 2010.

—, « Processus et procédures de diffusion de l'information sur la guerre turque en Italie (fin XVIe-début XVIIe siècle) », dans François Brizay (dir.), *Les Formes de l'échange. Communiquer, diffuser, informer de l'Antiquité au XVIIIe siècle*, PUR, 2012.

—, « Imprimerie : une affaire internationale », *L'Histoire*, n° 71, avril 2016.

—, « Comment l'Europe de la Renaissance inventa l'actualité », *La Revue des médias*, 19 septembre 2016.

Seguin Jean-Pierre, « L'information en France avant le périodique : 500 canards imprimés entre 1529 et 1631 (Suite) », *Arts et traditions populaires*, vol. 11, n° 2, 1963, p. 119-145.

Van Houtte Hubert, « Un journal manuscrit intéressant (1557-1648). Les *Avvisi* du Fonds Urbinat et d'autres Fonds de la Bibliothèque Vaticane », *Bulletin de la Commission royale d'Histoire. Académie royale de Belgique*, vol. 89, 1925, p. 359-440.

Article en ligne

Petit Françoise, « Il y a cinq cent cinquante ans, Louis XI et la Poste aux chevaux », 9 février 2014, www.echosdemeulan.fr/ily-a-cinq-cent-cinquante-ans-louix-xi-et-la-poste-aux-chevaux.

Chapitre 4 : Les débuts de l'écriture du temps présent (XVIIe siècle)

Ouvrages

Andries Lise, *Le Grand Livre des secrets. Le colportage en France aux XVIIe et XVIIIe siècles*, Imago, 1994.

Bertaud Jean-Paul, *La Presse et le Pouvoir. De Louis XIII à Napoléon Ier*, Perrin, 2000.

Berengo Marino, *Giornali veneziani del Settecento*, Giangiacomo Feltrinelli, 1962.

Carrier Hubert, *La Presse de la Fronde (1648-1653) : Les mazarinades. La conquête de l'opinion*, Droz, 1989.

Cucheval-Clarigny Althanase, *Histoire de la presse en Angleterre et aux États-Unis*, Amyot, 1857.

Feyel Gilles, *L'Annonce et la nouvelle. La presse d'information en France sous l'Ancien Régime (1630-1788)*, Voltaire Foundation, 2000.

Hatin Eugène, *Histoire politique et littéraire de la presse en France*, t. I, Poulet-Malassis et de Broise, 1859.

Lever Maurice, *Canards sanglants. Naissance du fait-divers*, Fayard, 1993.

Rétat Pierre (dir.), *La Gazette d'Amsterdam. Miroir de l'Europe au XVIIIe siècle*, Voltaire Foundation, 2001.

Sgard Jean (dir.), *Dictionnaire des journalistes. 1600-1789*, Voltaire Foundation, 1999.

Solomon Howard M., *Public Welfare, Science, and Propaganda in Seventeenth-Century France*, Princeton University Press, 1972.

Publications de recherche/spécialisées

Brétéché Marion, « Au XVIIe siècle, naissance du journalisme politique », *La Revue des médias*, 15 octobre 2016.

—, « L'utilité publique des journaux au XVIIIe siècle (ou comment un ministre autrichien a gouverné par les médias entre 1753 et 1770 à Bruxelles) », *Revue d'histoire culturelle*, n° 1, septembre 2020

Dibon Paul, Labrousse Élisabeth, « Histoire des idées au XVIIe siècle », *École pratique des hautes études. 4e section, Sciences historiques et philologiques*, Annuaire 1965-1966, p. 363-373.

Dooley Brendan, « De bonne main : les pourvoyeurs de nouvelles à Rome au XVIIe siècle », *Annales*, vol. 54, n° 6, 1999, p. 1317-1344.

Frearson Michael, « The Distribution and Readership of London Corantos in the 1620s », *Serials and their Readers 1620*, 1914, p. 1-25.

Griggio Claudio, « "La Galleria di Minerva" e Venezia : "la più saggia, la più giusta, la più forte di tutte le Repubbliche" », *Cahiers d'études romanes*, n° 12, 2005, p. 13-24.

Guilbaud Juliette, « La circulation des imprimés jansénites entre les Provinces-Unies et la France au XVIIe siècle », dans Yves Krumenacker (dir.), *Entre calvinistes et catholiques. Les relations religieuses entre la France et les Pays-Bas du Nord (XVIe-XVIIIe siècles)*, PUR, 2010.

Lévrier Alexis, « Les fausses morts du Roi-Soleil, ou l'impossible contrôle de l'information », *Le Temps des médias*, n° 30, 2018.

Loofbourow Lili, « Dear Athenian Mercury : Questions and Answers from The First Advice Column in English », *The Awl*, 2011.

Martin Marc, « Médias et publicité : les étapes d'une liaison séculaire », dans Martin Marc, *Histoire de la publicité en France*, Presses universitaires de Paris-Ouest, 2012, p. 47-69.

Nord David Paul, « The Religious Roots of American Journalism 1630-1730 », *The Journal of American History*, vol. 77, n° 1, juin 1990, p. 9-38.

Picq Jean, « Chapitre 14. Le siècle d'or hollandais. Les Provinces-Unies, terre des libertés », dans Jean Picq (dir.), *Une histoire de l'État en Europe. Pouvoir, justice et droit du Moyen Âge à nos jours*, Presses de Sciences Po, coll. « Les Manuels de Sciences Po », 2009, p. 337-351.

Popkin Jeremy D., « À quoi peut-on comparer la presse d'ancien régime ? », *Société pour l'Histoire des médias*, 14 juin 2002.

Van Eijnatten Joris, « Between practice and principle: Dutch Ideas on Censorship and Press Freedom, 1579-1795 », *Redescriptions. Yearbook of Political Thought and Conceptual History*, vol. 8, n° 1, p. 85-113.

Articles et site en ligne

Mercier-Faivre Anne Marie, « Gazette de Leyde : présentation », www.gazettes18e.fr/gazette-leyde.

Slauter Will, « The Rise of the Newspaper. Richard R. John and Jonathan Silberstein-Loeb. Making News: The Political Economy of Journalism in Britain and America from the Glorious Revolution to the Internet », 2015, hal.archives-ouvertes.fr/hal-01379274/document.

www.britannica.com/topic/publishing/The-flourishing-book-trade-1550-1800.

Dictionnaire des journaux (1600-1789), dictionnaire-journaux.gazettes18e.fr.

Chapitre 5 : Liberté d'expression, journalisme et démocratie (le XVIIIe siècle, avant les révolutions)

Ouvrages

Andrews Alexander, *The History of British Journalism*, t. II, *From the Foundation of the Newspaper Press in England, to the Repeal of the Stamp Act in 1855 (1859)*, Kessinger Publishing, 2010.

Brown Richard D., *Knowledge is Power: The Diffusion of Information in Early America, 1700-1865*, Oxford University Press, 1989.

Cucheval-Clarigny Athanase, *Histoire de la presse en Angleterre et aux États-Unis*, Amyot, 1857.

DeLeon T. C., *Four Years in Rebel Capitals: An Inside View of Life in the Southern Confederacy from Birth to Death*, Sagwan Press, 2015.

Feyel Gilles (dir.), *Dictionnaire de la presse française pendant la Révolution, 1789-1799*, tome V, *La presse départementale*, Ferney-Voltaire, coll. « Publications du Centre international d'Étude du XVIIIe siècle », 15, 2005. Labrosse Claude, *Naissance du journal révolutionnaire. 1789*, PUL, 1989.

Merritt, Juliette, *Beyond Spectacle: Eliza Haywood's Female Spectators*, University of Toronto Press, 2004.

Popkin Jeremy, *La Presse de la Révolution. Journaux et journalistes (1789-1799)*, Odile Jacob, 2011.

Saint-Simon Louis de Rouvroy duc de, *Mémoires*, t. V, *1714-1716*, éd. Y. Coirault, Gallimard, coll. « Pléiade » 1985, p. 207-208.

Seguin Jean-Pierre, « L'information en France avant le périodique : 500 canards imprimés entre 1529 et 1631 (Suite) », *Arts et traditions populaires*, vol. 11, n° 2, 1963, p. 119-145.

Voltaire, *Conseils à un journaliste*, CECP Éditions, 2007.

Publications de recherche/spécialisées

Brétéché Marion, « La censure en Europe (XVIIe-XVIIIe siècles) », *Encyclopédie d'histoire numérique de l'Europe*, en ligne, 22 juin 2020.

Espejo Carmen, « European Communication Networks in the Early Modern Age: A New Framework of Interpretation for the Birth of Journalism », *Media History*, 2011, p. 189-202.

Feyel Gilles, « Ville de province et presse d'information locale en France, dans la seconde moitié du XVIIIe siècle », dans Christian Delporte (dir.), *Médias et villes (XVIIIe-XXe siècle)*, Presses universitaires François-Rabelais, 1999.

Galliani R., « Le duc de La Rochefoucauld et Thomas Paine (deux lettres inédites de Thomas Paine au duc de la Rochefoucauld) », *Annales historiques de la Révolution française*, 52e année, n° 241, juil.-sept. 1980, p. 425-436.

Jeanneney Jean-Noël, « Voltaire contre les journalistes », *L'Histoire*, n° 339, fév. 2009.

Koon Helene, « Eliza Haywood and the "Female Spectator" », *Huntington Library Quarterly*, vol. 42, n° 1, 1978, p. 43-55.

Kulstein David I., « The Ideas of Charles-Joseph Panckoucke, Publisher of the Moniteur Universel, on the French Revolution », *French Historical Studies*, vol. 4, n° 3, 1966, p. 304-319.

Mollier Jean-Yves, Carrez Maurice, « Libelles, brochures et propagande en Europe du XVIe au XXe siècles », *Cahiers d'histoire*, 90-91, 2003, p. 11-17.

Parkinson Robert G., « Print, the Press, and the American Revolution », *American History*, 3 sept. 2015.

Pruitt Sarah, « How the US post office has delivered the mail through the decades », *History*, 8 sept. 2020.

Ricuperati Giuseppe, « I Giornali Italiani Del XVIII Secolo: Studi e Ipotesi di Ricerca », Studi Storici, vol. 25, n° 2, 1984, p. 279-303.

Schlesinger Arthur M., « The colonial newspapers and the Stamp Act », *The New England Quarterly*, vol. 8, n°1, mars 1935, p. 63-83.

Tucoo-Chala Suzanne, « La diffusion des Lumières dans la seconde moitié du XVIIIe siècle : Ch.-J. Panckoucke, un libraire éclairé (1760-1799) », *Dix-huitième Siècle*, « Lumières et Révolution », n° 6, 1974, p. 115-128.

Voltaire, *Jusqu'à quel point doit-on tromper le peuple* (1756), dans *Œuvres complètes*, tome XIV, texte établi par Louis Moland, Garnier, 1883.

Articles en ligne et site

Charles-Joseph Panckoucke (1736-1798) », data.bnf.fr/12191986/charles-joseph_panckoucke.

1775-1783. La guerre d'indépendance américaine », www.herodote.net/La_guerre_d_Independance-synthese-53.php.

Journal of the American Revolution, allthingsliberty.com.

Chapitre 6 : La presse, « le grand rempart de la liberté du peuple » (1788-1830)

Ouvrages

Baecque Antoine (de), *La Caricature révolutionnaire*, Presses du CNRS, 1988.

Barker Hannah, *Newspapers, Politics, and Public Opinion in Late Eighteenth-century England*, Clarendon Press, 1998.

Beauchamp Alphonse (de), Giraud Pierre-François-Félix, Michaud Joseph-François, Coiffier de Verfeu Henri-Louis, *Biographie moderne, ou Dictionnaire biographique, de tous les hommes morts et vivans qui ont marqué à la fin du XVIIIe siècle...*, P.J. Besson, 2e éd, 1807.

Buchez Philippe-Joseph-Benjamin, Roux Pierre-Célestin, *Histoire parlementaire de la Révolution française, ou Journal des assemblées nationales depuis 1789 jusqu'en 1815*, t. II, Paris, 1834-1838.

Cabanis André, *La Presse sous le Consulat et l'Empire*, Société des études robespierristes, 1975.

Censer Jack Richard, *The French Press in the Age of Enlightenment*, Routledge, 1994.

Feyel Gilles (dir.), *Dictionnaire de la presse française pendant la Révolution, 1789-1799*, tome I, *La presse départementale*, Ferney-Voltaire, coll. « Publications du Centre international d'Étude du XVIIIe siècle », 15, 2005.

Gallois Léonard, *Histoire des journaux et des journalistes de la Révolution française (1789-1796)*, vol. II, Bureau de la société de l'industrie fraternelle, 1846.

Groc Gérard, Çağlar İbrahim, *La Presse française de Turquie de 1795 à nos jours. Histoire et catalogue*, Isis, 1985.

Popkin Jeremy D., *News and Politics in the Age of Revolution: Jean Luzac's Gazette de Leyde*, Cornell University Press, 1989.

—, *La Presse de la Révolution. Journaux et journalistes, 1789-1799*, Odile Jacob, 2011.

Wood Gordon S., *The American Revolution: A History*, Modern Library, 2002.

Zachs William, *The First John Murray and the Late Eighteen-Century Book Trade*, Oxford University Press, 1998.

Publications de recherche/spécialisées

Albigès Luce-Marie, « L'ère nouvelle de la presse au début de la Révolution », *Histoire par l'image*, novembre 2004.

Aspinall A., « The Circulation of Newspapers in the Early Nineteenth Century», *The Review of English Studies*, vol. 22, n° 85, janv. 1946, p. 29-43.

Avellandea Morgane, « Napoléon et les journaux de la Campagne d'Égypte », Le Blog Gallica, BNF, 30 septembre 2019.

Baecque Antoine (de), « Le commerce du libelle interdit à Paris (1790-1791) », *Dix-huitième Siècle*, « Montesquieu et la Révolution », n° 21, 1989, p. 233-246.

Barrault Éric, « Lacretelle, un écrivain face à la Révolution française (1766-1855) », *Annales historiques de la Révolution française*, n° 333, 2003, p. 67-83.

Bertaud Jean-Paul, « Histoire de la presse et Révolution », *Annales historiques de la Révolution française*, n° 285, 1991, p. 281-298.

—, « Napoléon journaliste : les bulletins de la gloire », *Le Temps des médias*, vol. 1, n° 4, 2005, p. 10-21.

Bourdin Philippe, « Être républicain sous le directoire. Les journaux "néo-jacobins" de l'Allier avant et après le 18 fructidor », *Annales historiques de la Révolution française*, n° 351, 2008, p. 29-57.

—, « Les poètes de la Révolution dans l'*Almanach des Muses* », *La Révolution française*, n° 7, 2014.

Dittrich Julia, « *We Have to Record the Downfall of Tyranny* »*: The London Times Perspective on Napoleon Bonaparte's Invasion of Russia (2012)*, Electronic Theses and Dissertations, Paper 1457.

Dorigny Marcel, « Le *Mercure national* et *Révolutions de l'Europe*. Bref aperçu historique », *Archives et documents de la Société d'histoire et d'épistémologie des sciences du langage*, Seconde série, n° 1, 1989, p. 9-11.

Duprat Annie, « Un réseau de libraires royalistes à Paris sous la Terreur (I) », *Annales historiques de la Révolution française*, n° 321, 2000, p. 45-68.

Fajn Max, « Charles-François Duval. Journaliste et homme d'État (1750-1829) », *Annales de Bretagne*, vol. 79, n° 2, 1972, p. 417-424.

Feyel Gilles, « Le journalisme au temps de la Révolution : un pouvoir de vérité et de justice au service des citoyens », *Annales historiques de la Révolution française*, n° 333, 2003, p. 21-44.

Giudicelli Marie-Anne, « Le journal de Louis XVI et de son peuple ou le défenseur de l'autel, du trône et de la patrie », *Annales historiques de la Révolution française*, n°285, 1991, p. 299-324.

Godechot Jacques, « Le *Journal de Perlet* pendant la réaction thermidorienne », *Revue du Nord*, « Liber Amoricum. Mélanges offerts à Louis Trenard », vol. 66, n° 261-262, avr.-sept. 1984, p. 723-732.

Guilhaumou Jacques, « Antoine Tournon, un journaliste patriote à l'épreuve des principes », *Annales historiques de la Révolution française*, n° 351, 2008, p. 3-27.

Nevins Allan, « American Journalism and its Historical Treatment», *Journalism Quarterly*, 1959, p. 411-422.

Popkin Jeremy D., « La presse et les événements politiques en France, 1789-1799 », *Mélanges de l'École française de Rome*, « Italie et Méditerranée », t. 104, n° 1, 1992, p. 161-173.

Shlapentokh Dmitry, « The French Revolution in Russian Political Life : the Case of Interaction Between History and Politics », *Revue des études slaves*, « Les Slaves et la Révolution française », t. 61, fasc. 1-2, 1989, p. 131-142.

Tulard Jean, « L'ère napoléonienne : Problèmes et perspectives de recherches », dans *Consortium on Revolutionary Europe. 1750-1850*, 1976, p. 1-6.

Wauters Eric, « Presse francophone et Révolution : la lecture de l'événement (1789-1793) », *Cahiers d'histoire*, 94-95, 2005, p. 197-210.

Articles en ligne

Faircloth Kelly, « British Life during the Napoleonic Wars, Jezebel », 18 juin 2015.

Pérès Jean, « Petite histoire de la distribution de la presse (1/3) : les origines de Presstalis », Acrimed, 21 novembre 2018.

Thomas – J.D., « The Postal Act : A Free Press, Personal Privacy and National Growth », 20 fév. 2011, www.accessible-archives.com/2011/02/the-postal-act-of-1792

Wallart Cl. , Douyère-Demeulenaere Ch., « Le télégraphe Chappe », mars 2016, histoire-image.org/fr/etudes/telegraphe-chappe.

« The Early Nineteenth-Century Newspaper Boom », americanantiquarian.org/earlyamericannewsmedia/exhibits/show/news-in-antebellum-america/the-newspaper-boom

« Presse durant la Révolution et l'Empire », Gallica : https://gallica.bnf.fr/html/und/presse-et-revues/presse-durant-la-revolution-et-lempire?-mode=desktop

« British Newspaper Coverage of the French Revolution », University of California, Santa Barbara, 17 février 2000.

« 1st British rule 1795 », capetownhistory.com/?page_id=142.

Chapitre 7 : Savoir tout, avant les autres (1830-1871)

Ouvrages

Attali Jacques, *Les Juifs, le monde et l'argent*, Fayard, 2002.

Bajac Quentin (de), *La Photographie. L'époque moderne, 1880-1960*, Gallimard, 2005.

Bellanger Claude, Godechot Jacques *et al.* (dir.), *Histoire générale de la presse française*, tome II, *De 1815 à 1871*, PUF, 1969.

Bertho Catherine, *Télégraphes et téléphones de Valmy au microprocesseur*, LGF, 1981.

Fahmy Khaled, *All the Pasha's Men: Mehmed Ali, his Army and the Making of Modern Egypt*, Cambridge University Press, 1997.

Kalifa Dominique, Régnier Philippe, Thérenty Marie-Eve, Vaillant Alain (dir.), *La Civilisation du journal. Histoire culturelle et littéraire de la presse au XIX*[e] *siècle*, Nouveau Monde, 2012.

Kyberd Alain, *L'État et les télécommunications en France et à l'étranger, 1837-1987*, Droz, 1991.

Lange William (de), *A History of Japanese Journalism: Japan's Press Club at the Last Obstacle to a Mature Press*, Psychology Press, 1998.

Pincas Stéphane, Loiseau Marc, *Née en 1842. Une histoire de la publicité*, Taschen, 2008.

Ploux François, *De bouche à oreille. Naissance et propagation des rumeurs dans la France du XIXe siècle*, Aubier, 2003.

Taylor Sally J., *The Great Outsiders: Northcliffe, Rothermere and the Daily Mail*, Weidenfeld & Nicolson, 1996.

Thérenty Marie-Ève, Vaillant Alain, *Presse et plumes. Journalisme et littérature au XIXe siècle*, Nouveau Monde Éditions, 2004.

Thevenin Henri, *Les Créateurs de la grande presse en France. Émile de Girardin, H. de Villemessant, Moïse Millaud*, Spes, 1934.

Tortarolo Edoardo, *The Invention of Free Press: Writers and Censorship in Eighteenth Century Europe*, Springer, 2016.

Publications de recherche/spécialisées

Ambroise-Rendu Anne-Claude, « Du dessin de presse à la photographie (1878-1914) : histoire d'une mutation technique et culturelle », *Revue d'histoire moderne et contemporaine*, « Pour une histoire culturelle du contemporain », t. 39, n° 1, janv.-mars 1992, p. 6-28.

Auvert Julien, « De la censure du front aux colonnes parisiennes : l'Agence Havas, l'information et la guerre civile espagnole », *Le Temps des médias*, vol. 1, n° 16, 2011, p. 52-62.

Chunming Li, Wei Zhang, « Microfilming and Digitalization of Newspapers in China », Pre-conference of WLIC 2006 Preservation and Conservation in Asia National Diet Library, Tokyo, August 16 and 17, 2006.

Iwao Seiichi *et al.*, « 372. Shimbun », *Dictionnaire historique du Japon*, vol. 18, 1992, Lettre S (2), p. 41.

Soltow Lee, Stevens Edward, *The Rise of Literacy and the Common School in the United States: A Socioeconomic Analysis to 1870*, University of Chicago Press, 1981.

Articles en ligne

Izadi Elahe, « How newspapers covered Abraham Lincoln's assassination 150 years ago », *The Washington Post*, 14 avril 2015.

Histoire de la photographie », photo-museum.org/fr/histoire-photographie.

www.britannica.com/topic/The-New-York-Times –

« Fenton Roger – (1819-1869) », *Encyclopaedia Universalis*.

Chapitre 8 : La mise en œuvre des progrès (1871-1918)

Ouvrages

Adamthwaite Anthony, *Grandeur and Misery: France's Bid for Power in Europe 1914-1940*, Bloomsbury Academic/First Edition, 1995.

Ahmed Salahuddin, *Social Ideas and Social change in Benghal, 1818-1935*, Brill, 1965.

Bellanger Claude, Godechot Jacques *et al.* (dir.), *Histoire générale de la presse française*, tome III, *De 1871 à 1940*, PUF, 1972.

Faber Doris, *Printer's Devil to Publisher: Adolph Ochs of "The New York Times"*, Black Dome Press, 1996.

Haüy Valentin, *Mémoire historique abrégé sur les télégraphes en général et sur les diverses tentatives faites jusqu'à ce jour pour en introduire l'usage en Russie*, Verlag nicht ermittelbar, 1810.

Jeanneney Jean-Noël, *Les Grandes Heures de la presse*, Flammarion, 2019.

Lee A. J., *The Origins of the Popular Press 1855-1914*, Rowman & Littlefield, 1976.

Palmer Michael B., *Des petits journaux aux grandes agences*, Aubier, 1983.

Séguy Christiane, *Histoire de la presse japonaise. Le développement de la presse à l'époque Meiji et son rôle dans la modernisation du Japon*, POF, 1993.

Seray Jacques, *Pierre Giffard. Précurseur du journalisme moderne*, Le Pas d'oiseau, 2008.

Publications de recherche/spécialisées

Baylen J.O., « The new journalism in Late Victoria Britain », *Australian Journal of Politics & History*, 1972, p. 367-385.

Delporte Christian, « Jules Verne et le journaliste. Imaginer l'information du XXe siècle », *Le Temps des médias*, 4, 1, 2005, p. 201-213.

Figuier Louis, « La télégraphie aérienne et la télégraphie électrique », *La Revue des Deux Mondes*, vol. 3, n° 4, 1849, p. 594-622.

Fischer Gerhard, *100 Jahre Berliner Morgenpost*, *Berlinische Monatsschrift (Luisenstädtischer Bildungsverein)*, Heft 9, 1998.

Fukuchi Ôchi, Shinbunshi jitsurekin, « Ma vraie histoire du journal », dans Christiane Séguy (dir.), *Du sabre à la plume. Mémoires de journalistes engagés de l'époque Meiji*, Presses universitaires de Strasbourg, 2014.

Gina-Carmen Ionescu, *Les Agences de presse de Roumanie et la circulation internationale de l'information (1877-1940). Architecture, aménagement de l'espace*, thèse, université de la Sorbonne nouvelle-Paris III, 2014.

Goulemot Jean-Marie (dir.), *Les Représentations de l'affaire Dreyfus dans la presse en France et à l'étranger*, Actes du colloque de Saint-Cyr-sur-Loire (novembre 1994), Littérature et Nation (Numéro spécial – Hors-série), 1994.

Huffman James L., « Years of Power at Nichi Nichi : 1874-1881», *Politics of the Meiji Press: The Life of Fukuchi Gen'Ichirō*, University of Hawai'i Press, 1980, p. 61-104.

Lamont Ian, *The Rise of the Press in Late Imperial China*, Harvard Extension School, Prof. Matthew Battles, 27 nov. 2007.

Luckhurst Tim, « War Correspondents », dans Daniel Ute *et al.* (dir.), *1914-1918-online: International Encyclopedia of the First World War*, Freie Universität Berlin, 2016-03-15.

Martin Laurent, « De l'anarchisme à l'affairisme : les deux vies d'Eugène Merle, homme de presse (1884-1946) », *Revue Historique*, vol. 301, n° 4 (612), 1999, p. 89-808.

McEwen John M, « The National Press during the First World War: Ownership and Circulation », *Journal of Contemporary History*, vol. 17, n° 3, 1982, p. 459-486.

Pinsolle Dominique, « *Le Matin*, les affaires et la politique, 1884-1897 », *Le Mouvement Social*, vol. 3, n° 232, 2010, p. 91-107.

Tillier Bertrand, « La caricature antisémite pendant l'affaire Dreyfus », *Hommes et Migrations*, « Vers une politique migratoire européenne », n° 1216, nov.-déc. 1998, p. 93-103.

Véray Laurent, « 1914-1918, the First Media War of the Twentieth Century: The Example of French Newsreels », *Film History: An International Journal*, vol. 22, n° 4, 2010, p. 408-425.

Wrona Adeline, « Mots à crédit : *L'Argent*, de Zola, ou la presse au cœur du marché de la confiance », *Romantisme*, vol. 1, n° 151, 2011, p.67-79.

Articles en ligne

Brodziak Sylvie, « Clemenceau américain, journaliste et épistolier », *Médias 19* : www.medias19.org/index.php?id=291#ftn1

Cadiot Jean-Michel, « Marc Sangnier: un message d'une extraordinaire actualité », *Le Monde*, 3 juin 2010 : www.lemonde.fr/idees/article/2010/06/03/marc-sangnier-un-message-d-une-extraordinaire-actualite-par-jean-michel-cadiot_1366883_3232.html.

Gaston-Breton Tristan, « Guglielmo Marconi », www.lesechos.fr/2011/08/guglielmo-marconi-1090763

Lorrain François-Guillaume, « La vie politique américaine vue par… Clemenceau », *Le Point*, 24 août 2020 : https://www.lepoint.fr/postillon/la-vie-politique-americaine-vue-par-clemenceau-24-08-2020-2388708_3961.php#xtmc=lorrain-clemenceau&xtnp=1&xtcr=1

Shapiro Walter, « How America's Newspapers Covered up a Pandemic», *New Republic*, 31 mars 2020.

Thermeau Gérard-Michel, « Jean Dupuy : l'homme de la presse populaire », Contrepoints, 19 juin 2016

Document officiel

Convention de La Haye, 1899.

Site

The News Media and the Making of America, 1730-1865 https://americanantiquarian.org/earlyamericannewsmedia/

Chapitre 9 : Encore lire, enfin entendre, bientôt voir (1919-1945)

Ouvrages

Adamthwaite Anthony, *Grandeur and Misery: France's Bid for power in Europe 1914-1940*, Bloomsbury Academic, 1995.

Asahi Shimbun Company, *Media, Propaganda and Politics in 20th century Japan*, Bloomsbury Publishing, 2015.

Attali Jacques, *Gandhi ou l'éveil des humiliés*, Fayard, 2007.

Baldwin Thomas F., McVoy D. Stevens, *Cable Communication*, 2e éd., Prentice-Hall, 1988.

Bröhan Margit, Wolff Theodor, *Erlebnisse, Erinnerungen, Gedanken im südfranzösischen Exil*, Boldt, 1982.

Chateau René, *Le Cinéma sous l'Occupation. 1940-1944*, Éd. René Chateau, 1996.

Craig Douglas B., *Fireside Politics: Radio and Political Culture in the United States, 1920-1940*, Johns Hopkins University Press, 2005

Courban Alexandre, *LHumanité de Jean Jaurès à Marcel Cachin – 1904-1939*, Les Editions de l'Atelier, 2014

Dioudonnat Pierre-Marie, *L'Argent nazi à la conquête de la presse française. 1940-1944*, Jean Picollec, 1981.

Favre Muriel, *La Propagande radiophonique nazi*, INA Éditions, coll. « Médias histoire », 2014.

Flanner Janet, *Paris, Germany... Reportagen aus Europa 1931-1950*, Antje Kunstmann, 1992.

Gilles Christian, *Le Cinéma des années quarante par ceux qui l'ont fait*, L'Harmattan, 2001.

Halberstam David, *The Powers that Be*, University of Illinois Press, 2000.

Herf Jeffrey, *L'Ennemi juif. La propagande nazie, 1939-1945*, Calmann-Lévy, 2011.

Lenthall Bruce, *Radio's America: The great depression and the rise of modern mass culture*, University of Chicago Press, 2007.

Londres Albert, *Au Bagne*, Albin Michel, 1923.

Lovell Stephen, *Russia in the Microphone Age: A History of Soviet Radio, 1919-1970*, Oxford University Press, 2015.

Ory Pascal, *Les Collaborateurs. 1940-1945*, Seuil, coll. « Points/Histoire », 1976.

Richard Lionel, *Goebbels. Portrait d'un manipulateur*, André Versaille, 2008.

Sharf Andew, *The British Press and Jews under Nazi Rule*, Oxford University Press, 1964.

Steinbeck John, *Les Raisins de la colère*, trad. par M. Duhamel et M.-E. Coindreau, Gallimard, 1947.

Welch David, *Persuading the People: British Propaganda in World War II*, British Library, 2016.

Publications de recherche/spécialisées

Aslangul Claire, « Guerre et cinéma à l'époque nazie. Films, documentaires, actualité et dessins animés au service de la propagande », *Revue historique des armées*, 2008, p. 16-26.

Bar-Hen Avner, Zylberman Patrick, « La presse parisienne et la grippe "espagnole" (1918-1920) », *Les Tribunes de la santé*, vol. 2, n° 47, 2015, p. 35-49.

Boissarie François, « Juin 1926 : Naissance de la FIJ à Paris », dans Anthony Bellanger (dir), *IFJSpecial Magazine «90 years of stories»*, Magazine spécial édité pour le 29ᵉ congrès de la Fédération internationale des journalistes (FIJ) à Angers

Bouron Françoise, « La grippe espagnole (1918-1919) dans les journaux français », *Guerres mondiales et conflits contemporains*, vol. 1, n° 233, 2009, p. 83-91.

Bretèque François (de la), « Les actualités filmées françaises », *Vingtième Siècle, revue d'histoire*, « Nations, états-nations, nationalismes », n° 50, avril-juin 1996, p. 137-140.

Depretto Catherine, « La censure à la période soviétique, 1917-1953 : état de la recherche », *Revue des études slaves*, vol. 73, n° 4, 2001, p. 651-665.

Duccini Hélène, « La "gloire médiatique" d'Alexandra David Néel », *Le Temps des médias*, n° 8, janv. 2007, p. 130-141.

Dupont Françoise, « Les lecteurs de la presse : une audience difficile à mesurer », *Le Temps des medias*, n° 3, fév. 2004, p. 142-150.

Eyguesier Jean-Luc, « La BBC : le modèle anglais au rayonnement international », *La Revue des médias*, INA, 29 septembre 2010 (mis à jour le 6 février 2019).

Fathil Fauziah, « Japanese Propaganda in War-time Malaya: Main issues in Malai Shinpo and Syonan Shinbun », *Journal of Media and Information Warfare*, vol. 10, 2017, p. 1-23.

Gotovitch José, « Photographie de la presse clandestine de 1940 », *Cahiers d'histoire de la Seconde Mondiale*, n° 2, 1972, p. 113-156.

Goldman Aaron L, « Press Freedom in Britain during World War II », *Journalism History*, vol. 22, 1997, p. 146-155.

Harmsworth Alfred, « The Simultaneous Newspapers of the Twentieth Century », *The North American Review*, vol. 172, n° 530, 1901, p. 72-90.

L'Héritier Anne-Marie, « Les actualités cinématographiques : les conditions de production et d'exploitation du Pathé-Journal (1920-1940) », *Cahiers de la Méditerranée*, « Recherches d'histoire du cinéma », n° 16-17, 1978, p. 55-72.

MacKinnon Stephen R, « Toward a History of the Chinese Press in the Republican Period », *Modern China*, vol. 23, n° 1, 1997, p. 3-32.

Mari Will, « Technology in the Newsroom. Adoption of the telephone and the radio cat from c.1920 to 1960 », *Journalism Studies*, vol. 19, 2018, p. 1366-1389.

Martin Marc, « Le marché publicitaire français et les grands médias (1918-1970) », *Vingtième Siècle, revue d'histoire*, n° 20, oct.-déc. 1988, p. 75-90.

—, « Brouillard sur la diffusion de la presse française durant l'entre-deux-guerres », *Matériaux pour l'histoire de notre temps*, « Le secret en histoire », n° 58, 2000, p. 54-56.

Méadel Cécile, « Le journal parlé », *Réseaux*, « Les professionnels de la communication », vol. 3, n° 15, 1985, p. 91-108.

Meusy Jean-Jacques, « La diffusion des films de "non-fiction" dans les établissements parisiens », *1895, revue d'histoire du cinéma*, « Images du réel. La non-fiction en France (1890-1930) », n° 18, 1995, p. 168-199.

Pasquier Roger, « Les débuts de la presse au Sénégal », *Cahiers d'études africaines*, vol. 2, n° 7, 1962, p. 477-490.

Pradié Christian, « L'irrésistible montée des études de marché dans la presse française (1920-1990) », *Le Temps des médias*, n° 3, fév. 2004, p. 126-137.

Seul Stéphanie, « "A Menace to Jews Seen If Hitler Wins": British and American press comment on German antisemitism 1918-1933 », *Jewish Historical Studies*, vol. 44, 2012, p. 75-102.

Slauter Will, « The Rise of the Newspaper », dans Richard R. John and Silberstein-Loeb Jonathan, *Making News: The Political Economy of Journalism in Britain and America from the Glorious Revolution to the Internet*, Oxford University Press, 2015.

Tetu Jean-François, « Le journalisme mis en scène. Mises en page et illustrations au début du XXe siècle », dans Roger Bautier (dir.), *La Presse selon le XIXe siècle*, Université Paris III, p. 137-154, 1997.

Trinkner Bradley, *Bolshevik Voices: Radio broadcasting in the Soviet Union, 1917- 1991*, Theses and Dissertations, 545, 2014, rdw.rowan.edu/etd/545.

Tudesq André-Jean (dir), « Chapitre II. La presse à l'époque de l'expansion coloniale », *Feuilles d'Afrique. Étude de la presse de l'Afrique subsaharienne*, Maison des Sciences de l'Homme d'Aquitaine, 1995, p. 23-58.

Articles en ligne

Bensimon Cyril, « Génocide rwandais : une journaliste de Radio mille collines témoigne », *Le Monde*, 26 février 2014 : https://www.lemonde.fr/afrique/article/2014/02/26/proces-du-genocide-rwandais-une-journaliste-de-radio-mille-colline-temoigne_4373285_3212.html

Butchard George, « La voix soviétique qui faisait enrager Hitler », *Russia Beyond*, 21 octobre 2013 https://fr.rbth.com/ps/2013/10/21/la_voix_sovietique_qui_faisait_enrager_hitler_26253

Lepidi Pierre, « Au Rwanda, les funestes échos de Radio-Mille Collines », *Le Monde*, 8 avril 2019 : https://www.lemonde.fr/afrique/article/2019/04/08/au-rwanda-les-funestes-echos-de-la-radio-des-mille-collines_5447242_3212.html

Rogatchevskaia Katya, « Second World War Soviet Propaganda», *European studies blog*, 19 août 2013 https://blogs.bl.uk/european/2013/08/second-world-war-soviet-propaganda.html

Solonel Julien, « Années 1920, Années folles : en 1923, premier direct de radio pour un match de boxe », *Le Parisien*, 1er août 2020 : https://www.leparisien.fr/culture-loisirs/tv/annees-1920-annees-folles-en-1923-premier-direct-de-radio-pour-un-match-de-boxe-01-08-2020-8362071.php

20 août 1944: un petit groupe de résistants crée l'AFP », *L'Obs* août 2019, https://www.nouvelobs.com/medias/20190812.AFP2303/20-aout-1944-un-petit-groupe-de-resistants-cree-l-afp.html

20 août 1944 : dans Paris insurgé, l'AFP est créée », *AFP*, août 2014, making-of.afp.com/20-aout-1944-dans-paris-insurge-lafp-est-creee

« MORT DE M. Léon ROLLIN directeur de "Démocratie 62" », *Le Monde*, 12 novembre 1962 www.lemonde.fr/archives/article/1962/11/12/mort-de-m-leon-rollin-directeur-de-democratie-62_2360048_1819218.html

« 2LO Calling : The Birth of British Public Radio », *Science Museum*, 30 octobre 2018 https://www.sciencemuseum.org.uk/objects-and-stories/2lo-calling-birth-british-public-radio

Chapitre 10 : L'âge d'or des trois médias (1945-2000)

Ouvrages

Banerji Arup, *Writing History in the Soviet Union: Making the Past Work*, Routledge, 2017.

Briggs Asa, *The History of Broadcasting in the UK*, vol. III, Oxford University Press, 1970.

Cayrol Roland, *Les Médias. Presse écrite, radio, télévision*, PUF, 1991.

Davies David R., *The Postwar Decline of American Newspapers, 1945-1965*, Greenwood Publishing Group, 2006.

Dioh Tidiane, *Histoire de la télévision en Afrique noire francophone, des origines à nos jours*, Karthala, 2009.

Guisnel Jean, *« Libération », la biographie*, La Découverte, [1999] 2003.

Jarvik Laurence Ariel, *PBS: Behind the Screen*, Forum, 1997.

Kelly Mary J., Mazzoleni Gianpietro, McQuail Denis (dir.), *The Media in Europe: The Euromedia Handbook*, Sage Publications, 2004.

Missika Jean-Louis, *La Fin de la télévision*, Seuil, coll. « La République des idées », 2006.

Ofusa Junnosuke, *A Journalist's Memoir: 50 Years' Experience in an Eventful Era*, Tokyo Bureau, New York Times, 1982.

Palmer Michael B., *Des petits journaux aux grandes agences. Naissance du journalisme moderne, 1863-1914*, Aubier, 1983.

Ponce de Leon Charles L., *That's the Way it Is: A History of Television News in America*, University of Chicago Press, 2015.

Pozner Vladimir, *Parting With Illusions: The Extraordinary Life and Controversial Views of the Soviet Union's Leading Commentator*, Avon Books, 1991.

Rafter Kevin, O'Brien Mark, *Independent Newspapers. A History*, Four Courts Press, 2012.

Sperber A. M., *Murrow: His Life and Times*, Fordham University Press, 1986.

Van Djik Ruud, Gray William Glenn, Savranskaya Svetlana, Suri Jeremi, Zhai Qiang, *Encyclopedia of the Cold War*, Routledge, 2013.

Publications de recherche/spécialisées

Balle Francis, « L'observation des audiences en France depuis 1945 », *La Revue des médias*, INA, 24 septembre 2013 (mis à jour le 18 mars 2019).

Benn David Wedgwood, « The Russian Media in Post-Soviet Conditions », *Europe-Asia Studies*, vol. 48, n° 3, 1996, p. 471-479.

Bernstein Mark, « Edward R. Murrow: Inventing Broadcast Journalism », *American History Magazine*, 2005.

Boddy William, « The Studios Move into Prime Time: Hollywood and the Television Industry in the 1950s », *Cinema Journal*, vol. 24, n° 4, 1985, p. 23-37.

Bourgeois Isabelle, « Les médias dans l'Allemagne unie », dans Isabelle Bourgeois (dir.), *Allemagne, les chemins de l'unité. Reconstruction d'une identité en douze tableaux*, IFAEE, coll. « Travaux et documents du CIRA », 2011, p. 143-16.

Buhks Nora, « La glasnost et les moyens d'information de masse soviétiques », *Revue des études slaves*, « Les médias en U.R.S.S. à l'heure de la Glasnost », vol. 62, fasc. 3, 1990, p. 551-553.

Campbell Christopher E., « Murder Media Does – Media Incite Violence and Lose First Amendment Protection? », *76 Chi.-Kent L. Rev*, 637, 2000.

Chessel Marie-Emmanuelle, « L'enseignement de la publicité en France au XXe siècle », *Le Temps des médias*, n° 2, 2004, p. 137-149.

Courdy Jean-Claude, « La presse au Japon », *Communication et langages*, n° 8, 1970. p. 102-110.

Coyne Fumiko Hoshida, *Censorship of Publishing in Japan, 1868-1945*, M. A. thesis, University of Chicago, 1967.

Dakhlia Jamil, Robinet François, « Présentation. Afrique(s) : les médias entre histoire et mémoires », *Le Temps des médias*, n° 26, 2016, p. 5-25.

Daucé Françoise, « Les journalistes soviétiques durant la glasnost à travers l'exemple des animateurs de l'émission Vzgliad », *La Revue russe*, « La perestroïka de Gorbatchev : piteuse déconfiture ou réussite historique ? », n° 38, 2012, p. 69-81.

Delporte Christian, « Quand l'info devient instantanée », *La Revue des médias*, « Du Néolithique au numérique, une histoire de l'information », ép. 8, 20 octobre 2016.

Dioh Tidiane, « La télévision en Afrique subsaharienne, une histoire contrastée », *La Revue des médias*, 22 juin 2015.

Durand Jacques, « Les audiences de la radio », *Réseaux*, « La radio », vol. 10, n° 52, 1992, p. 139-143.

—, « Les études sur l'audience de la radiotélévision en France », *Quaderni*, n° 35, printemps 1998, « Les publics : généalogie de l'audience télévisuelle », p. 79-92.

Éveno Patrick, « Médias et publicité : une association équivoque mais indispensable », *Le Temps des médias*, n° 2, 1 2004, p. 17-27.

Gunther Marc, « L'information télévisée aux USA : un business comme les autres », *Communication et langages*, « Trois pas sur la toile », n° 124, 2e trimestre 2000, p. 24-44.

Hadyniak Kyle, « How Journalism Influenced American Public Opinion During the Vietnam War: A Case Study of the Battle of Ap Bac, The Gulf of Tonkin Incident, The Tet Offensive, and the My Lai Massacre » (2015), *Honors College*, 222.

Haller Michael, « La Presse en Allemagne », *Communication et langages*, « L'université d'été de la communication », n° 121, 3e trimestre 1999, p. 15-26.

Hopkins Alexander E, « Roland Reagan's Presidential Radio Addresses: Themes of Unity», *Inquiries Journal*, vol. 5, n° 4, 2013.

Kaplan Hélène, Pardon Catherine, « La transformation de la presse soviétique à la fin de la perestroïka », *Matériaux pour l'histoire de notre temps*, « Médias dans le mouvement social contemporain », n° 46, 1997, p. 12-17.

Kerblay Basile, « À propos des "Médias en URSS à l'heure de la glasnost" », *Cahiers du monde russe et soviétique*, vol. 32, n° 3, juil.-sept. 1991, p. 425-429.

Klimentov Vassily, « Kommersant : un quotidien à l'occidentale dans la Russie postsoviétique », *La Revue des médias*, INA, 25 mai 2012 (mis à jour le 6 février 2019).

Marhuenda Jean-Pierre, « L'évolution des comportements de lecture », *Quaderni*, « Crise et presse écrite », n° 24, automne 1994, p. 105-121.

Martin Marc, « Médias, journalistes et pouvoir politique en France, des débuts de la Troisième République aux années 1980 », *Communication*, vol. 17, n° 2, déc. 1996, p. 216-245.

—, « Médias et publicité : les étapes d'une liaison séculaire », dans *Histoire de la publicité en France*, Presses universitaires de Paris Nanterre, 2012, p. 47-69 : books.openedition.org/pupo/3982.

Martin Stéphane, « Le siècle de la publicité », *Hermès*, n° 70, 2014, p. 102-105.

Méadel Cécile, « L'audimat ou la conquête du monopole », *Le Temps des médias*, vol. 3, n° 2, 2004, p. 151-159.

Mihelj Sabina, « TV in the USSR, Screening Socialism », Loughborough University.

Moiron Pascal, « La guerre d'Espagne (sur)exposée dans la presse française », *Diacronie*, n° 7, 2011.

Mouillaud Maurice, « Le système des journaux (Théorie et méthodes pour l'analyse de presse) », *Langages*, « Socio-linguistique », 3e année, n° 11, 1968, p. 61-83.

Mousseau Jacques, « La télévision au Japon », *Communication et langages*, n° 59, 1er trimestre 1984, p. 87-101.

Niemeyer Katharina, « Le journal télévisé entre histoire, mémoire et historiographie », *A contrario*, n° 13, 1, 2010, p. 95-112.

Petit Viviane, « La censure sous le franquisme », *La Clé des Langues*, ENS de Lyon, mai 2014.

Robinson Piers, « The CNN Effect Revisited », *Critical Studies in Media Communication*, 20, 4, 20 août 2006, p. 344-349.

Roth-Ey Kristin, Zakharova Larissa, « Communications and media in the USSR and Eastern Europe », *Cahiers du monde russe*, 56, 2-3, 2015, p. 273-289.

Rozat Pascal, « Histoire de la télévision : une exception française ? », *La Revue des médias*, INA, 9 décembre 2010 (mis à jour le 30 juillet 2019).

Smirnov Vladislav V., « Radio Broadcasting in New Russia: Specifics of Structure and Problems Functioning », *Journal of Radio & Audio Media*, 19, 2, 2012, p. 278-287.

Toinet Marie-France, « La liberté de la presse aux États-Unis : des documents du Pentagone au scandale du Watergate », *Revue française de science politique*, 23e année, n° 5, 1973, p. 1020-1045.

Tudesq André-Jean, « Feuilles d'Afrique. Étude de la presse de l'Afrique subsaharienne », *Tiers-Monde*, « Les télévisions arabes à l'heure des satellites (Algérie-Égypte) », t. 37, n° 146, 1996, p. 467-468.

Wilke Jürgen, « Massenmedien und Vergangenheitsbewältigung », dans Jürgen Wilke (dir.), *Mediengeschichte der Bundesrepublik Deutschland*, Böhlau Verlag, 1999.

Articles en ligne et sites

Anson Robert Sam, « When Music Was Still on MTV: The Birth of an Iconic Channel », *Vanity Fair*, 4 juin 2008 : https://www.vanityfair.com/news/2000/11/mtv200011

Benton Joshua, « The Wall Street Journal joins The New York Times in the 2 million digital subscriber club », Niemanlab, 10 février 2020 : https://www.niemanlab.org/2020/02/the-wall-street-journal-joins-the-new-york-times-in-the-2-million-digital-subscriber-club

Cherif Anaïs, « Internet tire le marché publicitaire face à une presse morose », *La Tribune*, mars 2018 : www.latribune.fr/technos-medias/internet-tire-le-marche-publicitaire-face-a-une-presse-morose-771785.html

Cooperman Alan, « Censor tells all at communist party trial », Associated Press News, 25 juillet 1992 : https://apnews.com/article/f60ad90f-4356cf653ff44ad4181892d8

Efron Sonni, « Pravda's Presses Run Again After Yeltsin Crackdown : Russia: The opposition newspaper, shut down for a month, takes on the president in first issue », *Los Angeles Times*, 3 novembre 1993 : https://www.latimes.com/archives/la-xpm-1993-11-03-mn-52668-story.html

Goodman Geoffrey, « Lord Thomson of Fleet », *The Guardian*, 13 juin 2006 : https://www.theguardian.com/news/2006/jun/13/guardianobituaries.media

Lestienne Camille, « Franco : l'interminable agonie du dictateur tient la presse en haleine », *Le Figaro*, 29 mai 2017 : https://www.lefigaro.fr/histoire/archives/2015/11/19/26010-20151119ARTFIG00265-franco-l-interminable-agonie-du-dictateur-tient-la-presse-en-haleine.php

Lewis Peter H., « The New York Times introduces a web site », *The New York Times*, 22 janvier 1996 : https://www.nytimes.com/1996/01/22/business/the-new-york-times-introduces-a-web-site.html

Lichterman Joseph, « 20 years ago today, NYTimes.com debuted "on-line" on the web », Niemanlab, 22 janvier 2016 : https://www.niemanlab.org/2016/01/20-years-ago-today-nytimes-com-debuted-on-line-on-the-web/

Pach Chester, « Lyndon Johnson's Living Room War », *The New York Times*, 30 mai 2017 : https://www.nytimes.com/2017/05/30/opinion/lyndon-johnson-vietnam-war.html

Perrin Olivier, « L'été 68 : le général Franco s'assied sur la liberté d'expression », *Le Temps*, 6 août 2018 : https://www.letemps.ch/opinions/lete-68-general-franco-sassied-liberte-dexpression

Prod'Homme Jérôme, « 1970 : les Français boudent la télévision couleur ! », France Bleu, 28 septembre 2018 : https://www.francebleu.fr/emissions/ils-ont-fait-l-histoire/1970-les-francais-boudent-la-television-couleur

Schnee Thomas, « la presse allemande est-elle en crise ? », *L'Express*, 30 novembre 2012 : https://lexpansion.lexpress.fr/actualite-economique/la-presse-allemande-est-elle-en-crise_1324877.html

Shedden David, « Today in media history : CompuServe and the first online newspapers », Poynter, 24 septembre 2014 : https://www.poynter.org/reporting-editing/2014/today-in-media-history-compuserve-and-the-first-online-newspapers/

Simon Stephanie, « Proud Pravda sells out to a greek capitalist », *Los Angeles Time*, 1992 : https://www.latimes.com/archives/la-xpm-1992-08-12-mn-5364-story.html

Yegorov Oleg, « Soviet censorship: How did the USSR control the public? », 27 juin 2017, https://www.rbth.com/arts/history/2017/06/27/soviet-censorship-how-did-the-ussr-control-the-public_790892

« Fin de 70 ans de censure en URSS », *AFP*, 1er août 1990, www.lesoir.be/art/%252Ffin-de-70-ans-de-censure-en-urss-les-ailes-de-la-glasno_t-19900801-Z02YCM.html

« Londres : fin d'époque à Fleet Street, rue mythique de la presse », *AFP*, 5 août 2016, https://www.nouvelobs.com/monde/20160805.AFP3693/londres-fin-d-epoque-a-fleet-street-rue-mythique-de-la-presse.html

Statistiques

www-statista-com/statistics/383006/radio-number-of-stations-germany

www.deutschland.de/en/topic/knowledge/national-newspapers

www.mediametrie.fr/fr/TV%20et%20internet%3A-le-public-plébiscite-le-divertissement-comme-jamais

www.glance-mediametrie.com/fr/entertainment-tv-report-2018

www.programme.tv/news/actu/205646-decouvrez-le-top-5-des-programmes-les-plus-regardes-en-replay-en-france-en-2018

ourworldindata.org/literacy

Chronologie de l'observation des audiences en France : https://www.tiki-toki.com/timeline/embed/141755/4176060008/#vars!-date=1950-02-01_04:02:38!

Documents officiels

Gerbner George, « Violence and Terror in the Mass Media », dans UNESCO, *Reports and Papers on Mass Communication*, n° 102, 1988.

Déclaration universelle des droits de l'homme, 1948.

Convention de Genève et protocoles additionnels 1 et 2, 1949.

Pacte international relatif aux droits civils du 16 décembre 1966.

Autres

Archives de la Deutsches Rundfunk : www.dra.de/de.

Petit J.P., « Actualisation de la protection des journalistes en mission périlleuse dans les zones de conflit armé », rapport de séminaire sous la direction de M. Bettati, DESS, 2000-2001, université Panthéon-Assas (Paris II). http://lafrique.free.fr/memoires/pdf/200105jphp.pdf

The Mike Wallace Interview, Archives https://interviews.televisionacademy.com/interviews/mike-wallace

The Kennedy-Nixon Debates, *History*, 21 septembre 2010 https://www.history.com/topics/us-presidents/kennedy-nixon-debates

Site de The Nielsen Company. https://www.nielsen.com/

Chapitre 11 : Lire, voir, entendre, toucher, jusqu'au vertige (2000-2020)

Ouvrages

Cagé Julia, Hervé Nicolas, Viaud Marie-Luce, *L'information à tout prix*, INA Éditions, 2017.

Christin Angèle, *Metrics at Work: Journalism and the Contested Meaning of Algorithms*, Princeton University Press, 2020.

Fogel Jean-François, Patino Bruno, *Une presse sans Gutenberg*, Grasset, 2005.

Halberstam David, *Le pouvoir est là*, trad. par D. Meunier, Fayard, 1980.

Publications de recherche/spécialisées

Barrette Pierre, « L'avenir de la télévision », *24 images*, 131, 2007, p. 56-57.

Beller Grégory, « Spectacle vivant : des voix imaginaires aux monstres vocaux », *La Revue des médias*, 5 décembre 2017.

Blandin Claire, « Le journal télévisé, incontournable ou dépassé ? », *La Revue des médias*, 9 septembre 2015.

Borowiec Steven, « Lessons from the Republic of Samsung », *Rhodes Journalism Review*, n°31, sept. 2011, p.71.

Cagé Julia, Godechot Olivier (coord.), « Who Owns the Media? The Media Independence Projet », SciencesPo, LIEPP-Reporters sans frontières, 2017.

Chaniac Régine, Jézéquel Jean-Pierre, « V / L'avenir de la télévision : vers une déprogrammation ? », dans Régine Chaniac (dir.), *La Télévision*, La Découverte, coll. « Repères », 2005, p. 89-111.

Eutrope Xavier, « La radio en 2018 vue par Laurent Frisch », *La Revue des médias*, 8 janvier 2018.

—, « Assistants vocaux : quelle voix pour l'information », *La Revue des médias*, 23 octobre 2018.

Éveno Patrick, « Médias et publicité : une association équivoque mais indispensable », *Le Temps des médias*, n° 2, 1, 2004, p. 17-27

Hassan Naeemul, Adair Bill, Hamilton James, "The quest to automate fact-checking", *Computational Journalism*, octobre 2015

Klimentov Vassily, « Novaya Gazeta : dernier bastion de l'opposition politique en Russie ? », *La Revue des médias*, 16 septembre 2010 (mis à jour le 23 janvier 2020)

Lavoinne Yves, Motlow David, « Journalists, History and Historians. The Ups and Downs of a Professional Identity », *Réseaux. The French journal of communication*, vol. 2, n° 2, 1994, p. 205-221.

Mercier Arnaud, « Révolution numérique : les journalistes face au nouveau tempo de l'info », *La Revue des médias*, 21 septembre 2016.

Mercier Arnaud, Pignard-Cheynel Nathalie, « Mutations du journalisme à l'ère du numérique : un état des travaux », *Revue française des sciences de l'information et de la communication*, 5, 2014.

Muse Abernathy Penelope, « The Loss of Newspapers and Readers », dans « The expanding news desert », Hussman School of Journalism and Media : https://www.usnewsdeserts.com/reports/expanding-news-desert/loss-of-local-news/loss-newspapers-readers/

Nangong Dongfang, « Chinese Audiences' Preference for, Dependence on, and Gratifications Derived from CCTV 1, Dragon TV and Hunan TV News Programs », (2011), Graduate Theses and Dissertations.

Pigeat Henri, Paracuellos Jean-Charles, « Les marchés de la presse quotidienne en Europe », *Le Temps des médias*, n° 6, 2006, p. 72-86.

Rousse-Marquet Jennifer, « Les médias en Corée du Sud : un paysage très spécifique », *La Revue des médias*, 3 février 2015.

Simon Jean-Paul, « 1989-2019 : comment trente ans d'Internet et de web ont changé les médias. », *La Revue des médias*, 2 janvier 2020.

Sonnac Nathalie, « Médias et publicité ou les conséquences d'une interaction entre deux marchés », *Le Temps des médias*, n° 6, 2006, p. 49-58.

Tisseron Serge, « IA, robots qui parlent et humains sou influence », *La Revue des médias*, 6 décembre 2017.

Yan Chen, « Les médias chinois, entre le marché et la censure », *Études*, vol. 401, n° 10, 2004, p. 309-319.

Articles en ligne

Allyn Bobby, « Researchers: Nearly Half Of Accounts Tweeting About Coronavirus Are Likely Bots » , NPR, 20 mai 2020 : https://www.npr.org/sections/coronavirus-live-updates/2020/05/20/859814085/researchers-nearly-half-of-accounts-tweeting-about-coronavirus-are-likely-bots

Barthel Michael, « Despite subscription surges for largest US newspapers, circulation and revenue fall for industry overall », Pew Research Center, 1er juin 2017 : https://www.pewresearch.org/fact-tank/2017/06/01/circulation-and-revenue-fall-for-newspaper-industry/

Bezos Jeff, « We Are What We Choose », *Business Insider*, 22 juin 2010 : https://www.businessinsider.com/we-are-what-we-choose-2010-6?IR=T

Biret Valentin, « Une seule fake news sur le Covid-19 aurait causé la mort de 800 personnes », Ouest-France, 14 août 2020 : https://www.ouest-france.fr/leditiondusoir/data/104440/reader/reader.html#!preferred/1/package/104440/pub/157301/page/6

Chan Connie, « When One App Rules Them All: The Case of WeChat and Mobile in China », Andreessen Horowitz, 6 août 2015 : https://a16z.com/2015/08/06/wechat-china-mobile-first/

DiResta Renée, « The Supply of Desinformation Will Soon Be Infinite », *The Atlantic*, 20 septembre 2020 : https://www.theatlantic.com/ideas/archive/2020/09/future-propaganda-will-be-computer-generated/616400/

Funke Daniel, Mantzarlis Alexios, « We Asked 19 Fact-checkers What They Think of Their Partnership with Facebook. Here's What They Told Us », *Poynter*, 14 décembre 2018 : https://www.poynter.org/

fact-checking/2018/we-asked-19-fact-checkers-what-they-think-of-their-partnership-with-facebook-heres-what-they-told-us/

Funke Daniel, Benkelman Susan, « Misinformation Is Inciting Violence Around the World. And Tech Platforms Don't Seem to Have a Plan to Stop it », *Poynter*, 4 avril 2019 : https://www.poynter.org/fact-checking/2019/misinformation-is-inciting-violence-around-the-world-and-tech-platforms-dont-have-a-plan-to-stop-it/

Goumarre Laurent, « Quel avenir pour la radio dans l'audiovisuel public ? », France Inter, 17 avril 2018 : https://www.franceinter.fr/emissions/le-nouveau-rendez-vous/le-nouveau-rendez-vous-17-avril-2018

Greenslade Roy, « Profitable Metro can't stop making money, but we still need « proper » newspapers », *The Guardian*, 26 janvier 2011 : https://www.theguardian.com/media/greenslade/2011/jan/26/metro-national-newspapers

Gutierrez C. Nicolas. « Covid-19 et infox : comment une rumeur devient réalité », *Sciences et Avenir*, 14 septembre 2020 : https://www.sciencesetavenir.fr/sante/covid-19-et-infox-comment-une-rumeur-devient-realite_147359

Hern Alex, « 5G conspiracy theories fuel attacks on telecoms workers », *The Guardian*, 7 mai 2020 : https://www.theguardian.com/business/2020/may/07/5g-conspiracy-theories-attacks-telecoms-covid

Kelly Helena, « Russia Spreads Fake News Claiming Oxford Coronavirus Vaccine Will Turn People intro Monkeys and Portrays Boris Johnson as Bigfoot », Mail Online, 16 octobre 2020 : https://www.dailymail.co.uk/news/article-8845937/Russia-spreads-fake-news-claiming-Oxford-coronavirus-vaccine-turn-people-MONKEYS.html

Kessel Jonah, « How China in Changing your Internet » : https://www.worldpressphoto.org/collection/storytelling/2017/29057/2017-How-China-Is-Changing-Your-Internet

Lee Hakyung Kate, « What I Learned from Watching a Week of North Korean TV », ABC News, 31 janvier 2018 : https://abcnews.go.com/International/learned-watching-week-north-korean-tv/story?id=52714005

Lu Yiren, « China's Internet is Flowering », *The New York Times Magazine*, 13 novembre 2019 : https://www.nytimes.com/interactive/2019/11/13/magazine/internet-china-wechat.html

Martin Nicole, « How social media has changed how we consume news », *Forbes*, 30 novembre 2018 : https://www.forbes.com/sites/nicolemartin1/2018/11/30/how-social-media-has-changed-how-we-consume-news/

Mayhew Freddy, « Report predicts five years of steep global decline for newspapers industry revenue (print and online) », PressGazette, 14 septembre 2020 : https://www.pressgazette.co.uk/report-predictsfive-years-of-steep-global-decline-for-newspaper-industry-revenu-print-and-online/

Mercier Hugo, « Fake News in the Time of Coronavirus: How Big is the Threat », *The Guardian*, 30 mars 2020 : https://www.theguardian.com/commentisfree/2020/mar/30/fake-news-coronavirus-false-information

Newton Casey, « The Trauma Floor: The Secret Lives of Facebook Moderators in America », *The Verge*, 25 février 2019 : https://www.theverge.com/2019/2/25/18229714/cognizant-facebook-content-moderator-interviews-trauma-working-conditions-arizona

Piquard Alexandre, « Droit voisin : la presse française riposte à Google et scrute Facebook », *Le Monde*, 24 octobre 2019 : https://www.lemonde.fr/pixels/article/2019/10/24/droits-voisins-la-presse-francaise-va-porter-plainte-pour-abus-de-position-dominante-contre-google_6016773_4408996.html

Reumann Erik, « Qui possède le journal *Kommersant* ? La Russie s'interroge et s'inquiète », *Le Temps*, 15 juillet 1999 : https://www.letemps.ch/no-section/possede-journal-kommersant-russie-sinterroge-sinquiete

Reuters, « Russie : Démissions à Vedomosti, le rédacteur en chef accusé d'être pro-Kremlin », *Les Échos*, 15 juin 2020 : https://investir.lesechos.fr/marches/actualites/russie-demissions-a-vedomosti-le-redacteur-en-chef-accuse-d-etre-pro-kremlin-1913681.php

Richaud Nicolas, « Pour la première fois, le numérique s'arroge plus de la moitié du marché publicitaire en France », *Les Échos*, 7 décembre 2020 : https://www.lesechos.fr/tech-medias/medias/pour-la-premiere-fois-le-numerique-sarroge-plus-de-la-moitie-du-marche-publicitaire-en-france-1271724

Rocquigny Tiphaine (de), avec Joëlle Tolédano, « Reprendre le pouvoir aux GAFA », *France Culture*, 21 septembre 2020 : https://www.franceculture.fr/emissions/la-bibliotheque-ideale-de-leco/reprendre-le-pouvoir-aux-gafa-avec-joelle-toledano

Roquebain Lucie, Lemaistre Clémence, « En Scandinavie, les journaux tournent la page du papier », *Les Échos*, 25 novembre 2019 : https://www.lesechos.fr/tech-medias/medias/en-scandinavie-les-journaux-tournent-la-page-du-papier-1150485

Ruisseau Nicolas, « Vedomosti », journal de référence en Russie, en péril », *Le Monde*, 29 avril 2020 : https://www.lemonde.fr/economie/article/2020/04/29/vedomosti-journal-de-reference-en-russie-en-peril_6038146_3234.html

Schmemann Serge, « Pravda's Voice is stilled in an open market's din», *The New York Times*, 14 mars 1992 : https://www.nytimes.com/1992/03/14/world/pravda-s-voice-is-stilled-in-an-open-market-s-din.html

Shibata Nana, « Japan's TV Stations Feel Coronavirus Blow Despite Audience Surge », *Nikkei Asia*, 19 mai 2020 : https://asia.nikkei.com/Business/Business-trends/Japan-s-TV-stations-feel-coronavirus-blow-despite-audience-surge2

Woitier Chloé, « La France se dote d'un droit voisin pour la presse », *Le Figaro*, 23 juillet 2019 : https://www.lefigaro.fr/medias/la-france-se-dote-d-un-droit-voisin-pour-la-presse-20190723

Yuan Li, « Mark Zuckerberg Wants Facebook to Emulate WeChat. Can It? », *The New York Times*, 7 mars 2019 : https://www.nytimes.com/2019/03/07/technology/facebook-zuckerberg-wechat.html

« Afrique : le renouveau du paysage audiovisuel », *Médiamétrie*, 29 novembre 2018 : https://www.mediametrie.fr/fr/afrique-le-renouveau-du-paysage-audiovisuel

« Andrew Neil lance une chaîne d'information 24 heures sur 24 pour rivaliser avec la BBC et Sky », *Fr24 News*, 25 septembre 2020 : https://www.fr24news.com/fr/a/2020/09/andrew-neil-lance-une-chaine-dinformation-24-heures-sur-24-pour-rivaliser-avec-la-bbc-et-sky-andrew-neil.html

« Editorial : the Power of Television Still Strong Despite Smartphone Era », *The Mainichi*, 13 mai 2019 : https://mainichi.jp/english/articles/20190513/p2a/00m/0na/007000c

« Fermeture de Google News en Espagne », *Le Monde*, décembre 2014 : https://www.lemonde.fr/economie/article/2014/12/11/fermeture-de-google-news-en-espagne_4538263_3234.html#:~:text=Google%20a%20annonc%C3%A9%2C%20mercredi%2010,tout%20ou%20partie%20des%20contenus

« La très controversée réforme européenne du droit d'auteur finalement adoptée », *Le Monde*, 26 mars 2019 : https://www.lemonde.fr/pixels/article/2019/03/26/la-controversee-directive-sur-le-droit-d-auteur-adoptee-par-le-parlement-europeen_5441480_4408996.html

« Liberté de la presse en Russie : le bilan accablant de Vladimir Poutine », *RSF*, 16 mars 2018 (mis à jour le 19 mars 2018) https://rsf.org/fr/actualites/liberte-de-la-presse-en-russie-le-bilan-accablant-de-vladimir-poutine

« New data shows Guardian is the top quality and most trusted newspaper in the UK », *The Guardian*, 17 juin 2020 : https://www.theguardian.com/gnm-press-office/2020/jun/17/new-data-shows-guardian-is-the-top-quality-and-most-trusted-newspaper-in-the-uk

« Novaya Gazeta garde ses distances avec le Kremlin – », *La Croix*, 6 mai 2009 : https://www.la-croix.com/Actualite/Monde/Novaya-Gazeta-garde-ses-distances-avec-le-Kremlin-_NG_-2009-05-06-534419

« Quel avenir pour la radio ? », Oufipo, festival Longueur d'ondes 2019 : http://oufipo.org/quel-avenir-pour-la-radio

« Thomson Reuters rachète Breakingviews pour 10 millions de livres. », *Le Monde*, 15 octobre 2009 : https://www.lemonde.fr/economie/article/2009/10/15/thomson-reuters-rachete-breakingviews-pour-10-millions-de-livres_1254385_3234.html

« Twitter is not as important as journalists make it seem », *The Atlantic*, 12 février 2020 : https://www.theatlantic.com/letters/archive/2020/02/twitter-is-bad-for-the-news/605782/

Vidéo

Oldenburg Manfred, Knigge Jobst, Dehnhard Sebastian, *Les trois vies d'Axel Springer (Drei Leben: Axel Springer)*, documentaire, ZDF, 2012, 1 h 30.

Statistiques

www.americanpressinstitute.org/publications/reports/survey-research/how-people-use-twitter-news/single-page.

https://www.statista.com/statistics/246698/daily-time-spent-with-tv-in-the-us-by-type-of-use/–

https://www.statista.com/statistics/183460/share-of-the-us-population-using-facebook/–

https://www.statista.com/statistics/268136/top-15-countries-based-on-number-of-facebook-users/–

www.businessofapps.com/data/tinder-statistics.

www.statista.com/statistics/186833/average-television-use-per-person-in-the-us-since-2002.

www.statista.com/statistics/258749/most-popular-global-mobile-messenger-apps.

www.statista.com/statistics/718019/social-media-news-source.

www.statista.com/statistics/304604/el-pais-spain-circulation.

www.oberlo.com/blog/social-media-marketing-statistics.

www.statista.com/forecasts/997048/social-media-activities-in-the-us.

www.statista.com/statistics/304737/social-network-penetration-in-usa.

www-statista-com.acces-distant.sciencespo.fr/statistics/471345/us-adults-who-use-social-networks-gender.

www.pewresearch.org/fact-tank/2018/12/10/social-media-outpaces-print-newspapers-in-the-u-s-as-a-news-source.

buffer.com/resources/55-visitors-read-articles-15-seconds-less-focus-attention-not-clicks.

www.statista.com/statistics/761889/daily-time-spent-radio.

www.statista.com/statistics/255778/number-of-active-wechat-messenger-accounts.

www.omnicoreagency.com/instagram-statistics.

www.statista.com/statistics/186934/us-newspaper-reading-habits-since-2002.

https://www.statista.com/statistics/246698/daily-time-spent-with-tv-in-the-us-by-type-of-use/

www.journalism.org/2018/09/10/news-use-across-social-media-platforms-2018.

www.pewresearch.org/fact-tank/2018/01/05/fewer-americans-rely-on-tv-news-what-type-they-watch-varies-by-who-they-are.

www.statista.com/statistics/1153882/daily-media-consumption-by-type-india.

https://www.statista.com/statistics/963371/india-tv-and-internet-news-consumption-by-generation/

https://www.statista.com/statistics/614143/npr-weekly-audience-us/

https://www.statista.com/statistics/253329/weekly-time-spent-with-online-radio-in-the-us/

www.nielsen.com/us/en/insights/article/2020/radio-is-comfort-food-as-media-consumption-rises-amid-covid-19-pandemic.

www.statista.com/statistics/286892/uk-radio-stations-ranked-by-listeners-reached.

www.statista.com/statistics/1104557/coronavirus-trusted-news-sources-by-us.

www.statista.com/statistics/269867/reach-of-selected-tv-news-channels-in-the-uk.

fr.statista.com/statistiques/574884/principales-stations-de-radio-en-allemagne-par-contrats-bruts.

www.radiowoche.de/ma-2020-audio-ii-die-20-meistgehoerten-radiosender-in-deutschland.

www.cjr.org/tow_center/how-wechat-became-primary-news-source-china.php.

www.statista.com/statistics/382120/radio-consumption-by-frequency-germany.

www.statista.com/statistics/818268/internet-radio-share-of-listeners-germany.

reutersinstitute.politics.ox.ac.uk/sites/default/files/2020-06/DNR_2020_FINAL.pdf.

Les Français et la Radio », Étude CSA, 2020, fr.calameo.com/read/004363031 7d821a193c80.

clesdelaudiovisuel.fr/Connaitre/Le-paysage-audiovisuel/Composition-du-paysage-audiovisuel-francais-la-radio.

www.theguardian.com/media/table/2011/apr/19/worlds-top-10-newspaper-websites.

www.comscore.com/fre/Perspectives/Infographics/Most-Read-Online-News-papers-in-the-World-Mail-Online-New-York-Times-and-The-Guardian.

www.pewresearch.org/fact-tank/2020/02/14/fast-facts-about-the-newspaper-industrys-financial-struggles.

www.statista.com/statistics/380784/circulation-daily-newspapers-germany.

www.journalism.org/fact-sheet/newspapers.

www.omnicoreagency.com/instagram-statistics.

reutersinstitute.politics.ox.ac.uk/sites/default/files/2020-01/Newman_Journalism_and_Media_Predictions_2020_Final.pdf.

www.statista.com/statistics/183422/paid-circulation-of-us-daily-newspapers-since-1975.

www.statista.com/statistics/476016/expenditure-on-newspapers-in-the-united-kingdom-uk.

« 5 Key Takeaways About the State of the News Media in 2018 », www.pewresearch.org/fact-tank/2019/07/23/key-takeaways-state-of-the-news-media-2018.

www.glance-mediametrie.com/fr/tendances-tv-internationales-2019.

www.statista.com/statistics/380754/leading-radio-stations-germany.

« Listening figures – UK radio », www.rajar.co.uk/listening/quarterly_listening.php

« Quarterly summary of radio listening (UK) », www.rajar.co.uk/docs/2020_03/2020_Q1_Quarterly_Summary_Figures.pdf.

« The UK communications Market Report – Radio and Audio content », www.ofcom.org.uk/__data/assets/pdf_file/0014/105440/uk-radio-audio.pdf.

www.statista.com/statistics/286892/uk-radio-stations-ranked-by-listeners-reached.

www.statista.com/statistics/1025691/most-popular-radio-programs-and-podcasts-in-the-uk.

www.statista.com/statistics/385359/tv-stations-market-share-germany.

« Frequency of Using Selected News Sources Among Millennials in the United States as of March 2020 », www.statista.com/statistics/1010456/united-states-millennials-news-consumption.

« Trust in News Media Worldwide », www.statista.com/statistics/308468/importance-brand-journalist-creating-trust-news.

« Media Usage in Europe – Statistics & Facts », www.statista.com/topics/4039/media-usage-in-europe.

« Fake News Worldwide – Statistics & Facts », www.statista.com/topics/6341/fake-news-worldwide.

« News Industry – Statistics & Facts Published », www.statista.com/topics/1640/news.

« Newspaper Market in Europe – Statistics & Facts », www.statista.com/topics/3965/newspaper-market-in-europe.

Rapports

« Digital News Report », Reuters Institute, 2020.

Bell Emily, « The Fact-Check Industry », *Columbia Journalism Review*, 2019.

Commission européenne, « Les habitudes médiatiques dans l'union européenne », novembre 2013.

Coutard Anne, « L'avenir de la radio à l'ère du numérique », rapport à Madame la ministre de la Culture et de la Communication, septembre 2001.

Future of Humanity Institute, « The Malicious Use of Artificial Intelligence: Forecasting, Prevention and Mitigation », février 2018.

Gaultier Stéphane, Fonnet Laurent, Livre blanc « Quel avenir immédiat pour la télévision face ou avec internet ? », 2015.

Hagiwara Shigeru, « Japanse Television As a Window on Other Cultures », *Japanese Psychological Research*, vol. 40, n° 4, 1998, p. 221-233.

NHK, Present situation regarding. Television viewing and Radio listening, juin 2015

Meeker Mary, Internet Trends 2019, 2019.

Tessier Marc, Baffert Maxime, « La presse au défi du numérique », rapport au ministre de la culture et de la communication, février 2007.

Webb Amy, « Trend Report for Journalism, Media and Technology », Future Today Institute, 2019.

World Economic Forum, White Paper, « Understanding Value in Media: Perspetives from Consumers and Industry », avril 2020.

Chapitre 12 : Être informé, être libre et agir (2021-2100)

Ouvrages

Christin Angèle, *Metrics at Work: Journalism and the Contested Meaning of Algorithms*, Princeton University Press, 2020.

Patino Bruno, *La Civilisation du poisson rouge. Petit traité sur le marché de l'attention*, Grasset, 2019.

Articles en ligne

La Monday Note de Frédéric Filloux : https://mondaynote.com/

The Huffington Post, « Joe Biden fait désormais campagne sur Animal Crossing », 2 septembre 2020 : https://www.huffingtonpost.fr/entry/joe-biden-campagne-animal-crossing_fr_5f4ecf47c5b69eb5c035c163

Barr Jeremy, « More than 73 million people watched that crazy presidential debate », *The Washington Post*, 30 septembre 2020 : https://www.washingtonpost.com/media/2020/09/30/presidential-debate-ratings/

Chantrel Flavien, « 21 % des visites de sites de presse se font sur un article avec un paywall », le Blog du Modérateur, 25 novembre 2019 : https://www.blogdumoderateur.com/etude-paywalls-sites-de-presse/

Coëffé Thomas, « Facebook lance Watch Together sur Messenger », Le Blog du Modérateur, 14 septembre 2020 : https://www.blogdumoderateur.com/facebook-messenger-watch-together/

Dassonville Aude, « Les audiences “atypiques” de la radio pendant le confinement », *Le Monde*, 23 juillet 2020 : https://www.lemonde.fr/actualite-medias/article/2020/07/23/l-audience-de-la-radio-victime-du-coronavirus_6047039_3236.html

De La Porte Xavier, « Faire de la radio au temps du podcast ou du streaming », *France Culture*, 17 décembre 2013 : https://www.franceculture.fr/emissions/ce-qui-nous-arrive-sur-la-toile/faire-de-la-radio-au-temps-du-podcast-ou-du-streaming

Gibson Rebecca « Un futur holographique », *Compass magazine*, novembre 2016 : https://compassmag.3ds.com/fr/toward-a-holographic-future/

Grieco Elizabeth, « U.S. newspapers have shed half of their newsroom employees since 2008 », *Pew Research Center*, avril 2020 : www.pewresearch.org/fact-tank/2020/04/20/u-s-newsroom-employment-has-dropped-by-a-quarter-since-2008

Herman David, « Why Britain needs new TV news channels », *The Article*, 4 septembre 2020 : https://www.thearticle.com/why-britain-needs-new-tv-news-channels

History, 10 juin 2019 : https://www.history.com/topics/inventions/history-of-video-games

Koblin John, « The Evening News is back », *The New York Times*, 24 mars 2020 : https://www.nytimes.com/2020/03/24/business/media/coronavirus-evening-news.html

Lapierre Mathias, « Votre hologramme pour réaliser des discours dans d'autres langues, le futur par Microsoft », *Siècle Digital*, juillet 2019 : https://siecledigital.fr/2019/07/18/votre-hologramme-pour-realiser-des-discours-dans-dautres-langues-le-futur-par-microsoft/

Lefaix Éléonore, « Une IA recrée des épisodes des Pierrafeu à partir de descriptions textuelles », Siècle Digital, 17 avril 2018 : https://siecledigital.fr/2018/04/17/ia-dessin-anime-descriptions-textuelles/

Manchau Melvin, « How AI Is Radically Transforming your TV Experience », *Predict*, 19 août 2018 : https://medium.com/predict/artificial-intelligence-is-radically-transforming-your-tv-experience-60451b6cd0d0

Millon Anthony, « La Social TV : outil de fidélisation du téléspectateur », Social TV, 30 octobre 2013 : https://www.socialtv.fr/technologies/socialtv/social-tv-outil-fidelisation-du-telespectateur/

Paura Angelo, « Virtual Reality Creates Ethical Challenges for Journalists », Digital Journalism, mars 2018 : https://ijnet.org/en/story/virtual-reality-creates-ethical-challenges-journalists

Richard Claire, « L'Incroyable histoire du créateur de Tetris », *L'Obs*, 21 novembre 2016 : https://www.nouvelobs.com/rue89/rue89-rue89-culture/20160718.RUE3401/l-incroyable-histoire-du-createur-de-tetris.html

Schneier Matthew, « Michael Barbaro made the *New York Times* podcast *The Daily* a raging success. Or is it the other way around? », *New York Mag*, 21 janvier 2020 : https://nymag.com/intelligencer/2020/01/michael-barbaro-the-daily-podcast-new-york-times.html

Tellier Maxime, « Le podcast, tout le monde y croit », *France Culture*, 7 février 2020 : https://www.franceculture.fr/emissions/hashtag/le-podcast-tout-le-monde-y-croit

The Weather Company, « What Trends Will Change Broadcasting? », *IBM*, 16 juin 2020 : https://www.ibm.com/weather/industries/broadcast-media/trends-that-will-change-broadcasting

Statistiques

www.statista.com/topics/3170/podcasting.

www.geste.fr/la-1ere-edition-du-digital-media-review-sinteresse-a-limpact-de-la-pression-du-paywall-sur-les-sites-medias.

www.statista.com/chart/18893/digital-news-subscribers.

www.statista.com/statistics/229984/readers-of-the-new-york-times-daily-edition-usa.

www.statista.com/statistics/1016531/fake-news-internet-politics-impact.

Rapports

Cision, « L'état des médias dans le monde », 2019, www.cision.fr/ressources/livres-blancs/etat-des-medias-dans-le-monde.

Cision, « L'état des médias en France », février 2020.

Gentzkow Matthew, Glaeser Adward L., Goldin Claudia, « The Rise of the Fourth Estate: How Newspapers Became Informative and Why it Mattered », National Bureau of Economic Research, septembre 2004

« Comment to Review Group on Intelligence and Communications Technologies Regarding the Effects of Mass Surveillance on the Practice of Journalism », oct. 2013

« Défis et perspectives pour les médias et le journalisme d'information à l'ère du développement des médias numériques, mobiles et sociaux », rapport du Conseil de l'Europe, University of Oxford & Reuters, octobre 2016, edoc.coe.int/fr/medias/7287-pdf-defis-et-perspectives-pour-les-medias-et-le-journalisme-dinformation-a-lere-du-developpement-des-medias-numeriques-mobiles-et-sociaux.html.

« Envisioning the Future of Journalism », Media Lab Bayern.

« Journalism, Media, and Technology Trends and Predictions », 2020, Nic Newman, l'Institut Reuters d'études du journalisme : https://reutersinstitute.politics.ox.ac.uk/journalism-media-and-technology-trends-and-predictions-2020

Schuster Stefan *et al.*, « Mass surveillance and technological policy options: Improving security of private communications », Science Direct, www.sciencedirect.com/science/article/pii/S0920548916300988.

Waters Stephenson, « The Effects of Mass Surveillance on Journalists' Relations With Confidential Sources », *Digital Journalism*, vol. 6, 2018, www.tandfonline.com/doi/full/10.1080/21670811.2017.1365616.

Pew Research Center, « State of the News media », 2018.

Steven Feldstein, « The Global Expansion of AI Surveillance », Carnegie Endowment for international peace, sept. 2019.

Documentaire

Derrière nos écrans de fumée (*The Social Dilemma*), écrit et réalisé par Jeff Orlowski, 2020.

Chapitre 13 : Que faire ?

Articles en ligne

La Monday Note de Frédéric Filloux : https://mondaynote.com/

Bethea Charles, « What Happens When the News Is Gone? », *The New Yorker*, 27 juin 2020 www.newyorker.com/news/the-future-of-democracy/what-happens-when-the-news-is-gone

Dupont-Besnard Marcus, « *Hold-Up* : ce n'est ni une enquête, ni un documentaire, mais une fiction », Numerama, 13 novembre 2020 : https://www.numerama.com/sciences/665386-hold-up-ce-nest-ni-une-enquete-ni-un-documentaire-mais-une-fiction.html

Lepore Jill, « Does Journalism have a future? », *The New Yorker*, 21 janvier 2019 : https://www.newyorker.com/magazine/2019/01/28/does-journalism-have-a-future

Scherer Éric, « Années 20, les années folles de la création partagée », méta-média, n° 19, automne-hiver 2020 : https://www.meta-media.fr/files/2020/12/METAMEDIA19.pdf

Strauch-Bonart Laetitia, « Bari Weiss : "Pourquoi j'ai quitté le *New York Times*" », *Le Point*, 17 novembre 2020 : https://www.lepoint.fr/editos-du-point/sebastien-le-fol/bari-weiss-pourquoi-j-ai-quitte-le-new-york-times-17-11-2020-2401530_1913.php

Vidéo

« Les médias représentent-ils encore la société ? » avec Dominique Reynié et Julie Joly, Médias en Seine, 19 novembre 2020 https://www.mediasenseine.com/fr/b

Crédits photographiques

1. Une des lettres envoyées par le roi Tushratta du Mitanni à Aménophis III (XIVe siècle avant J.-C.), retrouvée à El Amarna (© www.BibleLandPictures.com / Alamy Stock Photo).
2. Tablette en sumérien, époque de Shuruppak (vers 2600 avant J.-C.) (© Musée du Louvre, Dist. RMN-Grand Palais / Raphaël Chipault).
3. Représentation du *cursus publicus* mis en place par Auguste (© akg-images / Bildarchiv Steffens).
4. Reproduction d'un *Dibao* ou « rapport des résidences officielles » de la cour impériale chinoise, premier périodique apparu au IXe siècle (DR).
5. Postiers à cheval sous le règne du roi de France Louis XI (© Photo Josse / Leemage).
6. Colporteur allemand avec un numéro de la *Neue Zeitung* (© source ; BnF).
7. Presse de Gutenberg (© Lanmas / Alamy Stock Photo).
8. Numéro de la *Neue Zeitung* (© ÖNB Vienna : 41898-B, title page).
9. La *Gazette* de Théophraste Renaudot (© source ; BnF).
10. Gazette de Leyde (© The History Collection / Alamy Stock Photo).
11. *Kawaraban* de l'époque d'Edo représentant la fin du siège d'Osaka en 1615 (© National Archives of Japan).
12. Le *Pennsylvania Chronicle* publie le pamphlet de John Dickinson « Letters from a Farmer in Pennsylvania » (DR).
13. La première femme rédactrice en chef, Louise de Kéralio (DR).
14. Le *Daily Courant*, premier quotidien au monde, créé en 1702 en Angleterre (© Fox Photos).
15. Première édition de *The Female Spectator*, 1744 (© Alamy Stock Photo).
16. Le *Père Duchesne* de Jacques-René Hébert, 1791 (© source ; BnF).
17. Télégraphe optique de Claude Chappe (© Roger-Viollet).
18. Les *Bulletins de la Grande Armée* de Napoléon, premier exemplaire de 1805 (© source ; BnF).

19. Waterloo dans le *Morning Post* (© The British Library Board).
20. Wagon postal (Royal Mail) en Angleterre au XIXe siècle (© Royal Mail Group Ltd [Tue 25th Jan 2011], courtesy of The Postal Museum).
21. Télégraphe électrique de Morse (© Coll. Jaime Abecasis / Leemage).
22. Rotative à six cylindres conçue par Richard Hoe (© ART Collection / Alamy Stock Photo).
23. *Illustrated London News*, édition du 20 décembre 1851 (© source ; BnF).
24. Louis Daguerre prend la première photo d'être humain à Paris, en 1838 (© akg-images).
25. Une du supplément illustré du *Petit Journal* de janvier 1895 (© Paris – Musée de l'Armée, Dist. RMN-Grand Palais / Christophe Chavan).
26. « Un dîner en famille », dessin de Caran d'Ache paru dans *Le Figaro* du 14 février 1898 (© source ; BnF).
27. Une du *Pathé-Journal* (© Ville de Paris / Bibliothèque historique).
28. Premier numéro du *Canard enchaîné*, 10 septembre 1915 (© Le Canard enchaîné).
29. Publicité pour l'Aspirine (© Collection Jonas/Kharbine-Tapabor).
30. *The Dearborn Independent* (© The Granger Collection, New York/ Coll. Christophel).
31. Joseph Pulitzer (© The Granger Collection, New York/ Coll. Christophel).
32. William Randolph Hearst (© Bettmann).
33. Albert Londres (© PVDE/Bridgeman Images).
34. Gustave Ferrié (© Tallandier/Bridgeman Images).
35. Henry Luce (© Granger, NYC / The Granger Collection).
36. Premier « *fireside chat* » à la radio du président Roosevelt, le 12 mars 1933 (© World History Archive/ABACAPRESS. COM).
37. Hubert Beuve-Méry (© Gilbert UZAN/GAMMA RAPHO).
38. Janet Flanner (© The Granger Collection, New York /Coll. Christophel).
39. Gandhi, homme de l'année dans le *Time*, 1930 (© *Time*, vol. XVII, n° 1).
40. *The Times of India* annonce la mort de Gandhi, le 31 janvier 1948 (© *The Times of India*, vol. CX, n° 27).
41. Edward Murrow (© Bettmann).
42. Premier journal TV en France, en 1949, présenté par Pierre Sabbagh (© Tallandier/Bridgeman Images et © Tallandier/Bridgeman Images).
43. Salle de jeux d'arcade, au début des années 1980 (© Bettmann).
44. Le Minitel (© Alain Delpey/MAXPPP).

Index des noms propres

B

C

D

E

F

G

H

I

J

M

N

O

P

Q

R

T

U

V

W

X

Y

Z

Š

Remerciements

Merci à Diane Derat-Carrière, Charlotte Meyer, Pierre Plasmans et Brice Saint-Cricq, pour avoir bien voulu vérifier un très grand nombre des faits cités ici et organiser la présentation des annexes et des sources bibliographiques.

Merci à Christophe Barbier, Pierre Bellanger, Nicolas Berggruen, Nicolas Brimo, Julia Cagé, Angèle Christin, Jean-Marie Colombani, Olivier Duhamel, Frédéric Filloux, Éric Fottorino, Nathan Gardels, Paul Hermelin, Philippe Labro, Guillaume Lacroix, Alexis Lévrier, Maurice Lévy, Stéphane Lévy, Laurent Martin, Moisés Naím, Bruno Patino, David Sela, et bien d'autres journalistes, patrons de presse, technologues, futurologistes, sociologues, historiens, dirigeants politiques, du monde entier, pour avoir bien voulu échanger avec moi depuis des années sur leurs visions et analyses de l'histoire, du rôle et de l'avenir des médias.

Merci à Sophie de Closets, Diane Feyel, Thomas Vonderscher, Léa Souquet-Basiège et tous leurs collaborateurs des Éditions Fayard, pour leur magnifique travail éditorial.

Pour tout commentaire, prière de m'écrire par mail : j@attali.com

Table des matières

Du même auteur

Essais

Analyse économique de la vie politique, PUF, 1973, 2015.
Modèles politiques, PUF, 1974.
L'Anti-économique (avec Marc Guillaume), PUF, 1975, 2015.
La Parole et l'Outil, PUF, 1976.
Bruits. Économie politique de la musique, PUF, 1977 ; Fayard, 2000.
La Nouvelle Économie française, Flammarion, 1978.
L'Ordre cannibale. Histoire de la médecine, Grasset, 1979.
Les Trois Mondes, Fayard, 1981.
Histoires du temps, Fayard, 1982.
La Figure de Fraser, Fayard, 1984.
Au propre et au figuré. Histoire de la propriété, Fayard, 1988.
Lignes d'horizon, Fayard, 1990 ; Le Livre de poche, 2004.
1492, Fayard, 1991 ; Le Livre de poche, 2004.
Économie de l'Apocalypse, Fayard, 1994.
Chemins de sagesse. Traité du labyrinthe, Fayard, 1996 ; Le Livre de poche, 1998.
Fraternités. Une nouvelle utopie, Fayard, 1999 ; Le Livre de poche, 2002.
La Voie humaine, Fayard, 2000 ; Le Livre de poche, 2006.
Les Juifs, le Monde et l'Argent, Fayard, 2002 ; Le Livre de poche, 2007.
L'Homme nomade, Fayard, 2003.
Raison et Foi. Averroès, Maïmonide, Thomas d'Aquin, Bibliothèque nationale de France, 2004.
Une brève histoire de l'avenir, Fayard, 2006, 2009, 2015 ; Le Livre de poche, 2010, 2011.
La Crise, et après ?, Fayard, 2008 ; Le Livre de poche, 2009.

Le Sens des choses, avec Stéphanie Bonvicini et 32 auteurs, Robert Laffont, 2009, 2012 ; Le Livre de poche, 2010.

Survivre aux crises, Fayard, 2009 ; rééd. sous le titre *Sept leçons de vie*, Le Livre de poche, 2010.

Tous ruinés dans dix ans ?, Fayard, 2010 ; Le Livre de poche, 2011.

Demain, qui gouvernera le monde ?, Fayard, 2011 ; Pluriel, 2012.

Candidats, répondez ! Précis à l'usage des électeurs, Fayard, 2012.

La Consolation, avec Stéphanie Bonvicini et 18 auteurs, Naïve, 2012.

Avec nous, après nous... Apprivoiser l'avenir, avec Shimon Peres, Fayard-Baker Street, 2013.

Histoire de la modernité. Comment l'humanité pense son avenir, Robert Laffont, 2013 ; Flammarion, 2015.

Urgences françaises, Fayard, 2013 ; Pluriel, 2014.

Devenir soi, Fayard, 2014 ; Pluriel, 2018.

Peut-on prévoir l'avenir ?, Fayard, 2015 ; Pluriel, 2016.

100 jours pour que la France réussisse, Fayard, 2016.

Le Destin de l'Occident (avec Pierre-Henry Salfati), Fayard, 2016.

Vivement après-demain !, Fayard, 2016 ; Pluriel, 2016.

Histoires de la mer, Fayard, 2017 ; Pluriel, 2018.

Les Chemins de l'essentiel, Fayard, 2018 ; Pluriel, 2019.

Comment nous protéger des prochaines crises, Fayard, 2018 ; Pluriel, 2020.

Histoires de l'alimentation, Fayard, 2019.

L'Année des dupes. Alger, 1943, Fayard, 2019.

L'Économie de la vie, Fayard, 2020.

Dictionnaires

Dictionnaire du XXIe siècle, Fayard, 1998 ; Le Livre de poche, 2000.

Dictionnaire amoureux du judaïsme, Plon/Fayard, 2009 ; rééd. sous le titre *Petit dictionnaire amoureux du judaïsme*, Pocket, 2014.

Romans

La Vie éternelle, Fayard, 1989 ; Le Livre de poche, 1990.
Le Premier Jour après moi, Fayard, 1990 ; Le Livre de poche, 2004.
Il viendra, Fayard, 1994 ; Le Livre de poche, 1995.
Au-delà de nulle part, Fayard, 1997 ; Le Livre de poche, 1999.
La Femme du menteur, Fayard, 1999 ; Le Livre de poche, 2001.
Nouv'Elles, Fayard, 2002 ; Le Livre de poche, 2004.
La Confrérie des Éveillés, Fayard, 2004 ; Le Livre de poche, 2008.
Notre vie, disent-ils, Fayard, 2014 ; Le Livre de poche, 2016.
Premier Arrêt après la mort, Fayard, 2017 ; Le Livre de poche, 2018.
Meurtres, en toute intelligence, Fayard, 2018.

Biographies

Siegmund Warburg, un homme d'influence, Fayard, 1985 ; Le Livre de poche, 1986.
Blaise Pascal ou le Génie français, Fayard, 2000 ; Le Livre de poche, 2010.
Karl Marx ou l'Esprit du monde, Fayard, 2005 ; Le Livre de poche, 2007.
Gândhî ou l'Éveil des humiliés, Fayard, 2007 ; Le Livre de poche, 2009.
Phares. 24 destins, Fayard, 2010 ; Le Livre de poche, 2012.
Les Penseurs du monde : Pascal, Marx, Gândhî, Robert Laffont, 2012.

Diderot ou le Bonheur de penser, Fayard, 2012 ; Pluriel, 2013.

Théâtre

Les Portes du Ciel, Fayard, 1999.
Du cristal à la fumée, Fayard, 2008.
Théâtre (réunissant *Les Portes du Ciel* et *Du Cristal à la fumée*, ainsi que *Il m'a demandé de l'attendre ici* et *Présents parallèles*), Fayard, 2016.

Contes pour enfants

Manuel, l'enfant-rêve (ill. par Philippe Druillet), Stock, 1995.

Mémoires

Verbatim I, Fayard, 1993 ; Le Livre de poche, 1998 ; Robert Laffont, 2011.
Europe(s), Fayard, 1994 ; Le Livre de poche, 2002.
Verbatim II, Fayard, 1995 ; Le Livre de poche, 1998 ; Robert Laffont, 2011.
Verbatim III, Fayard, 1995 ; Le Livre de poche, 1998 ; Robert Laffont, 2011.
C'était François Mitterrand, Fayard, 2005 ; Le Livre de poche, 2007 ; Fayard-*Le Nouvel Observateur*, 2012 ; Pluriel, 2016.
L'Intégrale des chroniques, volume I, L'Express éditions, 2011.
À tort et à raison. Entretiens avec Frédéric Taddeï, Éditions de L'Observatoire, 2020.

Rapports

Pour un modèle européen d'enseignement supérieur, Stock, 1998.

L'Avenir du travail, Fayard-Institut Manpower, 2007.

300 décisions pour changer la France, rapport de la Commission pour la libération de la croissance française, XO-La Documentation française, 2008.

Paris et la Mer. La Seine est Capitale, Fayard, 2010.

Une ambition pour 10 ans, rapport de la Commission pour la libération de la croissance française, XO-La Documentation française, 2010.

Pour une économie positive, groupe de réflexion présidé par Jacques Attali, Fayard-La Documentation française, 2013.

Francophonie et francophilie, moteurs de croissance durable, rapport au Président de la République, La Documentation française, 2014.

Vers une révolution positive, groupe de réflexion présidé par Jacques Attali, Fayard, 2018.

Beaux livres

Mémoire de sabliers. Collections, mode d'emploi, Éditions de l'Amateur, 1997.

Amours. Histoires des relations entre les hommes et les femmes (avec Stéphanie Bonvicini), Fayard, 2007 ; Le Livre de poche, 2010.

Composition et mise en pages
Nord Compo à Villeneuve-d'Ascq

Cet ouvrage a été imprimé en France par
CPI Firmin-Didot
16 rue Firmin Didot
27650 Mesnil-sur-l'Estrée (France)

pour le compte des Éditions Fayard
en février 2021

PAPIER À BASE DE
FIBRES CERTIFIÉES

Fayard s'engage pour
l'environnement en réduisant
l'empreinte carbone de ses livres.
Celle de cet exemplaire est de :
2,6 kg éq. CO_2
Rendez-vous sur
www.fayard-durable.fr

N° d'édition : 52-4314-3/02 - N° d'impression : 162614